『十一五』國家重點出版規劃項目

主編 陳智超

陳垣全集

CHEN YUAN QUAN JI

第十四册

日知録校注（上）

北京师范大学出版集团
BEIJING NORMAL UNIVERSITY PUBLISHING GROUP
安徽大学出版社

圖書在版編目(CIP)數據

陳垣全集. 第 14 册,日知録校注. 上/陳垣著. —合肥:安徽大學出版社,2009. 8(2021. 3 重印)

ISBN 978-7-81110-388-5

Ⅰ. ①陳… Ⅱ. ①陳… Ⅲ. ①陳垣(1880～1971)—全集 ②文史哲—中國—清代 ③日知録—注釋 Ⅳ. ①C52 ②B249. 12

中國版本圖書館 CIP 數據核字(2009)第 155328 號

陳垣全集 第十四册

日知録校注(上)

(清)顧炎武 著 陳 垣 校注 陳智超 主編

安徽大學出版社出版發行

(合肥市肥西路 3 號 郵編 230039 電話 0551-65107716
網址 www.ahupress.com.cn)

合肥遠東印務有限責任公司印製

責任總編輯 楊應芹 彭君華

本册編輯 老 鼓 封面設計 孟獻輝

開本 880×1230 1/32 印張 22.375 字數 435 千

2009 年 12 月第 1 版 2021 年 3 月第 3 次印刷

ISBN 978-7-81110-388-5

定價 2480.00 圓(全二十三册)

摄于1940年

中華民國元年
鄂官書處重刊

四庫全書提要

日知錄三十二卷　國朝顧炎武撰炎武有左傳杜解補正已著錄是書前有自記稱自少讀書有所得輒記之其有不合時復改定或古人先我而有者則遂削之積三十餘年乃成一編蓋其一生精力所注也書中不分門目而編次先後則略以類從大抵前七卷皆論經義八卷至十二卷皆論政事十三卷論世風十四卷十五卷論禮制十六卷十七卷皆論科舉十八卷至二十一卷皆論藝文二十二卷至二十四卷雜論名義二十五卷論古事真妄二十六卷論史法二十七卷論注書二十八卷論雜事二十九卷

《日知録校注》稿

陳垣全集之二十四

日知録校注（上）

安徽大學出版社

目次

愚自少讀書，有所得輒記之，其有不合，時復改定；或古人先我而有者，則遂削之。積三十餘年，乃成一編，取子夏之言，名曰日知録，以正後之君子。東吳顧炎武〔一〕。

超案：日知録校注所用底本爲「中華民國元年鄂官書處重刊」本。扉頁上有校注者批語：「封面前面照原刻覆刻，後面原刻題『道光十四年仲冬嘉定黄氏西谿草廬重刊定本』十九字。據此本之末，有同治八年番禺陳璝跋，則此本乃武昌局翻粵本也。」

〔一〕康熙九年初刻本八卷識語同。初刻本所有者，以○爲記。初刻卷一凡十五條，卷二凡二十五條（欠一），卷三七條，卷四二十五條，卷五十六條，卷六十七條，卷七十八條，卷八十七條，共百四十條。初刻每半葉九行，行二十字，有圈句。潘刻行款與集釋同，每半葉十一行，行廿二字。

〔二〕卷一至七，經義。

〔三〕初刻卷一第一條。

〔四〕初刻卷一第二條。

〔五〕初刻卷一第三條。

〔六〕初刻卷一第四條。

〔七〕初刻卷一第五條。

〔八〕初刻卷一第六條。

〔九〕初刻卷一第七條。

〔十〕初刻卷一第八條。

〔十一〕初刻卷一第九條。

〔十二〕初刻卷一第十條。

〔十三〕初刻卷一第十一條。

〔十四〕初刻卷一第十二條。

〔十五〕初刻卷一第十五條。

〔十六〕初刻卷一第十三條，題曰「國風」。

〔十七〕初刻卷二第一條，祇題「春秋」二字。

〔十八〕初刻卷二第二條。

〔十九〕初刻卷二第三條，題作「王十月」。

〔二十〕初刻卷二第四條。

〔二一〕初刻卷二第五條。

〔二二〕初刻卷二第七條。

〔二三〕初刻卷二第六條。

〔二四〕初刻卷二第九條。

〔二五〕初刻卷二第八條，無「卿」字。

〔二六〕初刻卷二第十條。
〔二七〕初刻卷二第十一條。
〔二八〕此下元本卷五。元本者亭林元本。黄本乃據潘本者也。今本四、五、六、八卷，元本皆分爲二卷；今本十四、十五，十六、十七，十九、二十，二十八、二十九卷，元本皆合爲一卷，故總卷數仍三十二卷。
〔二九〕初刻卷二第十二條。
〔三十〕初刻卷二第十三條。
〔三一〕初刻卷二第十四條。
〔三二〕初刻卷二第十五條。
〔三三〕以下公羊。
〔三四〕初刻卷二第十六條。
〔三五〕以下穀梁。
〔三六〕初刻卷二第十七條。
〔三七〕以下元本卷六。
〔三八〕初刻卷二第二十條。
〔三九〕初刻卷二第十八條。
〔四十〕初刻卷二第十九條。
〔四一〕初刻卷二第二十一條。

〔四二〕以下元本卷七。以下儀禮。

〔四三〕初刻卷二第二十四條。

〔四四〕以下元本卷八。

〔四五〕初刻卷一第十四條，題曰「公姓」。

〔四六〕初刻卷二第二十二條。因國後，初刻有車弓矢一條。

〔四七〕潘本目漏此條。

〔四八〕初刻卷二第二十五條。

〔四九〕以下元本卷九。

〔五十〕有録無書。超案：今在正文中補入。

〔五一〕初刻卷三第一條。

〔五二〕初刻卷三第二條。

〔五三〕以下元本卷十。初刻卷三第三條。

〔五四〕初刻卷三第四條。

〔五五〕初刻卷三第五條。

〔五六〕初刻卷三第六條。

〔五七〕初刻卷三第七條。

〔五八〕以下元本卷十一。卷八至十二，政事。

〔五九〕初刻卷四第一條。
〔六十〕初刻卷四第二條。
〔六一〕初刻卷四第三條。
〔六二〕初刻卷四第四條。
〔六三〕初刻卷四第五條。
〔六四〕初刻卷四第六條。
〔六五〕初刻卷四第七條。
〔六六〕以下元本卷十二。
〔六七〕以下元本卷十三。
〔六八〕初刻卷四第八條，題曰「部刺史」。
〔六九〕初刻卷四第九條。
〔七十〕初刻卷四第十條。
〔七一〕初刻卷四第十一條。
〔七二〕初刻卷四第十二條。
〔七三〕以下元本卷十四。
〔七四〕初刻卷四第十五條。
〔七五〕初刻卷四第十六條，題曰「青苗錢」，甚略。

〔七六〕初刻卷四第十七條。
〔七七〕初刻卷四第十八條。
〔七八〕初刻卷四第十九條。
〔七九〕初刻卷四第二十條。
〔八十〕初刻卷四第二十一條。
〔八一〕以下元本卷十五。
〔八二〕初刻卷四第二十二條。
〔八三〕初刻卷四第二十三條。
〔八四〕初刻卷四第二十四條。
〔八五〕初刻卷四第二十五條。
〔八六〕以下元本卷十六。
〔八七〕以下元本卷十七。世風。
〔八八〕初刻卷四第十三條。
〔八九〕初刻卷四第十四條。
〔九十〕潘本目漏此條。
〔九一〕以下元本卷十八。卷十四、十五，禮制。
〔九二〕初刻卷六第二條。

〔九三〕初刻卷六第三條。
〔九四〕初刻卷六第十二條。
〔九五〕初刻卷六第十三條。
〔九六〕以下元本卷十九。卷十六、十七，科舉。
〔九七〕初刻卷五第一條。
〔九八〕初刻卷五第二條。
〔九九〕初刻卷五第三條。
〔一〇〇〕初刻卷五第四條。
〔一〇一〕初刻卷五第五條。
〔一〇二〕初刻卷五第六條。
〔一〇三〕初刻卷五第七條。
〔一〇四〕初刻卷五第八條。
〔一〇五〕初刻卷五第十條。
〔一〇六〕初刻卷五第十一條。
〔一〇七〕初刻卷五第九條。
〔一〇八〕初刻卷五第十二條。
〔一〇九〕初刻卷五第十三條。

〔一一〇〕初刻卷五第十四條。
〔一一一〕初刻卷五第十五條。元本此條在史學條後，恩科、年齒二條在座主門生條之前。
〔一一二〕初刻卷五第十六條。
〔一一三〕以下元本卷二十。卷十八至廿一，藝文。
〔一一四〕李贄、鍾惺二條潘本無。
〔一一五〕以下元本卷廿一。
〔一一六〕「古人」，書作「古文」，潘本目亦作「文」。
〔一一七〕初刻卷七第十一條。
〔一一八〕初刻卷七第十二條。
〔一一九〕初刻卷七第十三條。
〔一二〇〕初刻卷七第十四條。
〔一二一〕以下元本卷廿二。
〔一二二〕初刻卷七第十五條。
〔一二三〕潘本此條在陸機文誤後。
〔一二四〕初刻卷七第十六條。
〔一二五〕初刻卷七第十七條。
〔一二六〕初刻卷七第十八條。

〔一二七〕以下元本卷廿三。卷廿二至廿四，雜論名義。
〔一二八〕初刻卷八第一條。
〔一二九〕初刻卷六第一條。
〔一三〇〕初刻卷八第二條。
〔一三一〕初刻卷八第三條。
〔一三二〕初刻卷六第四條。
〔一三三〕初刻卷六第五條。
〔一三四〕初刻卷六第六條。
〔一三五〕初刻卷六第七條。
〔一三六〕初刻卷六第八條。
〔一三七〕初刻卷六第九條。
〔一三八〕初刻卷六第十條。
〔一三九〕初刻卷六第十一條。
〔一四〇〕以下元本卷廿四。
〔一四一〕初刻卷七第一條。
〔一四二〕初刻卷七第二條。
〔一四三〕初刻卷七第三條。

〔一四四〕初刻卷七第四條。
〔一四五〕初刻卷七第五條。
〔一四六〕初刻卷七第六條，題曰「宋初尚避唐諱」。
〔一四七〕以下元本卷廿五。
〔一四八〕初刻卷七第七條。
〔一四九〕初刻卷七第八條。
〔一五〇〕初刻卷七第九條。
〔一五一〕初刻卷七第十條。
〔一五二〕以下元本卷廿六。古事真妄。
〔一五三〕以下元本卷廿七。史法。
〔一五四〕以下元本卷廿八。注書。
〔一五五〕陶淵明詩注以下四條，潘本目漏。
〔一五六〕以下元本卷廿九。雜事。
〔一五七〕初刻卷六第十四條。
〔一五八〕左衽前元本有胡服一條。超案：今在正文中補入。
〔一五九〕初刻卷六第十五條。
〔一六〇〕初刻卷六第十六條。

〔一六一〕兵及外國事。
〔一六二〕以下元本卷三十。天象術數。
〔一六三〕初刻卷六第十七條。
〔一六四〕以下元本卷卅一。地理。
〔一六五〕初刻卷八第六條。
〔一六六〕初刻卷八第七條。
〔一六七〕初刻卷八第四條。
〔一六八〕初刻卷八第五條。
〔一六九〕初刻卷八第九條。
〔一七〇〕初刻卷八第十條。
〔一七一〕初刻卷八第八條。
〔一七二〕初刻卷八第十一條。
〔一七三〕初刻卷八第十三條。
〔一七四〕初刻卷八第十二條。
〔一七五〕初刻卷八第十四條。
〔一七六〕初刻卷八第十五條。
〔一七七〕此條潘本無。

〔一七八〕初刻卷八第十六條。
〔一七九〕初刻卷八第十七條。
〔一八〇〕楚丘、東昬二條，鈔本在昔陽條下。
〔一八一〕以下元本卷卅二。雜考證。

四庫全書日知録提要

日知録三十二卷〔一〕。國朝顧炎武撰。炎武有左傳杜解補正，已著録。是書前有自記，稱「自少讀書，有所得輒記之。其有不合，時復改定。或古人先我而有者，則遂削之。積三十餘年，乃成一編」。蓋其一生精力所在也。書中不分門目，而編次先後則略以類從。大抵前七卷皆論經義，八卷至十二卷皆論政事，十三卷論世風，十四卷、十五卷論禮制，十六卷、十七卷皆論科舉，十八卷至二十一卷皆論藝文，二十二卷至二十四卷雜論名義，二十五卷論古書真妄，二十六卷論史法，二十七卷論注書，二十八卷論雜事，二十九卷論兵及外國事，三十卷論天象術數，三十一卷論地理，三十二卷爲雜考證〔二〕。炎武學有本原，博贍而能通貫，每一事必詳其始末，參以證佐，而後筆之於書，故引據浩繁，而牴牾者少。非如楊慎、焦竑諸人，偶然涉獵，得一義之異同，知其一而不知其二者。閻若璩作潛邱劄記，嘗補正此書五十餘條〔三〕。若璩之婿沈儼特著其事於序中。趙執信作若璩墓誌，亦特書其事。若璩博極羣書，睥睨一代，雖王士禎諸人，尚謂不足當抨擊，獨於詰難此書，沾沾自喜，則其引炎武爲重可概見矣。然所駁或當或否，亦互見短長，要不足爲炎武病也。惟炎武生於明末，喜談經世之務，激於時事，慨然以復古爲志，其説或迂而難行，或愎而過鋭。觀所作音學五書後序，至謂聖人復起，必舉今日之音而還之淳古，是豈可行之事乎？潘耒作是書序，乃盛稱其經濟，而以考據精詳爲末務，殆非篤論矣。

〔一〕日知録卅二卷本，係康熙卅四年遂初堂刻本。四庫著録雜家類三。

〔二〕亭林與人書言，日知録「上篇經術，中篇治道，下篇博聞，共三十餘卷」。前七卷經術，八至十七，凡十卷治道，十八至卅二，凡十五卷博聞。

〔三〕先生萬曆四十一年癸丑生，康熙廿一年壬戌卒，年七十。閻百詩崇禎九年丙子生，康熙四十三年甲申卒，年六九，少先生廿三歲。眷西堂家刻本潛丘劄記卷四下、吳玉搢改編本劄記卷五，補正日知録凡四十條，此云五十餘條誤。

黄汝成日知録集釋叙

叙曰：自明體達用之學不修，儁生鉅材，日事纂述，而鴻通瓌異之資，遂率隳敗於詞章訓詁、襞績破碎之中。漢時經術修明，賢哲著書，大都采擇傳記百家，論説時政與己志而已。魏晉以降，著録始廣，唐以後遂歧分爲數家。其善者自典章經制、文物度數，以及佛老之書、徼裔之迹，莫不明其因革損益，巨細本末，號稱繁博。然求其坐而言，可起而行，修諸身心，達於政事者，不數覯焉。崑山顧亭林先生，質敏而學勤，誼醇而節峻，出處貞亮，固已合於大賢。雖遭明末喪亂，遷徙流離，而撰述不廢，先後成書二百餘卷，閎廓奥賾，咸職體要，而智力尤瘁者此也。其言經史之微文大義，良法善政，務推禮樂德刑之本，以達質文否泰之遷嬗，錯綜其理，會通其旨。至於賦税田畝，職官選舉，錢幣權量，水利河渠，漕運鹽鐵，人材軍旅，凡關家國之制，皆洞悉其所由盛衰利弊，而慨然著其化裁通變之道，詞尤切至明白。其餘考辨，亦極賅洽。易曰：「言天下之至賾而不可惡也，言天下之至動而不可亂也。」又曰：「困者德之辨也。」傳曰：「仁人之言，其利溥哉。」豈非善成其鴻通瓌異之資，而畢出於體用焉哉。元明諸儒，其流失喜空言心性，凡講説經世之事者，則又迂執寡要。

先生因時立言，頗綜覈名實。意雖救偏，而議極峻正。直俟諸百世不惑，而使天下曉然於儒術之果可尊信者也。汝成鑽礱是書，屢易寒暑，又得潘檢討删飾元本，閻徵君、沈鴻博、錢宫詹、楊大令四家校本。先生討論既夥，不能無少少滲漏，四家引申辯證，亦得失互見，然實爲是書羽翼也。用博采諸家疏説傳注名物、古制、時務者，條比其下。伏處海濱，見聞孤陋，又耆碩著書富邃，而義無可坿，則亦闕諸。竊慮踳駮，有踰簡略。嗚呼！學識遠不逮先生毛髮，而欲以微埃涓流，上益海岱之崇深，抑愚且妄矣。然先生之體用具在，學者循其唐塗以窺賢聖制作之精，則區區私淑之心，識小之指，或不重爲世所詬病者矣。書凡三十二卷，篇帙次第，略不改易。集釋條目，諸賢名氏里爵，具列於後，而輒著其大指於篇。

先生著述閎通，是書理道尤博，學術政治，皆綜隆替，視彼窾言，奚啻瓶智。自康熙三十四年吴江潘檢討刻於閩中，流行既久，刊劂多譌，潛邱諸君，皆有斠正。今兹集釋，即緣爲權輿，復廣加鈎析，脱字既增，誤文亦削。諸君别著，論篹雖殊，指意可并，則亦附諸。至先生所纂金石文字記、山東考古録、石經考、五經同異、音學五書、郡國利病書、亭林詩文集、菰中隨筆等書，凡藉參稽，亟爲抉擇。若異徑庭，不引詮訓。至漢唐及明，經史傳紀、諸子雜家，皆先生博綜穿穴，兹更無事駢枝。凡所稱引，率斷自先生同時及後賢所述。先生問學浩博，論説深遠，專綜大綱，或忘識小。諸家辨駁，其無關閎旨者勿論，間有異同，轉滋歧舛。用援鄭詁禮經、顏注漢、史之例，拾遺元文，參以私測，更列衆言，加之融釋。諸經訓纂、衆史傳志，其文可互通者，悉隨先生所録疏明。至義類所觸，或摭實略虚，或舍新徵舊。又逸書别史、諸子百家，分見少殊，援引斯異，亦隨所列之文，所據之本，略事鈎甄，以祛觝滯。

先生負經世之志，著資治之書，舉措更張，言尤慨切。第世異盛衰，則論貴參伍，求棟買轂，何殊區霿。爰竭顓愚，略疏偏激，不爲掉磬，間陳一孔。雖會幾深，終慚和繆。又先生留心時務，奏議文書，事關利害，皆入簡編，今有發明，廣爲采厠。著書誠尚雅馴，立説亦爭要領。或節録其篇，或咸登其論。理勢恐失其真，辭氣多仍其筆，亦準全書，惟求實事。至於詞原曲喻，隱多未正，既輒舛馳，闕疑云爾。

世嬗歲遷，學者輩出。參考古今，蔚成宏傑。其論治體要道，經術文章，器識雖殊，穿并則一。間著名理，有出先生論述外者，既綜疏列。至於考證諸家，意主搜羅，凡所引稱，時至繳繞，今入注文，但取證明，奚事炫博，輒加删節，歸諸簡覈。若語有繁略，理無醇疵，既列其凡，不廣附麗。

疏説既繁，主名難一，氏族不署，淆舛易滋。然或同籍系，罔辨纂言，既異存亡，須分著録。始輯注文，但稱某氏，惟氏同則殊以官，謚同則加以地。其他區異，恉亦準斯。至同時材哲，則概著其名，事取標題，義無軒輊。第上相位崇，守土分別，兼獲師承，宜謹書策，少變其文，復同前例。叔重解字，引賈逵之説，書官以尊；康成治詩，重毛公之賢，稱箋自下。爰式先儒，用慎操翰。

○潘氏耒，字次耕，吴江人。康熙間舉博學鴻詞，官檢討。元刪録本、通行刊本〔一〕。

閻氏若璩，字百詩，太原人。康熙間舉博學鴻詞。元校本〔二〕。

楊氏名寧，字簡在，江陰人。拔貢生，官知縣。元校本〔三〕。

沈氏彤，字冠雲，吴江人。乾隆初舉博學鴻詞。元校本〔四〕。

錢氏大昕，字曉徵，嘉定人。官少詹事。元校本〔五〕。

談氏允厚，字厚臣，嘉定人〔六〕。

胡氏承諾，字君信，一字石莊，石門人。舉人〔七〕。

王處士錫闡，字寅旭，吴江人〔八〕。

張氏爾岐，字稷若，濟陽人〔九〕。

○陸氏世儀，字道威，太倉人〔十〕。

唐氏甄，字鑄萬，夔州人。舉人。官知縣〔十一〕。

陸清獻隴其，字稼書，平湖人。進士，官御史，從祀廟庭〔十二〕。

○魏鴻博禧，字冰叔，寧都人。康熙間舉博學鴻詞〔十三〕。
李文貞光地，字晉卿，安溪人。官大學士〔十四〕。
○徐司寇乾學，字原一，崑山人。進士〔十五〕。
朱檢討彝尊，字錫鬯，秀水人。康熙間舉博學鴻詞〔十六〕。
○慕氏天顔，字鶴鳴，静寧人。進士，官漕運總督〔十七〕。
○儲大令方慶，字廣期，宜興人。進士〔十八〕。
嚴太僕虞惇，字寶成，常熟人。進士〔十九〕。
姜氏宸英，字西溟，慈溪人。官編修〔二十〕。
○方侍郎苞，字靈皋，桐城人。進士〔二一〕。
惠侍讀士奇，字天牧，吴縣人。進士〔二二〕。
○任氏源祥，字王谷，宜興人〔二三〕。
○王給事命岳，字伯咨，晉江人〔二四〕。
陳氏啓源，字長發，吴江人〔二五〕。
梅氏文鼎，字定九，宣城人〔二六〕。
臧氏琳，字玉林，武進人〔二七〕。

○邱氏嘉穗，字秀瑞，舉人，浙江人〔二八〕。

○陳庶子遷鶴，字介石，安溪人〔二九〕。

○楊編修繩武，字文叔，吳縣人〔三十〕。

顧司業棟高，字復初，無錫人〔三一〕。

○陳文恭宏謀，字汝咨，臨桂人。官大學士〔三二〕。

○陳總兵倫烱，字資齋，同安人〔三三〕。

○曹給事一士，字諤庭，上海人。進士〔三四〕。

汪氏師韓，字抒懷，錢塘人。官編修〔三五〕。

柴氏紹炳，字虎臣，仁和人〔三六〕。

○謝中丞敏，字肅齋，武進人〔三七〕。

○陳通政兆崙，字句山，錢塘人。乾隆初舉博學鴻詞。庶吉士〔三八〕。

全氏祖望，字紹衣，鄞縣人。乾隆初舉博學鴻詞〔三九〕。

陳鴻博黄中，字和叔，吳縣人。乾隆初舉〔四十〕。

徐鴻博文靖，字位山，當塗人。乾隆初舉〔四一〕。

○喬氏光烈，字敬亭，上海人。進士，官巡撫〔四二〕。

○裘文達曰修，字叔度，新建人。進士，官尚書〔四三〕。

○宮氏獻瑶，字瑜卿，安溪人。官洗馬〔四四〕。

○王方伯太岳，字芥子，定興人。進士〔四五〕。

姚氏範，字南青，桐城人。官編修〔四六〕。

江氏永，字慎修，婺源人〔四七〕。

盧氏文弨，字紹弓，餘姚人。侍講學士〔四八〕。

○陸中丞燿，字青來，吳江人。舉人〔四九〕。

莊侍郎存與，字方耕，武進人。進士及第〔五十〕。

王氏鳴盛，字鳳喈，嘉定人。光禄寺卿。進士及第〔五一〕。

○黄氏中堅，字震生，吳縣人〔五二〕。

戴氏震，字東原，休寧人。庶吉士〔五三〕。

趙氏翼，字雲崧，陽湖人。貴西兵備道。進士及第〔五四〕。

姚刑部鼐，字姬傳，桐城人。進士〔五五〕。

○柴御史潮生〔五六〕。

○胡御史蛟齡〔五七〕。

○楊侍郎永斌〔五八〕。

○王上舍應奎，字柳南，常熟人〔五九〕。

孫氏志祖，字頤谷，仁和人。進士。官御史〔六十〕。

惠氏棟，字定宇。侍讀子〔六一〕。

鳳氏韶，字德隆。歲貢生，江陰人〔六二〕。

朱氏澤澐，字止泉，寶應人〔六三〕。

錢徵士大昭，字晦之，嘉定人。嘉慶初舉孝廉方正〔六四〕。

梁氏玉繩，字曜北，錢塘人〔六五〕。

汪明經中，字容甫，江都人〔六六〕。

劉學博台拱，字端臨，寶應人〔六七〕。

莊大令述祖，字葆琛。進士，陽湖人〔六八〕。

莊氏綬甲，字卿姍，大令子〔六九〕。

錢學博塘，字岳源，嘉定人。進士〔七十〕。

○洪氏亮吉，字稚存，陽湖人。官編修〔七一〕。

桂氏馥，字未谷，曲阜人。進士。官知縣〔七二〕。

孫兵備星衍，字淵如，陽湖人。進士及第[七三]。
凌氏廷堪，字次仲，歙人。進士，官教授[七四]。
雷氏學淇，字介庵，直隸通州人。進士[七五]。
張大令雲璈，字仲雅，錢塘人。舉人[七六]。
○陳同知斌，字白雲，德清人。進士[七七]。
○程方伯含章，字月川，景南人。舉人，巡撫，左遷布政使[七八]。
劉氏逢禄，字申受，武進人。進士，官禮部主事[七九]。
陸學博珣，字子劭，嘉定人[八十]。
○管氏同，字異之，上元人。舉人[八一]。
沈明經宇，字啓大，嘉定人[八二]。
○劉明經開，字孟塗，桐城人[八三]。
○嚴氏如熤，字樂園，溆浦人。孝廉方正，官按察使[八四]。
沈學博欽韓，字文起，舉人，吴縣人[八五]。
○阮閣部元，字伯元，儀徵人。今官協辦大學士、雲貴總督[八六]。
○陶宫保澍，字雲汀，安化人。進士，今官兵部尚書、兩江總督[八七]。

方東樹，字植之，桐城人〔八八〕。

姚大令瑩，字石甫，桐城人。進士，今官江蘇知縣〔八九〕。

周濟，字保緒，荆溪人。進士，今官教授〔九十〕。

魏源，字默深，邵陽人。舉人，今官内閣中書〔九一〕。

○張生洲，字淵甫，吳江人。舉人，今官教諭〔九二〕。

○謝占壬，字□□，寧波人〔九三〕。

○施彦士，字樸齋，崇明人。舉人，今官知縣〔九四〕。

徐璈，字六襄，桐城人。進士，今官知縣〔九五〕。

左暄，字春谷，涇縣人〔九六〕。

道光十四年五月嘉定後學黄汝成叙録〔九七〕。

〔一〕卷十二，頁十四。黄汝成曾見元刪録本，而未見初刻八卷本。徐松、張穆爲先生年譜，亦未見八卷本。閻譜三，康熙九年條引徐譜云，初刻本有七七一條，見全謝山經史問答。其實即今八卷本二，三年之喪條（潘本五）末段偶及之，潘本已删去。全説爲李遇孫續補正所駁。所引者其言，應舉其書，今舉其官何益？且或稱氏，或稱謚，或稱官，無甚意義。凡以○爲識者，引自經世文編。

〔二〕凡五七條。
〔三〕凡二百七八條。
〔四〕凡百四三條。
〔五〕凡百六四條。
〔六〕卷廿六，頁卅四。
〔七〕凡十條。
〔八〕卷六，頁十二。
〔九〕卷十四，頁十八、又頁廿四。
〔十〕卷十一，頁卅；卷廿四，頁十九；卷三十，頁四、又十六。
〔十一〕卷九，頁卅六、又四三；卷十，頁廿一。
〔十二〕卷七，頁卅一；卷八，頁卅九，卷十三，頁十。
〔十三〕卷十六，頁十二。
〔十四〕卷三，頁十；卷十三，頁卅二。
〔十五〕卷十五，頁六。
〔十六〕卷七，頁卅；卷十六，頁十八。
〔十七〕卷十一，頁十七。
〔十八〕卷十七，頁四一。

〔十九〕卷三，頁廿九。

〔二十〕卷九，頁五；卷卅一，頁四四。

〔二一〕卷十三，頁卅四。

〔二二〕凡八條。

〔二三〕卷十一，頁廿。

〔二四〕卷十七，頁卅七。

〔二五〕卷三，頁二、又廿三；卷七，頁卅一。

〔二六〕卷卅，頁一。

〔二七〕凡六條。

〔二八〕卷十一，頁卅。

〔二九〕卷七，頁廿七。

〔三十〕卷十三，頁六。

〔三一〕卷四，頁十八；卷十一，頁廿八；卷廿七，頁十。

〔三二〕卷十，頁廿一。

〔三三〕卷廿九海師條引，頁五。

〔三四〕卷十，頁七。

〔三五〕凡十一條。

〔三六〕卷十三，頁十、卅二、四十；卷十四，頁廿八。

〔三七〕卷廿，頁廿七。

〔三八〕卷廿八，頁十八。

〔三九〕凡十二條。

〔四十〕卷九，頁卅四；卷十二，頁卅七。

〔四一〕卷二，頁廿二。

〔四二〕卷十一，頁卅。

〔四三〕卷十二，頁卅八、卅九、四十。

〔四四〕「宫氏」爲「官氏」之誤。卷十二，頁廿七。

〔四五〕卷十一，頁卅五。

〔四六〕凡五條。

〔四七〕凡八條。

〔四八〕卷廿七，頁十二。

〔四九〕卷十四，頁廿六。

〔五十〕凡十一條。

〔五一〕凡廿條。卷十三名教條注引程編修（晉芳），何以此獨缺；卷十三家事條注引章典籍（學誠），此亦缺。

〔五二〕卷十六，頁五。

〔五三〕卷五，頁二。

〔五四〕凡四一條。

〔五五〕凡十二條。

〔五六〕卷十二，頁三。

〔五七〕卷十，頁七。

〔五八〕卷十開墾荒地條。

〔五九〕卷十，頁十一。

〔六十〕凡十七條。

〔六一〕凡十三條。

〔六二〕卷二，頁廿九顧命條；卷十四，頁廿七；卷廿八，頁三。

〔六三〕卷五，頁十七。

〔六四〕卷三，頁四、又十、十八、十九。

〔六五〕凡四六條。

〔六六〕卷廿二，頁六。

〔六七〕卷廿九，頁十九。

〔六八〕卷二，頁廿二；卷廿二，頁十四。

〔六九〕卷一，頁三。

〔七十〕卷二，頁十；卷廿七，頁十七；卷卅，頁廿一。
〔七一〕卷廿九，頁廿九。
〔七二〕卷四，頁五十；卷廿三，頁十。
〔七三〕卷二，頁卅六；卷十四，頁一。
〔七四〕卷廿八，頁四。
〔七五〕凡十七條。
〔七六〕卷十，頁十九；卷廿，頁六；卷廿七，頁四一。
〔七七〕卷十二，頁廿六。
〔七八〕卷廿九，頁八。
〔七九〕凡五條。
〔八十〕卷一，頁十五；卷四，頁廿三；卷卅，頁廿。
〔八一〕卷八，頁廿三法制條。
〔八二〕卷一，頁十四；卷廿七，頁廿三。
〔八三〕卷十七，頁卅三、卅四。
〔八四〕卷卅，頁廿九。
〔八五〕凡九條。
〔八六〕卷廿九，頁十七。

〔八七〕卷廿九，頁十七、十九。

〔八八〕卷十八，頁十六；卷十九，頁四。

〔八九〕卷八，頁卅九。

〔九十〕卷十二，頁卅三。以下稱名。

〔九一〕卷三，頁八。

〔九二〕卷十五，頁廿。

〔九三〕卷廿九，頁十二海運條引。謝占壬字，原刻本亦闕。

〔九四〕卷廿九，頁十六海運條引。

〔九五〕卷三，頁廿六。

〔九六〕凡八條。

〔九七〕凡案語百七七條。汝成號潛夫，縣廩膳生。耆獻類徵經學十有毛嶽生撰墓誌銘。卒於道光十七年，年三十九。道光十四年，時年三十六。毛撰墓誌見休復居文集五。又李兆洛養一齋文集十四有黄潛夫家傳，葛其仁味經齋文集五有黄潛夫傳。

原　序〔一〕

有通儒之學，有俗儒之學，學者將以明體適用也。綜貫百家，上下千載，詳考其得失之故，而斷之於心，筆之於書，朝章國典，民風土俗，元元本本，無不洞悉，其術足以匡時，其言足以救世，是謂通儒之學。若夫雕琢辭章，綴輯故實，或高談而不根，或勦説而無當，淺深不同，同爲俗學而已矣。自宋迄元，人尚實學，若鄭漁仲、王伯厚、魏鶴山〔二〕、馬貴與之流，著述具在，皆博極古今，通達治體，曷嘗有空疎無本之學哉。明代人才輩出，而學問遠不如古。自其少時鼓篋讀書，規模次第，已大失古人之意，名成年長，雖欲學而無及。間有豪儁之士，不安於固陋，而思嶄焉自見者，又或採其華而棄其實，識其小而遺其大。若唐荆川、楊用修、王弇州、鄭端簡，號稱博通者，可屈指數，然其去古人有間矣。崑山顧寧人先生，生長世族，少負絶異之資，潛心古學，九經諸史，略能背誦，尤留心當世之故，實録、奏報，手自抄節，經世要務，一一講求。當明末年，奮欲有所自樹，而迄不得試，窮約以老。然憂天閔人之志，未嘗少衰，事關民生國命者，必窮源溯本，討論其所以然。足跡半天下，所至交其賢豪長者，考其山川風俗，疾苦利病，如指諸掌。精力絶人，無他嗜好，自少至老，未嘗一日廢書。出必載書數簏自隨，旅店少休，披尋搜討，曾無倦色。有一疑義，反復參考，必歸於至當。有一獨見，援古證今，必暢其説而後止。當代文人才士甚多，然語學問，必斂衽推顧先生。凡制度典禮有不能明者，必質諸先生；墜文軼事有不知者，必徵諸先生。先生手畫口誦，探源竟委，人人各得其意去。天下無賢不肖，皆知先生爲通儒也。先生著書不一種，此日知録，則其稽古有得，隨時劄記，久而類次成書者。凡經義史學、官方吏治、財賦典禮、輿地藝文之屬，一一疏通其源流，考正其謬誤。至於嘆禮教之衰遲，傷風俗之頹敗，則古稱先，規切時弊，尤爲深切著明。學博而識精，理到而辭達。是書也，意惟宋元名儒能爲之，明三百年來殆未有也。耒少從先生游，嘗手授是書。先生没，復從其家求得手稿〔三〕，較勘再三，繕寫成帙，與先生之甥刑部尚書徐公健庵、大學士徐公立齋謀刻之而未果。二公繼没，耒念是書不可以無傳，携至閩中。年友汪悔齋贈以買山之資，舉畀建陽丞葛受箕，鳩工刻之以行世。嗚呼，先生非一世之人，此書非一世之書也。魏司馬朗復井田之議，至易代而後行；元虞集京東水利之策，至異世而見用。立言不爲一時，録中固已言之矣。異日有整頓民物之責者，讀是書而憬然覺悟，採用其説，見諸施行，於世道人心，實非小補。如第以考據之精詳，文辭之博辨，嘆服而稱述焉，則非先生所以著此書之意也。

康熙乙亥〔四〕仲秋，門人潘耒拜述。

〔一〕稱「原序」不如稱「潘序」。
〔二〕魏鶴山長王伯厚四十五歲。
〔三〕初刻八卷絶不一提，何也？
〔四〕康熙卅四年，時先生卒後十三年。

顧炎武初刻日知録自序〔一〕

炎武所著日知録，因友人多欲鈔寫，患不能給，遂於上章閹茂之歲〔二〕，刻此八卷。歷今六七年〔三〕，老而益進，始悔向日學之不博，見之不卓，其中疏漏，往往而有。而其書已行於世不可掩，漸次增改，得二十餘卷，欲更刻之，而猶未敢自以爲定，故先以舊本質之同志。蓋天下之理無窮，而君子之志於道也，不成章不達，故昔日之得，不足以爲矜；後日之成，不容以自限。若其所欲明學術，正人心，撥亂世以興太平之事，則有不盡於是刻者。須絶筆之後，藏之名山，以待撫世宰物者之求。其無以是刻之陋而棄之，則幸甚。

〔一〕「初刻」上應加「再印」二字。見文集二。

〔二〕康熙九年庚戌，時先生五十八歲。

〔三〕此云歷今六七年，當爲康熙十五年丙辰，先生六十四歲。

顧炎武與人書五通

與人書十〔一〕

嘗謂今人纂輯之書，正如今人之鑄錢。古人采銅於山，今人則買舊錢，名之曰廢銅，以充鑄而已。所鑄之錢既已麤惡，而又將古人傳世之寶舂剉碎散，不存於後，豈不兩失之乎？承問日知録又成幾卷，蓋期之以廢銅，而某自别來一載，早夜誦讀，反復尋究，僅得十餘條，然庶幾采山之銅也。

〔一〕見文集四。

與人書二十五〔一〕

君子之爲學，以明道也，以救世也。徒以詩文而已，所謂雕蟲篆刻，亦何益哉？某自五十以後〔二〕，篤志經史。其於音學，深有所得，今爲五書，以續三百篇以來久絶之傳。而別著日知録，上篇經術，中篇治道，下篇博聞，共三十餘卷。有王者起，將以見諸行事，以躋斯世於治古之隆，而未敢爲今人道也。向時所傳刻本，乃其緒餘耳。

〔一〕見文集四。
〔二〕康熙元年，先生五十。

與潘次耕書〔一〕

日知録，再待十年。如不及年，此「年」字如「不復年」之「年」。則以臨終絶筆爲定。彼時自有受之者，而非可預期也。

〔一〕見文集四。

與楊雪臣書〔一〕

向者日知録之刻，謬承許可。比來學業稍進，亦多刊改。意在撥亂滌汙，法古用夏，啓多聞於後學，待一治於後王。自信其書之必傳，而未敢以示人也。

〔一〕見文集六。

與友人論門人書〔一〕

所著日知録三十餘卷，平生之志與業，皆在其中。惟多寫數本以貽之同好，庶不爲惡其害己者之所去。而有王者起，得以酌取焉，其亦可以畢區區之願矣。

〔一〕見文集三。

日知録校注卷一〔一〕

〔一〕潘氏原刻，亦每半頁十一行，行廿二字。元鈔本題目低二格。

三　易

夫子言包羲氏始畫八卦，不言作易，而曰：「易之興也，其於中古乎。」又曰：「易之興也，其當殷之末世，周之盛德邪，當文王與紂之事邪。」〔一〕是文王所作之辭，始名爲易。而周官大卜「掌三易之法，一曰連山，二曰歸藏，三曰周易。」〔二〕連山、歸藏非易也，而云三易者，後人因易之名，以名之也。猶之墨子書言：「周之春秋」、「燕之春秋」、「宋之春秋」、「齊之春秋」。周、燕、齊、宋之史，非必皆春秋也，而云春秋者，因魯史之名以名之也〔三〕。

〔一〕「包」或作「庖」，或作「伏」，或作「虙」；「羲」或作「犧」，或作「戲」。「包」、「伏」雙聲。兩引「易之興也」均見繫辭下。

〔二〕春官宗伯下。

〔三〕墨子卷八明鬼下。此有翻譯意。

左傳僖十五年，戰於韓，卜徒父筮之曰吉。其卦遇蠱，曰：「千乘三去，三去之餘，獲其雄狐。」〔一〕成十六年，戰於鄢陵，公筮之，史曰吉。其卦遇復，曰：「南國蹙，射其元，王中厥目。」〔二〕此皆不用周易，而別有引據之辭，即所謂三易之法也。卜徒父以卜人而掌此，猶周官之大卜。而傳不言易〔三〕。

〔一〕秦伐晉。徒父，秦之掌卜者。

〔二〕晉伐鄭，楚子救鄭，戰於鄢陵（鄭地），晉厲公筮之。蠱、復皆上經。

〔三〕傳，左氏傳也。

重卦不始文王

大卜掌三易之法，其經卦皆八，其別皆六十有四〔一〕。考之左傳，襄公九年〔二〕，穆姜遷於東宮，筮之，遇艮之隨〔三〕。姜曰：「是於周易，曰隨，元亨利貞，无咎。」獨言「是於周易」，則知夏、商皆有此卦，而重八卦爲六十四者，不始於文王矣。

〔一〕上經三十，下經三十四。

〔二〕上引左傳不稱公，此稱公，無定例。

〔三〕隨上經，艮下經。

朱子周易本義〔一〕

周易自伏羲畫卦，文王作彖辭，周公作爻辭〔二〕，謂之經。經分上下二篇。孔子作十翼，謂之傳。傳分十篇：彖傳上下二篇，象傳上下二篇，繫辭傳上下二篇，文言、説卦傳、序卦傳、雜卦傳各一篇。漢書藝文志：「易經十二篇。」師古曰：「上下經及十翼，故十二篇。」孔氏正義曰：「十翼者，上彖一，下彖二，上象三，下象四，上繫五，下繫六，文言七，説卦八，序卦九，雜卦十。」陸德明釋文曰：「太史公論六家要旨，引天下同歸而殊途，一致而百慮，謂之易大傳。班固謂，孔子晚而好易，讀之韋編三絶，而爲之傳，傳即十翼也。前漢六經與傳皆别行，至後漢諸儒，始合經傳爲一。」自漢以來，爲費直、鄭玄〔三〕、王弼所亂，取孔子之言，逐條附於卦爻之下，程正叔傳〔四〕因之。及朱元晦本義，始依古文。故於周易上經條下云：「中間頗爲諸儒所亂。近世晁氏始正其失，而未能盡合古文。呂氏又更定，著爲經二卷，傳十卷，乃復孔氏之舊云。」〔五〕洪武初，頒五經天下儒學，而易兼用程、朱二氏，亦各自爲書。永樂中修大全，乃取朱子卷次，割裂附之程傳之後。易經大全凡例曰：「程傳、本義既已並行，而諸家定本，又各不同，故今定從程傳元本，而本義仍以類從。」而朱子所定之古文，仍復殽亂。「彖即文王所繫之辭」，「傳者孔子所以釋經之辭也。後凡言傳放此」。此乃彖上傳條下義，今乃削「彖上傳」三字，而附於「大哉乾元」之下。「象者卦之上下兩象，及兩象之六爻，周公所繫之辭也。」乃象上傳條下義，今乃削「象上傳」三字，而附於「天行健」之下。「此篇申彖傳、象傳之意，以盡乾、坤二卦之蘊，而餘卦之説，因可以例推云。」乃文言條下義，今乃削「文言」二字，而附於「元者善之長也」之下。其「彖曰」、「象曰」、「文言曰」字，皆朱子本所無，復依程傳添入。後來士子厭程傳之多，棄去不讀，專用本義〔六〕。弘治三年會試，「物不可以苟合而已，故受之以賁」題，陳輔文，同考官楊守阯批曰：「序卦，朱子無一言以釋其義，蓋以程子於諸卦之首，疏析其義已明且盡故也。今治經者專讀本義，易卷踰八百，而知有傳者不數人。此能知之而又善作，是用録之，以激厲經生之不讀程傳者。」而大全之本，乃朝廷所頒，不敢輒改，遂即監版傳、義之本，刊去程傳，而以程之次序，爲朱之次序〔七〕。虚齋蔡清易經蒙引〔八〕謂之「今所竊刊行易經本義」。今四書版本，每張十八行，每行十七字，而注皆小字。書、詩、禮記並同。惟易每張二十二行，每行二十三字，而本義皆作大字，與各經不同，明爲後來所刻。是依監版傳、義本而刊去程傳，凡本義中言「程傳備矣」者，又添一「傳曰」而引其文，皆今代人所爲也。坊刻擅改古書，宜有嚴禁，是學臣之責。朱子詩集傳序、蔡仲默書集傳序，今南京刊大全本，改曰詩經大全序、書經大全序，此即亂刻古書之一驗。幸監本尚存，其謬亦易見爾。相傳且二百年矣。惜乎朱子定正之書，竟不得見於世，豈非此經之不幸也夫。

〔一〕初刻一之一，只有第一段，無注。周易本義十二卷，别本周易本義四卷。

〔二〕「元亨利貞」爲彖辭，「潛龍勿用」爲爻辭。解釋彖辭爲彖傳，解釋爻辭爲象傳。彖辭即卦辭，象辭即爻辭。

〔三〕「鄭玄」二字初刻無。

〔四〕程氏易傳，四庫本四卷，金陵刊本八卷，古逸叢書六卷。

〔五〕晁説之録古周易，宋史藝文志八卷，通考作十二卷。見經義考二十。吕大防周易古經，通考二卷，書録解題十卷。見經義考十九。

〔六〕初刻本末三句作「又不知何年何人，以場屋文字，義當歸一，請廢程傳，專用本義」。

〔七〕自「而大全之本」，至「爲朱之次序」，初刻本作「果行其説，即宜尋朱子本義舊本翻刻，乃又從大全中提出本義，仍是殽亂之書。其初則屈朱以就程，久則忘之」。

〔八〕蔡清，號虚齋，晉江人，成化十二年進士，見明史卷二八二儒林傳。著易經蒙引十二卷，見四庫易類五。

朱子記嵩山晁氏卦爻彖象説，謂：「古經始變於費氏，而卒大亂於王弼。」〔一〕此據孔氏正義，曰「夫子所作象辭，元在六爻經辭之後，以自卑退，不敢干亂先聖正經之辭。王輔嗣之意，以爲象者，本釋經文，宜相附近，其義易了。故分爻之象辭，各附其當爻下，如杜元凱注左傳，分經之年，與傳相附。」〔二〕故謂連合經傳始於輔嗣，不知其實本於康成也。魏志：「高貴鄉公幸太學，問博士淳于俊曰：『孔子作彖、象，鄭玄作注，其釋經義一也。今彖、象不與經文相連，而注連之，何也？』俊對曰：『鄭玄合彖、象於經者，欲使學者尋省易了也。』帝曰：『若合之，於學誠便，則孔子曷爲不合，以了學者乎？』俊對曰：『孔子恐其與文王相亂，是以不合。此聖人以不合爲謙。』帝曰：『若聖人以不合爲謙，則鄭玄何獨不謙邪？』俊對曰：『古義弘深，聖問奧遠，非臣所能詳盡。』」〔三〕是則康成之書已先合之，不自輔嗣始矣。乃漢書儒林傳云：「費直治易無章句，徒以彖、象、繫辭、文言，解說上下經。」〔四〕則以傳附經，又不自康成始。朱子記晁氏說，謂：「初亂古制時，猶若今之乾卦。」〔五〕蓋自坤以下皆依此，後人又散之各爻之下，而獨存乾一卦，以見舊本相傳之樣式耳。愚〔六〕嘗以其説推之，今乾卦「彖曰」爲一條，「象曰」爲一條，疑此費直所附之元本也；坤卦以小象散於各爻之下，其爲「象曰」者八，餘卦則爲「象曰」者七，此鄭玄所連，高貴鄉公所見之本也。

〔一〕朱文公集六六雜著。原說見晁說之嵩山集十八題古周易後。

〔二〕坤卦初爻小象正義。
〔三〕三國志魏志四，甘露元年四月條。高貴鄉公，文帝孫。
〔四〕漢書八八費直傳。
〔五〕亭林蓋未見嵩山集晁氏原説，只據朱子所記耳。
〔六〕愚，亭林。

程傳雖用輔嗣本，亦言其非古易。咸九三：「咸其股，亦不處也。」傳曰〔一〕：「云亦者，蓋象辭本不與易相比，自作一處，故諸爻之象辭，意有相續者。此言亦者，承上爻辭也。」小畜九二：「牽復在中，亦不自失也。」本義曰：「亦者，承上爻義。」

〔一〕程氏易傳卷三周易下經。

秦以焚書而五經亡，本朝以取士而五經亡。今之爲科舉之學者，大率皆帖括熟爛之言，不能通知大義者也，而易、春秋尤爲繆盭。以彖傳合大象，以大象合爻，以爻合小象，二必臣，五必君，陰卦必云小人，陽卦必云君子，於是此一經者，爲拾瀋〔一〕之書，而易亡矣。取胡氏傳一句兩句爲旨，而以經事之相類者，合以爲題，傳爲主，經爲客；有以彼經證此經之題，有用彼經而隱此經之題，於是此一經者，爲射覆之書，而春秋亡矣。天順三年九月甲辰，浙江温州府永嘉縣儒學教諭雍懋言：「比者浙江鄉試，春秋摘一十六段，配作一題，頭緒太多，及所鏤程文，乃太簡略，而不統貫。且春秋爲經，屬詞比事，變例無窮，考官出題，往往棄經任傳，甚至參以己意，名雖經題，實則射覆，乞敕禁止。」上從之。復程、朱之書以存易；當各自爲本。備三傳、啖、趙〔二〕諸家之説以存春秋，必有待於後之興文教者。

〔一〕瀋，寢韻，汁也。

〔二〕啖助、趙匡之説，具見於春秋集傳纂例。十卷，唐陸淳撰。

卦爻外無別象

聖人設卦觀象而繫之辭，若文王、周公是已。夫子作傳，傳中更無別象。其所言卦之本象，若天地、雷風、水火、山澤之外，惟「頤中有物」，本之卦名，「有飛鳥之象」，本之卦辭〔一〕，而夫子未嘗增設一象也。荀爽、虞翻之徒，穿鑿附會，象外生象。以同聲相應爲震、巽，同氣相求爲艮、兑，水流濕、火就燥爲坎、離，雲從龍，則曰乾爲龍，風從虎，則曰坤爲虎。十翼之中，無語不求其象，而易之大指荒矣〔二〕。豈知聖人立言取譬，固與後之文人同其體例，何嘗屑屑於象哉？王弼之注，雖涉於玄虚，然已一掃易學之榛蕪，而開之大路矣。王輔嗣略例曰：「互體不足，遂及卦變。變又不足，推致五行。一失其原，巧喻彌甚。」不有程子，大義何由而明乎？

〔一〕「頤中有物」，見易噬嗑彖傳。「有飛鳥之象」，見易小過彖傳。

〔二〕見李鼎祚周易集解卷一。凡十七卷。

易之互體、卦變，詩之叶韻，春秋之例月日，經説之繚繞破碎於俗儒者多矣。文中子曰：「九師興而易道微，三傳作而春秋散。」〔一〕

〔一〕王通中説二天地篇。阮逸注：「淮南王聘九人明易者撰道訓二十篇，號『九師易』。」

卦變

卦變之説，不始於孔子，周公繫損之六三已言之矣。曰：「三人行則損一人，一人行則得其友。」是六子之變，皆出於乾、坤，無所謂自復、姤、臨、遯而來者〔一〕，當從程傳。蘇軾、王炎皆同此說〔二〕。

〔一〕艮兌䷨損、巽震䷩益。䷗復、䷫姤、䷒臨、䷠遯。

〔二〕王炎讀易筆記八卷，見宋史藝文志，今佚。王炎雙溪集廿七卷，四庫全書總目別集類十三。

互體

凡卦爻二至四、三至五，兩體交互，各成一卦，先儒謂之互體〔一〕。其說已見於左氏莊公二十二年，「陳侯筮，遇觀之否。」〔二〕曰：「風爲天於土上，山也。」注：「自二至四，有艮象，四爻變故。艮爲山。」是也。然夫子未嘗及之，後人以「雜物撰德」〔三〕之語當之，非也。其所論二與四、三與五，同功而異位，特就兩爻相較言之，初何嘗有互體之說。

〔一〕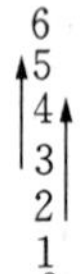。

〔二〕䷋否。

〔三〕易繫辭下。

晉書：荀顗嘗「難鍾會『易無互體』，見稱於世」〔一〕。其文不傳。新安王炎晦叔嘗問張南軒曰：「伊川令學者先看王輔嗣、胡翼之、王介甫三家易，何也？」南軒曰：「三家不論『互體』故爾。」〔二〕

〔一〕晉書三九荀顗傳。鍾會主「易無互體」也。

〔二〕胡瑗周易口義十二卷，見四庫易類二。王安石易解十四卷，見宋志。張栻南軒易說三卷，見四庫易類三。

朱子本義不取「互體」之說，惟大壯六五云：「卦體似兌，有羊象焉。」〔一〕不言互而言似，似者合兩爻爲一爻，則似之也。又謂頤，初九「靈龜是伏，得離卦」。然此又創先儒所未有，不如言「互體」矣。大壯自三至五成兌，兌爲羊，故爻辭並言羊。

〔一〕䷡大壯。以兩爻爲一爻，則整個卦體似兌。周易本義下經二。

六爻言位

易傳中言位者有二義〔一〕，列貴賤者存乎位。五爲君位，二三四爲臣位，故皆曰同功而異位。而初上爲無位之爻，譬之於人，初爲未仕之人，上則隱淪之士，皆不爲臣也。明夷〔二〕：上六爲失位之君，乃其變例。其但取初終之義者，亦不盡拘。故乾之上曰「貴而無位」，需之上曰「不當位」。王弼注需上六曰：「處無位之地，不當位者也。」程子傳亦云：「此爵位之位，非陰陽之位。」若以一卦之體言之，則皆謂之位。故曰：「六位時成」，曰「易六位而成章」。是則卦爻之位，非取象於人之位矣。此意已見於王弼略例。但必强彼合此，而謂初上無陰陽定位，則不可通矣。記曰：「夫言豈一端而已，夫各有所當也。」〔三〕

〔一〕有卦爻之位，有象人之位。

〔二〕䷣明夷。

〔三〕禮記祭義。

九二君德〔一〕

爲人臣者，必先具有人君之德，而後可以堯、舜其君。故伊尹之言曰：「惟尹躬暨湯，咸有一德。」〔二〕武王之誓亦曰：「予有亂臣十人，同心同德。」〔三〕

〔一〕易乾卦文言。
〔二〕尚書商書咸有一德。
〔三〕尚書周書泰誓中。

師出以律〔一〕

以湯、武之仁義爲心，以桓、文之節制爲用，斯之謂律。律即卦辭之所謂貞也。論語言：「子之所慎者戰。」〔二〕長勺以詐而敗齊〔三〕，泓以不禽二毛而敗於楚〔四〕，春秋皆不予之。故先爲不可勝，以待敵之可勝，雖三王之兵，未有易此者也。

〔一〕易師卦初六。
〔二〕述而。
〔三〕左傳莊十年，魯敗齊。
〔四〕左傳僖廿二年，宋爲楚所敗。二毛，頭白有二色。

既雨既處〔一〕

陰陽之義莫著於夫婦，故爻辭以此言之。小畜之時，求如任、姒之賢〔二〕，二南之化，不可得矣。陰畜陽，婦制夫，其畜而不和，猶可言也。三之反目，隋文帝之於獨孤后也，既和而惟其所爲，不可言也。上之既雨，猶高宗〔三〕之於武后也。

〔一〕易小畜卦上九。䷈。
〔二〕太任，周文王母；太姒，周武王母。
〔三〕唐高宗。

武人爲於大君〔一〕

武人爲於大君，非武人爲大君也，如書「予欲宣力四方，汝爲」〔二〕之「爲」。六三才弱志剛，雖欲有爲，而不克濟，以之履虎，有咥人之凶也。惟武人之效力於其君，其濟則君之靈也，不濟則以死繼之。是當勉爲之，而不可避耳。「故有斷脰決腹，一瞑而萬世不視，不知所益，以憂社稷者，莫敖大心是也。」戰國策〔三〕。「過涉之凶」〔四〕，其何咎哉！

〔一〕易履卦六三。

〔二〕尚書虞書益稷謨。予，舜也。

〔三〕戰國策十四楚策，王問於莫敖子華條。莫敖，楚官。

〔四〕易大過卦上六。

自邑告命〔一〕

人主所居謂之邑。詩曰：「商邑翼翼，四方之極。」〔二〕書曰：「惟尹躬先見於西邑夏。」〔三〕曰：「惟臣附於大邑周。」〔四〕曰：「作新大邑於東國洛。」〔五〕曰：「肆予敢求爾於天邑商。」〔六〕武王之妃，謂之邑姜。白虎通曰：「夏曰夏邑，商曰商邑，周曰京師」〔七〕是也。周官始以四井爲邑〔八〕。泰之上六，政教陵夷之後，一人僅亦守府，而號令不出於國門。於是焉而用師則不可，君子處此，當守正以俟時而已。桓王不知此也，故一用師，而祝聃之矢，遂中王肩〔九〕。唐昭宗不知此也，故一用師，而邠、岐之兵，直犯闕下〔十〕。然則保泰者，可不豫爲之計哉。

〔一〕易泰卦上六。
〔二〕詩商頌殷武。
〔三〕尚書商書太甲上。
〔四〕孟子滕文公下引。
〔五〕尚書周書康誥。
〔六〕尚書周書多士。
〔七〕白虎通卷三京師篇。原書作「殷曰商邑」。
〔八〕周禮地官小司徒。
〔九〕左傳桓五年，周桓王伐鄭。祝聃，鄭臣。
〔十〕邠、岐指李茂貞、楊崇本，崇本又名李繼徽。昭宗天復末年事。

易之言邑者，皆内治之事。夬曰：「告自邑」〔一〕，如康王之命畢公：「彰善癉惡，樹之風聲」〔二〕者也。晉之上九曰：「維用伐邑」〔三〕，如王國之大夫，「大車檻檻，毳衣如菼」〔四〕，國人畏之，而不敢奔者也。其爲自治則同，皆聖人之所取也。比之九五「邑人不誡」，是亦内治修，而遠人服之意〔五〕。

〔一〕易夬卦彖辭。

〔二〕尚書周書畢命。

〔三〕易晉卦象辭。

〔四〕詩國風王大車。

〔五〕「邑」字索引。

成有渝无咎〔一〕

「昔穆王欲肆其心，周行天下，將皆必有車轍馬迹焉。祭公謀父作祈招之詩，以止王心，王是以獲殁於祗宫。」〔二〕傳曰：「人誰無過，過而能改，善莫大焉。」〔三〕聖人慮人之有過不能改之於初，且將遂其非而不反也，教之以「成有渝无咎」。雖其漸染之深，放肆之久，

而惕然自省，猶可以不至於敗亡。以視夫「迷復之凶」〔四〕，不可同年而論矣。故曰：「惟狂克念作聖。」〔五〕

〔一〕易豫卦上六。渝，變也。
〔二〕左傳昭十二年。
〔三〕左傳宣二年。
〔四〕易復卦上六。
〔五〕尚書周書多方。

童觀〔一〕

其在政教，則不能「是訓是行，以近天子之光」〔二〕，而所司者籩豆之事。其在學術，則不能「知類通達」〔三〕，以幾大學之道，而所習者佔畢之文。「樂師辨乎聲詩，故北面而弦；宗祝辨乎宗廟之禮，故後尸；商祝辨乎喪禮，故後主人」〔四〕。小人則无咎也。「有大人之事，有小人之事」〔五〕，「雖小道必有可觀者焉，致遠恐泥」〔六〕，故君子爲之則吝也。

〔一〕易觀卦初六。
〔二〕尚書周書洪範。
〔三〕禮記學記。
〔四〕禮記樂記。
〔五〕孟子滕文公上。
〔六〕論語子張。

不遠復〔一〕

復之初九，動之初也。自此以前，喜怒哀樂之未發也，至一陽之生而動矣。故曰：「復其見天地之心乎。」〔二〕顔子體此，故「有不善未嘗不知，知之未嘗復行」〔三〕。此慎獨之學也。「回之爲人也，擇乎中庸」〔四〕。夫亦擇之於斯而已，是以「不遷怒，不貳過」〔五〕。

〔一〕易復卦初九。物極必反。
〔二〕易復卦彖傳。
〔三〕易繫辭下。

〔四〕禮記中庸。
〔五〕論語雍也。

其在凡人，則復之初九，日夜之所息，平旦之氣，其好惡與人相近也者幾希。苟其知之，則擴而充之矣。故曰「復小而辨於物」〔一〕。

〔一〕易繫辭下。

不耕穫不菑畬〔一〕

楊氏曰：誠齋易傳。「初九動之始，六二動之繼，是故初耕之，二穫之，初菑之，二畬之。」〔二〕天下無不耕而穫，不菑而畬者。其曰「不耕不菑」，則耕且菑，前人之所已爲也。昔者周公「毖殷頑民，遷於洛邑，密邇王室，既歷三紀，世變風移」〔三〕。而康王作畢命之書曰：「惟周公克愼厥始，惟君陳克和厥中，惟公克成厥終。」〔四〕是故有周之治，垂拱仰成，而無所事矣。「周監於二代，郁郁乎文哉」〔五〕。而孔子之聖，但曰「述而不作，信而好古」〔六〕。又曰「文、武之道未墜於地在人」〔七〕。是故六經之業，集群聖之大成，而無所創矣。雖然，使有始之作之者，而無終之述之者，是耕而弗穫，菑而弗畬也，其功爲弗竟矣。六二之柔順中正，是能穫能畬者也。故利有攸往也，未富者，因前人之爲而不自多也，猶「不富以其鄰」〔八〕之意。

〔一〕易无妄卦六二。開創、守成均要緊。

〔二〕楊萬里誠齋易傳七。何不直曰「誠齋易傳曰」？不檢原書，何由知誠齋之言之所止也？

〔三〕尚書周書畢命。

〔四〕尚書周書畢命。

〔五〕論語八佾。

〔六〕論語述而。

〔七〕論語子張。

〔八〕易泰卦六四。

天在山中〔一〕

張湛注列子曰：「自地以上皆天也。」〔二〕故曰：「天在山中。」

〔一〕易大畜象辭。大畜☶☰。
〔二〕列子卷一天瑞篇杞人憂天條注。

罔孚裕无咎〔一〕

君子信而後諫，未信則以爲謗己也。而況初之居下位，未命於朝者乎。「孔子嘗爲委吏矣，曰會計當而已矣；嘗爲乘田矣，曰牛羊茁壯長而已矣」〔二〕。此所謂「裕无咎」也。若受君之命，而任其事，「有官守者，不得其職則去；有言責者，不得其言則去」矣〔三〕。

〔一〕易晉卦初六。罔孚，未信。未信，則要等待。
〔二〕孟子萬章下。
〔三〕孟子公孫丑下。

有孚於小人〔一〕

君子之於小人也，有知人則哲之明，有去邪勿疑之斷。堅如金石，信如四時，使憸壬之類，皆知上志之不可移，豈有不革面而從君者乎？所謂「有孚於小人」者如此。

〔一〕易解卦爻辭。立信。

損其疾使遄有喜〔一〕

損不善而從善者，莫尚乎剛，莫貴乎速。初九曰：「已事遄往。」六四曰：「使遄有喜。」四之所以能遄者，賴初之剛也。「周公思兼三王以施四事，其有不合者，仰而思之，夜以繼日；幸而得之，坐以待旦」〔二〕。「子路有聞，未之能行，惟恐有聞」〔三〕。其遄也至矣。文王之勤日昃，大禹之惜寸陰，皆是道也。君子進德修業，欲及時也。故爲政者，玩歲而愒日，則治不成；爲學者，日邁而月征，則身將老矣。

〔一〕易損卦六四。改過要快。
〔二〕孟子離婁下。
〔三〕論語公冶長。

召公之戒成王曰：「宅新邑，肆惟王其疾敬德。」〔一〕疾之爲言，遄之謂也。故曰「雞鳴而起，孳孳爲善」〔二〕。

〔一〕尚書周書召誥。
〔二〕孟子盡心上。

上九弗損益之〔一〕

有天下而欲厚民之生，正民之德，豈必自損以益人哉。「不違農時，穀不可勝食也；數罟不入洿池，魚鼈不可勝食也；斧斤以時入山林，材木不可勝用也」〔二〕。所謂「弗損益之」者也。「皇建其有極，斂時五福，用敷錫厥庶民」〔三〕。「詩曰：『奏格無言，時靡有爭。』是故君子不賞而民勸，不怒而民威於鈇鉞」〔四〕。所謂「弗損益之者」也。以天下爲一家，中國爲一人，其道在是矣。

〔一〕易損卦上九。弗損於上而益於下。

〔二〕孟子梁惠王上。
〔三〕尚書周書洪範。五福：壽、富、康寧、攸好德、考終命。
〔四〕禮記中庸引詩商頌烈祖。「奏格」原詩爲「鬷假」。

利用爲依遷國〔一〕

在無事之國而遷，晉從韓獻子之言，而遷於新田是也〔二〕。在有事之國而遷，楚從子西之言，而遷於鄀是也〔三〕。皆「中行告公」之益也。

〔一〕易益卦六四。依，依附於上。
〔二〕左傳成六年。
〔三〕左傳定六年。

姤

天下之生久矣，一治一亂，盛治之極，而亂萌焉，此一陰遇五陽之卦也〔一〕。孔子之門，四科十哲，身通六藝者，七十有二人。於是删詩、書，定禮、樂，贊周易，修春秋，盛矣。而老、莊之書，即出於其時。後漢立辟雍，養三老，臨白虎，論五經，太學諸生至三萬人，而「三君」、「八俊」、「八顧」、「八及」、「八厨」爲之稱首〔二〕。馬、鄭、服、何之注，經術爲之大明。而佛、道之教，即興於其世。胡三省曰：「道家雖宗老子，而西漢以前，未嘗以道士自名，至東漢始有張道陵、于吉等。是道與佛教，皆起於東漢之時。」〔三〕是知邪説之作，與世升降，聖人之所不能除也。故曰：「繫於金柅，柔道牽也。」〔四〕嗚呼，豈獨君子小人之辨而已乎。

〔一〕易姤卦。䷫。
〔二〕後漢書九七黨錮列傳序。
〔三〕資治通鑑一六六梁敬帝紹泰元年八月條注。道與佛皆起於東漢之時。
〔四〕易姤卦初六象傳。柅所以止車，以金爲之。

包無魚〔一〕

國猶水也，民猶魚也。幽王之詩曰：「魚在于沼，亦匪克樂。潛雖伏矣，亦孔之昭。」憂心慘慘，念國之爲虐。」〔二〕秦始皇八年，「河魚大上」〔三〕。五行志以爲：「魚陰類，民之象也。逆流而上，言民不從君，爲逆行也。」〔四〕自人君有求多於物之心，於是魚亂於下，鳥亂於上，而人情之所嚮，必有起而收之者矣。

〔一〕易姤卦九四。包，猶包袱之「包」。

〔二〕詩小雅正月。

〔三〕史記六秦始皇本紀。

〔四〕漢書廿七中之下。漢書五行志一卷分上、中、下，而中、下又分上、下，故凡五卷。

以杞包瓜〔一〕

劉昭五行志曰：「瓜者外延，離本而實，女子外屬之象。」〔二〕一陰在下，如瓜之始生，勢必延蔓而及於上。五以陽剛居尊，如樹杞然。詩：「南山有杞。」陸璣曰：「杞，山材也，其樹如樗。」左傳所謂「杞梓皮革」〔三〕。使之無所緣而上，故曰「以杞包瓜」。孔子曰：「惟女子與小人爲難養也。」〔四〕顰笑有時，恩澤有節，器使有分，而國之大防不可以踰，何有外戚、宦官之禍乎！

〔一〕易姤卦九五。
〔二〕劉昭補後漢書五行志(補並注)卷二安帝元初三年條。
〔三〕詩小雅南山有臺,釋文引草木疏,只有「其樹如樗」句。亭林注所引左傳,見襄廿六年。
〔四〕論語陽貨。

己日〔一〕

「革,已日乃孚」。「六二,已日乃革之」。朱子發讀爲戊己之「己」〔二〕。天地之化,過中則變。日中則昃,月盈則食,故易之所貴者中。十干則戊己爲中,至於己,則過中而將變之時矣。故受之以庚,庚者,更也。天下之事,當過中而將變之時,然後革而人信之矣。古人有以「己」爲變改之義者。儀禮少牢饋食禮「日用丁己」,注:「内事用柔日,必丁己者,取其令名,自丁寧,自變改,皆爲謹敬。」〔三〕而漢書律曆志亦謂:「理紀於己,斂更於庚。」〔四〕是也。納甲之法,革下卦離,納己〔五〕。王弼謂:「即日不孚,已日乃孚。」以「已」爲「已事遄往」〔六〕之「已」,恐未然。

〔一〕易革卦卦辭。初刻一之二，注同。

〔二〕朱震，字子發，有漢上易集傳十一卷、叢説一卷。四庫易類二著録。有通志堂及湖北先正遺書本。

〔三〕儀禮十六篇少牢饋食禮鄭玄注。朱震作自己讀，王弼作已往讀。

〔四〕漢書廿一上律曆志上。

〔五〕以八卦配十干，乾納甲壬，坤納乙癸，震、巽、坎、離、艮、兑納庚、辛、戊、己、丙、丁。見夢溪筆談七象數一。

〔六〕易損卦。

改命吉〔一〕

革之九四，猶乾之九四。諸侯而進乎天子，湯、武革命之爻也，故曰：「改命吉。」「成湯放桀於南巢，惟有慙德。」〔二〕是有悔也。天下信之，其悔亡矣。「四海之内皆曰，非富天下也，爲匹夫匹婦復讎也。」〔三〕故曰信志也。

〔一〕易革卦九四。䷰。

〔二〕尚書商書仲虺之誥。

〔三〕孟子滕文公下。

艮

「毋意毋必，毋固毋我。」〔一〕「艮其背，不獲其身也。」〔二〕「富貴不能淫，貧賤不能移，威武不能屈。」〔三〕「行其庭，不見其人」〔四〕也。

〔一〕論語子罕。
〔二〕易艮卦卦辭。
〔三〕孟子滕文公下。
〔四〕易艮卦卦辭。無一定，不可捉摸也。

艮其限〔一〕

學者之患，莫甚乎執一而不化。及其施之於事，有扞格而不通，則忿懥生而五情瞀亂，與衆人之「滑性」而「焚和」者，相去蓋無幾也〔二〕。孔子「惡果敢而窒者」〔三〕，非獨處事也，爲學亦然。告子不動心之學，至於不得於言，勿求於心。而孟子以爲，其弊必將如蹶趨者之反動其心。此「艮其限，列其夤」〔四〕之説也。君子之學不然，廓然而大公，物來而順應，故「聞一善言，見一善行，若決江河，沛然莫之能禦」〔五〕，而無熏心之厲矣〔六〕。

〔一〕易艮卦九三。掣肘其腰部。

〔二〕「滑性」見劉子新論卷一防慾篇。「焚和」見莊子卷九外物篇。

〔三〕論語陽貨。窒，不通也。

〔四〕易艮卦九三。謂掣肘腰背，不得屈伸。限，腰；夤，脊。

〔五〕孟子盡心上。

〔六〕從容不焦灼。

慈谿黄氏震日鈔曰：「心者吾身之主宰，所以治事，而非治於事。惟隨事謹省，則心自存，不待治之而後齊一也。孔子之教人曰：『居處恭，執事敬，與人忠。』『曾子曰，吾日三省吾身。爲人謀而不忠乎，與朋友交而不信乎，傳不習乎。』不待言心，而自貫通於動静之間者也。孟子不幸當人欲横流之時，始單出而爲『求放心』之説，然其言曰：『君子以仁存心，以禮存心』，則心有所主，非虚空以治之也。至於齋心服形之老、莊，一變而爲坐脱立忘之禪學，乃始瞑目靜坐，日夜仇視其心而禁治之。及治之愈急，而心愈亂，則曰，易伏猛獸，難降寸心。嗚呼！人之有心，猶家之有主也，反禁切之，使不得有爲，其不能無擾者勢也，而患心之難降歟。」省齋記〔一〕。又曰：「夫心之説有二，古人之所謂存心者，存此心於當用之地也；後世之所謂存心者，攝此心於空寂之境也。造化流行，無一息不運，人得之以爲心，亦不容一息不運。心豈空寂無用之物哉？世乃有游手浮食之徒，株坐攝念，亦曰存心，而士大夫溺於其言，亦將遺落世事，以獨求其所謂心。迨其心迹冰炭，物我參商，所謂老子之弊流爲申韓者，一人之身已兼備之，而欲尤人之不我應，得乎？」山陰縣主簿廳記〔二〕。此皆足以發明「厲熏心」〔三〕之義，詳又見第二十三卷心學條下〔四〕。乃周公已先繫之於易矣。

〔一〕黄氏日鈔卷八六，文稍有異同。
〔二〕黄氏日鈔卷八七，文亦有異同。
〔三〕易艮卦九三。
〔四〕心學條在元本二十卷，潘本十八卷。今元本亦作「見廿三卷」。

鴻漸于陸〔一〕

「上九，鴻漸于陸，其羽可用爲儀，吉。」安定胡氏改「陸」爲「逵」〔二〕。晁氏曰：「其説出於毘陵從事范諤昌。」按宋史藝文志，諤昌有證墜簡一卷〔三〕。朱子從之，謂合韻，非也。詩「儀」字凡十見，柏舟、相鼠、東山、湛露、菁菁者莪、斯干、賓之初筵、既醉各一見，抑二見。皆音牛何反，不得與「逵」爲叶〔四〕。而「雲路」亦非可翔之地〔五〕，仍當作「陸」爲是。漸至於陵而止矣，不可以更進，故反而之陸。古之高士，不臣天子，不友諸侯，而未嘗不踐其土、食其毛也。其行高於人君，而其身則與一國之士偕焉而已，此所以居九五之上，而與九三同爲陸象也。朱子發曰：「上所往，進也，所反，亦進也。漸至九五，極矣。是以上反而之三。」〔六〕楊廷秀曰：「九三，下卦之極，上九，上卦之極，故皆曰陸。自木自陵，而復至於陸，以退爲進也，巽爲進退。」〔七〕其説並得之〔八〕。

〔一〕易漸卦上九。初刻一之三。

〔二〕胡瑗周易口義十二卷，四庫易類二。逵，九達道也。胡氏謂逵爲雲路。

〔三〕晁公武郡齋讀書志易類，胡先生易傳十卷，證墜簡一卷。初刻注無「宋史」一節。

〔四〕此清儒韻學進步之證。「詩儀字」下應加「爲韻」二字。

〔五〕亦未想及有飛機也。

〔六〕朱震漢上易叢説。

〔七〕楊萬里誠齋易傳卷四，九三、上九均曰「鴻漸于陸」。

〔八〕日知録八卷本先引朱震説，後添入楊説，故末句加「並」字。

君子以永終知敝〔一〕

讀新臺、桑中、鶉奔之詩〔二〕，而知衛有狄滅之禍〔三〕。讀宛丘、東門、月出之詩〔四〕，而察陳有徵舒之亂〔五〕。書「齊侯送姜氏於讙」〔六〕，而卜桓公之所以薨〔七〕。書「夫人姜氏入」，書「大夫宗婦覿，用幣」〔八〕，而兆子般、閔公之所以弒〔九〕。昏姻之義，男女之節，君子可不慮其所終哉？

〔一〕易歸妹卦大象。久則知錯，然已遲矣，故貴慎其始。

〔二〕詩國風之邶、鄘。

〔三〕左傳閔二年。
〔四〕詩國風之陳。
〔五〕左傳宣十年。
〔六〕左傳桓三年。
〔七〕魯桓公十八年乃被害。
〔八〕二事同在左傳莊二十四年。
〔九〕子般弑在莊公三十二年。子般、閔公皆莊公子。

鳥焚其巢〔一〕

人主之德，莫大乎下人。楚莊王之圍鄭也，而曰：「其君能下人，必能信用其民矣。」〔二〕故以禹之征苗，而伯益贊之，猶以「滿招損，謙受益」〔三〕爲戒。班師者謙也，用師者滿也。上九處卦之上，離之極，所謂「有鳥高飛，亦傅於天」〔四〕者矣。居心以矜，而不聞諫爭之論，菑必逮夫身者也。魯昭公之伐季孫意如也，「請待於沂上以察罪，弗許；請囚於費，弗許；請以五乘亡，弗許」〔五〕。於是叔孫氏之甲興，而陽州次，乾侯唁矣〔六〕。「鸜鵒鸜鵒，往歌來哭」〔七〕，其此爻之占乎。吴幼清曰：「此爻變爲小過，有飛鳥之象。」〔八〕

〔一〕易旅上九。要容忍，不輕易用兵。
〔二〕左傳宣十二年。亦見史記卷四十楚世家、卷四二鄭世家，當楚莊王十七年、鄭襄公八年。
〔三〕尚書虞書大禹謨。
〔四〕詩小雅菀柳。
〔五〕左傳昭廿五年。
〔六〕亦左傳昭廿五年。
〔七〕左傳昭廿五年，引童謡。
〔八〕吴澄易纂言卷二。

巽在牀下〔一〕

上九之「巽在牀下」，「恭而無禮則勞」也，初六之「進退」，「愼而無禮則葸」也〔二〕。

〔一〕易巽卦爻辭。
〔二〕「恭而無禮則勞，愼而無禮則葸」，語出論語泰伯。

翰音登于天〔一〕

羽翰之音，雖登于天，而非實際。其如莊周齊物之言，騶衍怪迂之辯，其高過於大，學而無實者乎。以視車服傳於弟子，弦歌徧於魯中，若鶴鳴而子和者，孰誕孰信，夫人而識之矣。永嘉之亡〔二〕，太清之亂〔三〕，豈非談空空、覈玄玄者有以致之哉。「翰音登于天」，中孚之反也。

〔一〕易中孚卦上九。

〔二〕永嘉，晉懷帝。

〔三〕太清，梁武帝。

山上有雷小過〔一〕

山之高峻，雲雨時在其中間，而不能至其巔也。故詩曰：「殷其靁，在南山之側。」〔二〕

或高或下，在山之側，而不必至其巔，所以爲「小過」也。然則大壯言：「雷在天上」〔三〕，何也？曰自地以上皆天也。

〔一〕易小過卦大象。
〔二〕詩國風召南之殷其靁。殷，雷聲。
〔三〕易大壯卦大象。

妣〔一〕

爾雅：「父曰考，母曰妣。」〔二〕愚考古人自祖母以上，通謂之妣，經文多以妣對祖而並言之。若詩之云「似續妣祖」〔三〕，「烝畀祖妣」〔四〕；易之云「過其祖，遇其妣」〔五〕，是也。左傳昭十年，「邑姜，晉之妣也」。平公之去邑姜，蓋二十世矣〔六〕。儀禮士昏禮「勗帥以敬先妣之嗣」，蓋繼世主祭之通辭〔七〕。

〔一〕易小過卦六二。初刻本一之四，只有前一段，但分爲二段。
〔二〕爾雅四釋親，「曰」原作「爲」。

〔三〕詩小雅斯干。
〔四〕詩周頌豐年，又載芟。烝，進；畀，予。
〔五〕易小過卦六二。
〔六〕晉平公。「晉之妣也」下，初刻有「尤可證」三字。
〔七〕初刻無此注。

「過其祖，遇其妣」〔一〕，據文義，妣當在祖之上。「不及其君，遇其臣」，臣則在君之下也。昔人未論此義。周人以姜嫄爲妣，周禮大司樂注，周人以「后稷爲始祖，而姜嫄無所配，是以特立廟祭之，謂之閟宮」〔二〕。周語謂之「皇妣太姜」〔三〕。是以妣先乎祖。周禮大司樂「享先妣」在「享先祖」之前。而斯干之詩曰：「似續妣祖」，箋曰：「妣，先妣姜嫄也；祖，先祖也。」或乃謂「變文以協韻」，是不然矣。朱子本義以晉六二爲享先妣之吉占〔四〕。或曰，易爻何得及此？夫「帝乙歸妹」〔五〕，「箕子之明夷」〔六〕，「王用亨于岐山」〔七〕，爻辭屢言之矣。

〔一〕初刻「過其祖」另行，潘刻及元本亦另行。集釋誤連上段，元本及潘刻前行注剛到脚也。
〔二〕春官「以享先妣」注。禽獸知有母不知有父，初民然，赤子亦何莫不然。
〔三〕國語三周語伶州鳩條。

〔四〕初刻無此注。
〔五〕易泰卦六五。
〔六〕易明夷卦六五。
〔七〕易升卦六四。

易本周易，故多以周之事言之。小畜卦辭：「密雲不雨，自我西郊。」本義：「我者，文王自我也。」

東　鄰〔一〕

馭得其道，則天下皆爲之臣；馭失其道，則彊而擅命者謂之鄰。「臣哉鄰哉，鄰哉臣哉」〔二〕。

〔一〕易既濟卦九五。
〔二〕尚書虞書益稷謨。

漢書郊祀志引此〔一〕，師古注：「東鄰謂商紂也，西鄰謂周文王也。」〔二〕

〔一〕此，謂「東鄰殺牛」二句。

〔二〕漢書廿五下郊祀志注。

游魂爲變〔一〕

「精氣爲物」，自無而之有也；「游魂爲變」，自有而之無也。夫子之答宰我曰：「骨肉斃於下，陰爲野土，其氣發揚於上，爲昭明君蒿悽愴。」〔二〕朱子曰：「昭明，露光景也。」鄭氏曰：「君，謂香臭也。蒿，氣蒸出貌。」許氏曰：「悽愴，使人慘慄感傷之意。」魯庵徐氏曰：「陽氣爲魂，附於體貌，而人生焉。骨肉斃於下，其氣無所附麗，則發散飛揚於上，或爲朗然昭明之氣，或爲温然君蒿之氣，或爲肅然悽愴之氣。蓋陽氣輕清，故升而上浮，以從陽也。」〔三〕所謂「游魂爲變」者，情狀具於是矣。延陵季子之葬其子也，曰：「骨肉歸復於土，命也。若魂氣，則無不之也，無不之也。」〔四〕張子正蒙有云：「太虛不能無氣，氣不能不聚而爲萬物，萬物不能不散而爲太虛。循是出入，是皆不得已而然也。然則聖人盡道其間，兼體而不累者，存神其至矣。」〔五〕其精矣乎〔六〕。

〔一〕易繫辭上第四章。
〔二〕禮記祭義。
〔三〕徐師曾，字伯魯，吳江人。嘉靖卅二年進士。著禮記集注三十卷，見四庫禮類存目二。經義考卷一四五有自序。
〔四〕禮記檀弓下。
〔五〕張載，字横渠，著正蒙凡十七篇。此見太和篇第一。
〔六〕末句爲亭林語。不檢正蒙不知也。

「鬼者，歸也。」〔一〕張子曰：「氣之爲物，散入無形，適得吾體。」〔二〕此之謂歸。

〔一〕見爾雅釋訓。原文爲「鬼之爲言歸也」。
〔二〕亦張載正蒙太和篇語。

陳無己師道以「游魂爲變」爲輪迴之説。理究〔一〕。呂仲木柟辨之曰：「長生而不化，則人多，世何以容；長死而不化，則鬼亦多矣。夫燈熄而燃，非前燈也；雲霓而雨，非前雨也；死復有生，豈前生邪？」〔二〕

〔一〕理究，陳師道著。後山集廿四卷，四庫别集類七。理究在適園叢書本後山先生集卷廿七。

〔二〕吕柟號涇野。著涇野子内篇廿七卷，見四庫儒家類三。

邵氏寶簡端録〔一〕曰：「聚而有體謂之物，散而無形謂之變。唯物也，故散必於其所聚；唯變也，故聚不必於其所散。是故聚以氣聚，散以氣散。昧〔二〕於散者，其説也佛；荒於聚者，其説也僊。」〔三〕

〔一〕邵寶，字國賢。簡端録十二卷，四庫五經總義類著録。又有容春堂前、後、續、别集，四庫别集類廿四。

〔二〕日知録元本作「眛」。

〔三〕簡端録卷三。

盈天地之間者，氣也。氣之盛者爲神，神者，天地之氣而人之心也。故曰：「視之而弗見，聽之而弗聞，體物而不可遺，使天下之人，齊明盛服以承祭祀，洋洋乎如在其上，如在其左右。」〔一〕聖人所以知鬼神之情狀者如此。

〔一〕禮記中庸。

「維嶽降神，生甫及申」〔一〕，非有所託而生也。「文王在上，於昭于天」〔二〕，非有所乘而去也。此鬼神之實，而誠之不可揜也。

〔一〕詩大雅崧高。尹吉甫、申伯。
〔二〕詩大雅文王。

通乎晝夜之道而知〔一〕

日往月來，月往日來，一日之晝夜也。寒往暑來，暑往寒來，一歲之晝夜也。小往大來，大往小來，一世之晝夜也。「子在川上曰，逝者如斯夫，不舍晝夜」〔二〕。「通乎晝夜之道而知」，則「終日乾乾，與時偕行」〔三〕，而有以盡乎易之用矣。

〔一〕易繫辭上，亦第四章。
〔二〕論語子罕。
〔三〕易乾卦文言。

繼之者善也成之者性也〔一〕

「維天之命，於穆不已」〔二〕，繼之者善也。「天下雷行，物與无妄」〔三〕，成之者性也。是故「天有四時，春秋冬夏，風雨霜露，無非教也。地載神氣，神氣風霆，風霆流形，庶物露生，無非教也」〔四〕。

〔一〕易繫辭上第四章。
〔二〕詩周頌維天。
〔三〕易无妄卦大象。
〔四〕禮記孔子閒居。

「天地絪緼，萬物化醇」〔一〕，善之爲言，猶醇也。曰何以謂之善也？曰：「誠者，天之道也」〔二〕，豈非善乎！

〔一〕易繫辭下。

〔二〕禮記中庸。

形而下者謂之器〔一〕

「形而上者謂之道，形而下者謂之器」。非器則道無所寓，説在乎孔子之學琴於師襄也。「已習其數，然後可以得其志；已習其志，然後可以得其爲人」〔二〕。是雖孔子之天縱，未嘗不求之象數也。故其自言曰：「下學而上達。」〔三〕

〔一〕易繫辭上第十二章。

〔二〕孔子家語卷八辨樂解。

〔三〕論語憲問。

垂衣裳而天下治〔一〕

「垂衣裳而天下治」，變質而之文也，自黄帝、堯、舜始也，故於此有通變宜民之論。

〔一〕易繫辭下第二章。

過此以往未之或知也〔一〕

人之爲學，亦有病於憧憧往來者，故天下之不助苗長者寡矣。「過此以往，未之或知也」。「居之安，則資之深，資之深，則取之左右逢其原」〔二〕。

〔一〕易繫辭下第三章。
〔二〕孟子離婁下。

困德之辨也〔一〕

「内文明而外柔順」〔二〕，其文王之困而亨者乎。「不怨天，不尤人，下學而上達」〔三〕，其孔子之困而亨者乎。故在陳之戹，絃歌之志，顏淵知之，而子路、子貢之徒未足以達此也〔四〕。故曰：「困，德之辨也。」

〔一〕易繫辭下第六章。士窮見節義。
〔二〕易明夷卦彖傳。
〔三〕論語憲問。
〔四〕史記四七孔子世家。

凡易之情〔一〕

「愛惡相攻」、「遠近相取」、「情僞相感」〔二〕，人心之至變也。於何知之？以其辭知之。「將叛者其辭慙，中心疑者其辭枝，吉人之辭寡，躁人之辭多，誣善之人其辭游，失其守者其辭屈」〔三〕。「聽其言也，觀其眸子，人焉廋哉。」〔四〕是以聖人設卦，以盡情僞。「夫誠於中，必形於外」〔五〕。君子之所以知人也；「百物而爲之備，使民知神姦」〔六〕，先王之所以鑄鼎也。故曰，作易者其有憂患乎？周身之防，御物之智，其全於是矣。

〔一〕易繫辭下第九章。
〔二〕易繫辭下第九章。
〔三〕易繫辭下第九章。
〔四〕孟子離婁上。
〔五〕禮記大學。
〔六〕左傳宣三年。

易逆數也〔一〕

「數往者順」，造化人事之迹，有常而可驗，順以考之於前也。「知來者逆」，變化云爲之動，日新而無窮，逆以推之於後也。聖人神以知來，知以藏往，作爲易書，以前民用，所設者未然之占，所期者未至之事，是以謂之「逆數」。雖然，若不本於八卦已成之迹，亦安所觀其會通而繫之爻象乎。是以「天下之言性也，則故而已矣」〔二〕。

〔一〕易説卦第三章。
〔二〕孟子離婁下。

劉汝佳〔一〕曰：「天地間一理也。聖人因其理而畫爲卦以象之，因其象而著爲變以占之。象者體也，象其已然者也。占者用也，占其未然者也。已然者爲往，往則有順之之義焉，未然者爲來，來則有逆之之義焉。如象天而畫爲乾，象地而畫爲坤，象雷風而畫爲震、巽，象水火而畫爲坎、離，象山澤而畫爲艮、兑。此皆觀變於陰陽而立卦，發揮於剛柔而生爻者也，不謂之『數往者順』乎。如筮得乾，而知『乾，元亨利貞』；筮得坤，而知『坤，元亨利牝馬之貞』；筮得震，而知『震亨，震來虩虩，笑言啞啞』；筮得巽，而知『巽小亨，利有攸往，利見大人』；筮得坎，而知『習坎有孚，維心亨，行有尚』；筮得離，而知『離利貞亨，畜牝牛吉』；筮得艮，而知『艮其背，不獲其身，行其庭，不見其人』；筮得兑，而知『兑亨利貞』。此皆通神明之德，類萬物之情者也，不謂之『知來者逆』乎〔二〕。夫其順數已往，正所以逆推將來也。孔子曰〔三〕：『殷因於夏禮，所損益可知也。周因於殷禮，所損益可知也。』『數往者順』也。『其或繼周者，雖百世可知也』，『知來者逆』也。故曰：『易逆數也。』若如邵子之説，則是羲、文之易，已判而爲二，而又以震、離、兑、乾爲數已生之卦，巽、坎、艮、坤爲推未生之卦，殆不免强孔子之書以就己之説矣。」

〔一〕劉汝佳，廬州府無爲州人，萬曆卅五年進士。卷七武未盡善條注亦引其説。

〔二〕「數往者順」、「知來者逆」，均見易說卦第三章。

〔三〕論語爲政。

說卦雜卦互文

「雷以動之，風以散之，雨以潤之，日以晅之，艮以止之，兌以說之，乾以君之，坤以藏之。」〔一〕上四舉象，下四舉卦，各以其切於用者言之也。「終萬物始萬物者，莫盛乎艮。」〔二〕崔憬曰：「艮不言山，獨舉卦名者，以動撓燥潤，功是風雷水火。至於終始萬物，於山義則不然，故舍象而言卦，各取便而論也。」〔三〕得之矣。

〔一〕易說卦第四章。

〔二〕易說卦第六章。

〔三〕崔憬，唐以前人。見李鼎祚周易集解卷十七引。

古人之文，有廣譬而求之者，有舉隅而反之者。「今夫山，一卷石之多」，「今夫水，一勺之多」〔一〕，天地之外，復言山水者，意有所不盡也。「坤也者地也」，不言西南之卦；「兌正秋也」〔二〕，不言西方之卦，舉六方之卦而見之也，意盡於言矣。虞仲翔以爲「坤道廣布，不主一方，及兑象不見西」〔三〕者，妄也。

〔一〕禮記中庸。
〔二〕易説卦第五章。
〔三〕虞説皆李鼎祚周易集解卷十七引。

「豐多故，親寡，旅也」〔一〕，先言「親寡」，後言「旅」，以協韻也〔二〕。猶楚辭之「吉日兮辰良」〔三〕也。虞仲翔以爲別有義，非也。

〔一〕易雜卦。
〔二〕應作「旅，親寡也」。
〔三〕九歌，楚辭章句二。

兑爲口舌〔一〕

兑爲口舌，其於人也，但可以爲巫、爲妾而已。以言説人，豈非妾婦之道乎？

〔一〕易説卦第十一章。

凡人於交友之間，口惠而實不至，則其出而事君也，必至於「靜言庸違」〔一〕。故舜之禦臣〔二〕也，「敷奏以言，明試以功」〔三〕。而孔子之於門人，亦「聽其言而觀其行」〔四〕。

〔一〕尚書虞書堯典。
〔二〕元鈔本作「御臣」。
〔三〕尚書虞書舜典。
〔四〕論語公冶長。

唐書言，韋貫之自布衣爲相，「與人交，終歲無款曲，未嘗僞辭以悦人」〔一〕。其賢於今之人遠矣。

〔一〕見舊唐書一五八本傳。新唐書一六九本傳文有異同。然則日知録所謂「唐書」，舊唐也；然卷七荼條引「唐書」則新唐，其例不一。

序卦雜卦〔一〕

序卦、雜卦，皆旁通之説，先儒疑以爲非夫子之言。然否之「大往小來」，承泰之「小往大來」也；解之「利西南」，承蹇之「利西南，不利東北」也，是文王已有相受之義也。益之六二，即損之六五也，其辭皆曰「十朋之龜」；姤之九三，即夬之九四也〔二〕，其辭皆曰「臀無膚」；未濟之九四，即既濟之九三也，其辭皆曰「伐鬼方」，是周公已有反對之義也。必謂六十四卦皆然，則非易書之本意。或者夫子嘗言之，而門人廣之，如春秋哀十四年「西狩獲麟」以後，續經之作耳。

〔一〕初刻一之五。

〔二〕初刻、潘刻及元鈔本均作「姤之九四」，「夬之九三」，誤。黄氏集釋本據張氏説校改爲九三、九四，所改者是。

晉晝也明夷誅也〔一〕

蘇氏曰：「『晝日三接』，故曰晝。『得其大首』，故曰誅。」〔二〕晉當文明之世，群后四朝，而車服以庸，揖讓之事也。明夷逢昏亂之時，取彼凶殘，而殺伐用張，征誅之事也。一言晝，一言誅，取其音協爾。晝，古音注。易林及張衡西京賦並同。虞仲翔曰：「誅，傷也。」本義用之，與晝義相對，不切。

〔一〕易雜卦。

〔二〕蘇軾易傳，凡九卷，見四庫易類二。此二語見卷九，學津本第一集。引氏不引書，何也？

孔子論易

孔子論易，見於論語者，二章而已，曰：「加我數年，五十以學易，可以無大過矣。」〔一〕曰：「南人有言曰，人而無恒，不可以作巫醫。善夫，不恒其德，或承之羞。子曰，不占而已矣。」〔二〕是則聖人之所以學易者，不過庸言庸行之間，而不在乎圖書象數也。今之穿鑿圖象以自〔三〕爲能者，畔也。

〔一〕論語述而。
〔二〕論語子路。
〔三〕「自以」？

記者於夫子學易之言，而即繼之曰：「子所雅言，詩、書、執禮，皆雅言也。」〔一〕是知夫子平日不言易，而其言「詩、書、執禮」者，皆言易也。人苟循乎「詩、書、執禮」之常，而不越焉，則自天祐之，吉无不利矣。故其作繫辭傳，於「悔吝」、「无咎」之旨，特諄諄焉。而大象所言，凡其體之於身，施之於政者，無非用易之事。然辭本乎象，故曰：「君子居則觀其象，而玩其辭。」〔二〕觀之者淺，玩之者深矣。其所以與民同患者，必於辭焉著之，故曰：「聖人之情見乎辭。」〔三〕若天一地二、易有太極二章〔四〕，皆言數之所起，亦贊易之所不可遺，而未嘗專以象數教人爲學也。是故「出入以度」，「无有師保，如臨父母」〔五〕，文王、周公、孔子之易也。希夷之圖、康節之書，道家之易也。自二子之學興，而空疏之人、迂怪之士，舉竄迹於其中以爲易，而其易爲方術之書，於聖人寡過反身之學，去之遠矣。

〔一〕論語述而。
〔二〕易繫辭上第二章。
〔三〕易繫辭下第一章。
〔四〕易繫辭上第九、第十一章。
〔五〕易繫辭下第八章。

「詩三百，一言以蔽之，曰，思無邪。」〔一〕易六十四卦、三百八十四爻，一言以蔽之，曰：「不恒其德，或承之羞。」〔二〕夫子所以思得見夫有恒也，有恒然後可以無大過。

〔一〕論語爲政。
〔二〕論語子路。

七八九六〔一〕

易有七八九六，而爻但繫九六者，舉隅之義也。故發其例於乾、坤二卦，曰「用九」、「用六」，用其變也。亦有用其不變者，春秋傳穆姜「遇艮之八」〔二〕，晉語董因「得泰之八」〔三〕，是也。杜元凱注謂「雜用連山、歸藏二易，皆以七八爲占，故言遇艮之八」者非。晉語：「公子筮，得貞屯悔豫，皆八。」本卦爲貞，外卦爲悔。沙隨程氏曰：「初與四五凡三爻變，其不變者二三，上在屯爲八，在豫亦八。」〔四〕今即以艮言之，二爻獨變，則名之六，餘爻皆變而二爻獨不變，則名之八，是知乾、坤亦有用七用八時也。乾爻皆變而初獨不變，曰初七潛龍勿用，可也；坤爻皆變而初獨不變，曰初八履霜堅冰至，可也。占變者，其常也；占不變者，其反也，故聖人繫之九六。歐陽永叔曰：「易道占其變，故以其所占者名爻，不謂六爻皆九六也。」〔五〕得之矣。

〔一〕初刻一之六。

〔二〕左傳襄九年。

〔三〕國語晉語第十。

〔四〕初刻注無「杜元凱」一節。公子，晉文公。沙隨程氏，程迥，有周易古占法一卷，見四庫易類三。

〔五〕居士集卷十八經旨明用篇。初刻此句爲：「如近日占家之有重交單拆，不可以定名也。舉重交以包單拆，此臨文之不得不然，讀者固不可以執一也。」

趙汝楳易輯聞曰：「揲蓍策數，凡得二十八，雖爲乾亦稱七；凡得三十二，雖爲坤亦

稱八。」〔一〕

〔一〕趙汝楳周易輯聞六卷，四庫易類三，亦見朱彝尊經義考卷卅六。汝楳，善湘子，善湘宋史四一三有傳，著述見四庫提要者二種。趙汝楳言易之書，尚有易雅一卷，筮宗三篇。此所引見筮宗第三篇，非周易輯聞也。

楊彥齡筆録曰：「楊損之，蜀人，博學善稱説。余嘗疑易用九六而無七八，損之云：『卦畫七八，爻稱九六』。」〔一〕

〔一〕楊彥齡，北宋人，有楊公筆録一卷，四庫雜家類四著録，作「延齡」，誤。有學海類編本。

「乾之策，二百一十有六，坤之策，百四十有四」〔一〕，亦是舉九六以該七八也。朱子謂七八之合，亦三百有六十也。乾遇七，則一百六十八，坤遇八，則一百九十二。

〔一〕易繫辭上第九章。

卜筮〔一〕

舜曰：「官占惟先蔽志，昆命于元龜。」〔二〕詩曰：「爰始爰謀，爰契我龜。」〔三〕洪範曰：「謀及乃心，謀及卿士，謀及庶人，謀及卜筮。」孔子之贊易也，亦曰：「人謀鬼謀。」〔四〕祖伊告紂，言「格人元龜」〔五〕，亦先人後龜〔六〕。夫庶人，至賤也，而猶在蓍龜之前，故盡人之明而不能決，然後謀之鬼焉。故古人之於人事也，信而有功，於鬼也，嚴而不瀆。

〔一〕初刻一之七，只有前四段。
〔二〕尚書虞書大禹謨。左傳哀十八年作：「夏書曰：『官占惟能蔽志，昆命于元龜。』」
〔三〕詩大雅緜。
〔四〕易繫辭下第十二章。
〔五〕尚書商書西伯戡黎。
〔六〕初刻無注。

子之必孝，臣之必忠，此不待卜而可知也。其所當爲，雖凶而不可避也。故曰：「欲從靈氛之吉占兮，心猶豫而狐疑。」〔一〕又曰：「用君之心，行君之意，龜策誠不能知此事。」〔二〕善哉屈子之言，其聖人之徒歟！

〔一〕屈原離騷第一。

〔二〕屈原卜居第六。

卜居，屈原自作，設爲問答，以見此心非鬼神吉凶之所得而移耳。王逸序乃曰：「心迷意惑，不知所爲，往至太卜之家，決之蓍龜，冀聞異策，以定嫌疑。」〔一〕則與屈子之旨，大相背戾矣。洪興祖補注曰：「此篇上句皆原所從，下句皆原所去。時之人去其所當從，從其所當去，其所謂吉，乃原所謂凶也。」〔二〕可謂得屈子之心者矣。

〔一〕卜居第六王逸序。引文有節略。

〔二〕初刻無「洪興祖」以下。興祖，字慶善，丹陽人。見中興館閣録及宋史卷四三三儒林傳。有楚辭補注十七卷，四庫著録楚辭類。語見卜居第六。初刻作「一正一邪，君子當於此辨之」。

禮記少儀：「問卜筮，曰義與？志與？義則可問，志則否。」子孝臣忠，義也；違害就利，志也。卜筮者，先王所以教人去利懷仁義也。

「石駘仲卒，無適子，有庶子六人，卜所以爲後者。曰：『沐浴佩玉則兆。』五人者皆沐浴佩玉。石祁子曰：『孰有執親之喪，而沐浴佩玉者乎？』不沐浴佩玉。石祁子兆，衛人以龜爲有知也。」〔一〕南蒯將叛，「枚筮之，遇坤之比，曰黃裳元吉。子服惠伯曰：『忠信之事則可，不然必敗。外彊内温，忠也，和以率貞，信也，故曰黃裳元吉。黃，中之色也；裳，下之飾也；元，善之長也。中不忠，不得其色；下不共，不得其飾；事不善，不得其極。且夫易不可以占險。猶有闕也，筮雖吉，未也。』」〔二〕南蒯果敗。是以嚴君平之卜筮也，「與人子言依於孝，與人弟言依於順，與人臣言依於忠」〔三〕。而高允亦有「筮者當依附爻象，勸以忠孝」〔四〕之論，其知卜筮之旨矣。

〔一〕禮記檀弓下。
〔二〕左傳昭十二年。
〔三〕漢書七二王貢兩龔鮑傳序。
〔四〕魏書四八、北史三一高允傳。

申鑑：「或問卜筮，曰德斯益，否斯損。曰何謂也？吉而濟，凶而救之謂益；吉而恃，

凶而怠之謂損。」〔一〕

〔一〕荀悦申鑒卷三俗嫌。

「君子將有爲也，將有行也，問焉而以言，其受命也如嚮」〔一〕。告其爲也，告其行也。「死生有命，富貴在天」〔二〕。若是則無可爲也，無可行也，不當問，問亦不告也。易以前民用也，非以爲人前知也，求前知，非聖人之道也。是以少儀之訓曰：「毋測未至。」〔三〕

〔一〕易繫辭上第十章。
〔二〕論語顔淵。
〔三〕禮記少儀。

郭璞嘗過顔含，欲爲之筮。含曰：「年在天，位在人。修己而天不與者，命也；守道而人不知者，性也。自有性命，無勞蓍龜。」〔一〕

〔一〕晉書八八孝友顏含傳。

文中子：「子謂北山黄公善醫，先寢食，而後鍼藥。汾陰侯生善筮，先人事而後説卦。」〔一〕

〔一〕文中子卷八魏相篇。

金史方伎傳序曰：「古之爲術，以吉凶導人而爲善；後世術者，或以休咎導人而爲不善。」〔一〕

〔一〕金史一三一方伎傳序。

日知録校注卷二

帝王名號〔一〕

堯、舜、禹，皆名也，古未有號，故帝王皆以名紀，臨文不諱也。胡文定修春秋劄子：「臣聞古者不以名爲諱，堯典稱：『有鰥在下曰虞舜。』則堯、舜者，固二帝之名，而堯典乃虞氏史官所作，直載其君之名，而不避也。」考之尚書，帝曰「格汝舜」、「格汝禹」，名其臣也。堯崩之後，舜與其臣言，則曰「帝」。禹崩之後，五子之歌則曰「皇祖」，胤征則曰「先王」。無言堯、舜、禹者，不敢名其君也。自啓至發，皆名也。夏后氏之季，而始有以十干爲號者，桀之癸，商之報丁、報乙、報丙、主壬、主癸，皆號以代其名。白虎通曰：「殷質以生日名子。」〔二〕自天乙至辛，皆號也。太甲、沃丁、仲丁、河亶甲、祖乙、盤庚，皆以爲書篇之名，惟其號也。商之王，著號不著名，而名之見於經者二：天乙之名履，辛之名受是也。武庚亦是號，禄父乃名也。曰湯、曰紂，則亦號也。孔氏西伯戡黎序傳：「受，紂也，音相亂。」號則臣子所得而稱，故伊尹曰：「惟尹躬暨湯。」〔三〕頌曰「武湯」、曰「成湯」、曰「湯孫」也。

微子之命言「乃祖成湯」，多士言「爾先祖成湯」，皆對其臣子稱之。曰文祖、曰藝祖、曰神宗、曰皇祖、曰烈祖、曰高祖、曰高后、曰中宗、曰高宗，而廟號起矣。曰玄王、曰武王，而謚立矣。曰大舜、曰神禹、曰大禹、曰成湯、曰寧王，而稱號繁矣。自夏以前純乎質，故帝王有名而無號。自商以下寖乎文，故有名有號，而德之盛者，有謚以美之。於是周公因而制謚，自天子達於卿大夫，美惡皆有謚，而十干之號不立。史記齊太公世家「太公子丁公」、「丁公子乙公」、「乙公子癸公」〔四〕，猶用商人之稱。陸淳曰：「史記、世本，厲王以前，諸侯有謚者少，其後乃皆有謚。」然王季以上不追謚，猶用商人之禮焉。此文質之中，而臣子之義也。嗚呼！此其所以爲聖人也歟。

〔一〕初刻一之八。

〔二〕白虎通卷八姓名篇。初刻此條只有白虎通注一節。

〔三〕尚書商書咸有一德。

〔四〕史記三二。

九族〔一〕

宗盟之列，先同姓而後異姓；喪服之紀，重本屬而輕外親；此必有所受之，不自周人始矣。「克明俊德，以親九族」〔二〕。孔傳以爲自高祖至玄孫之親。蓋本之喪服小記「以三爲五，以五爲九」〔三〕之説，而百世不可易者也。牧誓數商之罪，但言「昏棄厥遺王父母弟」〔四〕，而不及外親。呂刑申命友邦，歷舉「伯父、伯兄、仲叔、季弟、幼子、童孫」〔五〕，而不言甥舅。古人所爲先後之序，從可知矣。故爾雅謂於内宗曰「族」，於母妻則曰「黨」〔六〕。而昏禮及仲尼燕居「三族」之文，康成並釋爲「父子孫」。儀禮昏禮「三族之不虞」注：「三族，謂父昆弟，己昆弟，子昆弟。」禮記仲尼燕居篇「故三族和也」注：「三族，父子孫也。」杜元凱乃謂：「外祖父、外祖母，從母子及妻父、妻母，姑之子、姊妹之子、女子之子，非己之同族，皆外親有服而異族者。」左氏桓公六年傳注。然則史官之稱帝堯，舉其疏而遺其親，無乃顛倒之甚乎。且九族之爲同姓，經傳之中有明證矣。春秋魯成公十五年，宋共公卒，傳曰：「二華，戴族也；司城，莊族也；六官者，皆桓族也。」〔七〕共公距戴公九世。凡十三公，内除同世者四公。而唐六典：「宗正卿掌皇九族之屬籍，以別昭穆之序，紀親疏之別。九廟之子孫，其族五十有九，光皇帝一族，景皇帝之族六，元皇帝之族三，高祖之族二十有一，太宗之族十有三，高宗之族六，中宗之族四，睿宗之族五。」〔八〕此在玄宗之時，已有七族，中、睿二宗同爲一世。若其歷世滋多，則有不止於九者。而五世親盡，故經文之言族者，自九而止也。杜氏於襄十二年傳注曰：「同族謂高祖以下。」則前説之非，不待辨而明矣。又孔氏正義謂：「高祖、玄孫無相及之理。」桓六年。不知高祖之兄弟，與玄孫之兄弟，固可以相及，如後魏國子博士李琰之所謂「壽有長短，世有延促，不可得而齊同者」〔九〕；如宋洪邁容齋隨筆言：「嗣濮王士歆，在隆興爲從叔祖，在紹熙爲曾叔祖，在慶元爲高叔祖。」〔十〕其明證矣。余丁未歲在大同遇代府中尉俊晰，年近五十。考其世次，於孝宗爲昆弟，而上距弘治之元，已一百八十年。秦、晉二府見在者，多其六七世孫。亦何必帝堯之世，高祖玄孫之族，無一二人同在者乎。疑其不相及，而以外戚當之，其亦昧於齊家治國之理矣。

〔一〕尚書虞書堯典。
〔二〕尚書堯典。
〔三〕禮記喪服小記。
〔四〕尚書周書牧誓。
〔五〕尚書周書吕刑。
〔六〕爾雅四釋親。
〔七〕左傳成十五年。
〔八〕唐六典十六。
〔九〕魏書一〇八禮志二。
〔十〕容齋四筆卷三曾太皇太后條。

路史曰：「親親，治之始也。禮小記曰：『親親者，以三爲五，以五爲九，上殺，下殺，旁殺，而親畢矣。』是所謂九族者也。夫人生則有父，壯則有子，父子與己，此小宗伯『三族之別』也。周禮小宗伯：「掌三族之別，以辨其親疏，其正室皆謂之門子。」〔一〕父者子之祖，因上推之以及於己之祖；子者父之孫，因下推之以及於己之孫，此禮傳之『以三爲五』也。己之祖，自己子視之，則爲曾祖王父，自己孫視之，則爲高祖王父；己之孫，自己父視之，則爲曾孫，自己祖視之，則爲玄孫；故又上推以及己之曾高，下推以及己之曾玄，是所謂『以五爲九』也。」〔二〕陳氏禮書曰：「己之所親，以一爲三，祖孫所親，以五爲七。記不言者，以父子一體，而高玄與曾同服，故不辨異之也。服父三年，服祖期，則曾祖宜大功，高祖宜小功，而皆齊衰三月者，不敢以大、小功旁親之服加乎至尊。故重其衰麻，尊尊也；減其日月，恩殺也。此所謂上殺。服適子三年，庶子期，適孫期，庶孫大功。適孫傳重者也，有適子者無適孫，則長子在，皆爲庶孫也〔三〕。則曾孫宜五月，而與玄孫皆緦麻三月者，曾孫服曾祖三月，曾祖報之亦三月。曾祖尊也，故加齊衰，曾孫卑也，故服緦麻。此所謂下殺。服祖期，則世叔宜大功，以其與父一體，故加以期。周道親親，至重者莫如兄弟，兄弟之子進而爲期，其服同於子，父之兄弟進而爲期，其服同於祖父，故曰死喪之威，兄弟孔懷〔四〕。從世叔則疏矣，加所不及，故服小功。族世叔又疏矣，故服緦麻，此發父而旁殺者也。祖之兄弟小功，曾祖兄弟緦麻，高祖兄弟無服，此發祖而旁殺者也。同父至親期，同祖爲從大功，同曾祖爲再從小功，同高祖爲三從緦麻，此發兄弟而旁殺者也。父爲子期，兄弟之子宜九月，不九月而期者，以其猶子而進之也。從兄弟之子小功，再從兄弟之子緦麻，此發子而旁殺者也。祖爲孫大功，兄弟之孫小功，從兄弟之孫緦麻，此發孫而旁殺者也。蓋服有加也，有報也，有降也。祖之齊衰，世叔從子之期，皆加也。曾孫之三月，與兄弟之孫五月，皆報也。若夫降有四品，則非五服之正也。」〔五〕觀於九族之訓，如喪考妣之文，而知宗族之名，服紀之數，蓋前乎二帝而有之矣〔六〕。「後魏孝文太和中，詔延四廟之子，下逮玄孫之胄，申宗宴於皇信堂，不以爵秩爲列，悉序昭穆爲次，用家人之禮」〔七〕。此由古聖人睦族之意而推之者也。

〔一〕此爲顧亭林注。
〔二〕路史餘論卷六九族條。
〔三〕此爲禮書原注。
〔四〕此爲顧注。
〔五〕宋陳祥道禮書卷六三宗族條。
〔六〕超案：黄汝成日知録集釋此處有案語，未檢原書。援庵批：「黄氏以禮書之文爲先生之文。」
〔七〕語見册府元龜三九睦親門太和十七年五月壬戌條小注。

舜典

古時堯典、舜典本合爲一篇，故「月正元日」、「格于文祖」之後，而四岳之咨必稱「舜曰」者，以别於上文之帝也。至其命禹，始稱「帝曰」〔一〕，問答之辭已明，則無嫌也。

〔一〕引文均出尚書虞書舜典。

惠迪吉從逆凶〔一〕

善惡報應之説，聖人嘗言之矣。大禹言：「惠迪吉，從逆凶，惟景響。」〔二〕湯言：「天道福善禍淫。」〔三〕伊尹言：「惟上帝不常，作善降之百祥，作不善降之百殃。」〔四〕又言：「惟吉凶不僭在人，惟天降災祥在德。」〔五〕孔子言：「積善之家必有餘慶，積不善之家必有餘殃。」〔六〕豈真有上帝司其禍福，如道家所謂「天神察其善惡」，釋氏所謂「地獄果報」者哉？善與不善，一氣之相感，如水之流濕，火之就燥，不期然而然，無不感也，無不應也。此孟子所謂「志壹則動氣」〔七〕，而詩所云：「天之牖民，如壎如篪，如璋如圭，如取如携」〔八〕者也。其有不齊，則如夏之寒，冬之燠，得於一日之偶逢，而非四時之正氣也。故曰，誠者天之道也。若曰有鬼神司之，屑屑焉如人間官長之爲，則報應之至近者，反推而之遠矣。

〔一〕尚書虞書大禹謨。
〔二〕尚書虞書大禹謨。
〔三〕尚書商書湯誥。
〔四〕尚書商書伊訓。
〔五〕尚書商書咸有一德。
〔六〕易坤卦文言。
〔七〕孟子公孫丑上。
〔八〕大雅板。「璋」原作「諱」。

懋遷有無化居〔一〕

「懋遷有無化居」，化者貨也。古「化」、「貨」二字多通用。史記仲尼弟子傳：「與時轉貨貲。」索隱曰：「家語『貨』作『化』。」〔二〕運而不積則謂之化，留而不散則謂之貨。唐虞之世曰化而已，至殷人始以貨名。仲虺有「不殖貨利」〔三〕之言，「三風」〔四〕有「殉於貨色」之儆，而盤庚之誥，則曰：「不肩好貨。」〔五〕於是移化之字爲化生、化成之化，而厚斂之君、發財之主，多不化之物矣。

〔一〕尚書虞書益稷。

〔二〕史記六七。

〔三〕尚書商書仲虺之誥。

〔四〕見尚書商書伊訓。謂巫風、淫風、亂風也。

〔五〕尚書盤庚下。

舜作南風之歌，所謂勸之以九歌者也。左傳文八年〔一〕郤缺言：「九功之德，皆可歌也，謂之九歌。」讀之然後知解吾民之慍者，必在乎阜民之財，而自阜其財，乃以來天下之慍。

〔一〕應爲「左傳文七年」。

三江〔一〕

北江，今之揚子江也；中江，今之吳淞江也。東迤北會于匯，蓋指固城、石臼等湖。不言南江，而以三江見之，南江，今之錢塘江也。本郭璞說。禹貢該括衆流，無獨遺浙江之理，而會稽又他日合諸侯計功之地也，特以施功少，故不言於導水爾。「三江既入」，一事也，「震澤底定」，又一事也。後之解書者，必謂三江之皆由震澤，以二句相蒙爲文，而其說始紛紜矣。程大昌曰：「『弱水既西，涇屬渭汭』，必謂既之一語，爲起下文，則弱水未西，其能越秦隴而亂涇渭乎。」〔二〕可謂解頤之論。

〔一〕尚書夏書禹貢。
〔二〕雍録卷六。

錫土姓〔一〕

今日之天下，人人無土，人人有姓。蓋自「錫土」之法廢，而唐、宋以下，帝王之裔〔二〕

儕於庶人，無世守之固。「錫姓」之法廢，而魏、齊以下，朔漠之姓雜於諸夏，失氏族之源〔三〕。春秋傳言「允姓之姦居於瓜州」〔四〕，蓋古者分北三苗之意。後之鄙儒，讀禹貢而不知其義者良多矣。

〔一〕尚書夏書禹貢。

〔二〕「裔」原作「胤」缺末筆。

〔三〕「朔漠」兩句，原作「夷狄之種，亂於中國，無猾夏之防」。

〔四〕左傳昭四年。

厥弟五人〔一〕

夏商之世，天子之子，其封國而爲公侯者，不見於經。以太康之尸位，而有「厥弟五人」，使其並建茅土，爲國屏翰，羿何至篡夏哉？富辰言：「周公弔二叔之不咸，故封建親戚以蕃屏周。」〔二〕杜氏解曰：「弔，傷也。咸，同也。周公傷夏殷之叔世，疏其親戚以至滅亡，故廣封其兄弟。」而少康封其庶子於會稽，以奉守禹祀，二十餘世，至於越之句踐，卒霸諸侯，有禹之遺烈。夫亦監於太康孤立之禍而然與。若乃孔子所謂：「大道既隱，天下爲家，各親其親，各子其子」〔三〕者，亦從此而可知之矣。

〔一〕尚書夏書五子之歌。
〔二〕左傳僖廿四年。
〔三〕禮記禮運。

惟彼陶唐有此冀方〔一〕

堯、舜、禹皆都河北，故曰「冀方」。至太康始失河北，而五子「御其母以從」之，於是僑國河南。再傳至相，卒爲浞所滅。古之天子，失其故都，未有能國者也。周失豐鎬，而平王以東；晉失雒〔二〕陽、宋失開封，而元帝、高宗遷於江左，遂以不振。惟殷之五遷圮於河，而非敵人之窺伺，則勢不同爾。唐自玄宗以後，天子屢嘗出狩，乃未幾而復國者，以不棄長安也。故子儀回鑾之表，代宗垂泣；宗澤還京之奏，忠義歸心。嗚呼！幸而澆之縱欲不爲民心所附，少康乃得以一旅之衆而誅之爾。後之人主，不幸失其都邑，而爲興復之計者，其念之哉。

〔一〕尚書夏書五子之歌。

〔二〕「雒」原作「諱」。下段「洛」同。

夏之都本在安邑，太康畋於洛表，而羿距於河，則冀方之地入於羿矣，惟河之東與南，爲夏所有。至后相失國，依於二斟，於是使澆用師殺斟灌，在今壽光縣。以伐斟鄩，在今濰縣。而相遂滅。左傳哀元年。乃處澆於過，今掖縣。以制東方；處豷於戈，杜氏解：「在宋鄭之間。」以控南國。襄四年。其時靡奔有鬲，今在德平縣。在河之東；少康奔有虞，今虞城縣。在河之南；而自河以内，無不安於亂賊者矣。合魏絳、伍員二人之言，可以觀當日之形勢，而少康之所以布德兆謀者，亦難乎其爲力矣。竹書謂，太康元年即居斟鄩。非也〔一〕。

〔一〕竹書紀年卷上。

古之天子常居冀州，後人因之，遂以冀州爲中國之號。楚辭九歌：「覽冀州兮有餘。」

淮南子：「女媧氏殺黑龍以濟冀州。」〔一〕路史云：「中國總謂之冀州。」〔二〕穀梁傳曰：桓五年。「鄭同姓之國也，在乎冀州。」正義曰：「冀州者，天下之中州，唐、虞、夏、殷皆都焉。」以鄭近王畿，故舉冀州以爲說。

〔一〕淮南子卷六覽冥訓。
〔二〕路史後紀卷二女皇氏條注。

胤征〔一〕

羲、和尸官，慢天也，「葛伯不祀」，亡祖也，至於動六師之誅，興鄰國之伐。古之聖人，其敬天尊祖也至矣。故王制，天子巡守，其削絀諸侯，必先於不敬不孝〔二〕。

〔一〕尚書夏書胤征。
〔二〕禮記王制。

惟元祀十有二月〔一〕

「惟元祀十有二月乙丑」，元祀者，太甲之元年，十有二月者，建子之月。蓋湯之崩，必以前年之十二月也。殷練而祔，「伊尹祠於先王，奉嗣王祇見厥祖」，祔湯於廟也。非朔者，祔廟無定日。先君祔廟，而後嗣子即位，故成之爲王，而「伊尹乃明言烈祖之成德，以訓於王」也。若自桐歸亳，以三祀之十二月者〔二〕，則適當其時，而非有所取爾。

〔一〕尚書商書伊訓。

〔二〕尚書商書太甲中。

即位者，即先君之位也。未祔則事死如生，位猶先君之位也。故祔廟而後，嗣子即位。殷練而祔，即位必在期年之後。周卒哭而祔，故踰年斯即位矣。如魯成公以八月薨，十二月葬，襄公以明年正月即位〔一〕。有不待葬而即位，如魯之文公、成公者，其禮之末失乎〔二〕？

〔一〕左傳成十八年、襄元年。
〔二〕左傳宣十八年、僖三十三年。

三年喪畢，而後踐天子位，舜也，禹也。練而祔，祔而即位，殷也。踰年正月即位，周也。世變愈下，而柩前即位，爲後代之通禮矣。

西伯戡黎〔一〕

以關中并天下者，必先於得河東。秦取三晉，而後滅燕、齊；苻氏取晉陽，而後滅燕；宇文氏取晉陽，而後滅齊。故西伯戡黎，而殷人恐矣。

〔一〕尚書商書西伯戡黎。

少　師〔一〕

古之官有職異而名同者，太師、少師是也。比干之爲少師，周官所謂「三孤」也。論語之「少師陽」，則樂官之佐，而周禮謂之「小師」者也〔二〕。故史記言紂之將亡，其太師疵、少師彊抱其樂器奔周〔三〕。而後儒之傳，誤以爲微子也。周本紀。漢書古今人表亦有太師疵、少師彊〔四〕。

〔一〕尚書商書微子。
〔二〕周禮春官。
〔三〕史記四周本紀。
〔四〕漢書二十。

殷紂之所以亡

自古國家承平日久，法制廢弛，而上之令不能行於下，未有不亡者也。紂以不仁而亡天下，人人知之，吾謂不盡然。紂之爲君，沈湎於酒，而逞一時之威，至於刳孕斮脛，蓋齊文宣之比耳。商之衰也久矣，一變而盤庚之書，則卿大夫不從君令；再變而微子之書，則小民不畏國法，至於「攘竊神祇之犧牷牲，用以容，將食無災」〔一〕。可謂民玩其上，而威刑不立者矣。史記：燕王喜遺樂間書曰：「紂之時，民志不入，獄囚自出。」〔二〕即以中主守之，猶不能保，而況以紂之狂酗昏虐，又祖伊奔告而不省乎。文宣之惡，未必減於紂，而齊以强，高緯之惡，未必甚於文宣，而齊以亡者，文宣承神武之餘，紀綱粗立，而又有楊愔輩爲之佐，主昏於上，而政清於下也。至高緯，而國法蕩然矣，故宇文得而取之。然則論紂之亡、武之興，而謂「以至仁伐至不仁」者，偏辭也，未得爲窮源之論也。

〔一〕尚書商書微子。

〔二〕史記八十樂毅列傳。

武王伐紂〔一〕

武王伐商殺紂，而立其子武庚，宗廟不毁，社稷不遷，時殷未嘗亡也。所以異乎曩日者，不朝諸侯，不有天下而已。故書序言：「三監及淮夷叛，周公相成王，將黜殷，作大誥。」〔二〕又言：「成王既黜殷命，殺武庚。」〔三〕荀子言：「周公殺管叔，虚殷國。」注：「虚讀爲墟，謂殺武庚，遷殷頑民於雒邑，朝歌爲墟也。」〔四〕是則殷之亡其天下也，在紂之自燔；而亡其國也，在武庚之見殺。蓋武庚之存殷者，猶十有餘年。使武庚不畔，則殷其不黜矣。

〔一〕初刻卷一之九，只有前四段。

〔二〕尚書周書大誥。

〔三〕尚書周書微子之命。

〔四〕荀子四儒效篇。初刻無此注。

武王克商，天下大定，裂土奠國，乃不以其故都封周之臣，而仍以封武庚，降在侯國，而猶得守先人之故土。蔡仲之命曰：「乃致辟管叔於商。」武庚未殺，猶謂之商〔一〕。武王無富天下之心，而不以叛逆之事疑其子孫，所以異乎後世之篡弑其君者，於此可見矣。及武庚既畔，乃命微子啓代殷，而必於宋焉。謂大火之祀，商人是因，弗遷其地也。是以知古聖王之征誅也，取天下而不取其國，誅其君，弔其民，而存先世之宗祀焉，斯已矣。高誘淮南子注曰：「天子不滅國，諸侯不滅姓，古之政也。」〔二〕武王豈不知商之臣民，其不願爲周者，皆故都之人，公族世家之所萃，流風善政之所存，一有不靖，易爲摇動。而必以封其遺胤，蓋不以畔逆疑其子孫，而明告萬世以取天下者，無滅國之義也。故宋公朝周，則曰臣也；周人待之，則曰客也。自天下言之，則侯服於周也；自其國人言之，則以商之臣，事商之君，無變於其初也。平王以下，去微子之世遠矣，而曰：「孝惠娶于商」；左氏哀二十四年傳。曰：「天之棄商久矣」；僖二十二年傳。曰：「利以伐姜，不利子商。」哀九年傳〔三〕。吾是以知宋之得爲商也。國語：「吳王夫差闕爲深溝，通於商、魯之間。」莊子：「商太宰蕩問仁於莊子。」韓非子：「子圉見孔子於商太宰，商太宰使少庶子之市。」逸周書王會篇：「堂下之左，商公、夏公立焉。」樂記：「商者，五帝之遺聲也，商人識之，故謂之商。」鄭氏注曰：「商，宋詩也。」〔四〕蓋自武庚誅而宋復封，於是商人曉然知武王、周公之心，而君臣上下，各止其所，無復有怨懟不平之意。與後世之人主，一戰取人之國，而毁其宗廟，遷其重器者，異矣。樂記曰：「投殷之後於宋」，此本之吕氏春秋，乃戰國時人之妄言。以「武王下車即封微子」，更誤〔五〕。

〔一〕初刻無此注。
〔二〕淮南子八本經訓篇高誘注。初刻無此注。
〔三〕三短注，初刻同。初刻「子商」「于商」互易。潘刻與此本同。
〔四〕國語十九吳語，無「通」字。莊子十四天運篇。韓非子七説林上。禮記樂記。初刻注只有國語、韓非子二節。
〔五〕「戰國時人」，應作「漢儒」。

或曰：遷殷頑民於雒邑，何與？曰：以頑民爲商俗靡靡之民者，先儒解誤也。蓋古先王之用兵也不殺，而待人也仁。東征之役，其誅者，事主一人，武庚而已；謀主一人，管叔而已。下此而囚，下此而降，下此而遷。而所謂頑民者，皆畔逆之徒也，無連坐并誅之法，而又不可以復置之殷都，是不得不遷；而又原其心，不忍棄之四裔，故於雒邑；又不忍斥言其畔，故止曰殷頑民。其與乎畔而遷者，大抵皆商之世臣大族。而其不與乎畔而留於殷者，如祝佗所謂「分康叔以殷民七族：陶氏、施氏、繁氏、錡氏、樊氏、饑氏、終葵氏」是也，非盡一國而遷之也。或曰：何以知其爲畔黨也？曰：以召公之言讎民知之。不畔，何以言讎？非敵百姓也。古聖王無與一國爲讎者也。

上古以來，無殺君之事。湯之於桀也，放之而已。使紂不自焚，武王未必不以湯之所以待桀者待紂。紂而自焚也，此武王之不幸也。當時八百諸侯，雖並有除殘之志，然一聞其君之見殺，則天下之人，亦且恫疑震駭，而不能無歸過於武王，此伯夷所以斥言其暴也。及其反商之政，封殷之後人，而無利於其土地焉，天下於是知武王之兵，非得已也，然後乃安於紂之亡，而不以爲周師之過。故箕子之歌，怨狡童而已，無遺恨焉。非伯夷親而箕子疏，又非武王始暴而終仁也，其時異也。

多士之書：「惟三月，周公初于新邑洛，用告商王士曰：非我小國，敢弋殷命。」亡國之民，而號之「商王士」，新朝之主，而自稱「我小國」，以天下爲公，而不没其舊日之名分。殷人以此中心悦而誠服，「卜世三十，卜年七百」〔一〕，其始基之矣。

〔一〕左傳宣三年。

泰誓

商之德澤深矣，尺地莫非其有也，一民莫非其臣也。武王伐紂，乃曰：「獨夫受，洪惟作威，乃汝世讎。」曰：「肆予小子，誕以爾衆士，殄殲乃讎。」〔一〕何至於此？紂之不善，亦止其身，乃至并其先世而讎之，豈非泰誓之文，出於魏晉間人之僞撰者邪？蔡氏曰：「泰誓、武成一篇之中，似非盡出一人之口。」又引吴氏言，疑其書之晚出，或非盡當時之本文。蓋已見及乎此，特以注家之體，未敢直言其僞耳。

〔一〕尚書周書泰誓下。

「朕夢協朕卜，襲于休祥，戎商必克。」〔一〕伐君大事，而託之乎夢，其誰信之？殆即呂氏春秋載夷、齊之言，謂武王揚夢以説衆者也。左傳昭七年，衛史朝之言曰：「筮襲于夢，武王所用也。」是當時已有此語。

〔一〕尚書周書泰誓中。

孟子引書：「王曰無畏，寧爾也，非敵百姓也。若崩厥角，稽首。」〔一〕今改之曰：「罔或無畏，寧執非敵，百姓懔懔，若崩厥角。」〔二〕後儒雖曲爲之説，而不可通矣。

〔一〕孟子盡心下。

〔二〕尚書周書泰誓中。

百姓有過在予一人

「百姓有過，在予一人。」〔一〕凡百姓之不有康食，不虞天性，不迪率典，皆我一人之責，今我當順民心以誅無道也。蔡氏謂：「民皆有責於我」〔二〕，似爲紆曲。

〔一〕尚書周書泰誓中。

〔二〕胡廣書經大全卷六。

王朝步自周

武成：「王朝步自周，于征伐商。」〔一〕召誥：「王朝步自周，則至于豐。」〔二〕畢命：「王朝步自宗周，至于豐。」〔三〕不敢乘車，而步出國門，敬之至也。馬氏曰：「豐，文王廟所在。」鄭氏以爲：「出廟入廟皆步行。」今按書言「步自周」，則不但於廟也。雍録以爲「步行二十五里」，則又太遠。後之人君，驕恣惰佚，於是有輦而行國中，坐而見群臣，非先王之制矣。「皇帝輦出房」，見於漢書叔孫通傳，乃秦儀也〔四〕。

〔一〕尚書周書武成。
〔二〕尚書周書召誥。
〔三〕尚書周書畢命。
〔四〕漢書四三。

呂氏春秋：「出則以輿，入則以輦，務以自佚，命之曰『招蹷之機』。」〔一〕枚乘七發本此，作

「蹶痿之機」〔二〕。宋呂大防言：「前代人主，在宮禁之中，亦乘輿輦。祖宗皆步自内庭，出御前殿，此勤身之法也。」周煇清波雜志〔三〕。

〔一〕呂氏春秋一孟春紀二本生。
〔二〕文選三四。
〔三〕清波雜志卷一。

太祖實録：「吳元年，上以諸子年長，宜習勤勞，使不驕惰，命内侍製麻屨行縢，每出城稍遠，則馬行其二，步趨其一。」〔一〕至崇禎帝〔二〕，亦嘗步禱南郊。嗚呼！皇祖之訓遠矣。

〔一〕明太祖實録二八下，吳元年十二月。
〔二〕原作「至于先帝」。

大王王季

中庸言：「武王末受命，周公成文、武之德，追王大王、王季。」大傳言，武王於牧之野，

「既事而退」，「遂率天下諸侯，執豆籩駿奔走，追王大王亶父、王季歷、文王昌」。二説不同。今按武成言「丁未祀于周廟」，而其告庶邦冢君，稱「大王王季」。金縢之册祝曰：「若爾三王。」是武王之時，已追王大王、王季，而中庸之言，未爲得也。緜之詩，上稱古公亶父，下稱文王〔一〕，是古公未上尊號之先，文已稱王，而大傳之言，未爲得也。仁山金氏曰：「武王舉兵之日，已稱王矣，故類於上帝，行天子之禮，而稱『有道曾孫周王發』，必非史臣追書之辭。後之儒者，乃嫌聖人之事而文之，非也。」然文王之王，與大王、王季之王，自不同時，而追王大王、王季，必不在周公踐阼之後。疑武王未克商，先已追尊文王。史記伯夷傳：「西伯卒，武王載木主，號爲文王，東伐紂。」〔二〕

〔一〕詩大雅緜。
〔二〕史記六一。

彝倫

彝倫者，天地人之常道，如下所謂五行、五事、八政、五紀、皇極、三德、稽疑、庶徵、五福、六極〔一〕，皆在其中，不止孟子之言人倫而已。能盡其性，以至能盡人之性，盡物之性，則可以贊天地之化育〔二〕，而彝倫叙矣。

〔一〕均見尚書周書洪範。
〔二〕語出禮記中庸。

龜從筮逆

古人求神之道，不止一端，故卜筮並用，而終以龜爲主。周禮簭人言：「凡國之大事，先簭而後卜。」〔一〕注：「當用卜者先簭之，即事有漸也，於簭之凶，則止不卜。」然而洪範有「龜從筮逆」者，則知古人固不拘乎此也。「大卜掌三兆之法」，「其經兆之體，皆百有二十，其頌皆千有二百」〔二〕，故傳曰：「筮短龜長。」左傳：晉獻公將以驪姬爲夫人，卜之不吉，筮之吉。卜人曰：「筮短龜長，不如從長。」注：「物生而後有象，象而後有滋，滋而後有數。龜象筮數，故象長數短。」〔三〕曲禮正義曰：「凡物初生則有象。去初既近，且包羅萬形，故爲長。數是終末，去初既遠，推尋事數，始能求象，故以爲短也。」〔四〕自漢以下，文帝代來，猶有大橫之兆〔五〕。藝文志有龜書五十三卷、夏龜二十六卷、南龜書二十八卷、巨龜三十六卷、雜龜十六卷〔六〕。而後則無聞。唐之李華，遂有廢龜之論矣。舊唐書〔七〕。

〔一〕周禮春官。
〔二〕周禮春官宗伯下。
〔三〕左傳僖四年。
〔四〕禮記曲禮上卜筮不相襲條正義。
〔五〕史記十孝文本紀。
〔六〕漢書三十藝文志蓍龜類。龜書應爲五十二卷。
〔七〕舊唐書一九〇下文苑下李華傳。

周公居東〔一〕

主少國疑，周公又出居於外，而上下安寧，無腹心之患者，二公之力也。武王之誓衆曰「予有亂臣十人，同心同德」〔二〕，於此見之矣。荀子曰：「二公仁智且不蔽，故能持周公，而名利福禄與周公齊。」〔三〕

〔一〕尚書周書金縢。

〔二〕尚書周書泰誓中。

〔三〕荀子十五解蔽篇，作「召公、吕望仁智且不蔽」。

微子之命

微子之於周，蓋受國而不受爵。受國以存先王之祀，不受爵以示不爲臣之節，故終身稱微子也。孔氏書傳曰「微，畿内國名；子，爵」也〔一〕。微子卒，立其弟衍，是爲微仲。衍之繼其兄，繼宋，非繼微也，而稱微仲者何？猶微子之心也。至於衍之子稽，則遠矣，於是始稱宋公。嗚呼！吾於洪範之書言「十有三祀」，微子之命以其舊爵名篇，而知武王、周公之仁，不奪人之所守也。後之經生不知此義，而抱器之臣、倒戈之士，接迹於天下矣。

〔一〕尚書商書微子孔氏傳。

酒誥〔一〕

酒爲天之降命，亦爲天之降威。紂以酗酒而亡，文王以不腆於酒而興，興亡之幾，其原皆在於酒。則所以保天命而畏天威者，後人不可不謹矣。

〔一〕尚書周書酒誥。

召誥

古者吉行日五十里，故召公營洛，乙未自周，戊申朝至於洛〔一〕，凡十有四日。師行日三十里，故武王伐紂，癸巳自周，戊午師渡孟津〔二〕，凡二十有五日。漢書以爲「三十一日」〔三〕，誤。

〔一〕尚書周書召誥。

〔二〕尚書周書泰誓上。

〔三〕漢書二一下律曆志。

元子

微子之命，以微子爲「殷王元子」，召誥則又以紂爲元子，曰：「皇天上帝，改厥元子，兹大國殷之命。」又曰：「有王雖小，元子哉。」人君謂之天子，故仁人之事天如事親。

其稽我古人之德

傅説之告高宗曰：「學於古訓，乃有獲。」〔一〕武王之誥康叔，既「祇遹乃文考」，而又求之「殷先哲王」，又求之「商耇成人」，又别求之「古先哲王」〔二〕。大保之戒成王，先之以「稽我古人之德」，而後進之以「稽謀自天」〔三〕。及成王之作周官，亦曰：「學古入官。」曰：「不學牆面。」〔四〕子曰：「述而不作，信而好古。」又曰：「好古敏以求之。」〔五〕又曰：「君子以多識前言往行，以畜其德。」〔六〕先聖後聖，其揆一也。不學古而欲稽天，豈非不耕而求穫乎？

〔一〕尚書商書說命下。
〔二〕尚書周書康誥。
〔三〕尚書周書召誥。
〔四〕尚書周書周官。
〔五〕論語述而。
〔六〕易大畜卦象傳。

節　性

「降衷于下民，若有恒性」〔一〕，此「性善」之說所自出也。「節性惟日其邁」〔二〕，此「性相近」之説所自出也。「豈弟君子，俾爾彌爾性，似先公酋矣」〔三〕。命也有性焉，君子不謂命也。

〔一〕尚書商書湯誥。

〔二〕尚書周書召誥。

〔三〕詩大雅卷阿。

汝其敬識百辟享

人主坐明堂而臨九牧，不但察群心之向背，亦當知四國之忠姦。故嘉禾同穎，美侯服之宣風；底貢厥獒，戒明王之慎德，所謂「敬識百辟享也」〔一〕。昔者唐明皇之致理也，受張相千秋之鏡，聽元生于蒍之歌，亦能以謇諤爲珠璣，以仁賢爲器幣。及乎王心一蕩，佞諛日崇，開廣運之潭，致江南之貨，廣陵銅器，京口綾衫，錦纜牙檣，彌亘數里，靚妝鮮服，和者百人，乃未幾而薊門之亂作矣。然則韋堅、王鉷之徒，剥民以奉其君者，皆「不役志于享」者也。易曰：「公用享于天子，小人弗克。」〔二〕若明皇者，豈非享多儀而民曰不享者哉。

〔一〕尚書周書洛誥。

〔二〕易大有九三爻辭。

惟爾王家我適

朝覲者，不之殷而之周；訟獄者，不之殷而之周。於是周爲天子，而殷爲侯服矣。此之謂「惟爾王家我適」〔一〕。

〔一〕尚書周書多士。

王來自奄

多方之誥曰：「惟五月丁亥，王來自奄。」而多士，王曰：「昔朕來自奄。」〔一〕是多方當在多士之前，後人倒其篇第耳。元儒王柏論亦同此，但更置太多，未敢信〔二〕。奄之叛周，是武庚既誅而懼，遂與淮夷、徐戎並興。而周公東征，乃至於三年之久。孟子曰：「伐奄，三年討其君」〔三〕是也。伐奄，成王時事，上言相武王，因誅紂而連言之耳。既克，而成王踐奄，蓋行巡狩之事。書序：「成王既踐奄，將遷其君於蒲姑」〔四〕是也。多方篇云：「周公曰王若曰」，是周公尚未還殷，而王已踐奄矣。孔傳以爲奄再叛者，拘於篇之先後而强爲之説。至于再至于三，當從蔡氏説。

〔一〕尚書周書多方、多士。

〔二〕王柏，字會之，號魯齋。見宋元學案八二北山四先生學案。宋史四三八有傳。黄汝成集釋已正亭林元儒説之非。

〔三〕孟子滕文公下。

〔四〕尚書周書蔡仲之命。

建官惟百

成王作周官之書，謂「唐虞稽古，建官惟百」，而「夏商官倍」者〔一〕。時代不遠，其多寡何若此之懸絶哉？且天下之事，一職之微，至於委吏乘田，亦不可闕，而謂二帝之世，遂能以百官該内外之務，吾不敢信也。考之傳注，亦第以爲因時制宜，而莫詳其實。吾以爲唐虞之官不止於百，而其咨而命之者，二十有二人。其餘九官之佐，殳斨伯與、朱虎熊羆之倫，暨侍御僕從，以至州十有二師，外薄四海，咸建五長，以名達於天子者，不過百人而已。

其他則穆王之命，所謂「愼簡乃僚」〔二〕，而天子不親其黜陟者也。故曰：「堯舜之知而不徧物，急先務也；堯舜之仁不徧愛人，急親賢也。」〔三〕夏商之世，法日詳，而人主之職日侵於下，其命於天子者多，故倍也。觀於立政之書，內至於「亞旅」，外至於「表臣」、「百司」，而「夷微盧烝、三亳版尹」之官〔四〕，又虞夏之所未有，則可知矣。杜氏通典言，漢初，王侯國百官皆如漢朝，惟丞相命於天子，其御史大夫以下皆自置。及景帝懲吳楚之亂，殺其制度，罷御史大夫以下官。至武帝又詔，凡王侯吏職，秩二千石者，不得擅補；其州郡佐吏，自別駕長史以下，皆刺史太守自補。歷代因而不革。洎北齊武平中，後主失政，多有佞幸，乃賜其賣官，分占州郡，下及鄉官，多降中旨，故有敕用州主簿、郡功曹者〔五〕。自是之後，州郡辟士之權，寖移於朝廷，以故外吏不得精覈，由此起也。故劉炫對牛弘，以爲「大小之官，悉由吏部」，此政之所以日繁〔六〕。而沈既濟之議，欲令六品以下，及僚佐之屬，許州府辟用〔七〕。唐書百官志曰：「初，太宗省內外官，定制爲七百三十員，曰：『吾以此待天下賢才，足矣。』」〔八〕後之人見周禮一書，設官之多，職事之密，以爲周之所以致治者如此，而不知「宅乃事，宅乃牧，宅乃準」〔九〕之外，文王罔敢知也。然則周之制雖詳，而意猶不異於唐虞矣。求治之君，其可以天子而預銓曹之事哉？

〔一〕尚書周書周官。
〔二〕尚書周書冏命。
〔三〕孟子盡心上。
〔四〕尚書周書立政。
〔五〕通典三一、三二職官。
〔六〕隋書七五儒林傳劉炫傳。
〔七〕新唐書一三二、舊唐書一四九沈既濟傳均無此議。見通典卷十八雜議論下。
〔八〕新唐書四六百官志序。
〔九〕尚書周書立政。

司空

司空，孔傳謂：「主國空土以居民。」〔一〕未必然。顏師古曰：「空，穴也，古人穴居，主穿土爲穴，以居人也。」見漢書百官公卿表注，此語必有所本〔二〕。易傳云：「上古穴居而野處。」〔三〕詩云，古公亶父「陶復陶穴，未有家室」〔四〕。今河東之人尚多有穴居者。今人謂窯，即古「陶」字。莊子言：「逃虚空」〔五〕，虚空即今人所謂冷窯也。洪水之後，莫急於奠民居，故「伯禹作司空」，爲九官之首〔六〕。

〔一〕尚書周書周官。
〔二〕漢書十九上，百官公卿表注。
〔三〕易繫辭下。
〔四〕詩大雅緜。
〔五〕莊子第二十四徐无鬼。
〔六〕尚書虞書舜典。

顧命

讀顧命之篇，見成王初喪之際，康王與其群臣皆吉服，而無哀痛之辭，以召公、畢公之賢，反不及子産、叔向，誠爲可疑。再四讀之，知其中有脱簡。不言殯禮，知是闕文。豈有新君已朝諸侯，而成王尚未殯，史官略無一言記及者乎。而「狄設黼扆綴衣」〔一〕以下，即當屬之康王之誥。伏生本以顧命、康王之誥合爲一篇。自此以上，記成王顧命登遐之事；自此以下，記明年正月上日康王即位朝諸侯之事也。古之人君於即位之禮重矣，故即位於廟，受命於先王，祭畢而朝群臣，群臣布幣而見，然後成之爲君。春秋之於魯公，即位則書，不即位則不書。蓋有遭時之變，而不行此禮，如莊、閔、僖三公者矣。康王當太平之時，爲繼體之主，而史録其遺文訓告，以爲一代之大法，此書之所以傳也。記曰：「未没喪不稱君」〔二〕，而今書曰：「王麻冕黼裳」〔三〕，是踰年之君也。又曰「周卒哭而祔」〔四〕，而今曰「諸侯出廟門俟」〔五〕，是已祔之後也。記曰：「卒哭曰成事。是日也，以吉祭易喪祭。」〔六〕傳言：「天子七月而葬，同軌畢至。」〔七〕而今太保率西方諸侯，畢公率東方諸侯，是七月之餘也，因其中有脱簡，而後之説書者，並以繫之「越七日癸酉」之下，所以生後儒之論。而不思初崩七日之間，諸侯何由而畢至乎？蘇氏亦知其不通，而以爲問疾之諸侯。或曰：易吉可乎？曰：此周公所制之禮也，以宗廟爲重，而不敢凶服以接乎神，釋三年之喪，以盡斯須之敬。此義之所在，而天子之守與士庶不同者也。商書有之矣：「惟元祀十有二月乙丑，伊尹祠于先王，奉嗣王祗見厥祖。」〔八〕豈以喪服而入廟哉？漢書孝文紀：「元年冬十月辛亥，皇帝見於高廟。」〔九〕蓋猶循此制。

〔一〕尚書周書顧命。

〔二〕禮記坊記。

〔三〕尚書周書顧命。

〔四〕禮記檀弓下。
〔五〕尚書周書顧命。
〔六〕禮記檀弓下。
〔七〕左傳隱元年。
〔八〕尚書商書伊訓。
〔九〕漢書四文帝紀。

傳賢之世，天下可以無君。故堯崩，三年之喪畢，舜避堯之子於南河之南。傳子之世，天下不可無君，故「惟元祀十有二月乙丑，伊尹祠于先王，奉嗣王祗見厥祖」〔一〕。

〔一〕尚書商書伊訓。

自「狄設黼扆綴衣」以下，皆陳之朝者也。設四席者，朝群臣，聽政事，養國老，燕親屬，皆新天子之所有事，而非事亡之説也。自「王麻冕黼裳」以下，皆廟中之事也。自「王出，在應門之內」〔二〕以下，則康王臨朝之事也。

〔一〕尚書周書康王之誥。

周之末世，固有不待葬而先見廟者矣。左傳昭二十二年夏四月乙丑，王「崩于榮錡氏」，「五月庚辰見王」，「六月丁巳葬景王」。其曰「見王」者，見王子猛於先王之廟也。不待期而見王猛，不待期而葬景王，則以子朝之爭國也。然不言即位，但曰「見王」而已，孰謂成、康無事之時，而行此變禮也。

書之脱簡多矣，如武成之篇，蔡氏以爲尚有闕文〔一〕；洛誥：「戊辰王在新邑」，則王之至洛可知。乃二公至洛並詳其月日，而王不書，金氏以爲其間必有闕文〔二〕，蓋伏生老而忘之耳。然則顧命之脱簡，又何疑哉？賓牟賈言：「若非有司失其傳，則武王之志荒矣。」〔三〕余於顧命，敢引之以斷千載之疑。

〔一〕蔡沈書集傳卷四武成。

〔二〕金履祥尚書表注卷下。

〔三〕賓牟，姓；賈，名。語見禮記樂記。

矯虔〔一〕

説文：「矯，從矢，揉箭也。」〔二〕故有用力之義。漢書孝武紀注，引韋昭曰：「稱詐爲矯，强取爲虔。」〔三〕周語注，以詐用法曰矯〔四〕。

〔一〕尚書周書吕刑。
〔二〕説文解字五之下矢部。
〔三〕漢書六武帝紀，元狩六年六月「矯虔」注。
〔四〕國語一周語上其刑矯誣條注。

罔中于信以覆詛盟〔一〕

國亂無政，小民有情而不得申，有冤而不見理，於是不得不愬之於神，而詛盟之事起矣。蘇公遇暴公之讒，則「出此三物，以詛爾斯」〔二〕；屈原遭子蘭之讒，則告五帝以折中，命咎繇而聽直〔三〕。至於里巷之人，亦莫不然。而鬼神之往來於人間者，亦或著其靈爽。於是賞罰之柄，乃移之冥漠之中，而蚩蚩之氓，其畏王鈇，常不如其畏鬼責矣。乃世之君子猶有所取焉，以輔王政之窮。今日所傳地獄之説，感應之書，皆苗民詛盟之餘習也。「明明棐常，鰥寡無蓋」〔四〕，則王政行於上，而人自不復有求於神。故曰：「有道之世，其鬼不神。」所謂絶地天通者，如此而已矣。

〔一〕尚書呂刑。
〔二〕詩小雅何人斯。
〔三〕楚辭四九章。
〔四〕尚書呂刑。

文侯之命〔一〕

竹書紀年：幽王三年，嬖褒姒。五年，王世子宜臼出奔申。八年，王立褒姒之子伯盤古「服」字與「盤」字相似而誤。爲太子。九年，申侯聘西戎及鄫。十年，王師伐申。十一年，申人、鄫人及犬戎入周，弑王及王子伯盤。申侯、魯侯、許男、鄭子立宜臼於申，虢公翰立王子余臣於攜，周二王並立。平王元年，王東徙雒邑，晉侯會衛侯、鄭伯、秦伯，以師從王入於成周。二十一年，晉文侯殺王子余臣於攜。左傳昭二十六年，王子朝告諸侯之辭曰：「攜王奸命，諸侯替之，而建王嗣。」杜氏以攜王爲伯服，蓋失之不考。然則文侯之命，報其立己之功，而望之以殺攜王之效也。鄭公子蘭之從晉文公而東也，請無與圍鄭，晉人許之。今平王既立於申，申國在今信陽州。自申遷於雒邑，而復使周人爲之戍申，竹書紀年，平王「三十三年，楚人侵申」；「三十六年，王人戍申」〔二〕。則申侯之伐，幽王之弑，不可謂非出於平王之志者矣。當日諸侯，但知其冢嗣爲當立，而不察其與聞乎弑爲可誅，虢公之立王子余臣，或有見乎此也。自文侯用師，替攜王以除其偪，而平王之位定矣。後之人徒以成敗論，而不察其故，遂謂平王能繼文、武之緒，而惜其棄岐豐七百里之地，豈爲能得當日之情者哉？孔子生於二百年之後，蓋有所不忍言，而録文侯之命於書，録揚之水之篇於詩，其旨微矣。葛藟詩序，謂平王「棄其九族」，似亦未可盡非〔三〕。古今人表，以平王、申侯與幽王、褒姒、虢石父同列下下〔四〕。傳言「平王東遷」〔五〕，蓋周之臣子美其名爾，綜其實不然。凡言遷者，自彼而之此之辭，盤庚遷於殷是也。幽王之亡，宗廟社稷以及典章文物，蕩然皆盡；鎬京之地，已爲西戎所有〔六〕；平王乃自申東保於雒。天子之國，與諸侯無異，而又有攜王與之頡頏，並爲人主者二十年，其得存周之祀幸矣，而望其中興哉？如東晉元帝，不可謂之遷於建康。

〔一〕尚書周書文侯之命。
〔二〕竹書紀年卷下。
〔三〕詩國風王葛藟。
〔四〕漢書二十古今人表。
〔五〕左傳僖二十二年、襄十年。
〔六〕「西戎所有」原作「戎狄所居」。

秦誓

有秦誓故列秦誓，有秦詩故録秦詩，「述而不作」〔一〕也。謂夫子逆知天下之將并於秦而存之者，邵子説。小之乎知聖人矣。秦穆公之盛，僅霸西戎，未嘗爲中國盟主，無論齊桓、晉文，即亦不敢望楚之靈王、吳之夫差，合諸侯而制天下之柄。春秋以後，秦蓋中衰。吳淵穎萊曰：「秦之興，始於孝公之用商鞅，成於惠王之取巴蜀。蠶食六國，并吞二周，戰國之秦也，非春秋之秦也。其去夫子之卒也久矣，自獲麟之歲，以至始皇滅六國并天下，二百六十年。夫子惡知周之必并於秦哉？」〔二〕若所云後世男子自稱，秦始皇入我房，顛倒我衣裳，至沙丘而亡者，近於圖澄、寶誌之流，非所以言孔子矣。

〔一〕論語述而。

〔二〕淵穎吴先生文集卷五秦誓論下。

甘誓，天子之事也，胤征，諸侯之事也，並存之，見諸侯之事可以繼天子也。費誓、秦誓之存，猶是也〔一〕。

〔一〕甘誓、胤征，尚書夏書篇名，費誓、秦誓，尚書周書篇名。

古文尚書

漢時尚書，今文與古文爲二，而古文又自有二。漢書藝文志曰：「尚書古文經四十六卷，爲五十七篇。」〔一〕師古曰：「孔安國書序云：『凡五十九篇，爲四十六卷。承詔作傳，引序各冠其篇首，定五十八篇。』鄭玄序贊云：『後又亡其一篇』，故五十七。」又曰：「經二十九卷，大、小夏侯二家。歐陽經三十二卷。」歐陽生，字和伯，史失其名。夏侯勝，勝從兄子建，皆傳伏生尚書。師古曰：「此二十九卷，伏生傳授者。」内泰誓非伏生所傳，師古并言之，詳見下。此今文與古文爲二也。又曰：「古文尚書者，出孔子壁中。武帝末，魯共王壞孔子宅，欲以廣其宫，而得古文尚書及禮記、論語、孝經凡數十篇，皆古字也。共王往入其宅，聞鼓琴瑟鐘磬之音，於是懼，乃止不壞。孔安國者，孔子後也，悉得其書，以考二十九篇，得多十六篇。師古曰：「見行世二十九篇之外，更得十六篇。」安國獻之，遭巫蠱事，未列於學官。劉向以中古文師古曰：「中者，天子之書也。」校歐陽、大、小夏侯三家經文，酒誥脱簡一，召誥脱簡二。率簡二十五字者，脱亦二十五字，簡二十二字者，脱亦二十二字，文字異者，七百有餘，脱字數十。」〔二〕志自云，此所述者，本之劉歆七略，不知「中古文」即安國所獻否。及王莽末，遭赤眉之亂，焚燒無餘。儒林傳曰：「孔氏有古文尚書，孔安國以今文字讀之，因以起其家，逸書得十餘篇，蓋尚書茲多於是矣。言此爲最多者，明張霸加之以百二篇爲僞。遭巫蠱，未立於學官。安國爲諫大夫，授都尉朝，都尉朝授膠東庸生，庸生授清河胡常少子；又傳左氏，常授虢徐敖；又傳毛詩，授王璜、平陵塗惲子真，子真授河南桑欽君長。王莽時，諸學皆立。傳末又言，平帝時，立左氏春秋、毛詩、逸禮、古文尚書，而後漢書十四博士無之，蓋光武時廢。劉歆爲國師，璜、惲等皆貴顯。」〔三〕言劉歆者，哀帝時，歆移書太常博士，欲立此諸家之學故也。又曰：「世所傳百兩篇者，出東萊張霸，分析合二十九篇，以爲數十。或分析之，或合之。又采左氏傳、書序，爲作首尾，凡百二篇。篇或數簡，文意淺陋。成帝時，求其古文者，霸以能爲百兩徵，以中書校之，非是。」〔四〕此又孔氏古文與張霸之書爲二也。後漢書儒林傳曰：「孔僖，魯國魯人也，自安國以下，世傳古文尚書。」又曰：「扶風杜林傳古文尚書，林同郡賈逵爲之作訓，賈逵傳，肅宗「好古文尚書」，詔逵「撰歐陽大小夏侯尚書古文同異爲三卷，帝善之」。馬融作傳，鄭玄注解，由是古文尚書遂顯於世。」又曰：「建初中，詔高才生受古文尚書、毛詩、穀梁、左氏春秋，雖不立學官，然皆擢高第，爲講郎，給事近署。」〔五〕然則孔僖所受之安國者，竟無其傳，而杜林、賈逵、馬融、鄭玄，則不見安國之傳，而爲之作訓、作傳、作注解。此則孔、鄭之學，又當爲二，而無可考矣。劉陶傳曰：「陶明尚書、春秋，爲之訓詁，推三家尚書及古文，是正文字三百餘事，名曰中文尚書。」〔六〕言參用今文、古文之中。漢末之亂無傳。若馬融注古文尚書十卷，鄭玄注古文尚書九卷，則見於舊唐書藝文志。又有王肅、范甯、李顒、姜道成注古文尚書。新唐書作「姜道盛」〔七〕。開元之時，尚有其書，而未嘗亡也。按陸氏釋文言：「馬、鄭所注二十九篇，則亦不過伏生所傳之二十八，一、堯典并舜典「慎徽」以下爲一篇；二、皋陶謨并益稷爲一篇；三、禹貢；四、甘誓；五、湯誓；六、盤庚；七、高宗肜日；八、西伯戡黎；九、微子；十、牧誓；十一、洪範；十二、金縢；十三、大誥；十四、康誥；十五、酒誥；十六、梓材；十七、召誥；十八、洛誥；十九、多士；二十、無逸；二十一、君奭；二十二、多方；二十三、立政；二十四、顧命并康王之誥爲一篇；二十五、呂刑；二十六、文侯之命；二十七、費誓；二十八、秦誓。而泰誓別得之民間，合之爲二十九。孔氏正義〔八〕曰：「史記及漢書儒林傳云，伏生獨得二十九篇，以教齊魯。然泰誓非伏生所得。按馬融云，泰誓後得，鄭玄書論亦云民間得泰誓。別録曰：武帝末，民有得泰誓書於壁内者獻之。則泰誓非伏生所傳。而言二十九篇者，以司馬遷在武帝之世，見泰誓出，而得行，入於伏生所傳内，故爲史總之云伏生所出，不復曲別分析。其實得時不與伏生所傳同也。」且非今之泰誓。有「白魚入於王舟」等語，董仲舒對策引之。其所謂得多十六篇者，不與其間也。」〔九〕隋書經籍志曰：「馬融、鄭玄所傳，惟二十九篇，又雜以今文，非孔子舊書，自餘絶無所説〔十〕。正義曰，鄭氏書於伏生所傳之外，增益二十四篇：「舜典一、汩作二、九工九篇十一、大禹謨十二、益稷十三、五子之歌十四、胤征十五、湯誥十六、咸有一德十七、典寳十八、伊訓十九、肆命二十、原命二十一、武成二十二、旅獒二十三、冏命二十四。」以一篇爲一卷，九工九篇合爲一卷，通十六卷，以合於漢藝文志「得多十六篇」之數。此即張霸之徒所作僞書也。與舊唐書所載卷目不同。晉世秘府所存，有古文尚書經文，今無有傳者。及永嘉之亂，歐陽、大小夏侯尚書並亡。至東晉，豫章内史梅賾始得安國之傳上之。」〔十一〕正義引晉書云，太保鄭沖以古文授扶風蘇愉，愉授天水梁柳，柳授城陽臧曹，曹授汝南梅賾，遂上其書。又云，其書亡失舜典一篇。此書東京以下諸儒皆不曾見，鄭玄注禮記、韋昭注國語、杜預注左氏、趙岐注孟子，凡引此書文，並注云「逸書」。增多二十五篇，大禹謨一、五子之歌二、胤征三、仲虺之誥四、湯誥五、伊訓六、大甲三篇九、咸有一德十、説命三篇十三、泰誓三篇十六、武成十七、旅獒十八、微子之命十九、蔡仲之命二十、周官二十一、君陳二十二、畢命二十三、君牙二十四、冏命二十五。以合於伏生之二十八篇。而去其僞泰誓，又分舜典、益稷、盤庚中下、康王之誥各自爲篇，則爲今之五十八篇矣。其舜典亡闕，取王肅本「慎徽」以下之傳續之。陸氏釋文云，梅賾上孔氏傳古文尚書，亡舜典一篇，時以王肅注頗類孔氏，故取王注，從「慎徽五典」以下爲舜典，以續孔傳。齊明帝建武四年，有姚方興者，於大航頭得本，有「曰若稽古，帝舜」以下二十八字，獻之，朝議咸以爲非。及江陵板蕩，其文北入中原，學者異之，劉炫遂以列諸本第。然則今之尚書，其今文、古文皆有之三十三篇，固雜取伏生、安國之文，而二十五篇之出於梅賾，舜典二十八字之出於姚方興，又合而一之。孟子曰：「盡信書，則不如無書」〔十二〕，於今日而益驗之矣。

〔一〕漢書三十。
〔二〕以上引文均見漢書藝文志。
〔三〕漢書八八儒林傳。
〔四〕漢書八八儒林傳。兩段本相接。
〔五〕後漢書一〇九上儒林傳，孔僖傳、楊倫傳末，儒林傳序。賈逵傳見六六。
〔六〕後漢書八七劉陶傳。
〔七〕應爲舊唐書經籍志，卷四六。姜道成，新、舊唐書均作「道盛」。
〔八〕孔安國尚書序孔穎達正義。馬融以下，皆正義引。
〔九〕陸德明經典釋文卷一。

〔十〕「所説」原作「師説」，「所」字大誤。但元鈔本已如此。

〔十一〕以上隋書三二經籍志一。

〔十二〕孟子盡心下。

竊疑古時有堯典無舜典，有夏書無虞書，而堯典亦夏書也。孟子引「二十有八載，放勳乃殂落」，而謂之堯典〔一〕，則序之別爲舜典者非矣。左氏傳莊公八年，引「皋陶邁種德」；僖公二十四年，引「地平天成」；二十七年，引「賦納以言」；文公七年，引「戒之用休」；襄公五年，引「成允成功」；二十一年、二十三年，兩引「念茲在茲」；二十六年，引「與其殺不辜，寧失不經」；哀公六年，引「允出茲在茲」；十八年，引「官占惟先蔽志」。國語，周內史過引「衆非元后何戴，后非衆罔與守邦」〔二〕。而皆謂之夏書，則後之目爲虞書者贅矣。正義言：馬融、鄭玄、王肅、別録，題皆曰虞夏書，以虞夏同科〔三〕。何則？記此書者必出於夏之史臣，雖傳之自唐，而潤色成文，不無待於後人者。故篇首言「曰若稽古」，以古爲言，明非當日之記也。世更三聖，事同一家，以夏之臣，追記二帝之事，不謂之夏書而何？夫惟以夏之臣，而追記二帝之事，則言堯可以見舜，不若後人之史，每帝立一本紀，而後爲全書也。

〔一〕孟子萬章上。
〔二〕國語一周語上。
〔三〕尚書虞書堯典，孔穎達正義。

「帝曰來禹，汝亦昌言」〔一〕，承上文臯陶所陳，一時之言也〔二〕。「王出，在應門之内」〔三〕，承上文「諸侯出廟門俟」〔四〕，一時之事也。序分爲兩篇者，妄也。

〔一〕尚書虞書益稷。
〔二〕「上文」謂尚書虞書臯陶謨。
〔三〕尚書周書康王之誥。
〔四〕尚書周書顧命。

書序

益都孫寶侗仲愚謂：「書序爲後人僞作，逸書之名，亦多不典。至如左氏傳定四年，祝佗告萇弘，其言魯也，曰：『命以伯禽，而封於少皡之虚。』其言衛也，曰：『命以康誥，而封於殷虛。』其言晉也，曰：『命以唐誥，而封於夏虛。』是則伯禽之命、康誥、唐誥，周書之三篇，而孔子所必録也。今獨康誥存，而二書亡，爲書序者，不知其篇名，而不列於百篇之内，疏漏顯然。」是則不但書序可疑，并百篇之名亦未可信矣。其解「命以伯禽」爲書，名伯禽之命，尤爲切當，今録其説。

正義曰：「尚書遭秦而亡，漢初不知篇數。武帝時有大常蓼侯孔臧者，安國之從兄也，與安國書云：時人惟聞尚書二十八篇，取象二十八宿，謂爲信然。不知其有百篇也。」〔一〕今考傳記引書，並無序所亡四十二篇之文，則此篇名亦未可盡信也。

〔一〕尚書周書泰誓序，孔穎達正義。

豐熙僞尚書〔一〕

五經得於秦火之餘，其中固不能無錯誤，學者不幸而生乎二千餘載之後，信古而闕疑，乃其分也。近世之説經者，莫病乎好異。以其説之異於人而不足以取信，於是舍本經之訓詁，而求之諸子百家之書。猶未足也，則舍近代之文，而求之遠古。又不足，則舍中國之文，而求之四海之外。如豐熙之古書世本，尤可怪焉。鄞人言，出其子坊僞撰。又有子貢詩傳，後儒往往惑之〔二〕。曰箕子朝鮮本者，箕子封於朝鮮，傳書古文，自帝典至微子止，後附洪範一篇。曰徐市倭國本者，徐氏爲秦博士，因李斯坑殺儒生，託言入海求僊，盡載古書至島上，立倭國，即今日本是也。二國所譯書，其曾大父河南布政使慶録得之，以藏於家。按宋歐陽永叔日本刀歌：「徐福行時書未焚，逸書百篇今尚存。」蓋昔時已有是説，而葉少藴固已疑之。夫詩人寄興之辭，豈必真有其事哉？日本之職貢於唐久矣，自唐及宋，歷代求書之詔不能得，而二千載之後，慶乃得之，其得之，又不以獻之朝廷〔三〕，而藏之家，何也？宋咸平中，日本僧奝然以鄭康成注孝經來獻，不言有尚書。至曰箕子傳書古文，自帝典至微子，則不應別無一篇逸書，而一一盡同於伏生、孔安國之所傳。其曰後附洪範一篇者，蓋徒見左氏傳三引洪範皆謂之商書，文公五年，引「沈漸剛克，高明柔克」。成公六年，引「三人占從二人」。襄公三年，引「無偏無黨，王道蕩蕩」。正義曰，箕子商人，所説故謂之商書〔四〕。而不知「王」者，周人之稱，「十有三」者，周史之記，不得爲商人之書也。禹貢以「道山」、「道水」移於「九州」之前，此不知古人先經後緯之義也〔五〕。孔安國傳「道岍及岐」即云：「更理説所治山川首尾所在。」是自漢以來，別無異文。史記夏本紀，亦先九州而後道山、道水〔六〕。五子之歌「爲人上者，奈何不敬」，以其不叶，而改之曰「可不敬乎」，謂本之鴻都石經。據正義言，蔡邕所書石經尚書，止今文三十四篇，無五子之歌，熙又何以不考而妄言之也。五子之歌乃孔氏古文，東晉豫章内史梅賾所上，故左傳成公十六年引「怨豈在明，不見是圖」。哀公六年引「惟彼陶唐，有此冀方」。杜預注並以爲逸書。國語周單襄公，引「民可近也，而不可上也」。單穆公，引「關石和鈞，王府則有」。韋昭解亦以爲逸書〔七〕。夫天子失官，學在四裔，使果有殘編斷簡，可以裨經文而助聖道，固君子之所求之而惟恐不得者也。若乃無益於經，而徒爲異以惑人，則其於學也，亦謂之異端而已。愚因歎夫昔之君子，遵守經文，雖章句先後之間，猶不敢輒改。故元行沖奉明皇之旨，用魏徵所注類禮，撰爲疏義，成書上進，而爲張説所駁，謂章句隔絶，有乖舊本，竟不得立於學官〔八〕。夫禮記，二戴所録，非夫子所删，況其篇目之次，元無深義，而魏徵所注，則又本之孫炎。字叔然，漢末人。以累代名儒之作，申之以詔旨，而不能奪經生之所守，蓋唐人之於經傳，其嚴也如此。故啖助之於春秋，卓越三家，多有獨得，而史氏猶譏其不本所承，自用名學，謂後生詭辯，爲助所階〔九〕。乃近代之人，其於讀經，鹵莽滅裂，不及昔人遠甚；又無先儒爲之據依，而師心妄作；刊傳記未已也，進而議聖經矣；更章句未已也，進而改文字矣。此陸游所致慨於宋人，陸務觀曰：唐及國初學者，不敢議孔安國、鄭康成，況聖人乎。自慶曆後，諸儒發明經旨，非前人所及，然排繫辭，毁周禮，疑孟子，譏書之胤征、顧命，不難於議經，況傳注乎？趙汝談至謂洪範非箕子之作〔十〕。而今且彌甚。徐防有言：「今不依章句，妄生穿鑿，以遵師爲非義，意説爲得理，輕侮道術，寖以成俗。」〔十一〕嗚呼！此學者所宜深戒，若豐熙之徒，又不足論也〔十二〕。近有謂得朝鮮本尚書，於洪範「八政」之末，添多五十二字者。按元王惲中堂事記，中統二年，高麗世子禃來朝，宴於中書省。問曰，傳聞汝邦有古文尚書及海外異書。答曰，與中國不殊。是知此五十二字者，亦僞撰也。漢東萊張霸僞造尚書百二篇，以中書校之，非是。「霸辭受父，父有弟子尉氏樊並。詔存其書，後樊並謀反，乃黜其書」〔十三〕。而僞逸書嘉禾篇，有「周公奉鬯，立于阼階，延登贊曰，假王涖政」之語。莽遂依之，以稱居攝〔十四〕。是知惑世誣民，乃犯上作亂之漸，大學之教，禁於未發者，其必先之矣。

〔一〕初刻本卷一之十。

〔二〕初刻本無此注。

〔三〕初刻本「朝廷」上空一格。

〔四〕尚書周書洪範，孔穎達正義。

〔五〕自「蓋徒見左氏傳三引洪範」至此，初刻本作「則所云『惟十有三祀，王訪于箕子』者，必冠之以周書，文義乃通。而箕子既不臣周，則此十字者，必非箕子之手筆也。禹貢以『道山』、『道水』移于『九州』之前，此不知古人之文，先大綱而後條例之指也」。文中亦無注。

〔六〕孔安國傳見尚書夏書禹貢導岍及岐至于荊山條注。初刻注無史記一節。史記引文出卷二。

〔七〕國語二、三周語中、下。

〔八〕舊唐書一〇二元行沖傳、新唐書二百儒學下元行沖傳均載其事。

〔九〕新唐書二百儒學下啖助傳。

〔十〕初刻無此注。

〔十一〕後漢書七四徐防傳。初刻無此句。

〔十二〕初刻此下有：「然則今之所謂異端者，豈必在吾儒之外哉？」無注。

〔十三〕漢書八六儒林傳。

〔十四〕見漢書九九上王莽傳。

日知録校注卷三

詩有入樂不入樂之分〔一〕

鼓鐘之詩曰：「以雅以南。」〔二〕子曰：「雅頌各得其所。」〔三〕夫二南也，豳之七月也，小雅正十六篇，大雅正十八篇，詩譜：「小雅十六篇，大雅十八篇，爲正經。」〔四〕頌也，詩之入樂者也。邶以下十二國之附於二南之後，而謂之風；鴟鴞以下六篇之附於豳，而亦謂之豳；六月以下五十八篇之附於小雅，民勞以下十三篇之附於大雅，而謂之「變雅」，詩之不入樂者也。釋文曰：「從六月至無羊十四篇，是宣王之『變小雅』。從節南山至何草不黃四十四篇，前儒申公、毛公皆以爲幽王之『變小雅』。從民勞至桑柔五篇，是厲王之『變大雅』。從雲漢至常武六篇，是宣王之『變大雅』。瞻卬及召旻二篇，是幽王之『變大雅』。」正義曰：「變者，雖亦播於樂，或無算之節所用，或隨事類而歌，又在制禮之後，樂不常用。」今按以「變雅」而播之於樂，如衛獻公使大師歌巧言之卒章是也〔五〕。樂記：子夏對魏文侯曰：「鄭音好濫淫志，宋音燕女溺志，衛音趨數煩志，齊音敖辟喬志。此四者，皆淫於色而害於德，是以祭祀弗用也。」朱子曰：「二南正風，房中之樂也，鄉樂也。二雅之正雅，朝廷之樂也。商、周之頌，宗廟之樂也。」〔六〕至變雅，則衰周卿士之作，以言時政之得失。而邶、鄘以下，則太師所陳以觀民風者耳，非宗廟燕享之所用也。但據程大昌之辯，則二南自謂之南，而別立正風之目者非〔七〕。大昌字泰之，孝宗時人，著詩論一十七篇。朱子當日或未見。

〔一〕初刻一之十一。
〔二〕詩小雅鼓鐘。
〔三〕論語子罕。
〔四〕初刻本注，「大雅十八篇」在「小雅十六篇」之前。
〔五〕左傳襄十四年。初刻無此注。
〔六〕晦庵集七十。
〔七〕程大昌詩論一。

四　詩

周南、召南，南也，非風也。豳謂之豳詩，亦謂之雅，亦謂之頌，據周禮籥章。而非風也。

南、豳、雅、頌爲四詩，而列國之風附焉，此詩之本序也。宋程大昌詩論謂無國風之目〔一〕。然禮記王制言：「命大師陳詩以觀民風。」即謂自邶至曹十二國爲風無害。

〔一〕程大昌詩論一。

孔子删詩〔一〕

孔子删詩，所以存列國之風也。有善有不善，兼而存之，猶古之太師「陳詩以觀民風」。而季札聽之，以知其國之興衰。正以二者之並陳，故可以觀，可以聽。世非二帝，時非上古，固不能使四方之風有貞而無淫，有治而無亂也。文王之化，被於南國，而北鄙殺伐之聲，文王不能化也。使其詩尚存，而入夫子之删，必將存南音以繫文王之風，存北音以繫紂之風，而不容於没一也。是以桑中之篇，溱洧之作，夫子不删，志淫風也。叔于田爲譽段之辭，揚之水、椒聊爲從沃之語，夫子不删，著亂本也。淫奔之詩，録之不一而止者，所以志其風之甚也。一國皆淫，而中有不變者焉，則亟録之。將仲子，畏人言也；女曰鷄鳴，相警以勤生也；出其東門，不慕乎色也；衡門，不願外也。選其辭，比其音，去其煩且濫者，此夫子之所謂删也。後之拘儒，不達此旨，乃謂淫奔之作，不當録於聖人之經，是何異唐太子弘謂商臣弑君，不當載於春秋之策乎！舊唐書高宗諸子傳〔二〕。黄氏日鈔云：國風之用於燕享者，惟二南，而列國之風未嘗被之樂也。夫子之所言正者，雅、頌，而未及乎風也。桑中之詩，明言淫奔，東萊吕氏乃爲之諱，而指爲雅音，失之矣〔三〕。真希元文章正宗，其所選詩，一掃千古之陋，歸之正旨。然病其以理爲宗，不得詩人之趣。且如古詩十九首，雖非一人之作，而漢代之風，略具乎此。今以希元之所删者讀之，「不如飲美酒，被服紈與素」，何以異乎唐詩山有樞之篇〔四〕；「良人惟古歡，枉駕惠前綏」，蓋亦邶詩「雄雉于飛」〔五〕之義；「牽牛織女」，意昉大東〔六〕；「兔絲」、「女蘿」，情同車舝〔七〕。十九作中，無甚優劣。必以坊淫正俗之旨，嚴爲繩削，雖矯昭明之枉，恐失國風之義。六代浮華，固當芟落，使徐、庾不得爲人，陳、隋不得爲代，無乃太甚，豈非執理之過乎？

〔一〕初刻本一之十二。無注。
〔二〕舊唐書八六。
〔三〕黄氏日鈔四桑中條。
〔四〕詩國風唐山有樞。
〔五〕詩國風邶雄雉。

〔六〕詩小雅大東。

〔七〕詩小雅車舝。

何彼襛矣〔一〕

山堂考索載林氏曰：「二南之詩，雖大概美詩，亦有刺詩，不徒西周之詩，而東周亦與焉，據何彼襛矣之詩可知矣。其曰『平王之孫，齊侯之子』，考春秋莊公元年，書『王姬歸于齊』，此乃桓王女、平王孫，下嫁於齊襄公，非平王孫、齊侯子而何？洪氏容齋五筆曰：春秋「莊公元年，當周莊王之四年，齊襄公之五年，書『王姬歸于齊』。莊公十一年，當莊王之十四年，齊桓公之三年，又書『王姬歸于齊』。莊王爲平王之孫，則所嫁王姬，當是姊妹，齊侯之子，即襄公、桓公，二者必居一於此矣」〔二〕。說者必欲以爲西周之詩，於時未有平王，乃以『平』爲平正之王，『齊』爲齊一之侯，與書言『寧王』同義，此妄也。毛氏傳：「平，正也，武王女、文王孫，適齊侯之子。」按成王時，齊侯則太公，而以武王之女適其子，是甥舅爲婚，周之盛時，必無此事。逮成王顧命丁公始見於經，而去武王三十餘年，又必無未笄之女矣〔三〕。據詩人欲言其人之子孫，則必直言之，如稱衛莊姜，則曰『齊侯之子，衛侯之妻，東宫之妹，邢侯之姨』。美韓侯取妻，則曰『汾王之孫，蹶父之子』，又何疑乎？且其詩，刺詩也，以王姬徒有容色之盛，而無肅雝之德，何以使人化之？故曰『何彼襛矣，唐棣之華。曷不肅雝，王姬之車』。詩人若曰『言其容色，固如唐棣矣。然王姬之車，胡不肅雝乎』。是譏之也。」〔四〕按此説桓王女、平王孫，則是，其曰刺詩，於義未允。蓋詩自邶、鄘以訖於檜、曹，皆太師之所陳者也，其中有美有刺。若二南之詩，則用之爲燕樂，用之爲鄉樂，用之爲射樂，用之爲房中樂；而鼓鐘之卒章，所謂「以雅以南」；春秋傳所謂「象箾南籥」〔五〕；文王世子所謂「胥鼓南」者也，安得有刺？此必東周之後，其詩可以存二南之遺音，而聖人附之於篇者也。且自平王之東，周德日以衰矣，麥禾之取〔六〕，繻葛之戰〔七〕，幾無以令於兄弟之國。且莊王之世，魯、衛、晉、鄭，日以多故，於是王姬下嫁，以樹援於强大之齊，尋盟府之墜言，繼昏姻之夙好。且其下嫁之時，猶能修周之舊典，而容色之盛，禮節之備，有可取焉，聖人安得不録之以示興周道於東方之意乎？春秋襄十五年，書劉夏「逆王后于齊」，亦此意〔八〕。蓋東周以後之詩，得附二南者，惟此一篇而已。後之儒者，乃疑之，而爲是紛紛之説，是烏知聖人之意哉〔九〕？或曰，詩之所言，但稱其容色，何也？曰，古者婦有四德，而容其一也。言其容，則德可知矣。説苑引書「五事，一曰貌。貌者，男子之所以恭敬，婦人之所以姣好也」〔十〕。故碩人之詩，美其君夫人者，至無所不極其形容，而野麕之貞，亦云「有女如玉」。即唐人爲妃主碑文，亦多有譽其姿色者。洪氏隸釋載郭輔碑云：「有四男三女，咸高賢姣孋。」漢魏間人作已如此。豈若宋代以下之人，以此爲諱而不道乎？夫婦人倫之本，昏媾王道之大，下嫁於齊，甥舅之國，太公之後，先王以周禮治諸侯之本也。詩之得附於南者以此。舍是，則東周以後，事無可稱，而民間之謡刺，皆屬之王風矣。況二南之與民風，其來自别。宣王之世，未嘗無雅，則平王以下，豈遂無南？或者此詩之舊附於南而夫子不删，要亦不異乎鄉者之説也。

〔一〕詩國風召南。初刻本卷一之十五。

〔二〕初刻注無末八字，然此八字亦容齋五筆卷四平王之孫條語。

〔三〕詩國風召南何彼襛矣毛傳。初刻無此注。

〔四〕章如愚山堂考索續集卷七經籍門詩召南何彼襛矣爲刺詩條。林氏名岊，撰毛詩講義十二卷，見四庫詩類一。與章如愚同時。

〔五〕左傳襄廿九年。

〔六〕見左傳隱三年。

〔七〕見左傳桓五年。

〔八〕初刻無此注。

〔九〕「紛紛之説」後，初刻有「謂夫子必將殊雒邑于西周，絶平桓于文武」十七字。

〔十〕語出説苑十九修文。初刻無此注。

何彼襛矣以莊王之事而附於召南，其與文侯之命以平王之事而附於書，一也〔一〕。

〔一〕初刻本「何彼襛矣」之下，作「之存于南，猶之文侯之命之存于書也，皆東遷以後事也」。

邶鄘衛

邶、鄘、衛，本三監之地，自康叔之封未久而統於衛矣。采詩者猶存其舊名，謂之邶、鄘、衛。漢書地理志：「河内本殷之舊都，周既滅殷，分其畿内爲三國，詩風邶、鄘、衛國是也。邶以封紂子武庚；鄘管叔尹之；衛蔡叔尹之，以監殷民，謂之三監。故書序曰：『武王崩，三監畔』，周公誅之，盡以其地封弟康叔，號曰孟侯，以夾輔周室。遷邶、鄘之民於雒邑，故邶、鄘、衛三國之詩，相與同風。」〔一〕邶鄘衛者，總名也，不當分某篇爲邶，某篇爲鄘，某篇爲衛。分而爲三者，漢儒之誤。以此詩之簡獨多，故分三名以各冠之，而非夫子之舊也。觀小雅六笙詩，毛公頗有升降。黍離之篇，毛公以爲王，齊詩以爲衛，則知今詩之次序，多出於漢儒也。新序：「黍離，衛宣公之子壽閔其兄而作。」考之左氏傳，襄公二十九年，季札觀樂於魯，「爲之歌邶鄘衛，曰：『美哉淵乎，憂而不困者也。吾聞衛康叔、武公之德如是，是其衛風乎。』」而襄公三十一年，北宮文子之言，引「衛詩曰：『威儀棣棣，不可選也。』」此詩今爲邶之首篇，乃不曰「邶」，而曰「衛」，是知累言之則曰「邶鄘衛」，專言之則曰「衛」，一也。猶之言殷商、言荆楚云爾。意者西周之時，故有邶、鄘之詩，及幽王之亡而軼之，而大師之職，猶不敢廢其名乎？然名雖舊，而辭則今矣。若據漢書言，「遷邶、鄘之民於雒邑」，則成王之世已無邶、鄘。

〔一〕漢書二八下。

邶、鄘之亡久矣，故大師但有其名，而三國同風，無非衛人之作。檜左傳作鄶之亡未久，而詩尚存，故别於鄭，而各自爲風。匪風之篇，其西周未亡之日乎？曰「誰將西歸」，是鎬京尚存，故鄭氏譜以爲當夷王、厲王之時。蘇氏以檜詩皆爲鄭作，非也。

邶、鄘、衛三國也，非三監也。殷之時，邦畿千里，周則分之爲三國，今其相距不過百餘里。如地理志〔一〕所言，於百里之間而立此三監，又并武庚而爲一監，皆非也。宋陳傅良止齋集答黄文叔書以爲：「自荆以南，蔡叔監之，管叔河南，霍叔河北，蔡故蔡國，管則管城，霍所謂霍太山也，其地縣廣，不得爲邶、鄘、衛」也〔二〕。

〔一〕漢書地理志。

〔二〕止齋集凡五十一卷，見四庫別集類十二。此引見卷卅六。

黎許二國〔一〕

許無風，而載馳之詩録於鄘。黎無風，而式微、旄丘之詩録於邶。聖人闡幽之旨，興滅之心也。

〔一〕初刻本一之十三，題曰「國風」。

諸姑伯姊

泉水之詩，其曰「諸姬」〔一〕，猶碩人之「庶姜」〔二〕。古之來媵，而爲姪娣者，必皆同姓之國。其年之長幼，序之昭穆，則不可知也。故有「諸姑」、「伯姊」之稱，猶禮之言「伯父」、「伯兄」也。貴爲小君，而能謙以下其衆妾，此所謂「其君之袂，不如其娣」〔三〕者矣。

〔一〕詩國風邶泉水。下文「諸姑」、「伯姊」亦篇中語。

〔二〕詩國風衛碩人。

〔三〕易歸妹卦六五爻辭。「娣」下原有「之袂」二字。

王事

「王事適我，政事一埤益我。」〔一〕凡交於大國，朝聘、會盟、征伐之事，謂之王事。左傳襄公二十九年，鄭子展曰：「詩云：『王事靡盬，不遑啓處，東西南北，誰敢寧處。』堅事晉楚，以蕃王室也。王事無曠，何常之有。」喪大記曰：「既葬與人立君，言王事不言國事。」又曰：「君既葬，王政入於國，既卒哭，而服王事。」〔二〕其國之事，謂之政事。

〔一〕詩國風邶北門。

〔二〕禮記喪大記。

朝隮于西

「朝隮于西，崇朝其雨。」〔一〕朱子引周禮「十煇」注，以隮爲虹，是也。謂不終朝而雨止，則未然〔二〕。諺曰：「東虹晴，西虹雨。」其雨者，雨也。蓋虹蜺雜亂之交，無論雨晴，而皆非天地之正氣。楚襄王登雲夢之臺，望高唐之觀，所謂朝雲者也。

〔一〕詩國風鄘蝃蝀。

〔二〕朱熹説見詩集傳卷三蝃蝀。

王

邶、鄘、衛、王，列國之名，其始於成、康之世乎？惟周王撫萬邦，巡侯甸，而大師陳詩以觀民風。其采於商之故都者，則繫之邶、鄘、衛。其采於東都者，則繫之王。王亦周初大師之本名。馬永卿述元城劉先生之言，亦謂邶、鄘、衛本商之畿内，故序王之上〔一〕。其采於列國者，則各繫之其國。至驪山之禍，先王之詩率已闕軼，而孔子所録者，皆平王以後之詩，此變風之所由名也。詩雖變，而大師之本名則不敢變，此十二國之所以猶存其舊也。先儒謂王之名不當儕於列國，而爲之説曰：「列黍離於國風，齊王德於邦君」，晉范甯春秋穀梁傳序。誤矣。

〔一〕嬾真子卷四。

自幽王以上，大師所陳之詩亡矣。春秋時，君卿大夫之賦詩，無及之者。此孔子之所不得見也，是故詩無正風。

二南也，豳也，小、大雅也，皆西周之詩也，至於幽王而止。惟何彼襛矣爲平王以後之詩。其餘十二國風，則東周之詩也。「王者之迹熄而詩亡」〔一〕，西周之詩亡也。詩亡而列國之事迹不可得而見，於是晉之乘、楚之檮杌、魯之春秋出焉，是之謂「詩亡，然後春秋作」也〔二〕。周頌，西周之詩也，魯頌，東周之詩也。成康之世，魯豈無詩？而今亦已亡矣。故曰詩亡，列國之詩亡也。其作於天子之邦者，以雅以南，以豳以頌，則固未嘗亡矣。

〔一〕孟子離婁下。

〔二〕孟子離婁下。

日之夕矣

「雞棲于塒，日之夕矣，羊牛下來」〔一〕，君子當歸之時也。至是而不歸，如之何勿思也？

〔一〕詩國風王君子于役。

君子以嚮晦入宴息，「日之夕矣」而不來，則其婦思之矣。「朝出而晚歸，則其母望之矣」。列女傳。「夜居于外，則其友弔之矣」。檀弓。於文「日夕爲退」。說文繫傳。是以樽罍無卜夜之賓，衢路有宵行之禁。故曰：「見星而行者，唯罪人與奔父母之喪者乎。」曾子問。至於酒德衰而酣身長夜，官邪作而昏夜乞哀，天地之氣乖，而晦明之節亂矣。

大車

「豈不爾思，畏子不敢」〔一〕，民免而無耻也。「雖速我訟，亦不女從」〔二〕，有耻且格也。

〔一〕詩國風王大車。
〔二〕詩國風召南行露。

鄭

自邶至曹，皆周初大師之次序。先邶、鄘、衛，殷之故都也，次之以王，周東都也。何以知其爲周初之次序？邶、鄘也，晉而謂之唐也，皆西周之舊也。惟鄭乃宣王所封，中興之後，始立其名於大師，而列於諸國之先者，鄭亦王畿之内也，故次於王也。桓公之時，其詩不存，故首緇衣也。

楚吳諸國無詩

吳、楚之無詩，以其僭王而删之與？非也，大師之本無也。楚之先熊繹，「辟在荆山，篳路藍縷，以處草莽」，「惟是桃弧棘矢，以共禦王事」，而周無分器。左氏昭公十二年傳。岐陽之盟，「楚爲荆蠻，置茅蕝，設望表，與鮮牟守燎，而不與盟」。晋語〔一〕。是亦無詩之可采矣。況於吳自壽夢以前，未通中國者乎。滕、薛之無詩，微也。若乃虢、鄶，皆爲鄭滅，而虢獨無詩；陳、蔡皆列春秋之會盟，而蔡獨無詩，有司失其傳爾。

〔一〕國語十四晋語。

豳

自周南至豳，統謂之「國風」，此先儒之誤，程泰之辨之詳矣。豳詩不屬於「國風」。周世之國無豳，此非大師所采。周公追王業之始，作爲七月之詩，兼雅頌之聲，而用之祈報之事。周禮籥章，逆暑迎寒，則歈豳詩；祈年於田祖，則歈豳雅；祭蜡則歈豳頌〔一〕。雪山王氏曰：此一詩而三用也〔二〕。謂籥章之豳詩，以鼓、鐘、琴、瑟四器之聲合籥也。笙師歈竽、笙、塤、籥、簫、篪、篴、管、舂、牘、應、雅凡十二器，以雅器之聲合籥也。眡瞭播鼗，擊頌磬、笙磬，凡四器〔三〕，以頌器之聲合籥也。凡爲樂器，以十有二律爲之數度，以十有二聲爲之齊量，凡和樂亦如之。此用七月一詩，特其以器和聲，有不同爾。鴟鴞以下，或周公之作，或爲周公而作，則皆附於豳焉。雖不以合樂，然與二南同爲有周盛時之詩，非東周以後列國之風也，故他無可附。

〔一〕見周禮春官宗伯下籥章。

〔二〕王質，紹興三十年進士，傳見宋史三九五。有雪山集十六卷、詩總聞二十卷，四庫著録。

〔三〕應爲「三器」。

言私其豵

「雨我公田，遂及我私」〔一〕，先公而後私也。「言私其豵，獻豜于公」〔二〕，先私而後公也。自天下爲家，各親其親，各子其子，而人之有私，固情之所不能免矣。故先王弗爲之禁，非惟弗禁，且從而恤之。建國親侯，胙土命氏，畫井分田，合天下之私，以成天下之公，此所以爲王政也。至於當官之訓，則曰以公滅私。然而禄足以代其耕，田足以供其祭，使之無將母之嗟，室人之謫，又所以恤其私也。此義不明久矣，世之君子，必曰有公而無私，此後代之美言，非先王之至訓矣。

〔一〕詩小雅大田。
〔二〕詩國風豳七月。

承筐是將〔一〕

君子不親貨賄，束帛戔戔，實諸筐篚，非惟盡飾之道，亦所以遠財而養耻也。萬曆以後，士大夫交際，多用白金，乃猶封諸書册之間，進自閽人之手。今則親呈坐上，徑出懷中，交收不假他人，茶話無非此物。衣冠而爲囊橐之寄，朝列而有市井之容。若乃拾遺金而對管寧，倚被囊而酬温嶠〔二〕，曾無媿色。了不關情，固其宜也。然則先王制爲筐篚之文者，豈非禁於未然之前，而示人以遠財之義者乎？以此坊民，民猶輕禮而重貨。

〔一〕詩小雅鹿鳴。
〔二〕管寧見三國志十一，温嶠見晉書六七。

罄無不宜〔一〕

「罄無不宜」，宜室家，宜兄弟，宜子孫，宜民人也。「吉蠲爲饎，是用孝享。禴祠烝嘗，于公先王」。得萬國之歡心，以事其先王也。

〔一〕詩小雅天保。

民之質矣日用飲食〔一〕

「民之質矣，日用飲食」。夫使機智日生，而姦僞萌起，上下且不相安，神奚自而降福乎？有「起信險膚」之族，則「高后崇降弗祥」〔二〕；有「譸張爲幻」之民，則嗣王「罔或克壽」〔三〕。是故有道之世，人醇工龐，商樸女童，上下皆有嘉德，而至治馨香感於神明矣。然則祈天永命之實，必在於觀民。而斲雕爲樸，其道何由？則必以厚生爲本。

〔一〕詩小雅天保。
〔二〕尚書商書盤庚上、中。
〔三〕尚書周書無逸。

「群黎」，庶人也，「百姓」，百官也。「民之質矣」〔一〕，兼百官與庶人而言，猶曰「人之生也直」也〔二〕。

〔一〕「群黎百姓」、「民之質矣」，均出詩小雅天保。
〔二〕論語雍也。

小人所腓〔一〕

「小人所腓」。古制，一車甲士三人，步卒七十二人，炊家子十人，固守衣裝五人，厩養五人，樵汲五人。見司馬法。隨車而動，如足之腓也。傳曰：「腓，辟也。」箋曰：「腓，當作芘。」皆未是。步乘相資，短長相衛，行止相扶，此所以爲節制之師也。繻葛之戰，鄭「原繁、高渠彌以中軍奉公爲魚麗之陳，先偏後伍，伍乘彌縫」〔二〕。卒不隨車，遇闕即補，斯已異矣。古時營陳，遇闕處，仍以車補。周禮車僕「掌闕車之萃」〔三〕，注：「闕車，所用補闕之車也。」左傳宣公十二年，楚子「使潘黨率游闕四十乘」，注：「游車，補闕者。」大鹵之師，魏舒「請毀車以爲行。五乘爲三伍」，注：「乘車者，車三人，五乘十五人。今改去車，更以五人爲伍，分爲三伍。」爲五陳以相離，兩於前，伍於後，專爲右角，參爲左角，偏爲前拒」〔四〕。專任步卒以取捷速，然亦必山林險阻之地，而後可用也。步不當騎，於是趙武靈王爲變服〔五〕騎射之令，而後世因之。所以取勝於敵者，益輕益速；而一敗塗地，亦無以自保，然後知車戰之爲謀遠矣。

〔一〕詩小雅采薇。
〔二〕左傳桓五年。
〔三〕春官車僕。
〔四〕左傳昭元年。
〔五〕「變服」原作「胡服」。

終春秋二百四十二年，車戰之時，未有斬首至於累萬者。車戰廢，而首功興矣。先王之用兵，服之而已，不期於多殺也。「殺人之中，又有禮焉」〔一〕。以此毒天下，而民從之，不亦宜乎。

〔一〕禮記檀弓下，孔子語。

宋沈括對神宗言：「車戰之利，見於歷世。然古人所謂兵車者，輕車也，五御折旋，利於捷速。今之民間輜車重大，日不能三十里，故世謂之太平車，但可施於無事之日爾。」〔一〕

〔一〕宋史三三一沈括傳。今，宋神宗時。

變雅

六月、采芑、車攻、吉日〔一〕，宣王中興之作，何以爲「變雅」乎？采芑傳曰：「言周室之强，車服之美也。」言其强美，斯劣矣。正義曰：「名生於不足。」觀夫鹿鳴以下諸篇，其於君臣、兄弟、朋友之間，無不曲當，而未嘗有夸大之辭。大雅之稱文武，皆本其「敬天勤民」之意。至其言伐商之功，盛矣，大矣，不過曰「會朝清明」〔二〕而止。然則宣王之詩，不有侈於前人者乎！如韓奕之篇尤侈。一傳而周遂亡。嗚呼！此太子晉所以謂：「自我先王，厲、宣、幽、平，而貪天禍。」〔三〕固不待沔水之憂，祈父之刺，而後見之也〔四〕。

〔一〕均詩小雅篇名。
〔二〕詩大雅大明。
〔三〕國語三周語下靈王二十二年條。
〔四〕沔水、祈父爲詩小雅篇名。

大原

「薄伐玁狁，至于大原。」〔一〕毛、鄭皆不詳其地。其以爲今太原陽曲縣者，始於朱子，呂氏讀詩記、嚴氏詩緝并云〔二〕。而愚未敢信也。古之言大原者多矣，若此詩，則必先求涇陽所在，而後大原可得而明也。漢書地理志，安定郡有涇陽縣，「幵頭山在西，禹貢涇水所出」〔三〕。後漢書靈帝紀：「段熲破先零羌於涇陽。」注：「涇陽縣屬安定，在原州。」〔四〕郡縣志：「原州平凉縣，本漢涇陽縣地，今縣西四十里涇陽故城是也。」〔五〕然則大原當即今之平凉〔六〕。

而後魏立爲原州，亦是取古大原之名爾。唐書，原州平涼、郡治平高。「廣德元年，没吐蕃，節度使馬璘表置行原州於靈臺之百里城。貞元十九年，徙治平涼。元和三年，又徙治臨涇。大中三年，收復關隴，歸治平高」〔七〕。計周人之禦玁狁，必在涇原之間。若晉陽之太原，在大河之東，距周京千五百里，豈有寇從西來，兵乃東出者乎？故曰：「天子命我，城彼朔方。」〔八〕而國語，宣王「料民于大原」〔九〕，亦以其地近邊，而爲禦戎之備，必不料之於晉國也。又按漢書賈捐之言：「秦地南不過閩越，北不過太原，而天下潰畔。」〔十〕亦是平涼而非晉陽也。漢武帝始開朔方郡，故秦但有隴西北地上郡而止。若晉陽之太原，則其外有雁門、雲中、九原，不得言不過也。若書禹貢「既修大原，至于岳陽」；春秋晉荀吳帥師敗狄于大原，及子産對叔向「宣汾洮，障大澤，以處大原」〔十一〕。則是今之晉陽，而豈可以晉之大原爲周之大原乎？司馬相如上林賦：「布濩閎澤，延蔓太原。」〔十二〕阮籍東平賦：「長風振厲，蕭條太原。」〔十三〕高平曰原，蓋古人之通稱也。

〔一〕詩小雅六月。
〔二〕吕氏讀詩記十九、嚴粲詩緝十八。
〔三〕漢書二八下。
〔四〕後漢書八靈帝紀建寧元年七月條。
〔五〕元和郡縣志三。

〔六〕上「今」，元和時；下「今」，亭林時。
〔七〕新唐書三七地理志。
〔八〕詩小雅出車。
〔九〕國語一周語上宣王既喪南國之師條。
〔十〕漢書六四下賈捐之傳。
〔十一〕均見左傳昭元年。
〔十二〕文選八。
〔十三〕漢魏六朝一百三家集三四。

吾讀竹書紀年，而知周之世有戎禍也，蓋始於穆王之征犬戎。六師西指，無不率服，於是遷戎於太原。十七年。以黷武之兵，而爲徙戎之事。懿、孝之世，戎車屢征。至夷王七年，「虢公帥師伐太原之戎，至於俞泉，獲馬千匹」。則是昔日所内徙者，今爲寇而征之也。宣王之世，雖號中興，三十三年，「王師伐太原之戎，不克」；三十八年，「伐條戎、奔戎，王師敗逋」；三十九年，「伐姜戎，戰於千畝，王師敗逋」；四十年，「料民於太原」〔一〕。其與後漢西羌之叛，大略相似。幽王六年，「命伯士帥師伐六濟之戎，王師敗逋」。後漢書西羌傳并用此。嚴尤以爲周得中策，蓋不考之言。於是關中之地，戎得以整居其間，而陝東之申侯，至與之結盟而入寇。自遷戎至此，一百七十六年。周語：「申繒西戎方强，王室方騷。」〔二〕蓋宣王之世，其患如漢之安帝也；幽王之世，其患如晉之懷帝也。戎之所由來，非一日之故，而三川之震，檿弧之謡〔三〕，皆適會其時者也。然則宣王之功，計亦不過唐之宣宗，而周人之美宣，亦猶魯人之頌僖也，事劣而文侈矣。書不盡言，是以論其世也，如毛公者，豈非獨見其情於意言之表者哉？竹書紀年自共和以後多可信，蓋亦必有所傳。其前，則好事者爲之爾。

〔一〕竹書紀年下。「料民於太原」係録國語句。

〔二〕國語十六鄭語。元鈔本、潘刻本均誤作「周語」。

〔三〕國語一周語上幽王三年條，西周三川皆震，史記四周本紀作「幽王二年」。國語十六鄭語，宣王時童謡：「檿弧箕服，實亡周國。」亦見史記周本紀。

莠言自口〔一〕

莠言，穢言也，若鄭享趙孟，而伯有賦鶉奔之詩是也〔二〕。君子在官言官，在府言府，在庫言庫，在朝言朝，狎侮之態，不及於小人，謔浪之辭，不加於妃妾。自世尚通方，人安媟慢，宋玉登牆之見，淳于滅燭之歡，遂乃告之君王，傳之文字。忘其穢論，叙爲美談，以至執女手之言，發自臨喪之際；原壤。齧妃脣之詠，宣於侍宴之餘。郭舍人。於是搖頭而舞八風，祝欽明。連臂而歌萬歲。閻知微〔三〕。去人倫，無君子，而國命隨之矣。

〔一〕詩小雅正月。

〔二〕趙孟、伯有見左傳襄公二十七年。又詩鄘風鶉之奔奔。

〔三〕原壤事見禮記檀弓下。「齧妃女脣甘如飴」，是郭舍人柏梁臺句，見藝文類聚五六。祝欽明事見新唐書一〇九本傳，及通鑑二〇九景雲元年五月條。閻知微事見朝野僉載卷四（寶顔堂祕笈本）。通鑑採入二〇六聖曆元年九月條。舊、新唐書突厥默啜傳不載。

臧孫紇見衛侯于郲，「退而告其人曰，衛侯其不得入矣。其言糞土也，亡而不變，何以復國？」〔一〕以「糞土」喻其言，猶詩之「莠言」也。

〔一〕左傳襄十四年。

皇父〔一〕

王室方騷，人心危懼，皇父以柄國之大臣，而營邑于向。左傳隱十一年，「解軹縣西有地名向上」。在今濟源縣界。於是三有事之多藏者隨之而去矣，庶民之有車馬者隨之而去矣。蓋亦知西戎之已偪，而王室之將傾也。以鄭桓公之賢，且寄孥於虢、鄶，則其時之國勢可知。然不顧君臣之義而先去，以爲民望，則皇父實爲之首。昔晉之王衍見中原已亂，乃説東海王越，以弟澄爲荆州，族弟敦爲青州，謂之曰：「荆州有江、漢之固，青州有負海之險，卿二人在外，而吾留此，足以爲三窟矣。」〔二〕鄙夫之心，亦千載而符合者乎！

〔一〕詩小雅十月之交。

〔二〕晉書四三王衍傳。

握粟出卜〔一〕

古時用錢未廣，詩、書皆無貨泉之文，而問卜者亦用粟。漢初猶然，史記日者傳：「卜而有不審，不見奪糈。」〔二〕

〔一〕詩小雅小宛。

〔二〕史記一二七。

私人之子百僚是試〔一〕

孔氏曰：私人，皂隸之屬也。天下有道，小德役大德，小賢役大賢，故「貴有常尊，賤有等威」〔二〕，所以辨上下而定民志也。周之衰也，「政以賄成，而官之師旅，不勝其富」。左氏襄公十年傳。又其甚也，私人之子皆得進而服官，而文、武、周公之法盡矣。候人而赤芾，曹是以亡〔三〕；不狩而縣貆，魏是以削〔四〕。「賤妨貴」，「小加大」，古人列之「六逆」〔五〕，又不但仍叔之子譏其年弱〔六〕，尹氏之媚刺其材瑣而已〔七〕。自古國家，吏道雜而多端，未有不趨於危亂者。舉賢材，愼名器，豈非人主之所宜兢兢自守者乎？

〔一〕詩小雅大東。
〔二〕左傳宣十二年。
〔三〕詩國風曹候人。
〔四〕詩國風魏伐檀。
〔五〕左傳隱三年。
〔六〕左傳桓五年。
〔七〕詩小雅節南山。

不醉反耻

「彼醉不臧，不醉反耻」〔一〕，所謂一國皆狂，反以不狂者爲狂也。以箕子之忠，而不敢對紂之失日，韓非子〔二〕。況中材以下，有不尤而效之者乎？「卿士師師非度」〔三〕，此商之所以亡；「蘭芷變而不芳兮，荃蕙化而爲茅」〔四〕，此楚之所以六千里而爲讎人役也。是以聖王重特立之人，而遠苟同之士。保邦于未危，必自此始。

〔一〕詩小雅賓之初筵。

〔二〕卷七説林上。

〔三〕尚書商書微子。

〔四〕楚辭卷一離騷。

上天之載

「上天之載，無聲無臭，儀刑文王，萬邦作孚。」〔一〕君子所以事天者如之何？亦曰「儀刑文王」而已。其「儀刑文王」也如之何？「爲人君止於仁，爲人臣止於敬，爲人子止於孝，爲人父止於慈，與國人交止於信」〔二〕而已。

〔一〕詩大雅文王。

〔二〕禮記大學。

王欲玉女

民勞本召穆公諫王之辭，乃託爲王意，以戒公卿百執事之人。故曰「王欲玉女，是用大諫」〔一〕。猶之「轉予于恤」，而呼祈父〔二〕；從事不均，而怨大夫〔三〕。所謂「言之者無罪，而聞之者足以戒也」〔四〕。豈亦監謗之時，疾威之日，不敢指斥而爲是言乎？然而亂君之國，無治臣焉。至於「我即爾謀，聽我囂囂」〔五〕，則又不獨王之愎諫矣。

〔一〕詩大雅民勞。

〔二〕詩小雅祈父。

〔三〕詩小雅北山。

〔四〕詩國風周南關雎序。

〔五〕詩大雅板。

夸毗

「天之方懠，無爲夸毗。」〔一〕釋訓曰：「夸毗，體柔也。」〔二〕後漢書崔駰傳注「夸毗」，「謂佞人足恭善爲進退」〔三〕。天下惟體柔之人，常足以遺民憂而召天禍。夏侯湛有云：「居位者，以善身爲靜，以寡交爲慎，以弱斷爲重，以怯言爲信。」〔四〕抵疑。白居易有云：「以拱默保位者爲明智，以柔順安身者爲賢能，以直言危行者爲狂愚，以中立守道者爲凝滯。故朝寡敢言之士，庭鮮執咎之臣。自國及家，寖而成俗，故父訓其子曰：『無介直以立仇敵。』兄教其弟曰：『無方正以賈悔尤。』且「慎默積於中，則職事廢於外；强毅果斷之心屈，畏忌因循之性成；反謂率職而居正者，不達於時宜；當官而行法者，不通於事變。是以殿最之文，雖書而不實；黜陟之典，雖備而不行」〔五〕。長慶集策。羅點有云：「無所可否，則曰得體；與世浮沉，則曰有量；衆皆默，己獨言，則曰沽名；衆皆濁，己獨清，則曰立異。」宋史本傳〔六〕。觀三子之言，其於末俗之敝，可謂懇切而詳盡矣。至於佞諂日熾，剛克消亡，朝多沓沓之流，士保容容之福。苟由其道，無變其俗，必將使一國之人，皆化爲巧言令色孔壬而後已。然則喪亂之所從生，豈不階於夸毗之輩乎？樂天作胡旋女詩曰：「天寶季年時欲變，臣妾人人學圓

轉。」〔七〕是以屈原疾楚國之士，謂之「如脂如韋」。而孔子亦云：「吾未見剛者。」〔八〕

〔一〕詩大雅板。
〔二〕板詩毛氏注，作「夸毗，體柔人也」。
〔三〕後漢書八二崔駰傳「夸毗」注。
〔四〕晉書五五夏侯湛傳。
〔五〕長慶集四六策林三十五。
〔六〕宋史三九三羅點傳。
〔七〕長慶集三新樂府。
〔八〕論語公冶長。

流言以對

「彊禦多懟」〔一〕，即上章所云彊禦之臣也。其心多所懟疾，而獨窺人主之情，深居禁中，而好聞外事，則假流言以中傷之，若二叔之流言以間周公是也。夫不根之言，何地蔑有？以斛律光之舊將，而有百升明月之謡〔二〕；以裴度之元勳，而有坦腹小兒之誦〔三〕。

所謂「流言以對」〔四〕者也，如此則寇賊生乎内，而怨詛興乎下矣。「郤宛之難」，「進胙者莫不謗令尹」〔五〕，所謂「侯作侯祝」〔六〕者也。孔氏疏采苓曰：「讒言之起，由君數問小事於小人」也〔七〕。可不慎哉！

〔一〕詩大雅蕩。
〔二〕北齊書十七、北史五四斛律光傳均載謡曰：「百升飛上天，明月照長安。」
〔三〕舊唐書一七〇、新唐書一七三裴度傳均載謡：「非衣小兒坦其腹，天上有口被驅逐。」
〔四〕詩大雅蕩。
〔五〕左傳昭廿七年。
〔六〕詩大雅蕩。
〔七〕詩國風唐采苓孔穎達疏。

申伯

申伯，宣王之元舅也，立功於周，而吉甫作崧高之誦〔一〕。其孫女爲幽王后，無罪見黜，申侯乃與犬戎攻殺幽王。竹書紀年，宣王「四十一年，王師敗于申」〔二〕。則宣王之末，申侯已叛。乃未幾而爲楚所病，「戍申」之詩作焉〔三〕。當宣王之世，周興而申以强，當平王之世，周衰而申以弱，至莊王之世，而申爲楚縣矣。左傳哀公十七年，言楚文王「縣申」。二舅之於周，功罪不同，而其所以自取如此。宋左師之告華亥曰：「女喪而宗室，於人何有？人亦於女何有？」〔四〕讀二詩者，豈徒論二王之得失哉？

〔一〕詩大雅崧高。「高」原作「諱」。

〔二〕竹書紀年下。

〔三〕見詩國風王揚之水。詩云：「彼其之子，不與我戍申。」

〔四〕左傳昭六年。

德輶如毛〔一〕

「德輶如毛」，即「輶車鸞鑣」〔二〕之輶。言易舉也。故曰：「一日克己復禮，天下歸仁焉。」〔三〕又曰：「有能一日用其力於仁矣乎，我未見力不足者。」〔四〕

〔一〕詩大雅烝民。

〔二〕詩國風秦駟驖。

〔三〕論語顔淵。

〔四〕論語里仁。

韓城

水經注：聖水「逕方城縣故城北。又東南逕韓城東。詩『溥彼韓城，燕師所完』。『王錫韓侯，其追其貊，奄受北國』〔一〕。王肅曰，今涿郡方城縣有韓侯城，世謂寒號，非也」〔二〕。魏書地形志：范陽郡方城縣有韓侯城〔三〕。按史記燕世家，易水東分爲梁門〔四〕。今順天府固安縣有方城村，即漢之方城縣也。水經注亦云：「濕水逕良鄉縣之北界，歷梁山南，高梁水出焉」〔五〕，是所謂「奕奕梁山」〔六〕者矣。舊説以韓國在同州韓城縣，曹氏曰：武王子初封於韓，其時召襄公封於北燕，實爲司空，王命以燕衆城之。竊疑同州去燕二千餘里，即令召公爲司空，掌邦土，量地遠近，興事任力，亦當發民於近甸而已，豈有役二千里外之人，而爲築城者哉？召伯營申，亦曰「因是謝人」〔七〕；齊桓城邢，不過宋曹二國〔八〕；而召誥「庶殷攻位」，蔡氏以爲此遷洛之民，無役紂都之理。此皆經中明證。大全載朱子之言，亦以此爲不可曉〔九〕。況其「追其貊」，乃東北之夷，而蹶父之「靡國不到」，亦似謂韓土在北陲之遠也。又考王符潛夫論曰：「昔周宣王時，有韓侯，其國近燕，故詩云：『普彼韓城，燕師所完。』其後韓西亦姓韓，爲衛滿所伐，遷居海中。」〔十〕漢時去古未遠，當有傳授，今以水經注爲定。

〔一〕詩大雅韓奕。
〔二〕水經注十二聖水條。
〔三〕魏書一〇六上。
〔四〕史記三四燕召公世家。
〔五〕水經注十三㶟水條。
〔六〕詩大雅韓奕。
〔七〕詩大雅崧高。
〔八〕左傳僖元年。
〔九〕詩經大全二十卷，爲明永樂時官書。此見卷十八。
〔十〕王符潛夫論九志氏姓。

按毛傳梁山、韓城，皆不言其地，鄭氏箋乃云：「梁山，今左馮翊夏陽西北。韓，姬姓之國也，後爲晉所滅，故大夫韓氏以爲邑名焉。」左傳富辰言：「邘、晉、應、韓，武之穆也。」〔一〕竹書紀年：平王十四年，晉人滅韓〔二〕。按左傳僖公十五年，晉侯及秦伯戰于韓，上言「涉河」，下言「及韓」。又曰：「寇深矣。」是韓在河東，亦非今之韓城也。故杜氏解但云：「韓，晉地。」文公十年，「晉人伐秦，取少梁」，始得今韓城之地，益明戰于韓，非此也。至「溥彼韓城，燕師所完」，則鄭已自知其說之不通，故訓「燕」爲「安」，而曰：「大矣彼韓國之城，乃古平安時衆民之所築完。」惟王肅以梁山爲涿郡方城縣之山，而以燕爲燕國。孫毓亦云。今於梁山則用鄭說，於燕則用王說，二者不可兼通，而又巧立召公爲司空之說，可謂甚難而實非矣。又「其追其貊」，鄭以經傳說貊多是東夷，故「職方掌四夷九貉」。即貊字。鄭志答趙商云：九貉即九夷也。又秋官「貉隸」注云：「征東北夷所獲。」而漢時所謂「濊貊」者，皆在東北。史記貨殖傳，燕「東綰穢貊、朝鮮、真番之利」〔三〕。漢書武帝紀注：「服虔曰，穢貊在辰韓之北，高句麗沃沮之南，東窮於大海。」〔四〕因於箋末添二語云：「其後追也、貊也，爲玁狁所逼，稍稍東遷。」此又可見康成之不自安，而遷就其說也。

〔一〕左傳僖二十四年。富辰，周臣。

〔二〕竹書紀年下。

〔三〕史記一二九。
〔四〕漢書六武帝紀元朔元年條。

如山之苞如川之流〔一〕

「如山之苞」，營法也；「如川之流」，陳法也。古之善用師者，能爲營，而後能爲陳，故曰「師出以律」〔二〕。又曰「不愆於四伐五伐，六伐七伐，乃止齊焉」〔三〕。管子霸國之謀，且猶作内政，以寄軍令，使之耳目素習，心志素定，如山之不可動摇。然後出而用之，若決水於千仞之谿矣。

〔一〕詩大雅常武。
〔二〕易師卦初六爻辭。
〔三〕尚書周書牧誓。

不弔不祥〔一〕

威儀之不類，賢人之喪亡，婦寺之專横，皆國之不祥。而日月之眚，山川之變，鳥獸草木之妖，其小者也。傳曰：「人無釁焉，妖不自作。」〔二〕故孔子對哀公，以「老者不教，幼者不學」，爲「俗之不祥」。家語〔三〕。荀子曰：「人有三不祥：幼而不肯事長，賤而不肯事貴，不肖而不肯事賢，是人之三不祥也。」〔四〕而「武王勝殷，得二俘而問焉，曰：『若國有妖乎？』一俘對曰：『吾國有妖，晝見星而天雨血。』一俘對曰：『此則妖也，非其大者也。吾國之妖，子不聽父，弟不聽兄，君令不行，此妖之大者也。』武王避席再拜之」。吕氏春秋〔五〕。書載箕子之言，亦曰：「乃罔畏畏，咈其耇長，舊有位人。」〔六〕自余所逮見五六十年，國俗民情舉如此矣。不教不學之徒滿於天下，而一二稍有才知者，皆少正卯、鄧析之流。是豈待三川竭而悲周，岷山崩而憂漢哉〔七〕？書曰：「習與性成。」〔八〕詩云：「如彼泉流，無淪胥以敗。」〔九〕識時之士，所以引領於哲王〔十〕，繫心於耇德也。

〔一〕詩大雅瞻卬。

〔二〕左傳莊十四年。
〔三〕孔子家語九正論解。
〔四〕荀子三非相篇。
〔五〕吕氏春秋十五慎大覽。「俘」原皆作「虜」。
〔六〕尚書商書微子。
〔七〕見漢書二七五行志下之上。
〔八〕尚書商書太甲上。
〔九〕詩小雅小旻。
〔十〕「哲王」原作「明王」。

駉

魯僖公儉以足用，寬以愛民，務農重穀，而有坰牧之盛〔一〕。「衛文公大布之衣，大帛之冠，務材訓農，通商惠工，敬教勸學，授方任能」，而有騋牝三千之多〔二〕。然則古之馬政，皆本於田功也。吾未見廄有肥馬，野有餓莩，而能國者也。

〔一〕見詩魯頌駉。

〔二〕左傳閔二年。

實始翦商〔一〕

太王當武丁、祖甲之世，殷道未衰，何從有「翦商」之事？僖公之世，距太王已六百餘年，作詩之人，特本其王迹所基，而侈言之爾。猶泰誓之言「命我文考，肅將天威」也〔二〕；猶康誥之言「天乃大命，文王殪戎殷」也〔三〕；亦後人追言之也。張子曰：一日之間，天命未絶，猶是君臣〔四〕。

〔一〕詩魯頌閟宮。

〔二〕尚書周書泰誓上。

〔三〕尚書周書康誥。

〔四〕張子全書四。

玄鳥〔一〕

讀經傳之文，終商之世，無言祥瑞者。而大戊之「祥桑」〔二〕，高宗之「雊雉」〔三〕，惕於天之見妖而修德者，有二焉。則知監於夏王之矯誣上天，而慄慄危懼，蓋湯之家法也。簡狄吞卵而生契，不亦矯誣之甚乎？毛氏傳曰：「玄鳥，鳦鳥也，春分玄鳥降。湯之先祖有娀氏女簡狄，配高辛氏帝，帝率與之祈於郊禖而生契。故本其爲天所命，以玄鳥至而生焉。」〔四〕可以破史遷之謬矣。

〔一〕詩商頌玄鳥。

〔二〕尚書商書咸有一德。

〔三〕尚書商書高宗肜日。

〔四〕詩商頌玄鳥篇毛氏解「天命玄鳥，降而生商」語。

敷奏其勇

「敷奏其勇，不震不動，不戁不竦。」〔一〕苟非大受之人，驟而當天下之重任，鮮不恐懼而失其守者，此公孫丑所以有動心之問也。升陑伐夏，創未有之事而不疑，可謂天錫之勇矣。何以能之？其「上帝臨女，無貳爾心」〔二〕之謂乎。

〔一〕詩商頌長發。
〔二〕詩大雅大明。

湯武身之也，學湯之勇者宜何如？「震驚百里，不喪匕鬯」〔一〕近之矣。

〔一〕易震卦卦辭。

魯頌商頌

詩之次序，猶春秋之年月，夫子因其舊文，述而不作也。頌者，美盛德之形容，以告宗廟。魯之頌，頌其君而已，而列之周頌之後者，魯人謂之頌也。鄭氏曰：襄公時，季孫行父請命於周，而史克作之。然春秋列國卿大夫賦詩，無及此四篇者。世儒謂夫子尊魯，而進之爲頌，是不然。魯人謂之頌，夫子安得不謂之頌乎？爲下不倍也。春秋書「公」、書「郊禘」，亦同此義。孟子曰：「其文則史。」〔一〕不獨春秋也，雖六經皆然。今人以爲聖人作書，必有驚世絕俗之見，此是以私心待聖人。世人讀書如王介甫，纔入貢院，而一院之事「皆欲紛更」，宋史張方平傳〔二〕。此最學者之大病也。

〔一〕孟子離婁下。

〔二〕宋史三一八。

列國之風，何以無魯？大師陳之，固曰魯詩，不謂之頌矣。孔子魯人也，從魯而謂之頌，此如魯史之書「公」也。然而泮水之文，則固曰「魯侯」也〔一〕。

〔一〕詩魯頌泮水。

商何以在魯之後？曰，草廬吳氏嘗言之矣，大師所職者，當代之詩也。商則先代之詩，故次之周、魯之後。汲冢周書，「伊尹朝獻商書」附於王會解之後，即其例也〔一〕。

〔一〕汲冢周書七王會解。

詩序

詩之世次，必不可信，今詩亦未必皆孔子所正。且如「褒姒威之」，幽王之詩也，而次於前〔一〕；「召伯營之」，宣王之詩也，而次於後〔二〕。序者不得其說，遂并楚茨、信南山、甫田、大田、瞻彼洛矣、裳裳者華、桑扈、鴛鴦、魚藻、采菽十詩，皆爲刺幽王之作，恐不然也。又如碩人，莊姜初歸事也，而次於後；綠衣、日月、終風，莊姜失位而作；燕燕，送歸妾作；擊鼓，國人怨州吁而作也，而次於前；朱子日月傳曰：「此詩當在燕燕之前，下篇放此。」〔三〕渭陽，秦康公爲太子時作也，而次於後；黄鳥，穆公薨後事也，而次於前。此皆經有明文可據。故鄭氏謂十月之交、雨無正、小旻、小宛，皆刺厲王之詩。十月之交有「豔妻」之云，自當是幽王。漢興之初，師移其第耳〔四〕。而左氏傳，楚莊王之言曰，武王「作武，其卒章曰『耆定爾功』，其三曰『敷時繹思，我徂維求定』，其六曰『綏萬邦，屢豐年』」〔五〕。今詩但以「耆定爾功」一章爲武，而其三爲賚，其六爲桓，章次復相隔越。儀禮歌召南三篇，越草蟲而取采蘋〔六〕，正義以爲「采蘋舊在草蟲之前」〔七〕。知今日之詩，已失古人之次，非夫子所謂「雅頌各得其所」〔八〕者矣。

〔一〕詩小雅正月。
〔二〕詩小雅黍苗。
〔三〕朱熹詩集傳二。
〔四〕詩小雅十月之交鄭玄箋。
〔五〕左傳宣十二年。
〔六〕儀禮之鄉飲酒禮、鄉射禮、燕禮皆然。
〔七〕孔穎達詩譜序正義。
〔八〕論語子罕。

日知録校注卷四

魯之春秋〔一〕

春秋不始於隱公。晉韓宣子聘魯，「觀書於太史氏，見易象與魯春秋，曰：周禮盡在魯矣。吾乃今知周公之德，與周之所以王也」。左傳昭公二年〔二〕。蓋必起自伯禽之封，以洎於中世，當周之盛，朝覲、會同、征伐之事皆在焉，故曰「周禮」，而成之者，古之良史也。孟子雖言「詩亡然後春秋作」〔三〕，然不應伯禽至孝公二百五十年全無紀載。自隱公以下，世道衰微，史失其官，於是孔子懼而修之。自惠公以上之文，無所改焉，所謂「述而不作」者也。自隱公以下，則孔子以己意修之，所謂「作春秋」也。然則自惠公以上之春秋，固夫子所善而從之者也，惜乎其書之不存也。

〔一〕初刻本二之一，只題曰「春秋」，無注。

〔二〕此注本可大字在前，但在末可知引文之止。

〔三〕離婁下。

春秋闕疑之書

孔子曰：「吾猶及史之闕文也。」〔一〕史之闕文，聖人不敢益也。春秋桓公十七年，「冬十月朔，日有食之」。傳曰：「不書日，官失之也。」僖公十五年，「夏五月，日有食之」。傳曰：「不書朔與日，官失之也。」以聖人之明，千歲之日至，可坐而致，豈難考曆布算以補其闕，而夫子不敢也。況於史文之誤，而無從取正者乎；況於列國之事，得之傳聞，不登於史策者乎。左氏之書，成之者非一人，録之者非一世，可謂富矣，而夫子當時未必見也。史之所不書，則雖聖人有所不知焉者。且春秋，魯國之史也，即使歷聘之餘，必聞其政，遂可以百二十國之寶書，增入本國之記注乎？成公十三年，「公會諸侯伐秦」下，正義曰：「經文依史官策書，策書所無，故經文遂闕也。傳文采於簡牘，簡牘先有，故傳文獨存也。」若乃改葬惠公之類，不書者，舊史之所無也〔二〕。曹大夫、宋大夫、司馬、司城之不名者，闕也〔三〕。「齊崔氏出奔衛」，去名而書「族」〔四〕；「宋殺其大夫山」，去「族」而書「字」〔五〕，疑皆前史之闕。鄭伯髡頑、楚子麇、齊侯陽生之實弒而書「卒」者〔六〕，傳聞不勝簡書，是以從舊史之文也。邵氏曰：「赴以卒則卒，赴以弒則弒，弒而赴以卒，其弒也，傳聞云爾也。傳聞不勝簡書，是以書『卒』以待察也，比之疑獄。」〔七〕左氏出於獲麟之後〔八〕，網羅浩博，實夫子之所未見。乃後之儒者似謂已有此書，夫子據而筆削之，即左氏之解經，於所不合者，亦多曲爲之説。而經生之論，遂以聖人所不知爲諱，是以新説愈多，而是非靡定。故今人學春秋之言，皆郢書燕説而夫子之不能逆料者也〔九〕。子不云乎：「多聞闕疑，慎言其餘。」〔十〕豈特告子張乎，修春秋之法，亦不過此。

〔一〕論語衛靈公。
〔二〕左傳隱元年。
〔三〕見莊公二十六年、僖公二十五年、文公七年、文公八年經文。
〔四〕見宣公十年經文。
〔五〕見成公十五年經文。
〔六〕見襄公七年、昭公元年、哀公十年經文。
〔七〕邵寶簡端録九春秋。
〔八〕左傳哀十四年。經、傳文均載「獲麟」事。
〔九〕韓非子十一外儲説左上：「先王有郢書，而後世多燕説。」
〔十〕論語爲政。

春秋因魯史而修者也。左氏傳采列國之史而作者也，故所書晉事，自文公主夏盟，政交於中國〔一〕，則以列國之史參之，而一從周正，自惠公以前，則間用夏正，其不出於一人明矣。其謂「賵仲子」爲「子氏未薨」〔二〕；「平王崩」爲「赴以庚戌」〔三〕；先壬戌十二日。「陳侯鮑卒」爲「再赴」〔四〕，似皆揣摩而爲之說。

〔一〕晉文元年當魯僖公二十四年。
〔二〕左傳隱元年。
〔三〕左傳隱三年。
〔四〕左傳桓五年。

三　正〔一〕

三正之名，見於甘誓〔二〕。蘇氏以爲「自舜以前，必有以建子、建丑爲正者」，其來尚矣〔三〕。微子之命曰：「統承先王，修其禮物。」〔四〕則知杞用夏正，宋用殷正。若朝覲、會同，則用周之正朔。其於本國，自用其先王之正朔也。獨是晉爲姬姓之國，而用夏正，則不可解。「三正」之所以異者，疑古之分國，各有所受，故公劉當夏后之世，而「一之日」、「二之日」已用建子爲紀。晉之用「寅」，其亦承唐人之舊與？舜典「協時月正日」，即協此不齊之時月〔五〕。杜預春秋後序曰：「晉太康中，汲縣人發其界内舊冢，得古書，皆簡編科斗文字。記晉國，起自殤叔，次文侯、昭侯，以至曲沃莊伯。莊伯之十一年十一月，魯隱公之元年正月也，皆用夏正建寅之月爲歲首編年。」〔六〕今考春秋，僖公五年，「晉侯殺其世子申生」，經書「春」，而傳在上年之十二月。十年，「里克弑其君卓」，經書「正月」，而傳在上年之十一月。十一年，「晉殺其大夫丕鄭父」，經書「春」，而傳在上年之冬。十五年，「晉侯及秦伯戰于韓，獲晉侯」，經書「十有一月壬戌」，而傳則爲「九月壬戌」。經、傳之文，或從夏正，或從周正，所以錯互如此。羅泌以爲「傳據晉史，經則周曆」〔七〕。與史記漢元年冬十月「五星聚東井」，乃秋七月之誤正同〔八〕。僖公五年十二月丙子朔，「虢公醜奔京師」，而卜偃對獻公，以爲九月十月之交；襄公三十年，絳縣老人言：「臣生之歲，正月甲子朔。」以長曆推之，爲魯文公十一年三月甲子朔，此又晉人用夏正之見於傳者也。

〔一〕初刻本二之二，只有第一段。

〔二〕尚書夏書甘誓。

〔三〕蘇軾東坡書傳十三卷，此引見卷六。學津討原本作蘇氏書傳。

〔四〕尚書周書微子之命。

〔五〕尚書虞書。初刻本無此注。

〔六〕宋淳熙本、明萬曆監本注疏均載此序。

〔七〕路史餘論五春秋用周正。

〔八〕史記二七天官書。

僖公二十四年冬，「晉侯夷吾卒」。杜氏注：「文公定位而後告。」〔一〕夫不告文公之入，傳曰：「秦伯納之不書，不告入也。」而告惠公之薨，以上年之事爲今年之事，新君入國之日，反爲舊君即世之年，非人情也。疑此經乃錯簡，當在二十三年之冬。傳曰，九月晉惠公卒〔二〕。晉之九月，周之冬也。蓋懷公遣人來告。

〔一〕左傳僖二十四年杜預注。

〔二〕左傳僖二十三年。

隱公六年冬，「宋人取長葛」，傳作「秋」。劉原父曰：「左氏日月與經不同者，丘明作書，雜取當時諸侯史策之文，其用三正，參差不一，往往而迷。故經所云冬，傳謂之秋也。」〔一〕考宋用殷正，則建酉之月，周以爲冬，宋以爲秋矣。

〔一〕劉敞，字原父，别號公是。著春秋權衡十七卷。此引該書卷一。

桓公七年夏，「穀伯綏來朝，鄧侯吾離來朝」。傳作「春」。劉原父曰：「傳所據者，以夏正紀時也。」〔一〕

〔一〕春秋權衡二。「時」原作「事」。

文公十六年，「齊公子商人弑其君舍」〔一〕，經在九月，傳作七月。隱公三年夏四月，「鄭祭足帥師取温之麥，秋又取成周之禾」。若以爲周正，則麥禾皆未熟。四年秋，「諸侯之師敗鄭，徒兵取其禾而還」。亦在九月之上，是夏正六月禾亦未熟。注云：「取者，蓋芟踐之。」〔二〕終是可疑。按傳中雜取三正，多有錯誤。左氏雖發其例於隱之元年，曰「春王周正月」，而間有失於改定者。文多事繁，固著書之君子所不能免也。

〔一〕「十六年」誤，應爲「十四年」。

〔二〕左傳隱三年「取成周之禾」注。

閏月

左氏傳，文公元年，「於是閏三月，非禮也」。襄公二十七年，「十一月乙亥朔，日有食之，辰在申，司曆過也，再失閏矣」。哀公十二年，冬十二月螽，「仲尼曰：『今火猶西流，司曆過也。』」並是魯曆。春秋時，各國之曆亦自有不同者，經特據魯曆書之耳。史記，秦宣公「享國十二年，初志閏月」〔一〕。此各國曆法不同之一證。成公十八年，「春王正月，晉殺其大夫胥童」。傳在上年閏月。上有十二月。哀公十六年，「春王正月己卯，衛世子蒯聵自戚入於衛，衛侯輒來奔」。傳在上年閏月。上有冬。皆魯失閏之證。杜以爲「從告」，非也。

〔一〕史記六秦本紀。

史記：「周襄王二十六年閏三月，而春秋非之。」〔一〕則以魯曆爲周曆，非也。平王東遷以後，周朔之不頒久矣，故漢書律曆志六曆有黄帝、顓頊、夏、殷、周及魯曆〔二〕。其於左氏之言「失閏」，皆謂魯曆，蓋本劉歆之説。五行志：「周衰，天子不班朔，魯曆不正，置閏不得其月，月大小不得其度。」〔三〕

〔一〕史記二六曆書。周襄王二十六年，即魯文公元年。

〔二〕漢書二一上律曆志。

〔三〕漢書二七下之下五行志。

王正月〔一〕

廣川書跋載晉姜鼎銘曰「惟王十月乙亥」，集古録、博古圖載此鼎，並作「王九月」。而論之曰：「聖人作春秋，於歲首則書王，説者謂謹始以正端。今晉人作鼎，而曰『王十月』，是當時諸侯皆以尊王正爲法，不獨魯也。」〔二〕李夢陽言：「今人往往有得秦權者，亦有『王正月』字。以是觀之，春秋『王正月』，必魯史本文也。言王者，所以别於夏、殷，並無他義。」〔三〕劉原父以「王之一字，爲聖人新意」〔四〕，非也。子曰：「述而不作，信而好古」〔五〕，亦於此見之。博古圖載周仲偁父鼎銘曰：「維王五月初吉丁亥。」齊侯鎛鐘銘曰：「維王五月，辰在戊寅。」敔敦銘曰：「維王十月。」〔六〕

〔一〕初刻本二之三，題曰「王十月」，只有前一段。
〔二〕廣川書跋十卷，宋董逌撰。四庫藝術類一著録。此見卷三。初刻此下有「此論甚善，後人以『春王正月』爲夫子特筆創書」。
〔三〕李夢陽空同集六六事勢篇第七。
〔四〕春秋權衡八公羊隱元年。
〔五〕論語述而。
〔六〕宣和博古圖三十卷。此引見卷三、二十三。初刻注無末八字。

趙伯循曰：「天子常以今年冬班明年正朔於諸侯。諸侯受之，每月奉月朔甲子以告於廟，所謂禀正朔也。故曰『王正月』。」〔一〕

〔一〕趙伯循，名匡，唐人。此引趙匡語，見陸淳春秋集傳纂例卷二「告月祝朔例」。陸淳述其師友啖助、趙匡之説。

左氏傳曰：「元年春，王周正月。」〔一〕此古人解經之善，後人辨之累數百千言而未明者，傳以一字盡之矣。

〔一〕左傳隱元年。

未爲天子，則雖建子，而不敢謂之正，武成「惟一月壬辰」〔一〕是也。傳：一月，周之正月。猶豳詩言「一之日」〔二〕。已爲天子，則謂之正，而復加王，以別於夏、殷，春秋「王正月」是也。

〔一〕尚書周書武成。
〔二〕詩豳風七月。

春秋時月並書〔一〕

春秋時、月並書，於古未之見〔二〕。考之尚書，如泰誓：「十有三年春，大會于孟津。」金縢：「秋，大熟未穫。」言時，則不言月。伊訓：「惟元祀十有二月乙丑。」太甲中：「惟三祀十有二月朔。」武成：「惟一月壬辰。」康誥：「惟三月哉生魄。」召誥：「三月惟丙午朏。」多士：「惟三月。」多方：「惟五月丁亥。」顧命：「惟四月哉生魄。」畢命：「惟十有二年六月庚午朏。」言月，則不言時。朱文公答林擇之，亦有「古史例不書時」之說〔三〕。其他鐘鼎古文多如此。春秋獨並舉時、月者，以其爲編年之史，有時有月有日，多是義例所存，不容於闕一也。或疑夫子特筆，是不然。舊史既以春秋爲名，自當書時。且如隱公「二年春，公會戎于潛」，不容二年書春，元年乃不書春。是知謂以時冠月出於夫子者，非也〔四〕。

〔一〕初刻本二之四，只有前一段。時，四時。

〔二〕初刻本「於古未之見」作「似是夫子特筆」。

〔三〕朱熹朱文公文集四三答林擇之十二。

〔四〕初刻本無此注。

建子之月而書春，此周人謂之春矣。後漢書陳寵傳曰：「天正建子，周以爲春。」〔一〕元熊朋來五經說曰：「陽生於子即爲春，陰生於午即爲秋。」〔二〕此之謂天統。

〔一〕後漢書七六。

〔二〕五經説七卷，四庫著録於經總義。此引見卷三。

謂一爲元

楊龜山答胡康侯書曰：「蒙録示春秋第一段義，所謂『元者，仁也。仁，人心也。春秋深明其用，當自貴者始，故治國先正其心』〔一〕。其説似太支離矣，恐改元初無此意。此本之漢書董仲舒傳：「臣謹按春秋謂一元之意。一者，萬物之所從始也；元者，辭之所謂大也。謂一爲元者，視大始而欲正本也。」〔二〕三代正朔，如忠質文之尚，循環無端，不可增損也。斗綱之端，連貫營室，織女之紀，指牽牛之初，以紀日月，故曰星紀。五星起其初，日月起其中，其時爲冬至，其辰爲丑。三代各據一統，明三統常合而迭爲首，周環五行之道也。周據天統，以時言也；商據地統，以辰言也；夏據人統，以人事言也。故三代之時，惟夏爲正。謂春秋以周正紀事，是也。正朔必自天子出，改正朔，恐聖人不爲也。若謂以夏時冠月，如定公元年『冬十月，隕霜殺菽』，若以夏時言之，則十月隕霜，乃其時也，不足爲異。周十月，乃夏之八月，若以夏時冠月，當曰秋十月也。」〔三〕熊朋來亦云：「若依夏時周月之説，則正月、二月須書冬，而三月乃可書春爾。」〔四〕

〔一〕胡安國春秋傳卷一。
〔二〕漢書五六。
〔三〕以上楊時龜山集二十答胡康侯書六。龜山集四十二卷，四庫別集類九。
〔四〕五經説三。

五代史漢本紀論曰：「人君即位稱元年，常事爾。孔子未修春秋，其前固已如此。雖暴君昏主，妄庸之史，其記事先後遠近，莫不以歲月一二數之，乃理之自然也。元吳萊本此，作改元論。其謂一爲元，蓋古人之語爾。及後世曲學之士，始謂孔子書『元年』，爲春秋大法，遂以改元爲重事。」〔一〕徐無黨注曰：「古謂歲之一月，亦不云一，而曰正月。國語言六呂曰『元間大呂』〔二〕；周易列六爻曰『初九』。大抵古人言數，多不云一，不獨謂年爲元也。」呂伯恭春秋講義曰：「命日以元，虞典也；書「月正元日」。命祀以元，商訓也。「惟元祀十有二月乙丑」。年紀日辰之首，其謂之元，蓋已久矣，豈孔子作春秋而始名之哉。説春秋者，乃言春秋謂一爲元，殆欲深求經旨，而反淺之也。」〔三〕

〔一〕新五代史十。
〔二〕周語下第三，徐注引。

〔三〕呂祖謙東萊別集十六卷，第十三卷讀書雜記二爲春秋講義。此所引見元年條。注則顧所加也。

改月

三代改月之證，見於白虎通所引尚書大傳之言甚明。其言曰：「夏以孟春月爲正，殷以季冬月爲正，周以仲冬月爲正。正即正月。夏以十三月爲正，色尚黑，以平旦爲朔；殷以十二月爲正，色尚白，以雞鳴爲朔；周以十一月爲正，色尚赤，以夜半爲朔。不以二月後爲正者，萬物不齊，莫適所統，故必以三微之月也。」〔一〕周以十一月爲正，即名正月，不名十一月矣；殷以十二月爲正，即名正月，不名十二月矣；夏以十三月爲正，即名正月，不名十三月矣。洪邁曰：「十三月者，承十二月而言，即正月也。」〔二〕胡氏引伊訓、太甲「十有二月」之文，以爲商人不改月之證〔三〕。與孔傳不合，亦未有明據。伊訓：「惟元祀十有二月乙丑，伊尹祠于先王。」傳曰：「湯崩踰月，太甲即位，奠殯而告。」太甲中：「惟三祀十有二月朔。」傳曰：「湯以元年十一月崩，至此二十六月，三年服闋。」〔四〕未嘗以十二月爲歲首。

〔一〕白虎通七三正篇。太平御覽二九引尚書大傳同。

〔二〕洪邁容齋續筆十六三易之名條。

〔三〕胡安國春秋傳一春王正月條。

〔四〕尚書商書伊訓、太甲中。

胡氏又引秦人「以亥爲正」，不改時月爲證〔一〕，則不然。漢書高帝紀「春正月」注，師古曰：「凡此諸月號，皆太初正曆之後，記事者追改之，非當時本稱也。以十月爲歲首，即謂十月爲正月。今此真正月，當時謂之四月耳。他皆類此。」〔二〕叔孫通傳「諸侯群臣朝十月」，師古曰：「漢時尚以十月爲正月，故行朝歲之禮。史家追書十月。」〔三〕漢元年冬十月，五星聚東井，當是建申之月。劉攽曰：按曆太白辰星去日，率不過一兩次，今十月而從歲星於東井，無是理也。然則五星以秦之十月聚東井耳。秦之十月，今七月，日當在鶉尾，故太白辰星得從歲星也。按此足明記事之文皆是追改，惟此一事，失於追改，遂以秦之十月，爲漢之十月耳。夫以七月誤爲十月，正足以爲秦人改月之證，胡氏失之。

〔一〕胡安國春秋傳一春王正月條。

〔二〕漢書一上高帝紀漢元年條。

〔三〕漢書四三。

天王

尚書之文但稱「王」，春秋則曰「天王」，以當時楚、吳、徐、越皆僭稱王，故加「天」以别之也。趙子曰「稱天王以表無二尊」〔一〕，是也。

〔一〕「趙子」應作「啖子」。語見春秋集傳纂例卷一春秋宗指議。隱公元年。

邾儀父

邾儀父之稱字者〔一〕，附庸之君無爵可稱，若直書其名，又非所以待鄰國之君也，故字之，詩序：「車鄰，美秦仲也。」〔二〕孔氏曰：「秦仲以字配國者，附庸未得爵命，無謚可稱。」〔三〕卑於子男，而進於蠻夷之國。郳犂來、介葛盧，書名。與蕭叔朝公，杜解叔名，非也〔四〕。同一例也。左氏曰貴之，公羊曰褒之，非矣。此亦史家常例，非舊史書邾克而夫子改之爲儀父也。

〔一〕見左傳隱元年。
〔二〕詩國風秦車鄰序。
〔三〕亦見車鄰詩序孔穎達疏。
〔四〕莊公二十三年。

邾儀父稱字，附庸之君也。郳犂來來朝稱名，下矣〔一〕。介葛盧來不言朝，又下矣〔二〕。白狄來，略其君之名，又下矣〔三〕。

〔一〕見左傳莊五年。
〔二〕見左傳僖二十九年。
〔三〕見左傳襄十八年。

仲子〔一〕

隱公元年，「秋七月，天王使宰咺來歸惠公仲子之賵」。曰惠公仲子者，惠公之母仲子也。文公九年冬，「秦人來歸僖公成風之襚」。曰僖公成風者，僖公之母成風也。猶晉簡文帝母會稽王太妃鄭氏之稱簡文宣太后，國學明教臧燾所謂「繫子爲稱，兼明貴之所由」者也〔二〕。穀梁傳曰：「母以子氏。注：「妾不得體君，故以子爲氏。」按「妾不得體君」，儀禮傳文〔三〕。仲子者何？惠公之母，孝公之妾也」〔四〕。此說得之。左氏以爲桓公之母。桓未立，而以夫人之禮尊其母，又未薨而賵，皆遠於人情，不可信。公羊亦以爲桓公之母、惠公之妾。繫妾於君，較之繫母於子，義則短矣〔五〕。所以然者，以魯有兩仲子，孝公之妾一仲子，惠公之妾又一仲子。左氏哀公二十四年傳：「周公及武公娶于薛，孝惠娶于商，自桓以下娶于齊。」而隱之夫人又是子氏。二傳所聞不同，故有紛紛之說。

〔一〕初刻本卷二之五，只有一、五段。
〔二〕宋書五五、南史十八臧燾傳。初刻無此注。
〔三〕引文見儀禮三十一喪服。初刻注無「按」以下二句。
〔四〕穀梁傳隱元年。
〔五〕初刻無此注。

此亦魯史原文。蓋魯有兩仲子，不得不稱之曰「惠公仲子」也。「考仲子之宮」〔一〕，不言惠公者，承上文而略其辭也。

〔一〕左傳隱五年。

釋例曰：「婦人無外行，於禮當繫夫之謚，以明所屬。」〔一〕如鄭武公娶于申，曰武姜〔二〕；衛莊公娶于齊東宮得臣之妹，曰莊姜〔三〕。是也。「妾不得體君」，不得已而繫之子。仲子繫惠公，而不得繫于孝公；成風繫僖公，而不得繫於莊公。抑所謂「名不正則言不順」〔四〕者矣。

〔一〕春秋釋例凡十五卷，杜預撰。此引見卷四書謚例。
〔二〕左傳隱元年。
〔三〕左傳隱三年。
〔四〕論語子路。

春秋十二公，夫人之見於經者，桓夫人文姜〔一〕、莊夫人哀姜〔二〕、僖夫人聲姜〔三〕、宣夫人穆姜〔四〕、成夫人齊姜〔五〕，皆書薨書葬。聲姜不書逆，不書至；文公、成公不書生。文夫人出姜，不書薨葬；隱夫人子氏，書薨不書葬〔六〕；昭夫人孟子，變薨言卒，不書葬，不稱夫人〔七〕。其妾母之見於經者，僖母成風〔八〕、宣母敬嬴〔九〕、襄母定姒〔十〕、昭母齊歸〔十一〕，皆書薨書葬，稱夫人、小君。惟哀母定姒，變薨言卒，不稱夫人、小君〔十二〕。其他若隱母聲子、桓母仲子、閔母叔姜，皆不見於經，定母則經、傳皆闕。而所謂「惠公仲子」者，惠公之母也。

〔一〕魯莊公二十一、二十二年。
〔二〕魯僖公元、二年。
〔三〕魯文公十六、十七年。
〔四〕魯襄公九年。
〔五〕魯襄公二年。
〔六〕魯隱公二年。
〔七〕魯襄公十二年。
〔八〕魯文公四、五年。
〔九〕魯宣公八年。
〔十〕魯襄公四年。
〔十一〕魯昭公十一年。
〔十二〕魯定公十五年。

二年「十有二月乙卯，夫人子氏薨」〔一〕。穀梁傳：「夫人者，隱公之妻也，左氏以爲桓母，公羊以爲隱母，並非〔二〕。卒而不書葬，夫人之義從君者也。」〔三〕春秋之例，葬君則書，葬君之母則書，葬妻則不書，所以別禮之輕重也。隱見存而夫人薨，故葬不書。注謂：「隱弑，賊不討，故不書」〔四〕者非。

〔一〕魯隱公二年春秋經文。
〔二〕初刻無此注。
〔三〕穀梁傳隱二年。
〔四〕范甯注穀梁傳隱公二年。

成風敬嬴

成風、敬嬴、定姒、襄公四年。齊歸之書「夫人」、書「小君」〔一〕，何也？邦人稱之，舊史書之，夫子焉得而貶之。在後世，則秦芊氏、漢薄氏之稱「太后」也，直書而失自見矣。定姒定公十五年。魯有兩定姒〔二〕。書「葬」，而不書「夫人」、「小君」，哀未君也。劉原父曰：「姒氏爲哀公之母，定公之妾，哀未成君，故亦未敢謂其母『夫人』爾。」〔三〕孟子則并不書「葬」〔四〕，不成喪也。

〔一〕成風，文五年；敬嬴，宣八年；齊歸，昭十一年。

〔二〕一見襄四年。

〔三〕春秋權衡七。

〔四〕哀十二年。孟子爲昭夫人。

君氏卒

「君氏卒」〔一〕，以定公十五年姒氏卒例之，從左氏爲是。不言子氏者，子氏非一，故繫之君以爲別，猶仲子之繫惠公也。若天子之卿，則當舉其名，不但言氏也。公羊、穀梁二傳作尹氏。

〔一〕魯隱公三年，春秋經文。

或疑君氏之名別無所見。左傳襄公二十六年，「左師見夫人之步馬者，問之，對曰：

『君夫人氏也。』」〔一〕蓋當時有此稱。然則去其「夫人」，即爲「君氏」矣。戰國齊有君王后。

〔一〕潘刻本「夫」誤作「失」。

夫人子氏，隱之妻，嫡也，故書「薨」〔一〕。君氏，隱之母，惠公之繼室，妾也，故書「卒」。

〔一〕魯隱公二年春秋經文。

不書「葬」者何〔一〕？春秋之初，去西周未遠，嫡妾之分尚嚴，故仲子別宮而獻六羽〔二〕，所謂猶秉周禮者也。僖公以後，日以僭踰，於經可見矣。

〔一〕君氏不書「葬」也。
〔二〕見左傳隱五年。

滕子薛伯杞伯〔一〕

滕侯之降而子也，薛侯之降而伯也，杞侯之降而伯而子也，貶之乎？滕子來朝，張無垢、胡康侯謂貶其朝桓。貶之者，人之可也，名之可也，至於名，盡之矣，降其爵，非情也。古之天下猶今也，崔呈秀、魏廣微〔二〕，天下之人無字之者。言及之，則名之，名之者，惡之也，惡之則名之焉盡之矣。若降其少師而爲太子少師，降其尚書而爲侍郎、郎中、員外，雖童子亦知其不可矣。然則三國之降焉何？沙隨程氏〔三〕以爲是三國者皆微，困於諸侯之政而自貶焉。孫明復已有此説。伊川春秋傳略同。昭公十三年，平丘之盟，子産爭承曰：「鄭伯男也，而使從公侯之貢，懼弗給也。」哀公十三年，黄池之會，子服景伯曰：「魯賦於吴八百乘，若爲子、男，則將半邾以屬於吴，而如邾以事晉。」皆其證也〔四〕。春秋之世，衛稱公矣，及其末也，貶而侯，貶而君。史記衛世家：昭公時，三晉彊，衛如小侯屬之。成侯十六年，衛更貶號曰侯。嗣君五年，更貶號曰君〔五〕。此著於史記，而後人尚有不知者。高誘解吕氏春秋「衛嗣君」曰：「秦貶其號爲君。」〔六〕夫滕、薛、杞猶是也。襄公二十七年，宋之盟，「齊人請邾、宋人請滕，皆不與盟」。定公元年，城成周，宋仲幾曰：「滕、薛、郳，吾役也。」則不惟自貶，且爲大國之私屬矣。故魯史因而書之也。

〔一〕初刻本卷二之七，只有前段。

〔二〕崔、魏皆明末閹黨，見明史三〇六閹黨傳。

〔三〕程迥，宋人。

〔四〕初刻無此注。

〔五〕史記三七。初刻注無「此著」以後一節。

〔六〕呂氏春秋十八審應覽高誘注。

小國貧，則滕、薛、杞降而稱伯稱子；大國彊，則齊世子光列於莒、邾、滕、薛、杞、小邾之上。齊世子光八會諸侯，其五會並序諸侯之下，至襄公十年伐鄭之會，在滕、薛、杞、小邾上。十一年再會，又進在莒、邾上。時爲之也，左氏謂以先至而進之〔一〕，亦託辭焉爾。

〔一〕見魯襄公十年春秋經文注。

闕文〔一〕

桓公四年、七年，闕秋冬二時；定公十四年，闕冬一時；公羊成公十年闕冬十月〔二〕。昭公十年十二月無冬；僖公二十八年冬無月，而有壬申丁丑；桓公十四年有夏五而無月；桓公十七年冬十月，有朔而無甲子；桓公三年至九年，十一年至十七年，無王；桓公五年，「春正月甲戌己丑，陳侯鮑卒」，甲戌有日而無事，皆春秋之闕文，後人之脱漏也〔三〕。莊公二十二年夏五月，無事而不書首月，杜氏釋例以爲闕，謬。穀梁有「桓無王」之説〔四〕。竊以爲夫子於繼隱之後，而書公即位，則桓之志見矣，奚待去其王以爲貶邪？

〔一〕初刻本二之六，只有一、三段。

〔二〕初刻作「公羊桓十七年五月，無夏」。

〔三〕初刻「春秋」作「史」，「後人之」作「而孔子因之或」。

〔四〕見穀梁傳桓元年。

「王使榮叔來錫桓公命」〔一〕，不書天，闕文也。文公五年，「王使榮叔歸含且賵」同。若曰以其錫桓而貶之，則桓之立，春秋固已公之矣。商臣而書楚子，文公九年。商人而書齊侯，文公十五年。五等之爵無所可貶，孰有貶及於天王邪？

〔一〕左傳莊元年。

僖公元年，「夫人氏之喪至自齊」，不言姜。宣公元年，「遂以夫人婦姜至自齊」，不言氏。此與文公十四年，叔彭生不言仲，定公六年仲孫忌不言何同〔一〕，皆闕文也。聖人之經，平易正大。

〔一〕初刻無「此與」至「何同」數句。

邵國賢寶曰：「『夏五』〔一〕，魯史之闕文歟？春秋之闕文歟？如謂魯史之闕文者，筆則筆，削則削，何獨闕其所不必疑，以示後世乎？闕其所不必疑以示後世，推不誠伯高之心，是不誠於後世也，聖人豈爲之哉？不然，則『甲戌己丑』〔二〕、『叔彭生』〔三〕、『仲孫忌』〔四〕又何爲者？是故『夏五』，春秋之闕文也，非魯史之闕文也。」〔五〕

〔一〕左傳桓十四年。
〔二〕左傳桓五年。
〔三〕左傳文十四年。
〔四〕左傳定六年。
〔五〕邵寶，無錫人，成化二十年進士。明史二八二儒林傳。著述見於四庫者七種。此引出簡端録卷七春秋。

范介儒守己曰：「『紀子伯』〔一〕、『郭公』〔二〕、『夏五』之類，傳經者之脱文耳，謂爲夫子之闕疑，吾不信已。」〔三〕按「甲戌己丑」，似是魯史之文，故左傳已有「再赴」之説。

〔一〕左傳隱二年，「子伯」作「子帛」。

〔二〕左傳莊二十四年。

〔三〕范守己，萬曆二年進士，有肅皇外史四十六卷，四庫雜史類存目三，御龍子集七十七卷、郢堊集十二卷，均見四庫別集類存目六。

夫人孫于齊

莊公元年「三月，夫人孫于齊」〔一〕。不稱姜氏，絶之也。二年「十有二月，夫人姜氏會齊侯于禚」〔二〕。復稱姜氏，見魯人復以小君待之，忘父而與讎通也。先孫後會，其間復歸於魯，而春秋不書，爲國諱也。此夫子削之矣。

〔一〕左傳莊元年。

〔二〕左傳莊二年。

劉原父曰：「左氏曰：『夫人孫于齊，不稱姜氏，絶不爲親，禮也。』〔一〕謂魯人絶文姜不以爲親，乃中禮爾。杜氏謂「文姜之義宜與齊絶，而復奔齊」者〔二〕，乃是曲説。魏書竇瑗傳引注云：「夫人有與殺桓之罪，絶不爲親，得尊父之義。善莊公思大義，絶有罪，故曰禮也。」〔三〕蓋先儒皆主此說。然則母可絶乎？宋襄之母，獲罪於君，歸其父母之國。及襄公即位，欲一見而義不可得，作河廣之詩以自悲〔四〕。然宋亦不迎而致也，爲嘗獲罪於先君，不可以私廢命也。孔子論其詩而著之，以爲宋姬不爲不慈，襄公不爲不孝。今文姜之罪大，絶不爲親，何傷於義哉？」〔五〕

〔一〕左傳莊元年。
〔二〕左傳莊元年杜預注語。
〔三〕魏書八八良吏傳、北史八六循吏傳之竇瑗傳。
〔四〕詩國風衛。
〔五〕春秋權衡三。黄汝成日知録集釋云：「說本胡文定而闡發其義。」胡安國在劉原父之後，何謂「說本胡文定」乎？蓋誤以劉敞之說爲顧炎武之說也。

詩序：「猗嗟，刺魯莊公不能防閑其母。」〔一〕趙氏因之有「哀痛以思父，誠敬以事母，威刑以馭下」之說〔二〕。此皆禁之於末，而不原其始者也。夫文姜之反於魯，必其與公之喪俱至，其孫于齊，爲國論所不容而去者也。內諱奔，謂之孫。文姜之於齊，父母之國也，何至於書孫。此直書而義自見者也。於此而遂絶之，則臣子之義伸，而異日之醜行不登於史策矣。莊公年少，當國之臣不能堅持大義，使之復還於魯，憑君母之尊，挾齊之强，而恣睢淫佚，遂至於不可制。易曰：「君子以作事謀始。」〔三〕左氏「絶不爲親」一言〔四〕，深得聖人之意。而魯人既不能行，後儒復昧其義，所謂「爲人臣子而不通春秋之義者，遭變事而不知其權」〔五〕，豈不信乎！

〔一〕詩國風齊猗嗟序。
〔二〕趙匡説見陸淳撰春秋微旨卷上。古經解彙函本。
〔三〕易訟卦象傳。
〔四〕左傳莊元年。
〔五〕史記一三〇太史公自序。

公及齊人狩于禚

莊公四年「二月，夫人姜氏享齊侯于祝丘」。「冬，公及齊人狩于禚」。夫人享齊侯，猶可書也。公與齊侯狩，不可書也，故變文而曰「齊人」。「人」之者，讎之也，杜氏以爲「微者」〔一〕，失之矣。

〔一〕左傳莊公四年杜預注語。

楚吳書君書大夫

春秋之於吳、楚〔一〕，斤斤焉不欲以其名與之也。楚之見於經也，始於莊之十年，曰荆而已。二十三年，於其來聘而人之。二十八年，復稱荆，而不與其人也。僖之元年，始稱楚人。四年，盟于召陵，始有大夫。公羊傳謂，文公九年，使椒來聘，始有大夫。疏矣。又謂夷狄不氏。非也，屈完固已書氏。二十一年，會于盂，始書楚子，然「使宜申來獻捷」者，楚子也，二十一年。而不書君。圍宋者子玉，二十七年。救衛者子玉，戰城濮者子玉也，二十八年。而不書帥。聖人之意，使之不得遽同於中夏也。吳之見於經也，始於成之七年，曰吳而已。襄之五年，會于戚，於其來聽諸侯之好而人之。十年、十四年，復稱吳，殊會而不與其人也。二十五年，「門于巢卒」，始書吳子。吳本伯爵，春秋以其僭王，降從四裔之例而書子。二十九年，使札來聘，始有大夫。然滅州來，昭公十三年。戰長岸，十七年。敗雞父，二十三年。滅巢，二十四年。滅徐，三十年。伐越，三十二年。入郢，定公四年。敗檇李，十四年。伐陳，哀公六年。會柤，同上。會鄫，七年。伐我，八年。

伐齊，十年、十一年。救陳，十年。戰艾陵，十一年。會橐皋，十二年。並稱吳，而不與其人。會黄池，十三年〔二〕。書「晉侯及吳子」，而殊其會。終春秋之文，無書帥者，使之終不得同於中夏也。是知書君、書大夫，春秋之不得已也，政交於中國矣。以後世之事言之，如劉、石十六國之輩，略之而已，至魏、齊、周，則不得不成之爲國，而列之於史。遼、金亦然。此夫子所以録楚、吳也。然於備書之中，而寓抑之之意，聖人之心蓋可見矣〔三〕。

〔一〕「吳楚」原作「夷狄」。下文「四裔」原作「四夷」，「劉石」原作「五胡」，「略之」原作「夷之」。

〔二〕若照下文邢人狄人伐衛條，年繫事上，則不須注。

〔三〕「聖人之心」下，原作：「無時而不在中國也。嗚呼！」

亡國書葬

紀已亡而書「葬紀叔姬」〔一〕，存紀也。陳已亡而書「葬陳哀公」〔二〕，存陳也。此聖人之情，而見諸行事者也。

〔一〕左傳莊三十年。
〔二〕左傳昭八年。

許男新臣卒

「許男新臣卒」，左氏傳曰：「許穆公卒於師，葬之以侯，禮也。」〔一〕而經不言「於師」，此舊史之闕，夫子不敢增也。穀梁子不得其說，而以爲「內桓師」〔二〕。劉原父以爲「去其師，而歸卒於其國」〔三〕，鑿矣。

〔一〕左傳僖四年。
〔二〕穀梁傳僖四年。
〔三〕春秋權衡四。

禘于太廟用致夫人

「禘于太廟，用致夫人。」〔一〕夫人者，哀姜也。哀姜之薨，七年矣，魯人有疑焉，故不祔於姑，至是因禘而致之。不稱姜氏，承元年「夫人姜氏薨于夷」〔二〕之文也。哀姜與弑二君，而猶以之配莊公，是亂於禮矣。明乎郊社之禮，禘嘗之義，治國其如示諸掌乎。「致夫人」也，「躋僖公」也，皆魯道之衰，而夫子所以傷之者也。胡氏以夫人爲成風，成風尚存，何以言致？亦言之不順也。

〔一〕左傳僖八年。
〔二〕左傳僖元年。

以成風稱小君〔一〕，是亂嫡妾之分。雖然，猶愈於哀姜也。説在乎漢光武之黜吕后，而以薄氏配高廟也。

〔一〕左傳文五年。

及其大夫荀息〔一〕

晉獻公之立奚齊，以王法言之，易樹子也；以臣子言之，則君父之命存焉。古人重父命，伯夷以父命之故，不立而逃。叔齊是也。是故荀息之忠，同於孔父、仇牧〔二〕。

〔一〕左傳僖公十年，「晉里克弑其君卓及其大夫荀息」。

〔二〕事見左傳桓公二年、莊公十二年。

邢人狄人伐衛

春秋之文有從同者。僖公十八年，「邢人、狄人伐衛」；二十年，「齊人、狄人盟于邢」。並舉二國，而狄亦稱「人」，臨文之不得不然也。莊公二十三年，「荆人來聘」。趙氏鵬飛曰：「稱人非進之也，若但書『荆來聘』，則若舉國皆來，於文不順，故書『人』字以成文耳。不然，二十八年，『荆伐鄭』，何以不書人乎？」〔一〕若惟狄而已，則不稱人。十八年，「狄救齊」，二十一年，「狄侵衛」，是也。穀梁傳謂，「狄稱人，進之也」。何以不進之於救齊，而進之於伐衛乎？則又爲之説曰：「善累而後進之。」〔二〕夫伐衛何善之有！

〔一〕春秋經筌四。該書十六卷。

〔二〕穀梁傳僖十八年。

昭公五年，「楚子、蔡侯、陳侯、許男、頓子、沈子、徐人、越人伐吳」。不稱「於越」，而稱「越人」，亦同此例。陸氏纂例曰：「凡夷狄與諸侯列序，皆稱人以便文，但君臣同辭。」〔一〕

〔一〕陸淳春秋集傳纂例八夷狄條。

王入于王城不書

襄王之復，左氏書：「夏四月丁巳，王入于王城。」〔一〕而經不書。「其文則史」〔二〕也，史之所無，夫子不得而益也。路史以爲襄王未嘗復國，而王子虎爲之居守。此鑿空之論。其說曰：「春秋始書『天王出居』，後四年五月書『公朝于王所』，冬『天王狩于河陽』，『公朝于王所』。文公八年，書『天王崩』，未嘗書入也。王猛居皇，敬王居狄泉，此畿內地，而其入也猶且書之。天下之主也，鄭他國也，亦既遠而戒矣，孰有入不書哉？納天子，定王室，是乃人臣之極勳，而不書於經，又何以春秋爲然？則襄王未嘗入也。」〔三〕且惠王嘗適鄭而處于櫟矣，莊公二十年〔四〕。其出不書，其入不書，以路史之言例之，則是未嘗出，未嘗入也。莊王、僖王、頃王崩皆不書〔五〕，以路史之言例之，則是未嘗崩也，而可乎？趙氏曰：「春秋王崩三不書，見王室不告，魯亦不赴也。」〔六〕愚謂此特因舊史之不書，而二者之義自見。邵氏曰：「襄王之出也，嘗告難於諸侯，故仲尼據策而書之。其入也，與夫惠王之出入也，皆未嘗告於諸侯，策所不載，仲尼雖得之傳聞，安得益之？乃若敬王之立，則仲尼所見之世也。子朝奔楚，且有使以告諸侯，况天王乎？策之所具，蓋昭如也。故『狄泉』也書，『成周』也書。」〔七〕

〔一〕左傳僖二十五年。
〔二〕孟子離婁下。
〔三〕路史餘論。
〔四〕潘刻本作「襄公二十年」，誤。
〔五〕魯莊公十二年、十七年、文公十四年。
〔六〕趙匡說見春秋集傳纂例。
〔七〕簡端録卷八春秋襄王之出也條。「狄泉」、「成周」見左傳昭公二十三年、二十六年。

事莫大於天王之入，而春秋不書，故夫子之自言也，曰：「述而不作。」〔一〕

〔一〕論語述而。

星孛

春秋書星孛，有言其所起者，有言其所入者。文公十四年，「秋七月，有星孛入于北斗」。不言所起，重在北斗也。昭公十七年，「冬，有星孛入于大辰」。西及漢，不言及漢〔一〕，重不在漢也。

〔一〕左傳比春秋多「西及漢」三字。

子卒

叔仲、惠伯從君而死〔一〕，義矣，而國史不書。夫子平日未嘗闡幽及之者，蓋所謂「匹夫匹婦之諒，自經於溝瀆，而莫之知者也」〔二〕。

〔一〕事見左傳文公十八年。
〔二〕論語憲問。

納公孫寧儀行父于陳

孔寧、儀行父，從靈公宣淫於國，殺忠諫之泄冶，君弒不能死，從楚子而入陳，春秋之罪人也。故書曰：「納公孫寧、儀行父于陳。」〔一〕杜預乃謂：「二子託楚以報君之讎」，「靈公成喪，賊討國復，功足以補過」〔二〕。嗚呼！使無申叔時之言，陳爲楚縣矣，二子者楚之臣僕矣，尚何功之有？幸而楚子復封，成公反國，二子無秋毫之力，而杜氏爲之曲説，使後世詐諼不忠之臣，得援以自解。嗚呼！其亦愈於已爲他人郡縣〔三〕，而猶言報讎者與？

〔一〕左傳宣十一年。
〔二〕左傳宣十一年，杜預注。
〔三〕原作「其亦愈于今之已爲他人郡縣」，潘刻本删「今之」二字。

與楚子之存陳，不與楚子之納二臣也。公羊子固已言之曰：「存陳，悕矣。」〔一〕

〔一〕公羊傳昭九年。

三國來媵〔一〕

十二公之世，魯女嫁於諸侯多矣，獨宋伯姬書三國來媵〔二〕，蓋宣公元妃所生。宣公元年，「夫人至自齊」，即穆姜。

〔一〕初刻本卷二之九，只有前二段，注同。

〔二〕左傳成公八年「衛人來媵」，九年「晉人來媵」，十年「齊人來媵」。

庶出之子不書生，故子同生特書〔一〕。庶出之女不書致，不書媵，故伯姬歸於宋特書〔二〕。

〔一〕左傳桓六年。

〔二〕左傳成九年。

衛碩人之詩曰：「東宮之妹。」〔一〕正義曰：「東宮，太子所居也。繫太子言之，明與同母，見夫人所生之貴。」〔二〕是知古人嫡庶之分，不獨子也，女亦然矣。

〔一〕詩國風衛碩人。
〔二〕碩人詩之孔穎達正義。

殺或不稱大夫

凡書「殺其大夫」者，義繫於君，而責其專殺也。「盜殺鄭公子騑、公子發、公孫輒」〔一〕。文不可曰盜殺大夫，故不言大夫。杜氏曰：「以盜爲文，故不得言其大夫。」其義不繫於君，猶之盟會之卿，書名而已。胡氏以爲罪之，而削其大夫〔二〕。非也。

〔一〕左傳襄十年。
〔二〕胡安國春秋傳二一。

「闔弑吳子餘祭。」〔一〕言吳子則君可知矣，文不可曰「吳闔弑其君」也。「盜殺蔡侯申」〔二〕同此。春秋中凡若此者，皆趙子所謂「避不成辭」〔三〕。穀梁子曰：「不稱其君，闔不得君其君也」〔四〕，非也。

〔一〕左傳襄二十九年。
〔二〕左傳哀四年。
〔三〕春秋集傳纂例。
〔四〕穀梁傳襄二十九年。

邾子來會公

定公十四年，「大蒐于比蒲，邾子來會公」。春秋未有書「來會公」者，「來會」非朝也，會于大蒐之地也。嘉事不以野成，故明年正月復來朝。

葬用柔日

春秋葬皆用柔日。宣公八年，「冬十月己丑，葬我小君敬嬴，雨不克葬。庚寅日中而克葬」。定公十五年，九月「丁巳，葬我君定公，雨不克葬。戊午日下昃乃克葬」。己丑、丁巳，所卜之日也，遲而至於明日者，事之變也，非用剛日也。經文所書葬列國之君，無非柔日者。惟成公十五年「秋八月庚辰，葬宋共公」，是剛日，其亦「雨不克葬」，遲而至於明日者與？漢人不知此義，而長陵高帝以丙寅，茂陵武帝以甲申，平陵昭帝以壬申，渭陵元帝以丙戌，義陵哀帝〔一〕以壬寅，皆用剛日。

〔一〕此等注皆可移在正文上。

穆天子傳，盛姬之葬以壬戌〔一〕。疑其書爲後人僞作。

〔一〕穆天子傳六。

諸侯在喪稱子

凡繼立之君，踰年正月乃書即位，然後成之爲君。未踰年則稱子，未踰年又未葬則稱名。先君初没，人子之心不忍亡其父也，父前子名故稱名。莊公三十二年「子般卒」，襄公三十一年「子野卒」是也。已葬則子道畢，而君道始矣，子而不名。文公十八年「子卒」，僖公二十五年「衛子」，成公。二十八年「陳子」，共公。定公三年邾子，隱公。是也。雜記曰：「君薨，太子號稱子，待猶君也。」鄭氏注曰：「謂未踰年也。」〔一〕踰年則改元，國不可以曠年無君。白虎通曰：「踰年稱公者，緣臣民之心，不可一日無君也；緣終始之義，一年不可有二君也。」〔二〕故有不待葬而即位，則已成之爲君。文公元年「春王正月，公即位」；成公元年「春王正月，公即位」；定公元年夏六月「戊辰，公即位」；桓公十三年衛侯；惠公。宣公十一年陳侯；成公。成公三年宋公；共公。衛侯定公是也。所以敬守而重社稷也。杜氏左傳注：「衛宣公未葬，惠公稱侯，以接鄰國，非禮也。」〔三〕蓋不達此義。此皆周公之制，魯史之文，而夫子遵之者也。公羊傳曰：「君存稱世子，世子下仍當繫名，若「陳世子款、鄭世子華」之類〔四〕。君薨稱子某，既葬稱子，踰年稱公。」〔五〕得之矣。

〔一〕禮記雜記上。
〔二〕白虎通一爵篇。
〔三〕左傳桓十三年杜預注。
〔四〕左傳僖七年。
〔五〕公羊傳莊三十二年。

未葬而名。亦有不名者，僖公九年「宋子」，襄公。定公四年「陳子」懷公是也。所以從同也。盟會之文從同，而書不得獨異。昭公二十二年，「劉子、單子以王猛居于皇」。劉蚠亦在喪。已葬而不名。亦有名之者，昭公二十二年，王子猛是也。所以示別也。嫌於敬王、王子朝。

「鄭伯突出奔蔡」者，已即位之君也。「鄭世子忽復歸于鄭」者，已葬未踰年之子也〔一〕。此臨文之不得不然，非聖人之抑忽而進突也。忽、突皆名，別嫌也。杜氏注「賤之」者〔二〕，非。

〔一〕引文均出左傳桓十五年。
〔二〕左傳桓十一年杜預注。

「里克殺其君之子奚齊」〔一〕者，未葬居喪之子也。「里克弑其君卓」〔二〕者，踰年已即位之君也。此臨文之不得不然。穀梁傳曰：「其『君之子』云者，國人不子也」〔三〕，非也。

〔一〕左傳僖九年。
〔二〕左傳僖十年。
〔三〕穀梁傳僖九年。

未踰年書爵

即位之禮，必於踰年之正月。即位，然後國人稱之曰君。春秋之時，有先君已葬，不待踰年而先即位者矣。宣公十年，「齊侯使國佐來聘」，頃公。成公四年，「鄭伯伐許」，悼公。稱爵者，從其國之告，亦以著其無父之罪。

姒氏卒

定公十五年，「姒氏卒」，不書薨，不稱夫人，葬不稱小君。蓋春秋自成風以下，雖以妾母爲夫人，然必公即位而後稱之。此姒氏之不稱者，本無其事也。左氏謂「不成喪」者，非。後世之君，多於柩前即位，於是大行未葬，而尊其母爲皇太后。續漢禮儀志：「三公奏：尚書顧命，太子即日即天子位於柩前，請太子即皇帝位，皇后爲皇太后。奏可。群臣皆出，吉服入會如儀。」〔一〕及乎所生，亦以例加之，妾貳於君，子疑於父，而先王之禮亡矣。

〔一〕後漢書十六禮儀志下。

卿不書族〔一〕

春秋之文，不書「族」者，有二義。「無駭卒」〔二〕；「挾卒」〔三〕；「柔會宋公、陳侯、蔡叔盟于折」〔四〕；「溺會齊師伐衛」〔五〕；未賜氏也。「遂以夫人婦姜至自齊」〔六〕；「歸父還自晉，至笙，遂奔齊」〔七〕；「僑如以夫人婦姜氏至自齊」〔八〕；「豹及諸侯之大夫盟於宋」〔九〕；「意如至自晉」〔十〕；「婼至自晉」〔十一〕；一事再見〔十二〕，因上文而略其辭也。公羊宣公元年傳：「遂何以不稱公子？一事而再見者，卒名也。」注：「卒，竟也，竟但舉名者，省文。」如後人作史，一條之中，再見者不復書姓〔十三〕。左氏不得其解，於「溺會齊師伐衛」，則曰「疾之」；於「歸父還自晉」，則曰「善之」。豈有疾之而去族，善之而又去族者乎？

〔一〕初刻本二之八，題無「卿」字，只有一、二、四段。

〔二〕左傳隱八年。

〔三〕左傳隱九年。

〔四〕左傳桓十一年。

〔五〕左傳莊三年。

〔六〕左傳宣元年。

〔七〕左傳宣十八年。

〔八〕左傳成十四年。

〔九〕左傳襄二十七年。

〔十〕左傳昭十四年。

〔十一〕左傳昭二十四年。公羊傳作「叔孫婼至自晉」。

〔十二〕初刻作「一事不兩氏」，無以下語。

〔十三〕初刻注只有「後人」一節。

春秋隱、桓之時，卿大夫賜氏者尚少，故「無駭卒」，而羽父爲之請族〔一〕。如挾，如柔，如溺，皆未有氏族者也。穀梁傳「不爵大夫」之説近之〔二〕，而未得其實。莊、閔以下，則不復見於經，其時無不賜氏者矣。

〔一〕左傳隱八年。
〔二〕穀梁傳隱八年。初刻無此注。

劉原父曰：「諸侯大國三卿，皆命於天子；次國三卿，二卿命於天子；小國三卿，一卿命於天子。大國之卿三命，次國之卿再命，小國之卿一命，其於王朝皆士也。韓宣子稱晉士起。三命以名氏通，再命名之，一命略稱人。周衰禮廢，强弱相并，卿大夫之制，雖不能盡如古，見於經者，亦皆當時之實録也。故隱、桓之間，其去西周未久，制度頗有存者，是以魯有無駭、柔、挾，鄭有宛詹，秦楚多稱人。至其晚節，無不名氏通矣。而邾、莒、滕、薛之君，日已益削，轉從小國之例，稱人而已。説者不知其故，因謂曹、秦以下，悉無大夫。患其時有見者，害其臆説，因復構架無端，以飾其僞。彼固不知王者諸侯之制度班爵云爾。」〔一〕

〔一〕春秋權衡十五穀梁莊公二十六年曹殺其大夫條。注爲顧所加。

或曰，翬不稱公子，何與？杜氏曰：「公子者，當時之寵號。」宣元年注。翬之稱公子也，桓賜之也。其終隱之篇不稱公子者，未賜也〔一〕。劉原父曰：「公子雖親，然天下無生而貴者，是以命爲大夫則名氏得兩通。未命爲大夫則得稱名，不得稱公子。」〔二〕若專命之罪，則直書而自見矣。

〔一〕隱公四年、十年，經文稱「翬」；桓公三年，經文稱「公子翬」。

〔二〕見春秋權衡十五穀梁莊公二十二年陳人殺其公子禦寇條。初刻無此注。

「齊公子商人弒其君舍」〔一〕，已賜氏也。「衛州吁弒其君完」〔二〕，未賜氏也。胡氏以爲：「以國氏者，累及乎上；稱公子者，誅及其身。」〔三〕此求其説而不得，故立此論爾。

〔一〕左傳文十四年。

〔二〕左傳隱四年。

〔三〕胡安國春秋傳十五。「誅及」原作「誅止」。

大夫稱子〔一〕

周制，公、侯、伯、子、男，爲五等之爵，而大夫雖貴，不敢稱子。春秋自僖公以前，大夫並以伯仲叔季爲稱〔二〕。詩云：「叔兮伯兮」〔三〕，此大夫之稱也。春秋僖公十五年「震夷伯之廟」，杜氏注：「夷謚，伯字。大夫既卒書字。」〔四〕三桓之先，曰共仲，曰僖叔，曰成季〔五〕。孟孫氏之稱子也，自蔑也。文公十五年。叔孫氏之稱子也，自豹也。襄公七年。季孫氏之稱子也，自行父也。文公十三年。閔公元年書「季子」，二年書「高子」，皆春秋之特筆。晉之諸卿，在文公以前，無稱子者。魏氏之稱子也，自犨也。僖公二十三年。欒氏之稱子也，自枝也。僖公二十八年。趙氏之稱子也，自衰也。文公二年。中行氏之稱子也，自林父也。文公十三年。郤氏之稱子也，自缺也。文公十三年。知氏之稱子也，自首也。宣公十二年。范氏之稱子也，自會也。宣公十二年。韓氏之稱子也，自厥也。宣公十二年。晉、齊、魯、衛之執政稱子，他國惟鄭間一有之，餘則否，不敢與大國並也。魯之三家稱子，他如臧氏、子服氏、仲叔氏，皆以伯叔稱焉，不敢與三家並也。惟襄公十四年，有「子叔齊子」，論語有「卞莊子」〔六〕。其生也，或以伯仲稱之，如趙孟、知伯，死則謚之，而後子之〔七〕，猶國君之死而謚稱公也。於此可以見世之升降焉，讀春秋者其可忽諸？

〔一〕初刻本卷二之十，只有一、二、四段。
〔二〕初刻「伯仲叔季」作「長幼之字」。
〔三〕詩邶風旄丘等。

〔四〕初刻無此注。

〔五〕閔公二年、莊公三十二年、閔公二年。

〔六〕憲問。初刻無此注。

〔七〕文公六年，趙宣子盾；襄公二十七年，趙文子武；昭公二十九年，趙簡子鞅；哀公二十年，趙襄子無恤；皆稱趙孟。襄公十年，知武子荀罃；襄公二十九年，知悼子荀盈；昭公三十一年，知文子荀躒；皆稱知伯。

春秋時，大夫雖僭稱子，而不敢稱於其君之前，猶之諸侯僭稱公，而不敢稱於天子之前也。何以知之？以衛孔悝之鼎銘知之。曰：「獻公乃命成叔，纂乃祖服。」曰：「乃考文叔，興舊耆欲。」〔一〕成叔，孔成子烝鉏也。文叔，孔文子圉也。叔而不子，是君前不敢子也，左傳：「韓厥言於晉侯」，亦云「成季」、「宣孟」〔二〕。猶有先王之制存焉。陸淳曰：「侯、伯、子、男之臣，皆得稱其君曰公，其子孫亦曰公子。而謚不得云公者，謚是王所賜也。大夫之臣得稱其主曰子，而謚不得稱子者，謚是君所賜也」〔三〕。至戰國，則子又不足言，而封之爲君矣。

〔一〕禮記祭統。

〔二〕左傳成八年。成季，趙衰；宣孟，趙盾。

〔三〕春秋集傳纂例八爵謚條。初刻無此注。

洛誥：「予旦以多子，越御事。」〔一〕多子，猶春秋傳之言「群子」也。宣公十二年。唐孔氏以爲「大夫皆稱子」〔二〕，非也。

〔一〕尚書周書洛誥。「洛」原作「諱」。
〔二〕唐孔氏，即尚書洛誥之孔穎達正義。稱「唐」者，以別於孔安國傳也，然稱正義或孔疏亦可。

春秋自僖、文以後，而執政之卿始稱子。其後則匹夫而爲學者所宗，亦得稱子，老子、孔子是也。孔子弟子，惟有子、曾子二人稱子，閔子、冉子僅一見。又其後，則門人亦得稱之，樂正子、公都子之流是也。孟子「樂正子」〔一〕，注：「子，通稱。」故論語之稱子者，皆弟子之於師。如云「非不説子之道」、「衛君待子而爲政」〔二〕之類。孟子之稱子者，皆師之於弟子。如云「子誠齊人也」、「子亦來見我乎」〔三〕之類。亦世變之所從來矣。

〔一〕孟子盡心下。
〔二〕論語雍也、子路。
〔三〕孟子公孫丑上、離婁上。

論語稱孔子爲「子」，蓋「夫子」而省其文，門人之辭也。亦有稱「夫子」者，「夫子矢之」，「夫子喟然歎曰」，「夫子不答」，「夫子莞爾而笑」，「夫子憮然曰」〔一〕。不直曰「子」，而加以「夫」，避不成辭也。即此可悟春秋書法。凡對君卿大夫，皆稱「孔子」。又季氏一篇，皆稱「孔子」，乃記者之異。

〔一〕論語雍也、先進、憲問、陽貨、微子。

有謚則不稱字〔一〕

春秋傳，凡大夫之有謚者，則不書字。外大夫若宋、若鄭、若陳、若蔡、若楚、若秦，無謚也，而後字之。内大夫若羽父、若衆仲、若子家〔二〕，無謚也，而後字之。公子亦然。玉藻：「士於君所言大夫，没矣，則稱謚若字。」楚共王之五子，其成君者皆謚，康王、靈王、平王是也。其不成君，無謚，而後字之，子干、子晳〔三〕是也。他國亦然。陳之五父〔四〕、鄭之子亹、子儀〔五〕是也。衛州吁〔六〕、齊無知〔七〕，賊也，則名之。作傳者於稱名之法，可謂嚴且密矣。

〔一〕初刻本二之十一，無注。

〔二〕左傳隱四年、四年，宣十年。
〔三〕左傳昭元年、襄二十七年。
〔四〕左傳隱六年。
〔五〕左傳桓十八年、莊十四年。
〔六〕左傳隱四年。
〔七〕左傳莊八年。

人君稱大夫字

古者人君於其國之卿大夫，皆曰「伯父」，鄭厲公謂原繁〔一〕。「叔父」，魯隱公謂臧僖伯〔二〕。曰「子大夫」，曰「二三子」，不獨諸侯然也。曲禮言：「列國之大夫，入天子之國，曰某士，自稱曰陪臣某。」〔三〕然而天子接之，猶稱其字。宣公十六年，「晉侯使士會平王室」，王曰：「季氏而弗聞乎？」成公三年〔四〕，「晉侯使鞏朔獻齊捷于周」，王曰：「鞏伯實來。」昭公十五年，「晉荀躒如周葬穆后，籍談爲介」，王曰：「伯氏諸侯皆有以鎮撫王室。」伯氏謂荀躒。又曰：「叔氏而忘諸乎？」注：「叔，籍談字。」周德雖衰，辭不失舊，此其稱字，必先王之制也。春秋凡命卿書字，皆本於此。周公作立政之書，若侯國之司徒、司馬、司空、亞旅，並列於王官之後。

蓋古之人君，恭以接下，而不敢遺小國之臣，故「平平左右，亦是率從」〔五〕，而成上下之交矣。

〔一〕左傳莊十四年。
〔二〕左傳隱五年。
〔三〕禮記曲禮下。
〔四〕應爲「成公二年」。
〔五〕詩小雅采菽。

王貳於虢

「名不正則言不順，言不順則事不成。」〔一〕而左氏之記周事曰「王貳於虢」〔二〕，「王叛王孫蘇」〔三〕。以天王之尊，而曰「貳」、曰「叛」，若敵者之辭，其不知春秋之義甚矣。

〔一〕論語子路。
〔二〕左傳隱三年。

〔三〕左傳文十四年。

星隕如雨

「星隕如雨」〔一〕，言多也。啖氏曰：「奔流者衆，如雨之多。」〔二〕漢書五行志：「成帝永始二年二月癸未，夜過中，星隕如雨，長一二丈，繹繹未至地滅，至雞鳴止。谷永對言：『春秋記異，星隕最大，自魯莊以來，至今再見。』」〔三〕此爲得之。而後代之史，或曰「小星流百枚以上，四面行」〔四〕；或曰「星流如織」；或曰「四方流星，大小縱横百餘」。皆其類也。唐書天文志：「太和七年六月戊午，日暮及曙，四方流星，大小縱横百餘。」〔五〕正統四年八月癸卯，日夜達旦，有流星大小二百六十餘。余於甲申年閏六月丙申，望見月食既，星流竟夕，始悟古時有此異。不言石隕，不至地也。傳曰：「與雨偕也。」〔六〕然則無雨而隕，將不爲異乎？

〔一〕左傳莊七年。

〔二〕春秋集傳纂例。

〔三〕漢書二七下之下。

〔四〕晉書十二、隋書二十天文志均作「小流星百數四面行」。

〔五〕新唐書三二。

〔六〕左傳莊七年。

「秋無麥苗，不害嘉穀也。」〔一〕據隱公元年傳曰：「有蜚，不爲災，不書。」使不害嘉穀，焉用書之於經乎？

〔一〕左傳莊七年。

築郿

「築郿，非都也。凡邑有宗廟先君之主曰都，無曰邑，邑曰築，都曰城。」〔一〕舊唐書禮儀志，太常博士顧德章議，引此謂：「春秋二百四十二年，魯凡城二十四邑，惟郿一邑書『築』，其二十三邑曰『城』，豈皆有宗廟先君之主乎？」〔二〕又定公十五年「城漆」，漆是邾邑，正義亦知其不可通，而曲爲之説。

〔一〕左傳莊二十八年。
〔二〕舊唐書一二六會昌六年三月議。

城小穀

「城小穀，爲管仲也。」〔一〕據經文，小穀不繫於齊，疑左氏之誤。范甯解穀梁傳曰：「小穀，魯邑。」〔二〕春秋發微曰：「曲阜西北有故小穀城。」〔三〕按史記漢高帝「以魯公禮葬項王穀城」〔四〕，當即此地。杜氏以此小穀爲「齊邑，濟北穀城縣，城中有管仲井」〔五〕。劉昭郡國志注、酈道元水經注皆同〔六〕。按春秋有言穀不言小者，莊公二十三年，「公及齊侯遇於穀」；僖公二十六年，「公以楚師伐齊取穀」；文公十七年，「公及齊侯盟于穀」；成公五年，「公孫僑如會晉荀首于穀」〔七〕；四書穀，而一書小穀，別於穀也。又昭公十一年傳曰：「齊桓公城穀，而寘管仲焉，至於今賴之。」則知春秋四書之穀，及管仲所封，在濟北穀城，而此之小穀，自爲魯邑爾。況其時齊桓公始霸，管仲之功尚未見於天下，豈遽勤諸侯以城其私邑哉？

〔一〕左傳莊三十二年。

〔二〕穀梁傳莊三十二年范甯注。

〔三〕孫復春秋尊王發微三。原無「故」字。

〔四〕史記七項羽本紀。

〔五〕左傳莊三十二年杜預注。

〔六〕劉昭注郡國志卷三兗州東郡，潘刻本「志」下漏「注」字。水經注八濟水條。

〔七〕左傳成五年作「叔孫僑如」。

齊人殺哀姜

哀姜通慶父，弑閔公，爲國論所不容。而「孫于邾，齊人取而殺之」〔一〕，義也。而傳謂之「已甚」〔二〕，非也。

〔一〕左傳閔二年。

〔二〕左傳僖元年。

微子啟

「蔡穆侯將許僖公以見楚子于武城，許男面縛銜璧，大夫衰絰，士輿櫬。楚子問諸逢伯，對曰：『昔武王克殷，微子啟如是，武王親釋其縛，受其璧而祓之，焚其櫬，禮而命之，使復其所。』楚子從之。」〔一〕何孟春曰：「按書，殷紂無道，微子去之，在武王克殷之前，何應當日而有是事？已去之後，無復還之理。而牧野之戰，亦必不從人而伐其宗國也。意此殆非微子事，而逢伯之言，特託之古人以規楚子乎？」〔二〕

〔一〕左傳僖六年。

〔二〕何孟春有餘冬序録六十五卷，四庫雜家類存目四。此所引該書卷三十二。

徐孚遠曰：「史記言，微子持祭器造於軍門，武王乃釋微子，復其位如故。夫武王既立武庚，而又復微子之位，則是微子與武庚同在故都也。厥後武庚之叛，微子何以初無異同之迹？然則武王克商，微子未嘗來歸也」〔一〕。

〔一〕徐孚遠，字闇公，小腆紀傳四一有傳，鮚埼亭詩集八有碣石行，明史二七七附陳子龍傳。

襄仲如齊納幣

經書僖公之薨以十二月〔一〕，而「公子遂如齊納幣」〔二〕，則但書「冬」。即如杜氏之解，移公薨於十一月，而猶在二十五月之内，惡得謂之禮乎？

〔一〕僖公三十三年。

〔二〕文公二年。

子叔姬卒

據傳，杞桓公在位七十年。其二十二年，魯文公之十二年，出一叔姬，其五十年，魯成公之四年，又出一叔姬。再娶於魯，而再出之，必無此理。殆一事而左氏誤重書之爾。成公九年，「杞伯來逆叔姬之喪以歸」。此其本事。且文公十二年，經書曰，「二月庚子，子叔姬卒」，何以知其爲杞婦乎？趙子曰：「書卒，義與僖公九年伯姬同。以其爲時君之女，故曰子，以別其非先君之女也。」〔一〕

〔一〕春秋集傳纂例三内女卒條。「趙子曰」三字，原書在「時君」句上。

齊昭公

文公十四年，「齊侯潘卒」，傳以爲昭公。按僖公二十七年，經書「齊侯昭卒」。孝公。今此昭公，即孝公之弟，不當以先君之名爲謚，疑左氏之誤。經不書葬。然僖公十七年，傳曰「葛嬴生昭公」，前後文同，史記同。先儒無致疑者。

趙盾弑其君

太史書曰「趙盾弑其君」，此董狐之直筆也。「子爲正卿，亡不越境，反不討賊」，此董狐之異辭也。傳者不察其指，而妄述孔子之言，以爲「越境乃免」〔一〕，謬矣。穿之弑，盾主之也，討穿猶不得免也。君臣之義，無逃於天地之間，而可逃之境外乎？

〔一〕引文均出左傳宣二年。

臨于周廟

襄公十二年，「吴子壽夢卒，臨于周廟」。杜氏以爲「文王廟也」〔一〕。昭公十八年，鄭子産「使祝史徙主祏于周廟」。杜氏以爲「厲王廟也」〔二〕。傳曰：「鄭祖厲王。」〔三〕宣公十二年，鄭伯逆楚子之辭曰：「徼福於厲宣桓武。」而哀公二年，蒯聵之禱，亦云：「敢昭告於皇祖文王。」〔四〕夫「諸侯不得祖天子」〔五〕，而有廟焉何？曰，此廟也，非祖也。始封之君謂之祖。雖然，伯禽爲文王之孫，鄭桓爲厲王之子，其就封而之國也，將何祭哉？天下有無祖考之人乎？而況於有土者乎？意者特立一廟，以祀文王、厲王，而謂之周廟歟？漢時有郡國廟，其亦倣古而爲之歟？漢高帝令諸侯王都，皆立太上皇廟。蓋亦以天下不可有無廟之諸侯王也。薄昭與淮南厲王書曰：「臣之所見，高皇帝之神，必不廟食於大王之手，明白。」〔六〕

〔一〕左傳襄十二年杜預注。
〔二〕左傳昭十八年杜預注。
〔三〕左傳文二年。
〔四〕左傳哀二年。
〔五〕禮記郊特牲作「諸侯不敢祖天子」。
〔六〕漢書四四淮南厲王長傳。

竹書紀年，成王十三年，夏六月，魯大禘於周公廟〔一〕。按二十一年周文公薨於豐，周公未薨，何以有廟？蓋周廟也。「公」字衍。是則始封之君有廟，亦可因此而知禘之説。

〔一〕竹書紀年下。

欒懷子

晉人殺欒盈，安得有謚？傳言：「懷子好施，士多歸之。」〔一〕豈其家臣爲之謚，而遂傳於史策邪？

〔一〕左傳襄二十一年。

子大叔之廟

昭公十二年，「鄭簡公卒，將爲葬除，及游氏之廟，將毁焉。子大叔使其除徒執用以立，而無庸毁。曰：『子産過女，而問何故不毁，乃曰不忍廟也。』諾。將毁矣，既如是，子産乃使辟之」。十八年，「簡兵大蒐，將爲蒐除。子太叔之廟在道南，其寢在道北，其庭小。過期三日，使除徒陳於道南廟北。曰：『子産過女，而命速除，乃毁於南鄉。』〔一〕子産朝，過而怒之。除者南毁，子産及衝，使從者止之，曰：『毁於北方。』」此亦一事，而記者或以爲葬，或以爲蒐，傳兩存之，而失删其一耳。

〔一〕「南」應作「而」，而，汝也。

城成周

昭公三十二年傳，「冬十一月，晉魏舒、韓不信如京師，合諸侯之大夫于狄泉，尋盟，且令城成周。魏子南面，衛彪傒曰：『魏子必有大咎，干位以令大事，非其任也。詩曰：「敬天之怒，不敢戲豫。敬天之渝，不敢馳驅。」〔一〕況敢干位以作大事乎。』」定公元年傳，「春王正月辛巳，晉魏舒合諸侯之大夫于狄泉，將以城成周。魏子涖政，衛彪傒曰，將建天子，而易位以令，非義也。大事干義，必有大咎。晉不失諸侯，魏子其不免乎」。此是一事，左氏兩收，而失删其一。周之正月，晉之十一月也。其下文曰：「己丑，士彌牟營成周，計丈數，揣高卑，度厚薄，仞溝洫，物土方，議遠邇，量事期，計徒庸，慮財用，書餱糧，以令役於諸侯。」〔二〕又曰：「庚寅，栽，宋仲幾不受功。」〔三〕庚寅即己丑之明日，而傳分爲兩年。豈有遲之兩月，而始栽，宋仲幾乃不受功者乎？且此役不過三旬而畢矣。

〔一〕詩大雅板。

〔二〕左傳昭三十二年。

〔三〕左傳定元年。

五伯〔一〕

「五伯」之稱有二，有三代之「五伯」，有春秋之「五伯」。左傳成公二年，齊國佐曰：「五伯之霸也，勤而撫之，以役王命。」杜元凱云：「夏伯昆吾，商伯大彭、豕韋，周伯齊桓、晉文。」詩正義引服虔云：「五伯謂夏伯昆吾，商伯大彭、豕韋，周伯齊桓、晉文。」與此同。應劭風俗通亦主此説〔二〕。孟子：「五霸者，三王之罪人也。」趙臺卿注：「齊桓、晉文、秦繆、宋襄、楚莊。」〔三〕二説不同。顔師古注漢書異姓諸侯王表「五伯」，則以爲昆吾、大彭、豕韋、齊桓、晉文。同姓諸侯王表「五伯」則以爲齊桓、宋襄、晉文、秦穆、吴夫差〔四〕。白虎通並存二説，其後一説，謂齊桓、晉文、秦繆、楚莊、吴闔閭〔五〕。據國佐對晉人言，其時楚莊之卒甫二年，不當遂列爲五，亦不當繼此無伯而定於五也，其通指三代無疑。國語：「祝融能昭顯天地之光明，其後八姓，昆吾爲夏伯，大彭、豕韋爲商伯。」〔六〕莊子：「彭祖得之，上及有虞，下及五伯。」〔七〕李軌注：「彭祖，名鏗，堯臣，封於彭城，歷虞夏至商，年七百歲。」〔八〕是所謂五伯者，亦商時也。淮南子：「至於昆吾夏后之世」，高誘注：「昆吾，夏之伯，夏后，桀世也。」〔九〕是知國佐以前，其有五伯之名也久矣。據此，周時但有二伯。穀梁傳：「交質子不及二伯」〔十〕。左傳昭公四年，椒舉對楚子言，「六王二公」，亦但指齊桓、晉文。若孟子所稱五伯，而以桓公爲盛，則止就東周以後言之。如嚴安所謂周之衰，三百餘歲，而五霸更起者也。然趙氏以宋襄並列，亦未爲允。宋襄求霸不成，傷於泓以卒，未嘗霸也。史記言：「越王句踐遂報彊吳，觀兵中國，稱號五伯。」〔十一〕子長在臺卿之前，所聞異辭。越世家言：「周元王使人賜句踐胙，命爲伯。」又言：「越兵横行於江、淮東，諸侯畢賀，號稱霸王。」〔十二〕淮南子亦言，越王句踐「勝夫差於五湖，南面而霸天下，泗上十二諸侯皆朝」之〔十三〕。然則言三代之「五伯」，當如杜氏之説；言春秋之「五伯」，當列句踐而去宋襄。荀子以桓、文及楚莊、闔閭、句踐爲五伯〔十四〕，江都易王問越王句踐，董仲舒對以五伯。是當時以句踐爲五伯之數。斯得之矣。

〔一〕初刻本卷二之十二。
〔二〕孔穎達詩譜序正義。初刻注無「應劭」以後語。
〔三〕孟子告子下。
〔四〕漢書十三異姓諸侯王表、十四同姓諸侯王表顔師古注。二八上地理志注「五伯」有楚莊，無夫差。
〔五〕白虎通一號篇，並列三説，此引爲一説。初刻無此注。
〔六〕國語十六鄭語。
〔七〕莊子三大宗師第六。

〔八〕李注見莊子一逍遥遊第一。然不一定是李軌，或是李頤。
〔九〕淮南子二俶真訓。
〔十〕穀梁傳隱八年。初刻注無「左傳」以下文。
〔十一〕史記四一越世家太史公論。
〔十二〕史記四一越世家。
〔十三〕淮南子十一齊俗訓。「皆朝」原作「皆率九夷以朝」。
〔十四〕荀子七王霸篇。

占法之多〔一〕

以日占事者，史記天官書：「甲、乙，四海之外，日月不占。丙、丁，江、淮、海岱。戊、己，中州、河、濟。庚、辛，華山以西。壬、癸，恒山以北。」〔二〕是也。以時占事者，越絶書，公孫聖：「今日壬午，時加南方」〔三〕；史記賈誼傳：「庚子日斜，服集予舍。」〔四〕是也。又有以月行所在爲占，史記龜策傳：「今昔壬子，宿在牽牛」〔五〕；漢書，翼奉言，白鶴館以「月宿亢災」〔六〕；後漢書，蘇竟言，白虹見時，「月入於畢」〔七〕。是也。周禮：「占夢：掌其歲時，觀天地之會，辨陰陽之氣，以日月星辰占六夢之吉凶。」〔八〕則古人之法可知矣。

漢以下，則其説愈多，其占愈鑿。加以日時風角雲氣，遲疾變動，不一其物，故有一事而合於此者，或迕於彼。豈非所謂大道以多歧亡羊者邪〔九〕？故士文伯對晉侯以「六物不同，民心不壹」〔十〕。而太史公亦謂，臯、唐、甘、石書傳，「凌雜米鹽」，在人自得之於象占之外耳〔十一〕。

〔一〕初刻本二之十三，只有第一段。
〔二〕史記二七。
〔三〕越絶書十吳王占夢。「公孫聖」下原有「曰」。此「曰」字不能省。
〔四〕史記八四。「斜」原作「施」，漢書作「斜」。
〔五〕史記一二八。
〔六〕漢書七五翼奉傳。
〔七〕後漢書六十上蘇竟傳。
〔八〕周禮春官宗伯下。
〔九〕「豈非」以下原作「夫天亦安知人之占法如此其多，而一一爲之合邪」。
〔十〕左傳昭七年。
〔十一〕見史記二七天官書。

干寶解易「六爻相雜，唯其時物也」〔一〕，曰：「一卦六爻，則皆雜有八卦之氣。若初九爲震爻，九二爲坎爻也；或若見辰戌言艮，已亥言兑也；或以甲壬名乾，乙癸名坤也；或若以午位名離，以子位名坎；或若得來爲惡物，王相爲興，休廢爲衰。」〔二〕解「爻有等，故曰物」，曰：「爻中之義，群物交集。五星四氣，六親九族，福德刑殺，衆形萬類，皆來發於爻，故總謂之物也。」説易如此，小數詳而大道隱矣。以此卜筮，亦必不驗。天文亦然。

〔一〕易八繫辭下。下文「爻有等，故曰物」同。

〔二〕干寶解易語見周易集解十六繫辭下，「得來爲惡物」，原書作「德來爲好物，刑來爲惡物」。

褚先生補史記日者列傳：「孝武帝時，聚會占家問之，某日可取婦乎。五行家曰可，堪輿家曰不可，建除家曰不吉，叢辰家曰大凶，曆家曰小凶，天人家曰小吉，太乙家曰大吉，辯訟不決。以狀聞，制曰，避諸死忌，以五行爲主。」〔一〕

〔一〕史記一二七。

以日同爲占〔一〕

裨竈以逢公卒於戊子日，而謂，今「七月戊子，晉君將死」〔二〕。萇弘以昆吾乙卯日亡，而謂毛得殺毛伯而代之，是乙卯日，以卜其亡〔三〕。此以日之同於古人者爲占，又是一法。

〔一〕初刻本二之十四。

〔二〕左傳昭十年。

〔三〕左傳昭十八年。此是用其意，非原文。

天道遠

春秋時，鄭裨竈、魯梓慎最明於天文。昭公十八年夏五月，宋、衛、陳、鄭災，裨竈曰，不用吾言，鄭又將火。子産不從，亦不復火〔一〕。二十四年夏五月乙未朔，日食，梓慎曰，將水。叔孫昭子曰，旱也。秋八月，大雩〔二〕。是雖二子之精，亦有時而失之也。昭公七年，公將適楚，夢襄公祖。梓慎曰，君不果行。子服惠伯曰，行。「三月公如楚」〔三〕。故張衡思玄賦曰：「慎、竈顯以言天兮，占水火而妄訊。」〔四〕

〔一〕左傳昭十八年。
〔二〕左傳昭二十四年。
〔三〕左傳昭七年。
〔四〕文選十五。

一事兩占

襄公二十八年，「春，無冰」。梓慎曰：「宋、鄭其饑乎！歲在星紀，而淫於玄枵。以有時災，陰不堪陽，蛇乘龍。龍，宋、鄭之星也，宋、鄭必饑。玄枵，虚中也，枵，耗名也，土虚而民耗，不饑何爲？」裨竈曰：「今兹周王及楚子皆將死。歲棄其次，而旅於明年之次，以害鳥帑，周、楚惡之。」十一月「癸巳，天王崩」。十二月，「楚康王卒」。宋、鄭皆饑。一事兩占皆驗〔一〕。

〔一〕梓慎，魯大夫。裨竈，鄭大夫。

春秋言天之學〔一〕

天文五行之學，愈疏則多中，愈密則愈多不中。春秋時言天者，不過本之分星，合之五行，驗之日食、星孛之類而已。五緯之中，但言歲星，而餘四星占不之及，何其簡也。邵子曰：「五星之說，自甘公、石公始。」〔二〕而其所詳者，往往在於君卿大夫言語、動作、威儀之間，及人事之治亂、敬怠。故其說也易知，而其驗也不爽。揚子法言曰：「史以天占人，聖人以人占天。」〔三〕

〔一〕初刻本二之十五，無注，亦無末三句。
〔二〕邵雍皇極經世十二觀物外篇下。五緯，即五星：歲、熒惑、太白、辰、填。
〔三〕揚雄法言八五百。

左氏不必盡信

昔人所言興亡禍福之故，不必盡驗。左氏但記其信而有徵者爾，而亦不盡信也。三良殉死〔一〕，君子是以知秦之不復東征；至於孝公，而天子致伯，諸侯畢賀；其後始皇遂并天下。季札聞齊風，以爲「國未可量」，乃不久而篡於陳氏；聞鄭風，以爲「其先亡乎」〔二〕，而鄭至三家分晉之後，始滅於韓。渾罕言，「姬在列者，蔡及曹、滕其先亡乎」〔三〕，而滕滅於宋王偃，在諸姬爲最後。僖三十一年，狄圍衛，衛遷於帝丘，卜曰，三百年。而衛至秦二世元年始廢，歷四百二十一年。是左氏所記之言，亦不盡信也。

〔一〕左傳文六年。秦穆公事。孝公在春秋後。

〔二〕左傳襄二十九年。

〔三〕左傳昭四年。

列國官名

春秋時列國官名，若晉之「中行」〔一〕，宋之「門尹」〔二〕，鄭之「馬師」〔三〕，秦之「不更」、「庶長」〔四〕，皆他國所無。而楚尤多，有「莫敖」、「令尹」、「司馬」、「太宰」、「少宰」、「御士」、「左史」、「右領」、「左尹」、「右尹」、「連尹」、「鍼尹」、宣公四年，有「箴尹克黄」。哀公十六年，有「箴尹固」，疑即「鍼尹」〔五〕。「寢尹」、「工尹」、「卜尹」、「芋尹」、陳有「芋尹蓋」。「藍尹」、「沈尹」、「清尹」、「莠尹」、「囂尹」、「陵尹」、「郊尹」、「樂尹」、「宮廄尹」、「監馬尹」、「揚豚尹」、「武城尹」〔六〕，其官名大抵異於他國。宋有「褚師」，而鄭亦有之。昭公二年，子晳「請以印爲褚師」〔七〕。

〔一〕左傳文十三年。

〔二〕左傳僖二十八年。

〔三〕左傳襄三十年。

〔四〕左傳成十三年、襄十一年。

〔五〕左傳定四年有「鍼尹固」。

〔六〕「莫敖」以下之楚官名，依次見於左傳桓公十一年、僖公三十五年、僖公二十八年、昭公二十一年、宣公十二年、襄公二十二年、哀公十七年、哀公十七年、宣公十一年、昭公十二年、宣公十二年、昭公四年、哀公十八年、宣公二十二年、昭公十三年、昭公七年、定公五年、襄公二十四年、成公七年、昭公二十七年、昭公十二年、昭公十二年、昭公十三年、定公五年、昭公元年、昭公三十年、襄公十八年、哀公十七年。注中之陳「芋尹蓋」，見哀公十五年。

〔七〕潘刻本作「昭公一年」，誤。衛亦有「褚師」，見左傳昭二十年。

地名〔一〕

左傳成公元年，戰于鞍，入自丘輿，注云「齊邑」〔二〕。三年，鄭師禦晉，敗諸丘輿，注云「鄭地」。哀公十四年，「阬氏葬諸丘輿」，注云：「阬氏，魯人也。泰山南城縣西北有輿城。」又是魯地。是三丘輿爲三國地也。文公七年，穆伯如莒涖盟，及鄢陵，注云：「莒邑。」成公十六年，戰于鄢陵，注云：「鄭地，今屬潁川郡。」是二鄢陵爲二國地也。襄公十四年，伐秦，至于棫林，注云「秦地」。十六年，「次于棫林」，注云「許地」。是二棫林爲二國地也。襄公十七年，「衛孫蒯田于曹隧，飲馬于重丘」，注云「曹邑」。二十五年，「同盟于重丘」，注云「齊地」。是二重丘爲二國地也。定公十二年，「費人北，國人追之，敗諸姑蔑」，無注，當是魯地。哀公十三年，「彌庸見姑蔑之旗」，注云：「越地，今東陽大末縣。」是二姑蔑爲二國地也。

〔一〕數地同名。

〔二〕鞍之戰在成公二年，此作「元年」，誤。

地名盂者有五。僖公二十一年，「宋公、楚子、陳侯、蔡侯、鄭伯、許男、曹伯會于盂」，宋之盂也。定公八年，「單子伐簡城，劉子伐盂，以定王室」，周之盂也。十四年，衛「太子蒯聵獻盂于齊」，衛之盂也。而晉則有二盂：昭公二十八年，「盂丙爲盂大夫」，今太原盂縣；哀公四年，齊「國夏伐晉，取邢、任、欒、鄗、逆時、陰人、盂、壺口」，此盂當在邢、洺之間〔一〕。

〔一〕左傳哀四年，原作「國夏伐晉，取邢、任、欒、鄗、逆時、陰人于壺口」。係介詞之「于」，非地名之「盂」。

州國有二：桓公五年，「州公如曹」，注：州國在城陽淳于縣；十一年，鄖人「將與隨、絞、州、蓼伐楚師」，注：「州國在南郡華容縣東南。」

昌歜

僖公三十年，「王使周公閱來聘，饗，有昌歜，白黑形鹽」。注曰：「昌歜，昌蒲葅。」而釋文：「歜，音在感反。」正義曰：「齊有邴歜，魯有公父歜，文公十七年，「周甘歜敗戎于邥垂」。其音爲觸。説文：歜，盛氣，怒也。從欠，蜀聲。此昌歜之音，相傳爲在感反，不知與彼爲同爲異。」〔一〕今考顧氏玉篇，有𣢾字，徂敢切，昌蒲俎也〔二〕。然則傳之昌𣢾，正合此字，而唐人已誤作歜。廣韻亦誤作歜。是知南北之學，陸、孔諸儒，猶有不能徧通。哀公二十五年，「若見之，君將㱿之」。今本作㱿。廣韻注曰：「說文從口。」〔三〕蓋經典之誤文，不自天寶、開成始矣。

〔一〕左傳僖三十年孔穎達正義。邴歜見左傳文十八年，公甫歜見左傳定五年，引文作「父」誤。

〔二〕玉篇九。

〔三〕說文二上口部。㱿，嘔吐也。

襄公二十四年，日有食之。正義曰：「此與二十一年頻月日食，理必不然。但其字則變古爲篆，改篆爲隸，書則縑以代簡，紙以代縑。多歷世代，轉寫謬誤，失其本真，後儒因循，莫能改易。」〔一〕此通人之至論。考魏書江式言：「魯共王壞孔子宅，得尚書、春秋、論語、孝經。又北平侯張倉獻春秋左氏傳，書體與孔氏相類，世謂之古文。」〔二〕自古文以至於今，其傳寫不知幾千百矣，安得無誤？後之學者，於其所不能通，必穿鑿而曲爲之說，其爲經典之害也甚矣。

〔一〕左傳襄二十四年孔穎達正義。引文有刪節、改易。

〔二〕魏書九一，北史三四同。魏書「尚書」上有「禮」字，北史無。「自古」以下，亭林語。

古之教人，必先小學。小學之書，聲音文字是也。顏氏家訓曰：「夫文字者，墳籍根本。世之學徒，多不曉字。讀五經者，是徐邈而非許慎；習賦誦者，信褚詮而忽呂忱；明史記者，專皮鄒而廢篆籒；學漢書者，悅應、蘇而略蒼、雅。不知書音是其枝葉，小學乃其宗系。」〔一〕吾有取乎其言。

〔一〕顏氏家訓卷上勉學篇八之末。

文字不同

五經中文字不同多矣。有一經之中而自不同者，如「桑葚」，見於衛詩，而魯則爲「黮」；「鬯弓」著於鄭風，而秦則爲「韔」。左氏一書，其錄楚也，「薳氏」或爲「蔿氏」〔一〕，「箴尹」或爲「鍼尹」〔二〕。況於鐘鼎之文乎？記曰「書同文」〔三〕，亦言其大略耳。

〔一〕孫叔敖子。襄十五年稱「蔿子馮」，廿一年稱「薳子馮」。

〔二〕左傳定四年、哀十六年。

〔三〕禮記中庸。

所見異辭 已下公羊傳

孔子生於昭、定、哀之世，文、宣、成、襄則所聞也，隱、桓、莊、閔、僖則所傳聞也。國史所載策書之文，或有不備，孔子得據其所見以補之。至於所聞則遠矣，所傳聞則又遠矣。雖得之於聞，必將參互以求其信，信則書之，疑則闕之，此其所以爲異辭也。公子益師之卒，魯史不書，其日遠而無所考矣。無駭卒、俠卒，不書日，同此義〔一〕。以此釋經，豈不甚易而實是乎！何休見桓公二年會稷之傳〔二〕，以恩之淺深，有「諱」與「目言」之異，而以書日不書日詳略之分，爲同此例，則甚難而實非矣。竊疑「所見異辭，所聞異辭，所傳聞異辭」〔三〕，此三語必有所本，而齊魯諸儒述之。然其義有三：闕文一也，諱惡二也，言孫三也。孔子曰：「邦無道，危行言孫。」〔四〕從前之一説，則略於遠，而詳於近；從後之二説，則晦於近，而章於遠。讀春秋者，可以得之矣。漢書言，孔子作春秋，有所褒諱貶損，不可書見，口授弟子。弟子退而異言。及口説流行，故有公羊、穀梁、鄒、夾之學〔五〕。鄒氏、夾氏無傳。夫「喪欲速貧，死欲速朽」〔六〕，曾子且聞而未達，非子游舉其事以實之，亦烏得而明哉？故曰：「春秋之失亂。」〔七〕

〔一〕分見公羊隱元年、隱八年、隱九年。
〔二〕公羊桓二年「三月，公會齊侯、陳侯、鄭伯于稷」。
〔三〕公羊隱元年、桓二年、哀十四年均有此三語。
〔四〕論語憲問。
〔五〕漢書三十藝文志。
〔六〕禮記檀弓上。
〔七〕經解隱公二年。

紀履緰來逆女〔一〕

「何以不稱使？昏禮不稱主人。」「宋公使公孫壽來納幣〔二〕，則其稱主人何？辭窮也。辭窮者何？無母也。然則紀有母乎？曰有。有則何以不稱母？母不通也。」〔三〕

富平李因篤曰：「此言經所以不書紀侯者，以見母雖不通，而紀侯有母，則不得自稱主人，以別於宋公之無母也。」〔四〕

〔一〕事見公羊隱二年。

〔二〕事見公羊成八年。

〔三〕公羊隱二年。

〔四〕李因篤，字子德，又字天生，康熙十八年召試博學鴻詞，顧炎武音學五書，特載與因篤一札。有受祺堂詩集。

母弟稱弟

「齊侯使其弟年來聘。」公羊傳：「其稱弟何？母弟稱弟，母兄稱兄。」〔一〕左氏宣公十七年傳亦曰：「凡稱弟，皆母弟也。」何休以爲：「春秋變周之文，從殷之質，質家親親，明當親厚，異於群公子也。」〔二〕夫一父之子，而以同母不同母爲親疏，此時人至陋之見。春秋以下，骨肉衰薄，禍亂萌生，鮮不由此。詩人美鳲鳩均愛七子〔三〕，豈有於父母則望之以均平，於兄弟則教之以疏外？以此爲質，是所謂「直情而徑行，戎狄之道也」〔四〕。郭氏曰：「若如公羊之說，則異母兄弟不謂之兄弟乎？」〔五〕程子曰：「禮文有立嫡子同母弟之說。其曰同母弟，蓋謂嫡耳，非以同母弟爲加親也。若以同母弟爲加親，則知有母，不知有父，是禽獸也。」〔六〕

〔一〕公羊隱七年。
〔二〕公羊隱七年何休解詁。
〔三〕詩國風曹鳲鳩。
〔四〕禮記檀弓下。
〔五〕郭氏，兼山郭忠孝，字立之。此引見禮記集說。
〔六〕程頤程氏經說五。

子沈子〔一〕

隱公十一年，公羊傳「子沈子曰」，注云：「子沈子，後師，明說此意者；沈子稱『子』冠『氏』上者，著其爲師也；不但言『子曰』者，辟孔子也。其不冠『子』者，他師也。」按傳中有「子公羊子曰」，桓公六年、宣公五年。而又有「子沈子曰」，隱公十一年，莊公十年，定公元年〔二〕。「子司馬子曰」，莊公三十年。「子女子曰」，女音汝，閔公元年。「子北宮子曰」，哀公四年。何後師之多歟！又有「魯子曰」，莊公三年、二十三年，僖公五年、二十年、二十四年、二十八年。有「高子曰」，文公四年。皆不冠「子」。穀梁傳有「穀梁子曰」，隱公五年。「尸子曰」，隱公五年，桓公八年。「沈子曰」，定公元年。皆不冠「子」〔三〕。然則此傳不盡出於公羊子也明矣。

〔一〕初刻本二之十六。
〔二〕初刻「子沈子曰」下無注。
〔三〕初刻無此注。

穀伯鄧侯書名

「穀伯綏來朝，鄧侯吾離來朝」，傳曰：「皆何以名？失地之君也。穀、鄧去魯甚遠，不緣失地，不得皆朝於魯。其稱侯朝何？貴者無後，待之以初也。」〔一〕其義甚明。而何氏乃有「去二時者，桓公以火攻人君」之説，又有「不月者，失地君朝惡人」之説〔二〕。胡氏因之，遂以朝桓之貶，歸之於天道矣〔三〕。

〔一〕公羊傳桓七年。

〔二〕公羊傳桓七年，何休解詁。

〔三〕見胡安國春秋傳五。

鄭忽書名

「鄭忽出奔衛」，傳曰：「忽何以名？春秋伯、子、男一也，辭無所貶。」〔一〕傳文簡而難曉。李因篤曰，春秋之法，天子三公稱公，王者之後稱公，其餘大國稱侯，小國稱伯、子、男。見「初獻六羽」傳。是則公、侯爲一等，伯、子、男爲一等也。故子産曰：「鄭伯，男也。」〔二〕遭喪未踰年之君，公、侯皆稱子，如宋子、衛子、陳子之類是也，以其等本貴於伯、子、男，故降而稱子。今鄭，伯爵也，伯與子、男爲一等，下此更無所降，不得不降而書名矣。名非貶忽之辭，故曰：「辭無所貶。」〔三〕

〔一〕公羊傳桓十一年。

〔二〕左傳昭十三年。

〔三〕此引李因篤之說未詳所出。

祭公來遂逆王后于紀

桓公八年，「祭公來，遂逆王后于紀」。「九年春，紀季姜歸于京師」。從逆者而言，謂之「王后」，從歸者而言，謂之「季姜」，此自然之文也。猶詩之言「爲韓姞相攸」也〔一〕，猶左氏之言「息嬀將歸過蔡」也〔二〕，皆未嫁而冠以夫國之號，此臨文之不得不然也。而公羊以爲「王者無外，其辭成矣」。又以爲「父母之於子，雖爲天王后，猶曰『吾季姜』」〔三〕。是其説經雖巧，而非聖人之意矣。今將曰：「逆季姜于紀」，則初學之士，亦知其不通。又將曰：「王后歸于京師」，則王后者誰之女？辭窮矣。公羊子蓋拘於「在國稱女」之例，隱公二年傳：「女在其國稱女，在途稱婦，入國稱夫人。」〔四〕而不知文固有倒之而順者也。

〔一〕詩大雅蕩之什韓奕。
〔二〕左傳莊十年。
〔三〕公羊傳桓八年、九年。
〔四〕公羊傳隱二年。

傳文則有不同者，左氏莊公十八年，「陳嬀歸于京師，實惠后」。

爭門

公羊閔公二年傳：「桓公使高子將南陽之甲，立僖公而城魯。或曰，自鹿門至於爭門者是也；或曰，自爭門至於吏門者是也。」注：「鹿門，魯南城東門也。」據左傳「臧紇斬鹿門之關，出奔邾」是也〔一〕，爭門、吏門並闕〔二〕。按說文：「淨，魯北城門池也，从水，爭聲，士耕切。」〔三〕是爭門即以此水名，省文作「爭」爾。廣韻作「埩」。後人以「瀞」字省作「淨」，音才性切，而梵書用之。自南、北史以下，俱爲才性之淨，而魯之爭門，不復知矣。禮記「絜靜精微」，只作「靜」字〔四〕。

〔一〕左傳襄二十三年。

〔二〕並闕者，何注不加解釋也。

〔三〕說文十一水部。

〔四〕禮記五十經解。

仲嬰齊卒

魯有二嬰齊，皆公孫也。成公十五年，「三月乙巳，仲嬰齊卒」。其爲仲遂後者也。杜氏注曰：「襄仲子，公孫歸父弟。」〔一〕成公十七年，「十一月壬申，公孫嬰齊卒于貍脤」。則子叔聲伯也。季友、仲遂，皆生而賜氏，故其子即以父字爲氏。劉炫曰：「仲遂受賜爲仲氏，故其子孫稱仲氏。」孔氏曰：「死後賜族，乃是正法。春秋之世，有非禮生賜族者，華督是也。」〔二〕李友、仲遂亦同此例。中唐以後賜功臣之號，亦此意也。生而賜氏，非禮也，以父字爲氏，亦非禮也。春秋從其本稱，而不没其變氏，其生也書「公子遂」〔三〕，其死也書「仲遂卒于垂」〔四〕。於其子也，其生也書「公孫歸父」〔五〕，其死也書「仲嬰齊卒」〔六〕。「公子季友卒」〔七〕亦同此義。惟季友之子，不見於經。

〔一〕左傳成十五年杜預注。
〔二〕劉炫説見左傳成十五年孔穎達正義引。此孔氏説指孔穎達疏解，見左傳隱八年「因以爲族」正義。
〔三〕僖二十六年。
〔四〕宣八年。
〔五〕宣十年。

〔六〕成十五年。

〔七〕僖十六年。

公羊傳：「仲嬰齊者何？公孫嬰齊也。」〔一〕此言仲嬰齊亦是公孫嬰齊，非謂子叔聲伯。故注云：「未見於經，爲公孫嬰齊，今爲大夫死見經，爲仲嬰齊。」〔二〕此漢人解經之善。若子叔聲伯，則戰鞌，成公三年。如晉，六年。如莒，八年。已屢見於經矣。

〔一〕公羊傳成十五年。

〔二〕公羊傳成十五年何休解詁。

「爲人後者爲之子」〔一〕，此語必有所受。然嬰齊之爲後，後仲遂，非後歸父也。猶之叔孫僑如奔而立豹。以爲爲兄後，則非也。傳拘於「孫以王父字爲氏」〔二〕之説，而以嬰齊爲後歸父，則以弟後兄，亂昭穆之倫矣，非也。且三桓亦何愛於歸父，而爲之立後哉？

〔一〕公羊傳成十五年。

〔二〕公羊傳成十五年。

隱十年無正已下穀梁傳

「隱十年無正」〔一〕者，以無其月之事而不書，非有意削之也。穀梁以爲「隱不自正」〔二〕者，鑿矣。趙氏曰：「宣、成以前，人名及甲子多不具，舊史闕也。」〔三〕得之矣。

〔一〕穀梁傳隱十年末。

〔二〕穀梁傳隱十年。

〔三〕春秋集傳纂例一。

戎菽

莊公三十一年，「齊侯來獻戎捷」，傳曰：「戎菽」〔一〕也。似據管子「桓公北伐山戎，得冬蔥及戎菽，布之天下」〔二〕而爲之説。桓公以戎捷夸示諸侯，豈徒一戎菽哉？且生民之詩曰：「蓺之荏菽，荏菽旆旆」〔三〕，傳曰：「荏菽，戎菽也。」〔四〕爾雅：「戎菽謂之荏菽。」〔五〕亦作「茙菽」。列子：「北宮子既歸，進其茙菽，有稻粱之味。」〔六〕則自后稷之生，而已蓺之，不待桓公而始布矣。

〔一〕穀梁傳莊三十一年。
〔二〕管子十戒篇。「得」原作「出」。
〔三〕詩大雅生民。
〔四〕大雅生民篇毛氏傳。
〔五〕爾雅八釋草十三。
〔六〕列子六力命篇。

隕石于宋五

公、穀二傳，相傳受之子夏，其宏綱大指，得聖人之深意者，凡數十條。然而齊魯之間，人自爲師，窮鄉多異，曲學多辯，其穿鑿以誤後人者，亦不少矣。且如「隕石于宋五」，「六鷁左氏、公羊作『鶂』。退飛，過宋都」〔一〕。此臨文之不得不然，非史云五石，而夫子改之石五，史云鷁六，而夫子改之六鷁也。穀梁子曰：「隕石于宋五，後數，散辭也。六鷁退飛，過宋都，先數，聚辭也。」〔二〕「天下之達道五，所以行之者三」〔三〕，其散辭乎？凡爲天下國家有「九經」，其聚辭乎？「初九潛龍」，後九也，「九二見龍」，先九也〔四〕，世未有爲之説者也。

〔一〕此係引僖公十六年春秋經文。
〔二〕穀梁傳僖十六年。
〔三〕禮記中庸。
〔四〕均見易乾卦卦辭。

「石無知，故日之。」〔一〕然則「梁山崩」〔二〕，不日何也？「鶂微有知之物，故月之」〔三〕。然則「有鸜鵒來巢」〔四〕，不月何也？夫月日之有無，「其文則史」〔五〕也。故劉敞謂：「言『是月』者，宋不告日，嫌與隕石同日，書『是月』以別之也。」〔六〕

〔一〕穀梁傳僖十六年。經曰「正月戊申朔，隕石于宋五」。
〔二〕成公五年經文。
〔三〕穀梁傳僖十六年。經曰「是月六鶂退飛過宋都」。

〔四〕昭公二十五年經文。
〔五〕孟子離婁下。
〔六〕春秋權衡十六。

王子虎卒

文公四年，「夏五月，王子虎卒」〔一〕。左氏以爲「王叔文公」者，是也。而穀梁以爲「叔服」〔二〕。按此後文公十四年，「有星孛入于北斗。周内史叔服曰：『不出七年，宋、齊、晉之君，皆將死亂。』」〔三〕成公元年，劉康公伐戎，「叔服曰：『背盟而欺大國，此必敗。』」〔四〕明叔服別是一人，非王子虎。胡氏仍穀梁之誤〔五〕。

〔一〕「四年」應作「三年」。春秋經作「王子虎」，左傳作「王叔文公」。
〔二〕穀梁傳文三年。
〔三〕左傳文十四年。
〔四〕左傳成元年。
〔五〕胡安國春秋傳。

穀梁日誤作曰〔一〕

穀梁傳宣公十五年：「中國謹日，卑國月，夷狄不日，其曰潞子嬰兒，賢也。」疏解甚迂。按傳文「曰」字誤，當作「其日潞子嬰兒，賢也」。書皋陶謨「思曰贊贊襄哉」，吕刑「今爾罔不由慰曰勤」〔二〕，易大畜九三「曰閑輿衛」〔三〕，皆當作「日」。古人「日」、「曰」二字同一書法，唯「曰若」之「曰」，上畫不滿，與「日」字異耳。故陸氏釋文於九經中遇二字可疑者，即加音切。又有一字而兩讀者，如詩「豈不曰戒」〔四〕，曰音越，又人栗反。「曰爲改歲」、「曰殺羔羊」〔五〕亦然。自古經師所傳，或以爲「日月」之「日」，或以爲「曰若」之「曰」，陸氏兩存，而以其音别之。毛晃以爲一字兩音，而駁其失，誤矣。史記秦始皇本紀贊：「而以責一日之孤」，正義曰：「日音馹。」〔六〕

〔一〕初刻卷二之十七。

〔二〕尚書虞書皋陶謨，尚書周書吕刑。

〔三〕易大畜卦爻辭。

〔四〕詩小雅采薇。

〔五〕詩豳風七月。

〔六〕史記六。初刻注無「曰爲改歲」以後文。

日知録校注卷五

閹人寺人

閹人、寺人屬於冢宰，則内廷無亂政之人；九嬪、世婦屬於冢宰，則後宮無盛色之事。太宰之於王，不惟佐之治國，而亦誨之齊家者也。自漢以來，惟諸葛孔明爲知此義。故其上表後主，謂「宫中、府中，俱爲一體」，而宫中之事，事無大小，悉以咨攸之、禕、允三人〔一〕。於是後主欲采擇以充後宫，而終執不聽。宦人黄皓，「終允之世，位不過黄門丞」，蜀志董允傳〔二〕。可以爲行周禮之效矣。後之人君以爲此吾家事，而爲之大臣者，亦以爲天子之家事，人臣不敢執而問也。其家之不正，而何國之能理乎？魏楊阜爲少府，「上疏欲省宫人，乃召御府吏問後宫人數。吏曰：『禁密不得宣露。』阜怒，杖吏一百，數之曰：『國家不與九卿爲密，反與小吏爲密乎？』」〔三〕然後知閹、寺、嬪、御之繫於天官，周公所以爲後世慮，至深遠也。

〔一〕諸葛亮出師表見三國志三五蜀志諸葛亮傳。郭攸之、費禕、董允。郭無傳。

〔二〕三國志三九蜀志董允傳。

〔三〕三國志二五魏志楊阜傳。

漢承秦制，有少府之官，「中書謁者、黄門、鉤盾、尚方、御府、永巷、内者、宦者八官，令、丞、諸僕射、署長、中黄門皆屬焉」〔一〕。然則奄寺之官，猶隸於外廷也。

〔一〕漢書十九上百官公卿表。

正月之吉

大司徒「正月之吉，始和，布教于邦國都鄙」〔一〕，注云：「周正月朔日。」〔二〕大宰注同。「正歲令于教官」〔三〕，注云：「夏正月朔日。」凌人注同。州長既以正月之吉讀法，又以正歲讀法如初。注云：「因此四時之正重申之。」〔四〕即此是古人三正並用之驗。逸周書周月解曰：「亦越我周改正，以垂三統，至於敬授民時，巡狩烝享，猶自夏焉。」〔五〕正謂此也。如左氏桓公五年傳云：「凡祀，啓蟄而郊，龍見而雩，始殺而嘗，閉蟄而烝」之類是也。豳詩七月一篇之中，凡言月者皆夏正，凡言日者皆周正。「一之日觱發」，「二之日栗烈」，「三之日于耜」，傳曰：「一之日周正月」，「二之日殷正月」，「三之日夏正月」〔六〕。

〔一〕周禮地官司徒。
〔二〕鄭玄注。大宰注見周禮天官冢宰。
〔三〕周禮地官司徒。
〔四〕凌人見周禮天官冢宰下。州長見周禮地官司徒。
〔五〕逸周書六。
〔六〕詩國風豳七月。

北史李業興傳，天平四年，使梁。「梁武帝問：『尚書「正月上日，受終文祖」。此時何正？』業興對曰：『此夏正月。』梁武帝問：『何以得知？』業興曰：『案尚書中候運衡篇云：「日月營始」，故知夏正。』又問：『堯時以前，何月爲正？』業興對曰：『自堯以上，書典不載，實所不知。』梁武又云：『「寅賓出日」即是正月，「日中星鳥，以殷仲春」即是二月。此出堯典，何得云堯時不知用何正？』業興對曰：『雖三正不同，言時節者皆據夏時正月。周禮「仲春二月，會男女之無夫家者」，雖自周書，月亦夏時。堯之日月亦當如此。』」〔一〕近有楚人創爲堯建子、舜建丑之説者，據此闢之，遂無以難。

〔一〕北史八一儒林上李業興傳。亦見魏書八四儒林傳李業興傳，惟「中候運衡篇」作「中候運行篇」。

木　鐸〔一〕

金鐸所以令軍中，木鐸所以令國中，此先王仁義之用也。一器之微，而剛柔别焉，其可以識治民之道也歟。

〔一〕周禮天官小宰。

鼓吹，軍中之樂也，非統軍之官不用。陳蔡徵爲吏部尚書，啓後主借鼓吹，後主謂所司曰，鼓吹軍樂，有功乃授〔一〕。今則文官用之，王世貞觚不觚録言：「先朝之制，維總兵官列營，始舉礮奏鼓吹。」〔二〕嘉靖後，巡撫乃放而行之。士庶人用之，僧道用之。金革之器遍於國中，而兵由此起矣。晉書：「司馬恬爲御史中丞，值海西廢，簡文帝登阼，未解嚴，大司馬桓温屯中堂吹警角。恬奏劾温大不敬，請科罪。」〔三〕今制雖授鉞遣將，亦不舉礮鼓吹。而士庶吉凶之禮，及迎神賽會，反有用鼓吹者。景泰六年，華陽王友堚，遣千户齎奏赴京，并買喇叭、號笛、銅鑼等物。奉敕切責，以爲此行師之具，於王何用。當時遵守祖訓如此，以後法禁日弛，庶民皆得用矣。

〔一〕陳書二九、南史六八。

〔二〕觚不觚録（不分卷）。

〔三〕晉書三七宗室傳。

後魏孝武永熙中，諸州鎮各給鼓吹。尋而高歡舉兵，魏分爲二。唐自安史之亂，邊戍皆得用之。故杜甫詩云：「萬方聲一概，吾道竟何之。」〔一〕粗厲之音，形爲亂象。先王之制，所以軍容不入國也。

〔一〕九家集注杜詩卷二十秦州雜詩之四。

詩有瞽箋云：「簫，編小竹管，如今賣餳俗作糖者所吹也。」〔一〕周禮小師注同〔二〕。漢時賣餳止是吹竹，今則鳴金。

〔一〕詩周頌有瞽鄭玄箋。
〔二〕周禮春官宗伯下。

稽其功緒〔一〕

已成者謂之功，未竟者謂之緒。說文：「緒，絲端也。」〔二〕記曰：「武王纘太王、王季、文王之緒。」〔三〕

〔一〕周禮天官冢宰宮正條。
〔二〕說文十三上糸部。
〔三〕禮記中庸。

六牲[一]

古之爲禮，以祭祀燕享，故六牲之掌特重。「執豕于牢」，稱公劉也；「爾牲則具」，美宣王也。至於鄰國相通，則葛伯不祀，湯使遺之牛羊；而衛戴公之廬于曹，齊桓歸之牛、羊、豕、雞、狗皆三百。其平日「國君無故不殺牛，大夫無故不殺羊，士無故不殺犬豕」[二]。而用大牲，則卜之於神，以求其吉。故左氏載齊國之制，「公膳止於雙雞」[三]。而詩人言賓客之設，不過兔首、炰鼈之類。古人之重六牲也如此。自齊靈公伐萊，萊人使正輿子賂之，索馬牛皆百匹。而吳人徵魯百牢，始於貪求，終於暴殄。於是范蠡用其霸越之餘謀，以畜五牸，而澤中千足彘，得比封君。孳畜之權，不在國而在民矣。

〔一〕周禮天官冢宰膳夫條。
〔二〕禮記王制。
〔三〕左傳襄二十八年，「公膳日雙雞」。

易曰：「東鄰殺牛，不如西鄰之禴祭。」〔一〕秦德公「用三百牢於鄜畤」〔二〕。而王莽末年，自天地六宗以下，至諸小鬼神，凡千七百，所用三牲鳥獸，三千餘種。後不能備，乃以雞當鶩雁，犬當麋鹿。

〔一〕易既濟卦九五爻辭。

〔二〕史記五秦本紀。

邦饗耆老孤子〔一〕

春饗孤子，以象物之方生，秋饗耆老，以象物之既成。然而國中之老者孤者多矣，不可以遍饗也。故國老、庶老則饗之，而其他則養於國、養於鄉而已。王制。死事之孤則饗之，而其他則養幼少、存諸孤而已。月令。一以教孝，一以勸忠，先王一舉事，而天道人倫備焉。此禮之所以爲大也與。

〔一〕周禮天官冢宰外饔條。

醫師

古之時，庸醫殺人。今之時，庸醫不殺人，亦不活人，使其人在不死不活之間，其病日深，而卒至於死。夫藥有君臣，人有强弱。有君臣則用有多少，有强弱則劑有半倍。多則專，專則效速，倍則厚，厚則其力深。今之用藥者，大抵雜泛而均停，既見之不明，而又治之不勇，病所以不能愈也。而世但以不殺人爲賢，豈知古之上醫，不能無失。周禮，醫師「歲終，稽其醫事，以制其食。十全爲上，十失一次之，十失二次之，十失三次之，十失四爲下」〔一〕。是十失三四，古人猶用之。而淳于意之對孝文，尚謂「時時失之，臣意不能全也」。易曰：「裕父之蠱，往見吝。」〔二〕奈何獨取夫裕蠱者，以爲其人雖死，而不出於我之爲。嗚呼，此張禹之所以亡漢，李林甫之所以亡唐也。朱文公與劉子澄書，所論四君子湯，其意亦略似此〔三〕。

〔一〕周禮天官冢宰下醫師條。

〔二〕易蠱卦六四爻辭。

〔三〕晦庵集三四答吕伯恭。

唐書，許胤宗言：「古之上醫，惟是別脈。脈既精別，然後識病。夫病之與藥，有正相當者，惟須單用一味，直攻彼病，藥力既純，病即立愈。今人不能別脈，莫識病源，以情臆度，多安藥味。譬之於獵，未知兔所，多發人馬，空地遮圍，冀有一人獲之，術亦疏矣。假令一藥偶然當病，他味相制，氣勢不行，所以難差，諒由於此。」〔一〕後漢書，「華佗精於方藥，處齊不過數種」〔二〕。夫師之六五，任九二則吉，參以三四則凶〔三〕。是故官多則亂，將多則敗，天下之事亦猶此矣。

〔一〕舊唐書一九一方伎傳許胤宗傳載之，新唐書二〇四方伎傳已易其詞。許胤宗傳至此止。集釋引楊氏將原文截斷，不合。

〔二〕後漢書一一二下方術傳華佗傳。

〔三〕易師卦。

造言之刑〔一〕

舜之命龍也，曰：「朕堲讒説殄行，震驚朕師。」〔二〕故大司徒「以鄉八刑糾萬民」，「造言之刑」次於「不孝」、「不弟」〔三〕。而禁暴氏掌誅庶民之「作言語而不信者」〔四〕。至於訛言莫懲，而宗周滅矣。

〔一〕初刻本二之二十。

〔二〕尚書虞書舜典。

〔三〕周禮地官司徒大司徒條。不孝第一，不弟第四，造言第七。

〔四〕周禮秋官司寇下禁暴氏條。

國子

世子齒於學，自后夔之教胄子而已然矣。師氏「以三德教國子」〔一〕，保氏掌「養國子以道，而教之六藝」〔二〕。而王世子不別置官。是世子之與國子齒也。是故諸子掌國子之倅，國有大事，則帥國子而致於大子，惟所用之。非平日相習之深，烏能得其用乎？後世乃設東宮之官而分其職秩，於是有內外宮朝之隔，而先王之意失矣。

〔一〕周禮地官司徒師氏條。

〔二〕周禮地官司徒保氏條。「而」原作「乃」。

死政之老〔一〕

死國事者之父，如史記平原君傳，李同戰死，封其父爲李侯〔二〕；後漢書獨行傳，小吏所輔扞賊，代縣令死，除父奉爲郎中〔三〕；蜀志龐統傳，統爲流矢所中，卒，拜其父議郎，遷諫議大夫〔四〕是也。若父子並爲王臣，而特加恩遇，如光武之於伏隆，先朝之於張五典，天啓初，張銓以御史死遼，加其父五典至兵部尚書。又不可以常格論矣。

〔一〕周禮地官司徒司門條。

〔二〕史記七六。
〔三〕後漢書一一一獨行傳劉茂傳。所姓，輔名。
〔四〕三國志三七蜀志。

凶禮

大宗伯「以凶禮哀邦國之憂」，其別有五，曰「死亡」、「凶札」、「禍烖」、「圍敗」、「寇亂」〔一〕。是古之所謂「凶禮」者，不但於死亡，而五服之外，有非喪之喪者，緣是而起也。記曰：「年不順成，天子素服，乘素車，食無樂。」又曰：「年不順成，君衣布搢本。」〔二〕周書曰：「大荒」，「王麻衣以朝，朝中無采衣」〔三〕。此「凶札」之服也。司服「大札、大荒、大烖，素服」。注曰：「大烖，水火爲害，君臣素服縞冠，若晉伯宗哭梁山之崩。」〔四〕春秋「新宮災，三日哭」〔五〕。此「禍烖」之服也。記曰：「國亡大縣邑，公卿、大夫、士厭冠哭於太廟。」又曰：「軍有憂，則素服哭于庫門之外。」〔六〕大司馬「若師不功，則厭而奉主車」〔七〕。春秋傳，秦穆公敗于殽，「素服郊次，鄉師而哭」〔八〕。此「圍敗」之服也。吕氏春秋：「公孫龍對趙惠王曰：今藺離石入秦，而王縞素出總。」〔九〕是戰國時猶行此禮。若夫曲禮言：「大夫、士去國」，「素衣素裳，素冠徹緣，鞮履素簚，乘髦馬」〔十〕。孟子言：「三月無君則弔」〔十一〕，而季孫之會荀躒，「練冠麻衣」，此君臣之不幸而哀之者矣。秦穆姬之逆晉侯，「免服衰絰」；衛侯之念子鮮，「稅服終身」，此兄弟之不幸而哀之者矣。楚滅江，而秦伯降服出次；越圍吳，而趙孟降于喪食〔十二〕，此與國之不幸而哀之者矣。漢書高帝紀：「秦王子嬰，素車白馬。」〔十三〕應劭曰：「喪人之服。」先王制服之方，固非一端而已。記有之曰：「無服之喪，以蓄萬邦。」〔十四〕杜氏通典，以賑撫諸州水旱蟲災，勞問諸王疾苦，編於凶禮之首〔十五〕。

〔一〕周禮春官宗伯大宗伯條。

〔二〕禮記玉藻。

〔三〕逸周書二大匡解第十一。上文正月之吉條引逸周書，「逸」字不可省。

〔四〕周禮春官宗伯司服條。

〔五〕春秋成三年。

〔六〕禮記檀弓上、下。

〔七〕周禮夏官司馬大司馬條。

〔八〕左傳僖三十三年。

〔九〕呂氏春秋十八審應覽，「出」原作「布」。

〔十〕禮記曲禮下。

〔十一〕孟子滕文公下。

〔十二〕猶今之靜默紀念。

〔十三〕漢書一上高帝紀上。

〔十四〕禮記孔子閒居。

〔十五〕杜佑通典一〇六開元禮纂類，凶禮其儀十有八條之一、三、四條。

不入兆域

冢人：「凡死于兵者，不入兆域。」注：「戰敗無勇，投諸塋外以罰之。」〔一〕左氏趙簡子所謂「桐棺三寸，不設屬辟，素車樸馬，無入於兆」〔二〕；而檀弓「死而不弔者三」，其一曰「畏」〔三〕，亦此類也。莊子：「戰而死者，其人之葬也，不以翣資。」崔本作「翣杴」，「杴音坎，謂先人墳墓也」〔四〕。若敝無存死，而齊侯三襚之，與之犀軒與直蓋，而親推之三。童汪踦死，而仲尼曰：「能執干戈以衛社稷，可無殤也。」〔五〕豈得以此一概？隋文帝仁壽元年詔曰：「投生殉節，自古稱難，隕身王事，禮加二等。而世俗之徒，不達大義，致命戎旅，不入兆域。虧孝子之意，傷人臣之心，興言念此，每深愍歎。且入廟祭祀，並不廢闕，何至墳塋獨在其外？自今以後，戰亡之徒，宜入墓域。」〔六〕可謂達古人之意。又考晉趙文子與叔譽觀乎九原，而有陽處父之葬，則得罪而見殺者，亦未嘗不入兆域也。左傳襄公二十九年，「齊人葬莊公於北郭」。注引「兵死不入兆域」。

〔一〕周禮春官宗伯冢人條。

〔二〕左傳哀二年。

〔三〕禮記檀弓上。

〔四〕莊子二德充符第五。「崔本」云云，陸氏釋文語。

〔五〕禮記檀弓下。

〔六〕隋書二高祖紀下。「投生」原作「投主」。

樂章〔一〕

詩三百篇，皆可以被之音而爲樂。自漢以下，乃以其所賦五言之屬爲「徒詩」，而其協於音者，則謂之「樂府」。宋以下，則其所謂「樂府」者，亦但擬其辭，而與「徒詩」無別。於是乎詩之與樂，判然爲二，不特樂亡而詩亦亡。

〔一〕初刻本卷二之十八，無末二段。

古人以樂從詩，今人以詩從樂。古人必先有詩，而後以樂和之。舜命夔教胄子，「詩言志，歌永言。聲依永，律和聲」〔一〕。是以登歌在上，而堂上堂下之器應之，是之謂「以樂從詩」。宋國子丞王普言：「古者既作詩，從而歌之，然後以聲律協和而成曲。自歷代至於本朝，雅樂皆先製樂章，而後成譜。崇寧以後，乃先製譜，後命辭，於是辭律不相諧協，且與俗樂無異。」〔二〕朱子曰：「詩之作，本言志而已。方其詩也，未有歌也，及其歌也，未有樂也。以聲依永，以律和聲，則樂乃爲詩而作，非詩爲樂而作也。詩出乎志者也，樂出乎詩者也。詩者其本，而樂者其末也。」〔三〕古之詩，大抵出於中原諸國。其人有先王之風，諷誦之教，其心和，其辭不侈，而音節之間，往往合於自然之律。楚辭以下，即已不必盡諧。文心雕龍言：「楚辭訛韻實繁。」〔四〕降及魏、晉，羌戎雜擾，方音遞變，南北各殊。故文人之作，多不可以協之音，而名爲「樂府」，無以異於「徒詩」者矣。元稹言：「樂府等題，除鐃吹、横吹、郊祀、清商等詞在樂志者，其餘木蘭、仲卿、四愁、七哀之類，亦未必盡播於管絃也。」〔五〕人有不純，而五音十二律之傳於古者，至今不變，於是不得不以五音正人聲，而謂之「以詩從樂」。「以詩從樂」，非古也，後世之失，不得已而爲之也〔六〕。

〔一〕尚書虞書舜典。
〔二〕王普，史無傳，有官曆刻漏圖二卷，四庫天算類存目。
〔三〕晦庵集三七答陳體仁。初刻此段無注。
〔四〕劉勰文心雕龍七聲律篇。
〔五〕元氏長慶集二三樂府古題序。
〔六〕「後世之失」以下，初刻作「救時之論也」。

漢書：「武帝舉司馬相如等數十人，造爲詩賦，略論律吕，以合八音之調，作十九章之歌。」〔一〕夫曰「略論律吕，以合八音之調」，是「以詩從樂」也。後代樂章皆然。

〔一〕漢書二二禮樂志。

安世房中歌十七章，郊祀歌十九章，皆郊廟之正樂，如三百篇之頌。其他諸詩，所謂「趙、代、秦、楚之謳」，如列國之風。

十九章，司馬相如等所作，「略論律吕，以合八音」者也。「趙、代、秦、楚之謳」，則有協有否，以李延年爲協律都尉，采其可協者以被之音也。

樂府中如清商、清角之類，以聲名其詩也；如小垂手、大垂手之類，以舞名其詩也。以聲名者，必合於聲，以舞名者，必合於舞。至唐而舞亡矣，至宋而聲亡矣。於是乎文章之傳盛，而聲音之用微，然後「徒詩」興而「樂」廢矣。

歌者爲詩，擊者、拊者、吹者爲器，合而言之謂之樂。對詩而言，則所謂樂者八音，「興於詩，立於禮，成於樂」〔一〕是也，分詩與樂言之也。專舉樂，則詩在其中，「吾自衛反魯，然後樂正，雅、頌各得其所」〔二〕是也，合詩與樂言之也。

〔一〕論語泰伯。

〔二〕論語子罕。

鄉飲酒禮：「工四人，二瑟。」注：「二瑟，二人鼓瑟，則二人歌也。」〔一〕古人琴瑟之用，皆與歌並奏，故有一人歌，一人鼓瑟者〔二〕。漢文帝「使慎夫人鼓瑟，上自倚瑟而歌」〔三〕是也。師古曰：「倚瑟，即今之以歌合曲也。」亦有自鼓而自歌，孔子之取瑟而歌是也。若乃衛靈公聽新聲於濮水之上，而使師延寫之〔四〕，則但有曲而無歌。此後世徒琴〔五〕之所由興也。

〔一〕儀禮鄉飲酒禮鄭玄注。
〔二〕「者」字，初刻及元鈔均作「若」，屬下句，潘本作「者」。
〔三〕漢書五十張釋之傳。
〔四〕閻若璩云：「師延爲紂作靡靡之樂，此以琴寫之者師涓，『延』當作『涓』。」師涓事見韓非子三十過篇。但史記三殷本紀、漢書二十古今人表中上，均以師涓爲紂時人。閻氏駁顧，是也，但應著明此事見韓非子，乃得人心服。
〔五〕今謂之獨奏。

言詩者，大率以聲音爲末藝，不知古人入學自六藝始，孔子以游藝爲學之成。後人之學好高，以此爲瞽師、樂工之事，遂使三代之音不存於兩京，兩京之音不存於六代，而聲音之學遂爲當今之絶藝。

「七月流火」，天文也；「相其陰陽」，地理也；「四矢反兮」，射也；「兩驂如舞」，御也；「止戈爲武」、「皿蟲爲蠱」，書也；「千乘三去」、「亥有二首六身」，數也〔一〕。古之時人人知之〔二〕，而今日遂爲絶學。且曰，藝而已矣，不知之無害也。此近代之儒，所以自文其空疏也。

〔一〕「七月流火」等分見詩國風豳七月，詩大雅公劉，詩國風齊猗嗟，詩國風鄭大叔于田，左傳宣十二年，左傳昭元年，左傳僖十五年，左傳襄三十年。

〔二〕超案：援庵在此打一問號。

斗與辰合〔一〕

周禮「大司樂」注：「此據十二辰之斗建，與日辰相配合，皆以陽律爲之主，陰呂來合之。是以『大師』云：『掌六律、六同以合陰陽之聲。』黃鍾，子之氣也，十一月建焉，而辰在星紀。大呂，丑之氣也，十二月建焉，而辰在玄枵。」〔二〕故「奏黃鍾，歌大呂」，「以祀天神」〔三〕。今五行家言，子與丑合。「大蔟，寅之氣也，正月建焉，而辰在娵訾。應鍾，亥之氣也，十月建焉，而辰在析木」〔四〕。故「奏大蔟，歌應鍾」，「以祀地祇」〔五〕。寅與亥合。南齊書禮志：太常丞何諲之議禮，孟春之月擇元辰，躬耕帝藉。鄭注云：元辰蓋郊後吉亥也，五行說十二辰爲六合，寅與亥合，建寅月東耕，取月建與日辰合也〔六〕。「姑洗，辰之氣也，三月建焉，而辰在大梁。南呂，酉之氣也，八月建焉，而辰在壽星」〔七〕。故「奏姑洗，歌南呂」，「以祀四望」〔八〕。辰與酉合。「蕤賓，午之氣也，五月建焉，而辰在鶉首。林鍾，未之氣也，六月建焉，而辰在鶉火」〔九〕。故「奏蕤賓，歌函鍾」，林鍾也。「以祭山川」〔十〕。午與未合。「仲呂，巳之氣也，四月建焉，而辰在實沈。夷則，申之氣也，七月建焉，而辰在鶉尾」〔十一〕。故「奏夷則，歌小呂」，仲呂也。「以享先妣」〔十二〕。巳與申合。「夾鍾，卯之氣也，二月建焉，而辰在降婁。無射，戌之氣也，九月建焉，而辰在大火」〔十三〕。故「奏無射，歌夾鍾」，「以享先祖」〔十四〕。卯與戌合。太玄經所謂「斗振天而進，日違天而退」，先王作樂以象天地，其必有以合之矣。

〔一〕初刻本二之十九。

〔二〕周禮春官宗伯下大司樂條鄭玄注。

〔三〕周禮春官宗伯下大司樂條。

〔四〕周禮春官宗伯下大司樂條鄭玄注。

〔五〕周禮春官宗伯下大司樂條。

〔六〕南齊書九。初刻注無「南齊書」以下。

〔七〕周禮春官宗伯下大司樂條鄭玄注。

〔八〕周禮春官宗伯下大司樂條。

〔九〕周禮春官宗伯下大司樂條鄭玄注。

〔十〕周禮春官宗伯下大司樂條。

〔十一〕周禮春官宗伯下大司樂條鄭玄注。

〔十二〕周禮春官宗伯下大司樂條。

〔十三〕周禮春官宗伯下大司樂條鄭玄注。
〔十四〕周禮春官宗伯下大司樂條。

凶聲

「凡建國禁其淫聲、過聲、凶聲、慢聲。」〔一〕「凶聲」，如殷紂好爲北鄙之聲，所謂亢厲而微末，以象殺伐之氣者也。注謂：「亡國之聲，若桑間濮上。」〔二〕此則一「淫聲」已該之矣。

〔一〕周禮春官宗伯下 大司樂條。
〔二〕大司樂條鄭玄注。

八音

先王之制樂也，具五行之氣。夫水火不可得而用也，故寓火於金，寓水於石。鳧氏爲鍾，火之至也；泗濱浮磬，水之精也。石生於土，而得夫水火之氣，火石多，水石少。泗濱磬石，得水之精者也，故浮。用天地之情以制器，是以五行備，而八音諧矣。

土鼓，樂之始也；陶匏，祭之大也。二者之音，非以悦耳，存其質也。國語，伶州鳩曰：「匏竹利制。」又曰：「匏以宣之，瓦以贊之。」〔一〕今之大樂，久無匏、土二音，舊唐書音樂志，笙，「女媧氏造，列管於匏上，内簧其中。今之笙、竽，並以木代匏而漆之，無匏音矣」〔二〕。宋葉少藴避暑録話：「大樂舊無匏、土二音，笙以木刻其本，而不用匏，塤亦木爲之。」〔三〕元史，匏，「以斑竹爲之」〔四〕。而八音但有其六矣。熊氏謂，匏音亡，而清廉忠敬者之不多見。吾有感於其言。元熊朋來五經説曰：「八音之有笙，宜以竹稱，而乃以匏稱，是所重在匏也。古者造笙，必以曲沃之匏，汶陽之竹。漢太學槐市各持方物，列磬懸匏。八音之匏，於卦爲艮，於風爲融，於氣爲立春。匏音啾以立清，闕之則清廉者鮮矣。匏音正則人思敬，不正則忠敬者鮮矣。爲禮樂之官者，尚申請而改正之。」〔五〕

〔一〕國語三周語下。
〔二〕舊唐書二九上。今，唐志語。
〔三〕避暑録話卷下。
〔四〕元史六八禮樂志。
〔五〕五經説七末八音缺匏條。

用火

有明火，有國火。明火以陽燧取之於日，司烜氏〔一〕。近於天也，故卜與祭用之。華氏、大祝、大司寇〔二〕。國火取之五行之木，司爟〔三〕。近於人也，故烹飪用之。

〔一〕周禮秋官司寇下司烜氏條。

〔二〕「華氏」見周禮春官宗伯下。「大祝」見周禮春官宗伯下。「大司寇」見周禮秋官司寇。

〔三〕「司爟」見周禮夏官司馬。

古人用火，必取之於木，而復有四時五行之變。素問，黄帝言：「壯火散氣，少火生氣。」〔一〕季春出火，貴其新者，少火之義也。今人一切取之於石，其性猛烈而不宜人，疾疢之多，年壽之減，有自來矣。詳見第二十五卷介子推條〔二〕。

〔一〕素問集注卷二陰陽應象大論篇第五。

〔二〕元鈔本作「詳見第三十卷介子推條」。

邵氏學史曰：「古有火正之官。語曰，鑽燧改火，此政之大者也。所謂『光融天下』者，於是乎在。史記楚世家：重黎爲帝嚳火正，能光融天下，命曰祝融〔一〕。周禮『司烜氏』〔二〕所掌，及春秋宋、衛、陳、鄭所紀者，政皆在焉。今治水之官，猶夫古也，而火獨缺焉。飲知擇水，而亨不擇火，以祭以養，謂之備物可乎？或曰，庭燎則有司矣。雖然，此火之末也。」〔三〕

〔一〕史記四十。注爲顧注。

〔二〕周禮秋官。

〔三〕邵寶學史卷一第一條。學史凡十三卷，四庫史評類著録。

涖戮于社

大司寇：「大軍旅，涖戮于社。」注：「社，謂社主在軍者也。」〔一〕書甘誓：「用命賞于祖，不用命戮于社。」孔安國云：「天子親征，必載遷廟之祖主及社主行。有功則賞祖主前，示不專也；不用命奔北者，則戮之於社主前。社主陰，陰主殺，親祖嚴社之義也。」〔二〕記曰：「社所以神地之道。」〔三〕意古人以社爲陰主，若其司刑殺之柄者。故「祭勝國之社」，則士師「爲之尸」〔四〕。而王莽之將亡，赦城中囚徒，授兵殺豨，飲其血曰：「有不爲新室者，社鬼記之。」〔五〕宋襄公、季平子皆用人於社〔六〕；而亡曹之夢亦曰「立於社宫」〔七〕；宰我「戰栗」之對，有自來矣〔八〕。

〔一〕周禮秋官司寇大司寇條。
〔二〕尚書夏書甘誓。
〔三〕禮記郊特牲。
〔四〕周禮秋官司寇士師條。
〔五〕漢書九九下王莽傳末。
〔六〕左傳僖十九年、昭十年。
〔七〕左傳哀七年。
〔八〕論語八佾。

邦朋〔一〕

士師「掌士之八成」，「七曰爲邦朋」〔二〕。太公對武王，「民有十大」，而曰：「民有百里之譽，千里之交，六大也。」又曰：「一家害一里，一里害諸侯，諸侯害天下。」〔三〕嗟乎，此太公之所以誅華士也〔四〕。世衰道微，王綱弛於上，而私黨植於下，故箕子之陳洪範，必「皇建其有極」，而後庶民人無「淫朋」、「比德」〔五〕。

〔一〕初刻本二之廿一。
〔二〕周禮秋官司寇士師條。
〔三〕續漢書百官志五引太公陰符。
〔四〕「華士」見韓非子卷十三外儲説右上。
〔五〕尚書周書洪範。

易泰之九二，曰「朋亡」，渙之六四，曰「渙其群，元吉」〔一〕。莊子：「文王寓政於臧丈人」，「而列士壞植散群」〔二〕。

〔一〕見易泰卦九二爻辭、渙卦六四象辭。初刻本無此句。

〔二〕莊子五田子方第二十一。

荀悦論曰：「言論者計薄厚而吐辭，選舉者度親疏而舉筆。苞苴盈於門庭，聘問交於道路，書記繁於公文，私務衆於官事。」〔一〕世之弊也，古今同之，可爲太息者此也。

〔一〕漢紀十武帝建元二年四月族郭解條。

王公六職之一

「坐而論道，謂之王公。」〔一〕王亦爲六職之一也，未有無事而爲人君者，故曰「天子一位」。

〔一〕周禮冬官考工記。以上周禮。

奠摯見于君

士冠，士之嫡子，繼父者也，故得「奠摯見于君」〔一〕。庶子不得見君。左傳昭公四年，「仲與公御萊書觀於公，叔孫怒而逐之」。是也。

〔一〕儀禮士冠禮。此條以下爲儀禮。

主人

「主人爵弁，纁裳，緇袘」，注：「主人，婿也，婿爲婦主。」「主人筵于户西」，注：「主人，女父也。」〔一〕親迎之禮，自夫家而行，故婿稱主人。至於婦家，則女父又當爲主人，故不嫌同辭也。女父爲主人，則婿當爲賓，故曰：「賓東面答拜。」注：「賓，婿也。」〔二〕對女父之辭也。至於賓出而婦從，則變其文而直稱曰婿。婿者，對婦之辭也。曰「主人」，曰「賓」，曰「婿」，一人而三異其稱，可以見「禮時爲大」〔三〕，而義之由内矣。

〔一〕儀禮士昏禮。
〔二〕儀禮士昏禮。
〔三〕禮記禮器。

辭無不腆無辱

「歸妹，人之終始也。」〔一〕先王於此，有省文尚質之意焉，故「辭無不腆無辱」。「賓不稱幣不善，主人不謝來辱。」〔二〕告之以直，信曰，先人之禮而已。所以立生民之本，而爲嗣續之基，故以内心爲主，而不尚乎文辭也。非徒以教婦德而已。

〔一〕易歸妹卦彖辭。
〔二〕儀禮士昏禮，注爲鄭玄原注。

某子受酬

鄉飲酒禮「某子受酬」，注：「某者，衆賓姓也。」〔一〕鄉射禮「某酬某子」，注：「某子者，氏也。」〔二〕古人男子無稱姓者，從鄉射禮注爲得。如左傳叔孫穆子言叔仲子、子服子之類〔三〕。士昏禮「皇舅某子」，此或謚或字之稱，與聘禮「皇考某子」同。疏以爲「若張子、李子」。婦人内夫家，豈有稱其舅爲「張子」、「李子」者哉？

〔一〕儀禮鄉飲酒禮。

〔二〕儀禮鄉射禮。

〔三〕左傳襄廿八年。言，所言也。

辯

鄉飲酒禮、鄉射禮，其於「旅」、「酬」，皆言「辯」。注云：「辯，衆賓之在下者。」此「辯」非

「辯察」之「辯」，古字「辯」與「徧」通。經文言「辯」者非一，燕禮注：「今文『辯』皆作『徧』」〔一〕是也。曲禮：「主人延客食胾，然後辯殽。」〔二〕內則：「子師辯告諸婦諸母名」，「宰辯告諸男名」〔三〕。玉藻：「先飯辯嘗羞飲而俟。」〔四〕樂記：「其治辯者其禮具。」注：「辯，徧也。」〔五〕左傳定公八年，「子言辯舍爵於季氏之廟而出」。注：「辯，猶周徧也。」史記禮書：「瑞應辯至。」〔六〕

〔一〕儀禮燕禮。
〔二〕禮記曲禮上。
〔三〕禮記內則。
〔四〕禮記玉藻。
〔五〕禮記樂記。
〔六〕史記二三。此條爲「辯」字索引。

須臾

「寡君有不腆之酒，請吾子之與寡君須臾焉，使某也以請。」〔一〕古者樂不踰辰，燕不移漏，故稱「須臾」，言不敢久也。記曰：「飲酒之節，朝不廢朝，莫不廢夕。」〔二〕而書酒誥之篇曰：「在昔殷先哲王，迪畏天顯小民，經德秉哲，越在外服。侯、甸、男、衛邦伯，越在内服。百僚庶尹，惟亞惟服宗工，越百姓里居，罔敢湎于酒，不惟不敢，亦不暇。」〔三〕是豈待初筵之規，三爵之制，而後不得醉哉？

〔一〕儀禮燕禮。
〔二〕禮記鄉飲酒義。
〔三〕尚書周書酒誥。

飧不致

聘禮：「管人爲客，三日具沐，五日具浴，飧不致，賓不拜，沐浴而食之。」〔一〕即孟子所謂「廩人繼粟，庖人繼肉，不以君命將之」〔二〕，恐勞賓也。

〔一〕儀禮聘禮。

〔二〕孟子萬章下。

三年之喪〔一〕

今人三年之喪，有過於古人者三事。禮記三年問曰：「三年之喪，二十五月而畢。」荀子同〔二〕。檀弓曰：「祥而縞，是月禫，徙月樂。」王肅云：「是祥之月而禫，禫之明月，可以樂矣。」〔三〕又曰：「魯人有朝祥而莫歌者，子路笑之。夫子曰：『由，爾責於人終無已，夫三年之喪亦已久矣夫。』子路出，夫子曰：『又多乎哉，踰月則其善也。』」〔四〕喪服小記曰：「再期之喪，三年也。」〔五〕春秋閔公二年公羊傳曰：「三年之喪，實以二十五月。」白虎通：「三年之喪，再期二十五月。」〔六〕後漢書陳忠疏言：「先聖緣人情而著其節，制服二十五月。」〔七〕淮南子「飭喪紀」，高誘注：「紀，數也，二十五月之數也。」〔八〕孔安國書傳太甲篇云：「湯以元年十一月崩，至此二十六月，三年服闋。」鄭玄謂：「二十四月再期，其月餘日不數，爲二十五月。中月而禫，則空月爲二十六月，出月禫祭爲二十七月。」與王肅異。魏明帝以景初三年正月崩，至五年正月，積二十五晦爲大祥，太常孔美、博士趙怡等以爲禫在二十七月，其年四月祫祭。散騎常侍王肅、博士樂詳等以爲禫在祥月，其年二月祫祭。晉武帝時，越騎校尉程猗贊成王肅駁鄭禫二十七月之失，爲六徵三驗。博士許猛扶鄭義，作釋六徵、解三驗，以二十七月爲得。並見魏書禮志〔九〕。按三年問曰：「至親以期斷，是何也？曰天地則已易矣，四時則已變矣，其在天地之中者，莫不更始焉，以是象之也。然則何以三年也？曰加隆焉爾也，焉使倍之，故再期也。」今從鄭氏之說，三年之喪，必二十七月。宋武帝永初元年十月辛卯，改晉所用王肅祥禫二十六月儀，依鄭玄二十七月而後除。其過於古人一也。儀禮喪服篇曰：「疏衰裳齊，牡麻絰，冠布纓，削杖，布帶，疏屨，期者，父在爲母。」傳曰：「何以期也？屈也。至尊在，不敢伸其私尊也。」禮記雜記下篇曰：「期之喪，十一月而練，十三月而祥，十五月而禫。」注云：「此謂父在爲母也。」喪大記曰：「期，終喪不食肉，不飲酒，父在爲母爲妻。」又曰：「期，居廬，終喪不御於內者，父在爲母爲妻。」喪服四制曰：「資於事父以事母而愛同。天無二日，土無二王，國無二君，家無二尊，以一治之也。故父在爲母齊衰期者，見無二尊也。」服問曰：「三年之喪既練矣，有期之喪既葬矣，則帶其故葛帶，絰期之絰，服其功衰。」徐師曾集注曰：「三年之喪謂父喪也，期之喪母喪也。賈公彦喪服疏所云，父卒三年之內而母卒，仍服期。必父服既除而遭母喪，乃得伸三年也」〔十〕。喪服：「傳曰，禽獸知母而不知父。野人曰，父母何算焉。都邑之士，則知尊禰矣。」今從武后之制，亦服三年之服〔十一〕。自唐以前禮制，父在爲母一周除靈，三年心喪。高宗上元元年十二月，天后上表，請父在爲母服齊衰三年，從之。玄宗開元五年，右補闕盧履冰上言：孝莫大於嚴父，故父在爲母服齊衰周，心喪三年，情已申而禮殺也。則天皇后改服齊衰三年，請復其舊。上下其議，左散騎常侍褚無量以履冰議爲是，諸人爭論，連年不決。七年八月辛卯，敕自今五服，並依喪服傳文。然士大夫議論猶不息，行之各從其意。無量歎曰，聖人豈不知母恩之厚乎？厭降之禮，所以明尊卑、異戎翟也。俗情膚淺，不知聖人之心，一紊其制，誰能正之？二十年，中書令蕭嵩改修五禮，復請依上元敕，父在爲母齊衰三年。從之〔十二〕。按父在爲母齊衰三年，起自開元禮，然其時盧懷慎以母憂起復爲兵部侍郎，張九齡以母憂起復中書侍郎、同平章事，邠王守禮以母憂起復左金吾衛將軍，嗣鄂王邕以母憂起復衛尉卿，而得終禮制者，惟張説、韓休二人。則明皇固已崇其文而廢其實矣。今制父在爲母斬衰三年，按太祖實録，洪武七年九月「庚寅，貴妃孫氏薨，命吳王橚服慈母服斬衰三年，以主喪事。敕皇太子諸王皆服期。乃命翰林學士宋濂等修孝慈録，立爲定制，子爲父母，庶子爲其母，皆斬衰三年；嫡子衆子爲其庶母，皆齊衰杖期」。十一月壬戌朔書成〔十三〕。此則當時別有所爲，而未可爲萬世常行之道也。

其過於古人二也。喪服篇又曰：「不杖麻屨者，婦爲舅姑。」傳曰：「何以期也？從服也。」檀弓上篇曰：「南宮縚之妻之姑之喪，夫子誨之髽，曰：『爾毋從從爾，爾毋扈扈爾，蓋榛以爲笄，長尺而總八寸。』」正義謂以其爲期之喪，而殺於斬衰之服。喪服小記曰：「婦人爲夫與長子稽顙，其餘則否。」今從後唐之制，婦爲舅姑，亦服三年。

宋史：「乾德三年，判大理寺尹拙言：『按律及儀禮喪服傳、開元禮、五禮精義、三禮圖等書所載，婦爲舅姑服期；近代時俗多爲重服，望加裁定。』右僕射魏仁浦等奏曰：『按禮内則云：「婦事舅姑，如事父母」，則舅姑與父母一也。而古禮有期年之説，至於後唐始定三年之喪。竊以三年之内，几筵尚存，豈可夫居苫塊之中，婦被綺紈之飾？夫婦齊體，哀樂不同，求之人情，實傷理本。況婦爲夫有三年之服，於舅姑止服期年，是尊夫而卑舅姑也。孝明皇后爲昭憲太后服喪三年，足以爲萬世法。望自今婦爲舅姑服，並如後唐之制，三年齊、斬，一從其夫。』詔從之。」〔十四〕何孟春餘冬序録引唐李涪論曰：「喪服傳，婦爲舅姑齊衰五升布，十一月而練，十三月而祥，十五月而禫。禫後門庭尚素，婦服青縑衣，以俟夫之終喪。習俗以婦之服青縑，謂其尚在喪制，故因循亦同夫之喪紀，再周而後吉。貞元十一年，河中府倉曹參軍蕭據狀稱，堂兄至女適李氏婿，見居喪。今時俗婦爲舅姑服三年，恐爲非禮，請禮院詳定。下詳定，判官前太常博士李岧議曰：開元禮五服制度，婦爲舅姑，及女子適人，爲其父母，皆齊衰不杖期。蓋以爲婦之道專一，不得自達，必繫於人，故女子適人，服夫以斬，而降其父母。喪服篇曰，女子子適人者，爲其父母。傳曰，爲父何以期也？婦人不貳斬也。婦人不貳斬者何也？婦人有三從之義，無專用之道。故未嫁從父，既嫁從夫，夫死從子；故父者子之天也，夫者妻之天也；婦人不貳斬者，猶曰不貳天也。先聖格言，歷代不敢易。以此論之，父母之喪尚止周歲，舅姑之服無容三年。今之學者不本其義，輕重紊亂，寖以成俗。開元禮玄宗所修，布在有司，頒行天下，伏請正牒以明典章。李岧之論，可謂正矣。宋朝詒謀録：『乾德三年詔，舅姑之喪，婦從其夫齊斬三年，遂爲定制。』宋人蓋未講服青縑之制故也。」〔十五〕其過於古人三也。皆後儒所不敢議，非但因循國制，亦畏宰我短喪之譏。若乃日月雖多，而哀戚之情不至焉，則不如古人遠矣。

〔一〕初刻本二之二四，只有一、四段。

〔二〕荀子十三禮論。初刻無此注。

〔三〕王肅語見尚書商書太甲中，孔穎達正義引。

〔四〕禮記檀弓上。初刻無末句。

〔五〕禮記喪服小記。

〔六〕白虎通十喪服。

〔七〕後漢書七六陳忠傳。初刻注只有後漢書一節。

〔八〕淮南子五時則訓孟冬之月條。

〔九〕魏明帝事見魏書一〇八之二禮志，晉武帝事見魏書一〇八之四禮志。初刻無此注。

〔十〕明徐師曾禮記集注，凡三十卷，係删改元陳澔禮記集説而成。有隆慶壬申序。見千頃堂書目二。此引見該書卷二十八服問。初刻無此注。

〔十一〕唐重母系。

〔十二〕見舊唐書二十七禮儀志七。初刻注自「高宗上元元年」起，至此止。

〔十三〕明太祖實録九三、九四。

〔十四〕宋史一二五禮志。

〔十五〕餘冬序録卅六喪服門。「宋朝詒謀録」以下至「故也」，係餘冬録作注。「乾德三年詔」，何書及詒謀録原作「二年」，然宋史禮志作「三年」，見上文尹拙條。初刻無此注。

古人以祥爲喪之終，「中月而禫」，則在除服之後。故喪服四制言：「祥之日鼓素琴，示民有終也。」〔一〕檀弓言：「孔子既祥，五日彈琴而不成聲，十日而成笙歌。有子蓋既祥而絲屨組纓。」又曰：「祥而外無哭者，禫而内無哭者，樂作矣故也。」自「魯人有朝祥而暮歌者，子路笑之」，孔子言「踰月則其善」；而「孟獻子禫縣而不樂」，孔子曰「獻子加於人一等矣」〔二〕；於是自禫而後，乃謂之終喪。

〔一〕禮記喪服四制。「示」原作「告」。

〔二〕均見禮記檀弓上。

王肅據三年問「二十五月而畢」，檀弓「祥而縞，是月禫，徙月樂」之文，謂爲二十五月。鄭玄據服問「中月而禫」之文，謂爲二十七月。注云：「中月，間一月也。」正義引喪服小記云：「妾祔於妾，祖姑亡，則中一以上而祔。」又學記云：「中年考校。」皆以中爲間。二說各有所據。古人祭當卜日，小祥卜於十三月之日，大祥卜於二十五月之日；而禫則或於大祥之月，是月。或於大祥之後間一月。中月。自禮記之時，而行之已不同矣。

孝經援神契曰：「喪不過三年，以期增倍，五五二十五月，義斷仁，示民有終。」〔一〕故漢人喪服之制，謂之五五。堂邑令費鳳碑曰：「菲五五，縗杖其未除。」〔二〕洪氏曰：「菲五五者，居喪菲食二十五月也。」此取論語菲飲食字。隋書姚察傳所謂「蔬菲」〔三〕。巴郡太守樊敏碑曰：「遭離母憂，五五斷仁」〔四〕是也〔五〕。

〔一〕太平御覽五四五禮儀部引。

〔二〕洪适隸釋九。

〔三〕陳書二七。作「隋書」誤。

〔四〕隸釋十一。

〔五〕此段與初刻不盡同，初刻爲：「漢時士大夫所行三年之喪，並以二十五月，謂之五五。堂邑令費鳳碑云：『菲五五，縗杖其未除。』（洪氏曰：「菲五五者，居喪菲食二十五月也。」）巴郡太守樊敏碑云：『遭離母憂，五五斷仁』是也。今人以初喪四十九日居於柩側，謂之七七。（唐李翺集中有楊垂撰喪儀，其一篇云七七齋。）七七以日，五五以月，並時俗之言也。」

爲父斬衰三年，爲母齊衰三年，此從子制之也。父在爲母齊衰杖期，此從夫制之也。家無二尊，而子不得自專，所謂「夫爲妻綱，父爲子綱」。審此可以破學者之疑，而息紛紜之説矣。

父在爲母雖降爲期，而心喪之實，未嘗不三年也。如後魏彭城王勰毁瘠三年，弗参吉慶，乃謂之心喪。傳曰：「父必三年然後娶，達子之志也。」〔一〕正義曰，左氏昭公十五年傳，王一歲而有三年之喪二焉。據太子與穆后，天子爲后亦期，而言三年喪者；據達子之志而言，故并謂之三年也〔二〕。唐太宗貞觀元年詔有云：「妻喪達志之後者」，即用此傳文。假令娶於三年之内，將使爲之子者何服以見，何情以處乎？理有所不可也。抑其子之服於期，而申其父之不娶於三年，聖人所以損益百世而不可改者，精矣。

〔一〕儀禮喪服。
〔二〕儀禮喪服，賈公彦正義。

檀弓上篇：「伯魚之母死，期而猶哭。夫子聞之曰：『誰與哭者？』門人曰：『鯉也。』夫子曰：『嘻，其甚也。』伯魚聞之，遂除之。」此自父在爲母之制當然，疏以爲「出母」者，非。喪服小記曰：「庶子在父之室，則爲其母不禫。」山陰陸氏曰：「在父之室，爲未娶者也，并禫祭不舉，厭也。」〔一〕

〔一〕陸佃，字農師。説見衛湜禮記集説八三引。

唐時武、韋二后皆以婦乘夫，欲除三綱，變五服，以申尊母之義〔一〕。故高宗上元元年十二月壬寅，天后上表，請父在爲母服齊衰三年；中宗神龍元年五月丙申，皇后表請天下士庶爲出母三年服；其意一也。彼且欲匹二聖於天皇，陪南郊以亞獻，而況區區之服制乎。盧履冰表言：「原夫上元肇年，則天已潛秉政，將圖僭簒，預自崇加，請升慈愛之喪，以抗尊嚴之禮。雖齊斬之儀不改，而几筵之制遂同。數年之間，尚未通用。天皇晏駕，中宗蒙塵，垂拱之末，果行聖母之僞符，載初之元，遂啓易代之深釁。孝和雖仍反正，韋氏復效晨鳴。孝和非意暴崩，韋氏旋即稱制。易曰『臣弑其君，子弑其父，非一朝一夕之故』〔二〕，其斯之謂矣。臣謹尋禮意，防杜實深，若不早圖刊正，何以垂戒於後？」〔三〕玄宗開元七年八月癸丑敕：「周公制禮，歷代不刊；子夏爲傳，孔門所受。格條之内，有父在爲母齊衰三年，指天后所定。此有爲而爲，非尊厭之義。與其改作，不如師古，諸服紀宜一依喪服舊文。」〔四〕可謂簡而當矣。奈何信道不篤，朝令夕更，至二十四年，又從韋縚之言，加舅母堂姨舅之服；天寶六載，又令出母終三年之服。詳舊書禮儀志。而太和、開成之世，遂使駙馬爲公主服斬衰三年。文宗紀、杜悰傳。禮教之淪，有由來矣。

〔一〕唐重母系。
〔二〕易坤文言。
〔三〕舊唐書二七禮儀志。
〔四〕易坤文言。

自古以來，姦人欲蔑先王之禮法而自爲者，必有其漸。天后「父在爲母齊衰三年」之請，其意在乎臨朝也。故中宗景龍二年二月庚寅，大赦天下，内外五品已上母妻，各加邑號一等，無妻者聽授其女。而安樂公主求立爲皇太女，遂進鴆於中宗矣。

金世宗大定八年二月甲午朔制，「子爲改嫁母服喪三年」。

洪武七年，雖定爲母斬衰三年之制，而孝慈皇后之喪，次年正旦，皇太子、親王、駙馬俱淺色常服。則尊厭之禮，未嘗不用也。惟夫二十七月之内，不聽樂，不昏嫁，不赴舉，不服官，此所謂「心喪」，固百世不可改矣。

喪服小記曰：「祖父卒，而后爲祖母後者三年。」鄭氏曰：「祖父在，則其服如父在爲母也。」此祖母之喪，厭於祖父者也。

婦事舅姑如事父母，而服止於期，不貳斬也。然而心喪則未嘗不三年矣，故曰：「與更三年喪不去。」

吴幼清服制考詳序曰〔一〕：「凡喪禮制爲斬齊、功緦之服者，其文也；不飲酒，不食肉，不處内者，其實也。中有其實，而外飾之以文，是爲情文之稱。徒服其服，而無其實，則與不服等爾。雖不服其服，而有其實者，謂之心喪。心喪之實，有隆而無殺；服制之文，有殺而有隆，古之道也。愚嘗謂服制當一以周公之禮爲正。後世有所增改者，皆溺乎其文，昧乎其實，而不究古人制禮之意者也。爲母齊衰三年，而父在爲母杖期，豈薄於其母哉？蓋以夫爲妻之服既除，則子爲母之服亦除，家無二尊也。子服雖除，而三年居喪之實如故。則所殺者三年之文而已，實固未嘗殺也。女子子在室爲父斬，既嫁則爲夫斬，而爲父母期。蓋曰，子之所天者父，妻之所天者夫，嫁而移所天於夫，則降其父。婦人不貳斬者，不貳天也。降己之父母而期，爲夫之父母亦期，期之後，夫未除服，婦已除服，而居喪之實如其夫。是舅姑之服期，而實三年也，豈必從夫服斬，而後爲三年哉？喪服有以恩服者，有以義服者，有以名服者。恩者子爲父母之類是也，義者婦爲舅姑之類是也，名者爲從父、從子之妻之類是也。從父之妻，名以母之黨而服；從子之妻，名以婦之黨而服。兄弟之妻，不可名以妻之黨，其無服者推而遠之也。然兄弟有妻之服，己之妻有娣姒婦之服，一家老幼俱有服，己雖無服，必不華靡於其躬，宴樂於其室，如無服之人也。同爨且服緦，同爨服緦，爲從母之夫、舅之妻與己同爨者爾。此所引似泛言之矣。嫂弟婦之喪，而恝然待之如行路之人乎？古人制禮之意必有在，而未易以淺識窺也。夫實之無所不隆者，仁之至；文之有所或殺者，義之精；古人制禮之意蓋如此。後世父在爲母三年，婦爲舅姑從夫斬齊並三年，爲嫂有服，爲弟婦亦有服，意欲加厚於古，而不知古者，子之爲母，婦之爲舅姑，叔之於嫂，未嘗薄也。愚故曰，此皆溺乎其文，昧乎其實，而不究古

人制禮之意者也。古人所勉者，喪之實也，自盡於己者也。後世所加者，喪之文也，表暴於人者也。誠僞之相去何如哉！」〔二〕

〔一〕吳文正集十。服制考詳爲豫章周成天撰。
〔二〕引文中，「三年居喪之實如故」，「三年」誤作「三者」。「必不華靡於其躬」，「必不」誤作「不必」。注爲顧注。

繼母如母

「繼母如母」，以配父也。「慈母如母」，以「貴父之命也」〔一〕。然於其黨則不同矣。服問曰：「母出則爲繼母之黨服，母死則爲其母之黨服。爲其母之黨服，則不爲繼母之黨服。」鄭氏注曰：「雖外親亦無二統。」夫禮者所以別嫌明微，非聖人莫能制之，此類是矣。喪服小記：「爲慈母之父母無服。」

〔一〕儀禮喪服。

爲所後者之祖父母妻妻之父母昆弟昆弟之子若子〔一〕

此因爲人後而推言之。所後者有七等之親，皆當如禮而爲之服也。「所後之祖」，我之曾祖也。「父母」，我之祖父、母也。「妻」，我之母也。「妻之父母」，我之外祖父母也，因妻而及，故連言之，取便文也。「昆弟」，我之世叔父也。「昆弟之子」，我之從父昆弟也。「若」，及也。「若子」，我之從父昆弟之子也。正義謂「妻之昆弟，妻之昆弟之子」者，非。鄭以「若子」爲「如親子」，但篇末又有「兄弟之子若子」之文，當同一解。

〔一〕儀禮喪服斬衰條。

女子子在室爲父〔一〕

鄭氏注：「言在室者關已許嫁。」關，該也，謂許嫁而未行，遭父之喪，亦當爲之「布總箭笄髽三年」也。内則曰：「有故二十三年而嫁。」曾子問：「孔子曰：『女在塗，而女之父母死，則女反。』」是也。

〔一〕儀禮喪服。

慈母如母〔一〕

慈母者何也？子幼而母死，養於父妾，父卒，爲之三年，所以報其鞠養之恩也。然而必待父命者，此又先王嚴父而不敢自專其報之義也。「父命妾曰，女以爲子」，謂憐其無母，視之如子，長之育之，非立之以爲妾後也。喪服小記以爲「爲慈母後」，則未可信也。

〔一〕儀禮喪服。

禮記曾子問篇：「子游問曰：『喪慈母如母，禮與？』孔子曰：『非禮也。古者男子外有傅，內有慈母，君命所使教子也，此與喪服所言「慈母」不同。何服之有？昔者魯昭公少喪其母，有慈母良，及其死也，公弗忍也，欲喪之。有司以聞曰：古之禮，慈母無服，今也君爲之服，是逆古之禮而亂國法也。若終行之，則有司將書之以遺後世，無乃不可乎？公曰，古者，天子練冠以燕居，吾弗忍也。遂練冠以喪慈母。喪慈母自魯昭公始也。』」〔一〕然但練冠以居，則異於如母者矣，而孔子以爲非禮。

〔一〕「吾弗忍也」，原作「公弗忍也」。

南史司馬筠傳：「梁天監七年，安成國太妃陳氏薨，詔禮官議皇太子慈母之服。筠引鄭玄説，服止卿大夫，不宜施之皇子。武帝以爲不然，曰：『禮言慈母有三條，一則妾子無母，使妾之無子者養之，命爲子母，服以三年。喪服齊衰章所言「慈母如母」是也。二則嫡妻子無母，使妾養之。雖均乎慈愛，但嫡妻之子，妾無爲母之義，而恩深事重，故服以小功。喪服小功章所以不直言慈母，而云「庶母慈己者」，文曰「庶母」，則知其爲嫡妻之子矣。明異於三年之慈母也。其三，則子非無母，擇賤者視之，義同師保，而不無慈愛，故亦有慈母之名。師保無服，則此慈母亦無服矣。内則云：「擇於諸母與可者，使爲子師，其次爲慈母，其次爲保母。」此其明文言擇諸母，是擇人而爲此三母，非謂擇取兄弟之母也。子游所問，自是師保之慈，非三年小功之慈也，故夫子得有此答。豈非師保之慈母無服之證乎？鄭玄不辨三慈，混爲訓釋，引彼無服以注慈己，後人致謬，實此之由。』於是筠等請依制改定，嫡妻之子，母没爲父妾所養，服之五月，貴賤並同，以爲永制。」〔一〕

〔一〕南史七一儒林傳、梁書四八司馬筠傳。「命爲子母」，兩書均爲「命爲母子」。

喪服小記曰：「爲慈母之父母無服。」注曰：「恩所不及故也。」又曰：「慈母與妾母不世祭也。」然則雖云如母，有不得盡同於母者矣。

出妻之子爲母〔一〕

「出妻之子爲母」，此經文也。「傳曰：『出妻之子爲母期，則爲外祖父母無服。』」此子夏傳也。「傳曰：『絶族無施服，親者屬。』」此傳中引傳，援古人之言，以證其無服也，當自爲一條。「出妻之子爲父後者，則爲出母無服。」此又經文也。「傳曰：『與尊者爲一體，不敢服其私親也。』」此子夏傳也，當自爲一條，今本乃誤連之。

〔一〕儀禮喪服。

父卒繼母嫁〔一〕

「父卒，繼母嫁從。」從字句，謂年幼不能自立，從母而嫁也。母之義已絶於父，下章云「妻不敢與焉」，是也。故不得三年。而其恩猶在於子，不可以不爲之服也。繼母本非屬毛離裏之親，以其配父而服之如母爾。故王肅曰：「從乎繼而寄育，則爲服，不從，則不服。」報者母報之也，兩相爲服也。

〔一〕儀禮喪服。

有適子者無適孫〔一〕

冢子，身之副也。家無二主，亦無二副，故「有適子者無適孫」。唐高宗有太子，而復立太孫，非矣。

〔一〕儀禮喪服不杖期條。

爲人後者爲其父母

「爲人後者，爲其父母」〔一〕，此臨文之不得不然。隋書劉子翊云：「其者因彼之辭」〔二〕，是也。後儒謂以所後爲父母，而所生爲伯叔父母，於經未有所考，亦自「尊無二上」之義而推之也。宋歐陽氏據此文，以爲聖人未嘗没其父母之名，辨之至數千言。然不若趙瞻之言「辭窮直書」，爲簡而當也。宋史趙瞻傳：「中書請濮安懿王稱親，瞻爭曰：『仁宗既下明詔，子陛下，議者顧惑禮律所生所養之名，妄相訾難。彼明知禮無兩父貳斬之義，敢裂一字之辭以亂厥真。且文有去婦出母者，去已非婦，出不爲母，辭窮直書，豈足援以斷大義哉？臣請與之廷辨，以定邪正。』」〔三〕石林燕語：「濮議廷臣既皆欲止稱皇伯，歐陽文忠力詆以爲不然，因引儀禮及五服敕云：『爲人後者，爲其父母』，則是雖出繼，而於本生猶稱父母也。時未有能難之者。司馬君實在諫院獨疏言：『爲人後而言父母，此因服立文，舍父母則無以爲稱，非謂其得稱父母也。』」〔四〕按經文言其父母其昆弟者，大抵皆私親之辭。

〔一〕儀禮喪服。

〔二〕隋書七一、北史八五。

〔三〕宋史三四一。「去已非婦，出不爲母」，然仍不得不稱爲婦爲母，所謂辭窮直書也。
〔四〕葉夢得石林燕語卷一。

黄氏日鈔曰：「歐公被陰私之謗，皆激於當日主濮議之力。公集濮議四卷，又設爲或問以發明之，滔滔數萬言，皆以禮經『爲其父母』一語，謂未嘗因降服而不稱父母耳。然既明言所後者三年，而於所生者降服，則尊無二上明矣。謂所生父母者，蓋本其初而名之，非有兩父母也。未爲人後之時，以生我者爲父母，已爲人後，則以命我者爲父母。立言者於既命之後，而追本生之稱，自宜因其舊以父母稱，未必其人一時並稱兩父母也。公亦何苦力辨，而至於困辱危身哉？況帝王正統，相傳有自，非可常人比邪。」〔一〕

〔一〕黄震黄氏日鈔六十一。「非可常人比邪」上原有「又」字。

觀先朝嘉靖之事〔一〕，至於入廟稱宗，而後知聖人制禮，别嫌明微之至也。永叔博聞之儒，而未見及此，學者所以貴乎格物。

〔一〕元鈔本作「觀本朝有嘉靖之事」。

「爲人後者，爲其父母報」，謂所生之父母報之，亦爲之服期也。重其繼大宗也，故不以出降。

繼父同居者〔一〕

夫「物之不齊，物之情也」。雖三王之世，不能使天下無孤寡之人，亦不能使天下無再適人之婦，且有前後家、東西家而爲喪主者矣。假令婦年尚少，夫死而有三五歲之子，則其本宗大功之親，自當爲之收恤。又無大功之親，而不許之從其嫁母，則轉於溝壑而已。於是其母所嫁之夫，視之如子，而撫之以至於成人，此子之於若人也，名之爲何？不得不稱爲繼父矣。長而同居，則爲之服齊衰期；先同居而後別居，則齊衰三月；以其撫育之恩，次於生我也。爲此制者，所以寓恤孤之仁，而勸天下之人不獨子其子也。若曰「以其貨財爲之築宮廟」〔二〕，此後儒不得其說，而爲之辭。

〔一〕儀禮喪服。

〔二〕儀禮喪服傳文。

宗子之母在則不爲宗子之妻服也〔一〕

正義謂，母年未七十尚與祭。非也。祭統曰：「夫祭也者，必夫婦親之。」是以「舅殁則姑老」，內則。明其不與祭矣。夫人亞祼母不可以亞子，故老而傳事。雖老固嘗爲主祭之人，而禮無二敬，故爲宗子之母服，則不爲妻服。

〔一〕儀禮喪服。

杜氏通典有「夫爲祖、曾祖、高祖父母持重，妻從服議」一條，云：「孔瑚問虞喜曰：『假使玄孫爲後，玄孫之婦從服期，曾孫之婦尚存，纔緦麻，近輕遠重，情實有疑。』喜答曰：『有嫡子者無嫡孫，又若爲宗子母服，則不服宗子婦。以此推之，若玄孫爲後，而其母尚存，玄孫之婦猶爲庶，不得傳重。傳重之服，理當在姑矣。』」宋庾蔚之唐志：庾蔚之注喪服要記五卷。

謂，舅殁則姑老，是授祭事於子婦，至於祖服，自以姑爲嫡。」〔一〕與此條之意互相發明。

〔一〕通典九六禮。注爲顧加。

君之母妻〔一〕

與民同者，爲其君齊衰三月也。不與民同者，君之母妻民不服，而嘗仕者獨爲之服也。古之卿大夫，有見小君之禮，如成公九年，「季文子如宋致女，復命，公享之。穆姜出於房，再拜」〔二〕是也。而妻之爵服，則又君夫人命之，是以不容無服。

〔一〕儀禮喪服。

〔二〕左傳成九年。

齊衰三月不言曾祖已上

宋沈括夢溪筆談曰：「喪服但有曾祖、曾孫，而無高祖、玄孫。或曰，經之所不言則不服。是不然。曾，重也，自祖而上者皆曾祖也，自孫而下者皆曾孫也，雖百世可也。苟有相逮者，則必爲服喪三月。故雖成王之於后稷，亦稱曾孫。而祭禮祝文，無遠近皆曰曾孫。」〔一〕

〔一〕夢溪筆談三辯證門。

禮記祭法言：「適子、適孫、適曾孫、適玄孫、適來孫。」左傳王子虎盟諸侯，亦曰：「及而玄孫，無有老幼。」僖公二十八年〔一〕。玄孫之文見於記、傳者如此。史記孟嘗君傳：「孫之孫爲何？曰爲玄孫。」〔二〕然宗廟之中並無此稱。詩維天之命：「駿惠我文王，曾孫篤之。」鄭氏箋曰：「曾，猶重也。自孫之子而下，事先祖皆稱曾孫。」〔三〕禮記郊特牲「稱曾孫某」，注「謂諸侯事五廟也，於曾祖已上，稱曾孫而已。」信南山正義：「自曾祖以至無窮，皆得稱曾孫。」〔四〕左傳哀公二年，衛太子禱文王，稱「曾孫蒯聵」。晉書鍾雅傳：「元帝詔曰：『禮，事宗廟，自曾孫已下，皆稱曾孫，義取於重孫，可歷世共其名，無所改也。』」〔五〕

〔一〕左傳僖廿八年，「及而玄孫」原作「及其玄孫」。

〔二〕史記七五。
〔三〕詩周頌維天之命。
〔四〕詩小雅信南山孔穎達正義。
〔五〕晉書七十。

曾祖父母齊衰三月，而不言曾祖父之父母，後人謂之高祖。非經文之脱漏也，蓋以是而推之矣。凡人祖孫相見，其得至於五世者鮮矣。壽至八九十，而後可以見曾孫之子，百有餘年，而曾孫之子之子亦可見矣。人之壽以百年爲限，故服至五世而窮。苟六世而相見焉，其服不異於曾祖也。經於曾祖已上不言者，以是而推之也。「晉徐農人問殷仲堪謂，假如玄孫持高祖重，來孫都無服」〔一〕；及賀循傳謂，「高祖已上，五世六世無服之祖」者〔二〕，並非。觀於祭之稱曾孫，不論世數，而知曾祖之名，統上世而言之矣。

〔一〕通典九六父爲高祖持重子當何服議。
〔二〕晉書六八。

兄弟之妻無服

「謂弟之妻婦者，是嫂亦可謂之母乎？」〔一〕記大傳文同。蓋言兄弟之妻，不可以母子爲比。以名言之，既有所閡而不通；以分言之，又有所嫌而不可以不遠。記曰，嫂叔之無服也，蓋推而遠之也。夫外親之同爨猶緦，而獨兄弟之妻不爲制服者，以其分親而年相亞，故聖人嫌之。嫌之故遠之，而大爲之坊，曲禮「嫂叔不通問」。不獨以其名也。此又傳之所未及也。存其恩於娣姒，而斷其義於兄弟，夫聖人之所以處此者精矣。大傳疏曰：「有從有服而無服，嫂叔是也。有從無服而有服，娣姒是也。」

〔一〕儀禮喪服大功九月條。

嫂叔雖不制服，然而曰：「無服而爲位者惟嫂叔。」奔喪。「子思之哭嫂也爲位。」檀弓。何也？曰是制之所抑，而情之所不可闕也。然而鄭氏曰：「正言嫂叔，尊嫂也，若兄公與弟之妻則不能也。」〔一〕正義曰：「兄公與弟妻不爲位者，卑遠之；弟妻於兄公不爲位者，尊絶之。」〔二〕此又足以補禮記之不及。檀弓言「嫂叔之無服」；雜記言「嫂不撫叔，叔不撫嫂」；是兼兄公與弟妻。

〔一〕禮記奔喪鄭玄注。
〔二〕奔喪孔穎達正義。

先君餘尊之所厭〔一〕

尊尊親親，周道也。諸侯有一國之尊，爲宗廟社稷之主，既没而餘尊猶在，故公之庶子，於所生之母，不得伸其私恩，爲之大功也。大夫之尊，不及諸侯，既没則無餘尊，故其庶子於父卒，爲其私親，並依本服，如邦人也。親不敵尊故厭，尊不敵親故不厭，此諸侯、大夫之辨也。後魏廣陵侯衍爲徐州刺史，「所生母雷氏卒，表請解州。詔曰：『先君餘尊之所厭，禮之明文。季末陵遲，斯典或廢。侯既親王之子，宜從餘尊之義，便可大功。』」饒陽男遥官左衛將軍，「遭所生母憂，表請解任。詔以餘尊所厭，不許」〔二〕。

〔一〕儀禮喪服大功九月條。

〔二〕均見魏書十九上、北史十七景穆十二王傳。

晉哀帝欲爲皇太妃服三年，「僕射江虨啓，於禮應服緦麻。又欲降服期，虨曰：『厭屈私情，所以上嚴祖考。』乃服緦麻」〔一〕。胡三省曰：「以帝入後大宗，則太妃乃琅邪國母，當以服諸侯者服之也。」〔二〕

〔一〕晉書五六虨本傳不載，見卷二十禮志。

〔二〕資治通鑑一〇一興寧元年三月條。

貴臣貴妾〔一〕

此謂大夫之服。「貴臣，室老士也；貴妾，姪娣也」〔二〕。皆有相助之義，故爲之服緦。穀梁傳曰：「姪娣者，不孤子之意也。」〔三〕古者大夫亦有姪娣，左傳「臧宣叔娶於鑄，生賈及爲而死。繼室以其姪，生紇」〔四〕是也。備六禮之制，合二姓之好，從其女君而歸焉，故謂之貴妾。雷次宗曰：「姪娣貴，而大夫尊輕，故服。至於餘妾，出自凡庶，故不服。」〔五〕士無姪娣，故喪服小記曰：「士妾有子而爲之緦。」然則大夫之妾雖有子，猶不得緦也，惟夫「有死於宮中者，則爲之三月不舉祭」，近之矣。

〔一〕儀禮喪服。
〔二〕喪服篇鄭玄注語。
〔三〕穀梁傳文十八年。
〔四〕左傳襄二十三年。
〔五〕雷説見通典九二禮典緦麻成人服三月條。

唐李晟夫人王氏無子，妾杜氏生子愿，詔以爲嫡子。及杜之卒也，贈鄭國夫人，而晟爲之服緦。議者以爲準禮「士妾有子而爲之緦」，開元新禮無是服矣。而晟擅舉復之，頗爲當時所誚。册府元龜〔一〕。今之士大夫，緣飾禮文而行此服者，比比也。

〔一〕册府元龜九四六失禮門。

外親之服皆緦〔一〕

「外親之服皆緦」，外祖父母以尊加，故小功；從母以名加，故小功。大傳：「服術有六」，「三曰名」。此謂母之兄弟異德異名，母之姊妹同德同名。庾蔚之云：「男女異長，母之在室，與其姊妹有同居共席之禮，故許其因母名以加服。」「唐玄宗開元二十三年制，令禮官議加服制。太常卿韋縚請加外祖父母服至大功九月，舅服至小功五月，堂姨、堂舅、舅母服至袒免〔二〕。太子賓客崔沔議曰：『禮教之設，本於正家，家正而天下定矣。正家之道不可以貳，總一定義，理歸本宗。所以父以尊崇，母以厭降，內有齊斬，外服皆緦，尊名所加，不過一等。此先王不易之道，其來久矣。昔辛有適伊州，見被髮而祭於野者曰：「不及百年，此其戎乎？其禮先亡矣。」貞觀修禮，特改舊章，漸廣渭陽之恩，不遵洙、泗之典。及弘道之後，唐元之間，韋氏弑中宗，立温王重茂，改元唐隆。今避玄宗御名上字，故稱唐元。國命再移於外族矣。禮亡徵兆，儻見於斯。開元初，補闕盧履冰嘗進狀，論喪服輕重，敕令僉議。於時群議紛拏，各安積習。太常、禮部奏依舊定。陛下運稽古之思，發獨斷之明，特降別敕，一依古禮。事符典故，人知向方，式固宗盟，社稷之福。更圖異議，竊所未詳，願守八年明旨，以爲萬代成法。』職方郎中韋述議曰：『天生萬物，惟人最靈。所以尊尊親親，別生分類，存則盡其愛敬，歿則盡其哀戚。緣情而制服，考事而立言，往聖討論，亦已勤矣。上自高祖，下至玄孫，以及其身，謂之九族。由近而及遠，稱情而立文，差其輕重，遂爲五服。雖則或以義降，或以名加，數有所從，理不踰等。百王不易，三代可知。若以匹敵言之，外祖則祖也，舅則伯、叔父之列也。父母之恩不殊，而獨殺於外氏者，所以尊祖禰而異於禽獸也。且家無二尊，喪無二斬。持重於大宗者，降其小宗；爲人後者，減其父母之服；女子出嫁，殺其本家之喪。蓋所存者遠，所抑者私也。今若外祖及舅更加服一等，堂舅及姨列於服紀之内，則中外之制，相去幾何？廢禮徇情，所務者末。且五服有上殺之義，必循原本，方及條流。伯、叔父母，本服大功九月，（今伯、叔父母期是加服。）從父昆弟亦大功九月，並以上出於祖，其服不得過於祖也。從祖祖父母，從祖父母，從祖昆弟，皆小功五月，以出於曾祖，服不得過於曾祖也。族祖祖父母，族祖父母，族祖昆弟，皆緦麻三月，以出於高祖，服不得過於高祖也。堂舅、姨既出於外曾祖，若爲之制服，則外曾祖父母及外伯、叔祖父母，亦宜制服矣。外祖加至大功九月，則外曾祖父母合至小功，外高祖合至緦麻。若舉此而舍彼，事則不均，棄親而録疏，理則不順，推而廣之，則與本族無異矣。且服皆有報，則堂外甥、外曾孫姪女之子，皆須制服矣。聖人豈薄其骨肉，背其恩愛？蓋本於公者薄於私，存其大者略其細，義有所斷，不得不然。苟可加也，亦可減也，往聖可得而非，則禮經可得而隳矣。先王之制，謂之彝倫，奉以周旋，猶恐失墜，一紊其叙，庸可止乎？』禮部員外郎楊仲昌議曰：『按儀禮爲舅緦，鄭文貞公魏徵議同從母例，加至小功五月。詳見下條。雖文貞賢也，而周、孔聖也，以賢改聖，後學何從？今之所請，正同徵論，如以外祖父母加至大功，豈不加報於外孫乎？外孫爲報服大功，則本宗庶孫又用何等服邪？竊恐內外乖序，親疏奪倫，情之所沿，何所不至？昔子路有姊之喪而不除，孔子曰：先王制禮，行道之人皆不忍也。子路除之。此則聖人援事抑情之明例也。記不云乎，毋輕議禮。』時玄宗手敕再三，竟加舅服爲小功，舅母緦麻，堂姨、堂舅袒免。」〔三〕「宣宗舅鄭光卒，詔罷朝三日。御史大夫李景讓上言：『人情於外族則深，於宗廟則薄。所以先王制禮，割愛厚親。士庶猶然，況於萬乘？親王、公主，宗屬也，舅氏，外族也。今鄭光輟朝日數，與親王、公主同，非所以別親疏、防僭越也。』優詔報之，乃罷兩日。」〔四〕夫由韋述、楊仲昌之言，可以探本而尊經，由崔沔、李景讓之言，可以察微而防亂。豈非能言之士，深識先王之禮，而亦目見武、韋之禍，思永監於將來者哉！

〔一〕儀禮喪服小功五月條。

〔二〕唐重母系之證一。

〔三〕以上舊唐書二七禮儀志。崔、韋、楊三疏並見唐會要三七服紀上。
〔四〕以上見舊唐書一八七下忠義傳李景讓傳。

宗廟之制，始變於漢明帝。服紀之制，始變於唐太宗。皆率一時之情，而更三代之禮，後世不學之主，踵而行之。

唐人增改服制

唐人所議服制，似欲過於聖人。嫂叔無服，太宗令服小功；曾祖父母舊服三月，增爲五月；嫡子婦大功，增爲期；衆子婦小功，增爲大功；舅服緦，增爲小功；新唐書：「初，太宗嘗以同爨緦而嫂叔乃無服，舅與從母親等而異服，詔侍中魏徵、禮部侍郎令狐德棻等議：『舅爲母族，姨乃外戚他姓，舅服一時，姨乃五月，古人未達者也。於是服曾祖父母齊衰三月者，增以齊衰五月；適子婦大功，增以期；衆子婦小功，增以大功；嫂叔服以小功五月報，弟妻及夫兄同；舅服緦，增以小功。』然律疏舅報甥，服猶緦。顯慶中，長孫無忌以爲甥爲舅服同從母，則舅宜進同從母報。又古庶母緦，今無服，且庶母之子，昆弟也，爲之杖齊，是同氣而吉凶異，自是亦改服緦。」〔一〕父在爲母服期，高宗增爲三年；婦爲夫之姨舅無服，玄宗令從夫服；又增舅母緦麻，堂姨舅祖免；而弘文館直學士王元感，遂欲增三年之喪爲三十六月。舊唐書張柬之傳〔二〕。何休注公羊傳言：「魯文公亂聖人制，欲服喪三十六月。」〔三〕皆務飾其文，欲厚於聖王之制。而人心彌澆，風化彌薄，不探其本，而妄爲之增益，亦未見其名之有過於三王也。是故知廟有二主之非，則叔孫通之以益廣宗廟爲大孝者絀矣；知喪不過三年，示民有終之義，則王元感之服三十六月者絀矣；知親親之殺，禮所由生，則太宗、魏徵所加嫂叔諸親之服者絀矣。唐書禮樂志言：「禮之失也，在於學者好爲曲說，而人君一切臨時申其私意，以增多爲盡禮，而不知煩數之爲黷也。」〔四〕子曰：「道之不明也，賢者過之。」〔五〕夫賢者率情之偏，猶爲悖禮，而況欲以私意求過乎三王者哉？記曰：「始死，三日不怠，三月不解。期，悲哀。三年憂，恩之殺也，聖人因殺以制節，此喪之所以三年。賢者不得過，不肖者不得不及，此喪之中庸也。」〔六〕

〔一〕新唐書二十禮樂志。今唐律疏義卷首有五服年月圖。
〔二〕舊唐書九一。
〔三〕公羊傳文二年何休注。
〔四〕新唐書十三禮樂志配享條。
〔五〕禮記中庸。
〔六〕禮記喪服四制。

宋熙寧五年，中書門下議不祧僖祖。祕閣校理王介上議曰：「夫物有無窮，而禮有有限，以有限制無窮，此禮之所以起，而天子所以七廟也。今夫自考而上，何也？必曰祖；自祖而上，何也？必曰曾祖；自曾祖而上，何也？必曰高祖；自高祖而上，又何也？必曰不可及見，則聞而知之者矣。今欲祖其祖而追之不已，祖之上又有祖，則固有無窮之祖矣。聖人制爲之限，此天子七廟，所以自考廟而上，至顯祖之外而必祧也。自顯祖之外而祧，亦猶九族至高祖而止也，皆以禮爲之界也，五世而斬故也。喪之三年也，報罔極之恩也。以罔極之恩爲不足報，則固有無窮之報乎？何以異於是！故喪之罔極而三年也，族之久遠而九也，廟之無窮而七也。」〔一〕皆先王之制，弗敢過焉者也。記曰：「品節斯，斯之謂禮。」〔二〕易於節之象曰：「君子以制度數，議德行。」〔三〕唐、宋之君，豈非昧於節文之意者哉？

〔一〕宋史一〇六禮志不載，通考九四亦不載。見續通鑑長編二三六熙寧五年閏七月乙丑條。不檢原文，無法知原文之所止。
〔二〕禮記檀弓下。
〔三〕易節卦象辭。

貞觀之喪服，開元之廟謚，與始皇之狹小先王之宫廷而作爲阿房者，同一意也。

報於所爲後之兄弟之子若子〔一〕

所後者，謂所後之親。上斬章言「所後」者是也。鄭注衍一「爲」字。所爲後，謂出而爲後之人。

〔一〕儀禮喪服傳、記。

爲人後者，「於兄弟降一等」〔二〕，自期降爲大功也。兄弟之子，報之亦降一等，亦自期降爲大功也。若子者兄弟之孫，報之亦降一等，自小功降而爲緦也。

〔二〕儀禮喪服。

庶子爲後者爲其外祖父母從母舅無服〔一〕

與尊者爲一體，不敢以外親之服而廢祖考之祭，故絀其服也。言母黨則妻之父母可知。

〔一〕儀禮喪服記。

考　降〔一〕

考，父也，既言父又言考者，猶易言「幹父之蠱，有子，考无咎」也〔二〕。降者，骨肉歸復於土也。記曰：「體魄則降。」〔三〕人死，則魂升於天，魄降於地。書曰：「禮陟配天。」〔四〕陟，言升也。又曰：「放勳乃徂落。」〔五〕落，言降也。然而曰「文王陟降」〔六〕何也？神無方也，可以兩在而兼言之。

〔一〕儀禮士喪禮，「考降無有近悔」。鄭玄注：「考，登也；降，下也。」
〔二〕易蠱卦初六爻辭。
〔三〕禮記禮運。
〔四〕尚書君奭。
〔五〕孟子萬章上。尚書虞書舜典作「帝乃徂落」。
〔六〕詩大雅文王。

噫歆

士虞禮「聲三」注：「聲者，噫歆也，將啓户，警覺神也。」〔一〕曾子問「祝聲三」注：「聲，噫歆警神也。」〔二〕蓋歎息而言神其歆我乎，猶詩「顧予烝嘗」〔三〕之意也。喪之「皋某復」，祭之「噫歆」，皆古人命鬼之辭。正義曰：「直云祝聲，不知作何聲。按論語云，顏淵死，子曰：『噫，天喪予。』〔四〕檀弓云，公肩假曰噫。是古人發聲多云噫，故知此聲亦謂噫也。凡祭祀神之所享謂之歆，今作聲欲令神歆享，故云歆警神也。」〔五〕

〔一〕儀禮士虞禮記。

〔二〕禮記曾子問。
〔三〕詩商頌那。
〔四〕先進。
〔五〕曾子問孔穎達正義。

既夕禮「聲三」注：「舊説以爲噫興也。」〔一〕噫興者，歎息而欲神之興也；噫歆者，歎息而欲神之歆也。

〔一〕儀禮既夕禮。

日知録校注卷六

毋不敬

「毋不敬，儼若思，安定辭」，修己以敬也。「安民哉」，修己以安人也〔一〕。「儼若思，安定辭」，何以安民？子曰：「危以動，則民不與也；懼以語，則民不應也。」〔二〕詩云：「彼都人士，狐裘黄黄。其容不改，出言有章。行歸于周，萬民所望。」〔三〕

〔一〕禮記曲禮上：「毋不敬，儼若思，安定辭。安民哉。」

〔二〕周易繫辭下。

〔三〕詩經小雅都人士。

女子子

「女子子」〔一〕，謂己所生之子，若兄弟之子。言女子者，别於男子也。猶左氏言女公子〔二〕。古人謂其女亦曰子。詩曰：「齊侯之子，衛侯之妻。」〔三〕論語曰：「以其子妻之。」〔四〕是也。此章言男女之别，故加女子於子之上以明之。下乃專言兄弟者，兄弟至親，兄弟之於姊妹，猶弗與同席同器，而況於姑乎？況於女子子乎？不言從子，不言父，據兄弟可知也。喪服小記言：「女子子在室爲父母杖。」然則女子子爲己所生之子明矣。

胡氏謂重言子，衍文〔五〕。黄氏以爲女子之子。皆非。

〔一〕禮記曲禮上。「姑姊妹女子子已嫁而反，兄弟不與同席而坐。」又見禮記坊記。

〔二〕左傳莊卅二年。

〔三〕詩衛風碩人。

〔四〕公冶長。

〔五〕廬陵胡氏銓。説見衛湜禮記集説五引。

内則曰：「七年男女不同席，不共食。」則不待已嫁而反矣。

取妻不取同姓〔一〕

姓之爲言生也。左傳昭四年：問其姓，對曰：余子長矣。詩曰：「振振公姓。」〔二〕天地之化，專則不生，兩則生。故叔詹言：「男女同姓，其生不蕃。」〔三〕晉語〔四〕曰：「同姓不昏，懼不殖也。」〔五〕而子産之告叔向云：「内官不及同姓，美先盡矣，則相生疾。」〔六〕晉司空季子之告公子曰：「異德合姓。」〔七〕鄭史伯之對桓公曰：「先王聘后於異姓，務和同也。聲一無聽，物一無文。」〔八〕是知禮不娶同姓者，非但防嫌，亦以戒獨也。故曲禮：「納女于天子曰備百姓。」吴語：「句踐請一介嫡女執箕帚，以晐姓於王宫。」〔九〕而郊特牲注云：「百官，公卿以下也。百姓，王之親也。」吕刑：「官佰族姓。」傳：「族，同族；姓，異姓。」〔十〕易曰：「男女睽而其志通也。」〔十一〕是以王御不參一族，其所以合陰陽之化而助嗣續之功者微矣。

〔一〕禮記曲禮上及坊記。初刻一之十四，題曰公姓，只有一、三、四段。

〔二〕周南麟之趾。

〔三〕左傳僖廿三年。
〔四〕國語十晉語。
〔五〕初刻注只有此節。晉語作「惡不殖」，嵇中散集亦作「惡」。
〔六〕左傳昭元年。
〔七〕國語十晉語。
〔八〕國語十六鄭語。
〔九〕國語十九。
〔十〕禮記郊特牲「戒百姓」注。吕刑作「伯族姓」，諸侯也。
〔十一〕易睽卦。

古人以異姓爲昏姻之稱。大戴禮：「南宮縚，夫子信其仁，以爲異姓。」〔一〕謂以兄之子妻之也。周禮司儀〔二〕「時揖異姓」。鄭氏注引此。

〔一〕卷六衛將軍文子篇。
〔二〕秋官。

姓之所從來，本於五帝。五帝之得姓，本於五行，則有相配相生之理。故傳言：「有媯之後，將育於姜。」〔一〕又曰：「姬姞耦，其生〔二〕必蕃。」〔三〕而後世五音族姓之說，自此始矣。晉嵇康論曰：「五行有相生，故同姓不昏。」〔四〕舊唐書呂才序宅經謂「五姓之說，本無所出。惟堪輿經，黄帝對於天老，乃有五姓之言」〔五〕。今考漢書王莽傳〔六〕：卜者王況，謂李焉，「君姓李，李者〔七〕徵，徵，火也」。後漢蘇竟與劉龔書：「五七之家，三十五姓，彭秦延氏不得與焉。」〔八〕李雲上書：「高祖受命至今三百六十四歲，君期一周，當有黄精代見，姓陳項虞田許氏，不可令此人居太尉、太傅典兵之官。」〔九〕五姓之說，始見於此。蓋與讖記之文，同起於哀、平之際。而京房傳：「房本姓李，推律自定爲京氏。」〔十〕白虎通曰：「古者聖人吹律定姓，以記其族。」〔十一〕爾雅翼曰：「古者司商協名姓，人始生，吹律合之，定其姓名。」〔十二〕易是類謀曰：「黄帝吹律定姓。」論衡言：「孔子吹律自知殷宋，大夫子氏之世。」〔十三〕則古人以律推姓，亦必有法。潛夫論言：「凡姓之有音也，必隨其本生祖所出也。大皡木精，承歲星而王，夫其子孫咸當爲角。神農火精，承熒惑而王，夫其子孫咸當爲徵。黄帝土精，承填而王，夫其子孫咸當爲宮。少昊金精，承太白而王，夫其子孫咸當爲商。顓頊水精，承辰而王，夫其子孫咸當爲羽。雖號百變，音形不易。」〔十四〕此則五姓所以分屬五音之說，與春秋禆竈、史趙、史伯諸人之論，大抵相同，不可謂其無本。宋時猶尚五音之說，雲麓漫鈔言：「永安諸陵皆東南地穹，西北地垂，東南有山，西北無山，角音所利如此。」〔十五〕

〔一〕左傳莊廿二年。

〔二〕「生」原作「子孫」。

〔三〕左傳宣三年。

〔四〕嵇中散集九答釋難宅無吉凶攝生論。初刻無「晉嵇康」三句。
〔五〕舊唐書七九。
〔六〕漢書九九下王莽傳。
〔七〕「者」原作「音」，潘本已誤。
〔八〕後漢書列傳廿上蘇竟傳。
〔九〕後漢書列傳四七李雲傳。
〔十〕後漢書七五京房傳末。
〔十一〕白虎通八姓名篇。
〔十二〕爾雅翼十釋李條。
〔十三〕論衡廿六實知篇。
〔十四〕潛夫論六卜列篇。
〔十五〕漫鈔三。

春秋時最重族姓，至七國時，則絶無一語及之者。正猶唐人最重譜諜，而五代以後，則蕩然無存，人亦不復問此。百餘年間，世變風移，可爲長歎也已。

父不祭子夫不祭妻

「父不祭子，夫不祭妻。」〔一〕不但名分有所不當，而以尊臨卑，則死者之神亦必不安，故其當祭，則有代之者矣。此别是一條，説者乃蒙上餕餘不祭之文而爲之解，殆似山東人作不徹薑食不多食義，即謂不多食薑，同一謬也。此謂平日四時之祭。若在喪，則祥禫之祭未嘗不行。

〔一〕禮記曲禮上。

檀弓

讀檀弓二篇及曾子問，乃知古人於禮服講之悉，而辨之明如此。漢書言夏侯勝善説禮服〔一〕，蕭望之從夏侯勝問論語禮服〔二〕。唐開元四部書目，喪服傳義疏有二十三部〔三〕。昔之大儒有專以喪服名家者，其去鄒魯之風未遠也。故蕭望之爲太傅，以論語禮服授皇太子。宋元嘉末，徵隱士雷次宗詣京邑，築室於鍾山西巖下，爲皇太子諸王講喪服經〔四〕。

齊初，何佟之爲國子助教，爲諸王講喪服〔五〕。陳後主在東宮，引王元規爲學士，親授禮記、左傳喪服等義〔六〕。魏孝文帝親爲羣臣講喪服於清徽堂〔七〕。而梁書言「始興王憺薨，昭明太子命諸臣共議，從明山賓、朱异之言，以慕悼之辭，宜終服月」〔八〕。梁、陳、北齊各有皇帝、皇后、太子、王侯已下喪禮之書，謂之凶儀。夫以至尊在御，不廢講求喪禮，異於李義府之言不豫凶事，而去國恤一篇者矣。舊唐書李義府傳：「初，五禮儀注，自前代相沿，吉凶畢舉。太常博士蕭楚材、孔志約以皇室凶禮，爲豫備凶事，非臣子所宜言。義府深然之，於是悉删而焚之。」〔九〕裴守真傳：「爲太常博士，高宗崩時，無大行凶儀，守真與同時博士韋叔夏、輔抱素等，討論舊事，創爲之。」〔十〕宋史章衡傳：「熙寧初，判太常寺，建言：『自唐開元纂修禮書，以國恤一篇爲豫凶事，删而去之。故不幸遇事，則捃摭墜殘，茫無所據。今宜爲厚陵集禮，以貽萬世。』從之。」〔十一〕

〔一〕漢書七五夏侯勝傳。

〔二〕漢書七八蕭望之傳。

〔三〕舊唐書四六經籍志，喪服紀以下至喪服要難中，除去儀禮賈公彦疏，正廿三部。

〔四〕宋書九三隱逸傳。

〔五〕南史七一何佟之傳。

〔六〕陳書卅三王元規傳。

〔七〕魏書七高祖紀下太和廿一年七月條。
〔八〕梁書八昭明太子傳。
〔九〕舊唐書八二李義府傳。
〔十〕舊唐書一八八裴守真傳。
〔十一〕宋史三四七章衡傳。

宋孝宗崩，光宗不能執喪，寧宗嗣服。已服期年喪，欲大祥畢，更服兩月。監察御史胡紘言：「孫爲祖服，已過期矣。議者欲更持禫兩月，不知用何典禮？若曰嫡孫承重，則太上聖躬亦已康復於宮中，自行二十七月之重服，而陛下又行之，是喪有二孤也。」詔侍從、臺諫、給舍集議。時朱熹君前臣名〔一〕上議，以紘言爲非，而未有以折之。後讀禮記正義喪服小記爲祖後者條，因自識於本議之末〔二〕。其略云：「準五服年月格，斬衰三年，嫡孫爲祖，謂承重者〔三〕。法意甚明。而禮經無文。傳云：『父歿而爲祖後者服斬』，然而不見本經，未詳何據。但小記云：『祖父卒，而后爲祖母後者三年，可以傍照。』至爲祖後者條下，疏中所引鄭志，乃有諸侯父有廢疾，不任國政，不任喪事之問，而鄭答以『天子諸侯之服皆斬』之文，儀禮喪服篇不杖章，爲君之祖父母下，疏亦引此趙商問答〔四〕。方見父在而承國於祖之服。向日上此奏時，無文字可檢〔五〕，又無朋友可問，故大約且以禮律言之。亦有疑父在不當承重者，時無明白證驗，但以禮律人情大意答之，心常不安。歸來稽考，始見此説，方得無疑。乃知學之不講，其害如此。而禮經之文誠有闕略，不無待於後人。向使無鄭康成，則此事終未有所斷決。不可直謂古經定制，一字不可增損也。」昔人謂「讀書未到康成，不敢輕議漢儒」，以此。嗚呼，若曾子、子游之倫，親受學於聖人，其於節文之變，辨之如此其詳也。今之學者〔六〕，生於草野之中，當禮壞樂崩之後，於古人之遺文，一切不爲之討究，而曰禮，吾知其敬而已；喪，吾知其哀而已。以空學而議朝章，以清談而干王政，是尚不足以闚漢儒之里，而何以升孔子之堂哉！

〔一〕此是顧注。
〔二〕朱子文集十四乞討論喪服劄子，書奏稿後。
〔三〕此是朱子原注。
〔四〕以下二注是顧注。
〔五〕「檢」字原作「諱」。
〔六〕今，亭林。

論語之言「斯」者七十，而不言「此」，檀弓之言「斯」者五十有三，而言「此」者一而已〔一〕。大學成於曾氏之門人，而一卷之中，言「此」者十有九。語音輕重之間，而世代之別，從可知已。爾雅曰：「茲、斯，此也。」〔二〕今考尚書多言「茲」，論語多言「斯」，大學以後之書多言「此」。

〔一〕「士之有誄，自此始也。」檀弓上。

〔二〕爾雅上釋詁。

太公五世反葬於周

太公汲人也，聞文王作，然後歸周。史之所言，已就封於齊矣。其復入爲太師，薨而葬於周，事未可知。使其有之，亦古人因薨而葬，不擇地之常爾。記以首丘喻之，亦已謬矣，乃云「比及五世，皆反葬于周」〔一〕。夫齊之去周，二千餘里，而使其已化之骨，跋履山川，觸冒寒暑，自東徂西，以葬於封守之外，於死者爲不仁。古之葬者「祖於庭，塴於墓」〔二〕，反哭於其寢，故曰：「葬日虞，弗忍一日離也。」〔三〕使齊之孤，重趼送葬，曠月淹時，不獲遵五月之制，速反而虞，於生者爲不孝。且也入周之境，而不見天子則不度；離其喪次，而以衰絰見則不祥；若其孤不行，而使卿攝之則不恭；勞民傷財則不惠；此數者無一而可。

禹葬會稽，其後王不從，而殽之南陵有夏后皋之墓，豈古人不達禮樂之義哉？體魄則降，知氣在上，故古之事其先人於廟而不於墓，聖人所以知幽明之故也。然則太公無五世反葬之事明矣。水經注：「淄水下有胡公陵。青州刺史傅弘仁言，得銅棺隸書處。」〔四〕胡公，太公之玄孫，未嘗反葬於周。

〔一〕禮記檀弓上。
〔二〕禮記檀弓上。
〔三〕禮記檀弓下。
〔四〕卷廿六淄水條。

扶君

「扶君，卜人師扶右，注：卜當爲僕。射人師扶左，君薨以是舉。」〔一〕此所謂「男子不死於婦人之手」〔二〕也。三代之世，侍御僕從，罔非正人，綴衣虎賁，皆惟吉士，與漢高之獨枕一宦者卧異矣〔三〕。春秋傳曰：「公薨於小寢，即安也。」〔四〕「魏中山王衮疾病，令官屬以時營東堂。堂成，輿疾往居之。」〔五〕其得禮之意者與？

〔一〕禮記檀弓上。
〔二〕禮記喪大記。
〔三〕是古皆好的。
〔四〕僖公卅三年。
〔五〕三國志魏志二十。

二夫人相爲服

「從母之夫，舅之妻，二夫人相爲服。」〔一〕從母之夫，與謂吾從母之夫者相爲服也。舅之妻，與謂吾舅之妻者相爲服也。上不言妻之姊妹之子，下不言夫之甥，語繁而冗，不可以成文也。聞一知二，吾於孟子以紂爲兄之子言之。

〔一〕禮記檀弓上。

同母異父之昆弟

同母異父之昆弟不當有服。子夏曰：「我未之前聞也。」此是正説。而又曰：「魯人則爲之齊衰」〔一〕，則多此一言矣。狄儀從而行之，後人踵而效之。今之齊衰，狄儀之問也，以其爲大賢之所許也。然則魯人之前，固未有行之者矣。是以君子無輕議禮。

〔一〕禮記檀弓上。

廣安游氏曰〔一〕：「後世所承傳之禮，有出二〔二〕代之末，沿禮之失而爲之者。不喪出母，古禮之正也。孔氏喪出母，惟孔子行之，而非以爲法。今禮家爲出母服齊衰杖期，此後世之爲，非禮之正也。同母異父之昆弟，子游曰：『爲之大功。』魯人爲之齊衰，亦非禮之正也。昔聖人制禮，教以人倫，使之父子有親，男女有別，然後一家之尊，知統乎父，而厭降其母。同姓之親，厚於異姓，父在則爲母服齊衰期，出母則不爲服。後世既爲出母制服，則雖異父之子，以母之故，亦爲之服矣。此其失在乎不明父母之辨，一統之尊，不别同姓異姓之親，而致然也。及後世父在而升其母三年之服，至異姓之服，若堂舅堂姨之類，亦相緣而升。夫禮者以情義言也。情義者有所限止，不可偏給也。母統於父，嚴於父，則不得不厭降於其母；厚於同姓，則不得不降殺於異姓。夫是以父尊而母卑，夫尊而婦卑，君尊而臣卑，皆順是而爲之也。今子游欲以意爲之大功，此皆承世俗之失。失之之原，其來寖遠，後世不考其原，而不能正其失也。」

〔一〕廣安游氏桂，字元發，著經學十二卷。此見衛湜禮記集説十八引。

〔二〕「二二」原作「三」。

子卯不樂〔一〕

古先王之爲後世戒也至矣。欲其出而見之也，故「亡國之社，以爲廟屏」。穀梁傳〔二〕。欲其居而思之也，故「子卯不樂」，檀弓下。「稷食菜羹」，玉藻〔三〕。而太史奉之以爲諱惡，王制。鄭氏注：諱先王名惡子卯日。此君子安而不忘危，存而不忘亡之義也。漢以下人主莫有行之者。惟崔琰諫魏世子田獵，曾引此義〔四〕。後周武帝天和元年五月甲午詔〔五〕曰：「道德交喪，禮義嗣興，褒四始於一言，美三千於爲敬，是以在上不驕，處滿不溢，富貴所以長守，邦國於焉乂安。故能承天靜地，和民敬鬼，明並日月，道錯四時。朕雖庸昧，有志前古，甲子乙卯，禮云不樂，萇弘表昆吾之稔〔六〕，杜蕢有揚觶之文〔七〕。自世道喪亂，禮義紊毀，此典茫然，已墜於地。昔周王受命，請聞顓頊，廟有戒盈之器，室爲復禮之銘。矧伊末學，而能忘此。宜依是日，省事停樂，庶知爲君之難，爲臣不易。貽之後昆，殷鑑斯在。」春秋莊公二十一年〔八〕春王正月，肆大眚。公羊傳作大省。何休注謂：「子卯日也。先王常以此日省吉事，不忍舉，又大自省敕。得無有此行乎？」

〔一〕禮記檀弓下。
〔二〕穀梁傳哀四年。
〔三〕禮記玉藻第十三。
〔四〕三國志魏志十二崔琰傳。
〔五〕周書五武帝紀上。
〔六〕左傳昭十八年。
〔七〕禮記檀弓下。
〔八〕「莊公廿二年」，潘本已誤「廿一」。

子，甲子也；卯，乙卯也。古人省文，但言「子卯」。翼奉乃謂：「子爲貪狼，卯爲陰賊，是以王者忌子卯，禮經避之，春秋諱焉。」〔一〕此術家之説，非經義也。

〔一〕漢書七五翼奉傳。

君有饋焉曰獻

「仕而未有禄者，君有饋焉，曰獻，使焉，曰寡君。」〔一〕示不純臣之道也。長樂陳氏曰〔二〕：「賓之而弗臣，故有饋焉，不曰賜而曰獻。其將命之使，不但曰君，而曰寡君。若子思之仕衛，孟子之仕齊是也。」注：以君有饋爲饋於君者，非。故哀公執摯以見周豐〔三〕，而老萊子之於楚王，自稱曰僕。荀子：周公自言所執贄而見者十人〔四〕。蓋古之人君有所不臣，故九經之序，先尊賢而後敬大臣。尊賢，其所不臣者也。至若武王之訪于箕子，變年稱祀，不敢以維新之號臨之，恪舊之心，師臣之禮，又不可以尋常論矣。

〔一〕禮記檀弓下。

〔二〕長樂陳祥道，著禮書百五十卷。此引自衛湜集説廿二。

〔三〕禮記檀弓下。

〔四〕荀子二十賁問篇。

郳婁考公

「郳婁考公之喪，徐君使容居來弔含。」〔一〕注：「考公，隱公益之曾孫，考或爲定。」按隱公當魯哀公之時，傳至曾孫考公，其去春秋已遠。而魯昭公三十年，「吳滅徐，徐子章羽〔二〕奔楚，楚沈尹戌帥師救徐弗及，遂城夷，使徐子處之」。是已失國而爲寓公，其尚能行王禮於鄰國乎？定公在魯文宣之時，作「定」爲是。

〔一〕禮記檀弓下。

〔二〕傳作「章禹」，潘本已作「羽」。

因國〔一〕

有勝國，有因國。周禮媒氏：「凡男女之陰訟，聽之於勝國之社。」〔二〕喪祝：「掌勝國邑之社稷之祝號。」〔三〕士師：「若祭勝國之社稷，則爲之尸。」〔四〕書序言「湯既勝夏，欲遷其社」。又言「武王勝殷」。左傳：「凡勝國曰滅之。」文公十五年。是也。左傳哀公十三年：「今吳王有墨，國勝乎。」注：「國爲敵所勝。」王制：「天子諸侯祭因國之在其地而無主後者。」左傳：「子産對叔向曰：遷閼伯於商邱，主辰，商人是因。遷實沈於大夏，主參，唐人是因。」昭公元年。「齊晏子對景公曰：昔爽鳩氏始居此地，季萴因之，有逢伯陵因之，蒲姑氏因之，而後太公因之。」昭公二十年。是也。都宗人〔五〕注：「都或有山川及因國無主，九皇六十四民之祀。」〔六〕

〔一〕初刻二之廿二，無注。

〔二〕地官。

〔三〕春官。

〔四〕秋官。

〔五〕周禮春官末。

〔六〕超案：因國條後，初刻有車弓矢條。今本該條内容已移入下文以其綏復條中。

文王世子

「文王之爲世子，朝于王季日三。鷄初鳴而衣服，至于寢門外。」〔一〕不獨文王之孝，亦可以見王季之其勤也。爲父者未明而衣，則爲子者鷄鳴而起矣。苟宴安自逸，又何怪乎其子之惰四支而不養也。是以小宛之詩，必曰「夙興夜寐」〔二〕。而管寧三日晏起，自訟其愆，古人之以身行道者如此。

〔一〕禮記文王世子。

〔二〕詩小雅。

武王帥而行之

文王之孝，可謂至矣。「武王帥而行之，不敢有加焉」〔一〕。如三朝、食上、色憂、復膳之節，皆不敢有過於文王，此中庸之行。而凡後人之立意，欲以過於前人者，皆有所爲而爲之也。故「樂正子春之母死，五日而不食，曰：『吾悔之，自吾母而不得吾情，吾惡乎用吾情。』」〔二〕

〔一〕禮記文王世子。
〔二〕禮記檀弓下末。

用日干支〔一〕

三代以前，擇日皆用干。郊特牲：「郊日用辛，社日用甲。」書召誥：「丁巳用牲于郊，戊午乃社于新邑。」而月令：「擇元日命民社。」鄭注謂：「春分前後戊日，則郊不必用辛，社不必用甲矣。」詩：「吉日惟戊，既伯既禱。」〔二〕穀梁傳：「六月上甲始庀牲，十月上甲始繫牲。」〔三〕月令：「仲春上丁，命樂正習舞釋菜。仲丁，命樂正入學習樂。季秋上丁，命樂正入學習吹。」春秋：「秋七月上辛，大雩。季辛，又雩。」〔四〕易蠱卦：「先甲三日，後甲三日」，巽：「九五，先庚三日，後庚三日」之類是也。秦漢以下始多用支。如午祖戌臘〔五〕，三月上巳祓除，張衡南都賦：「於是暮春之褉，元巳之辰。」〔六〕及正月剛卯〔七〕之類是也。月令：「擇元辰，躬耕帝藉。」盧植説曰：「日，甲至癸也。辰，子至亥也。郊天，陽也，故以日；藉田，陰也，故以辰。」蔡邕月令章句云：「日，幹也；辰，支也。有事於天用日，有事於地用辰。」〔八〕此漢儒之説，考之經文，無用支之證。夏小正：「二月丁亥萬用入學。」二月不必皆有丁亥，蓋夏后氏始行此禮之日，值丁亥而用之也。猶郊特牲言：「郊之用辛也，周之始郊日以至。」言周人以日至郊，適值辛日。謂以支取亥者非。

〔一〕禮記郊特牲。
〔二〕小雅吉日。
〔三〕哀元年。
〔四〕昭廿五年。
〔五〕「午祖戌獵」見續漢書禮儀志中臘條注。
〔六〕文選四。
〔七〕漢書九九中王莽傳。
〔八〕月令孟春之月。盧、蔡説均見南齊書九禮志永明三年條引。

社日用甲〔一〕

月令：「擇元日命民社。」〔二〕注：「祀社日用甲。」據郊特牲文：「日用甲，用日之始也。」正義〔三〕曰：「召誥，戊午乃社于新邑，用戊者，周公告營洛〔四〕邑位成，非常祭也。」墨子云：「吉日丁卯，周代祝社。」〔五〕疑不可信。禮外事用剛日，丁卯，非也。漢用午，魏用未，晉用酉，各因其行運。潘尼皇太子社詩：「孟月涉初旬，吉日惟上酉。」〔六〕則不但用酉，又用孟月。唐武后長壽元年制，更以九月爲社。玄宗開元十八年詔，移社日就千秋節。皆失古人用甲之義矣。

〔一〕禮記郊特牲。
〔二〕禮記月令仲春之月。
〔三〕月令正義也。
〔四〕「洛」原作「諱」。
〔五〕墨子八明鬼下。
〔六〕藝文類聚五。

不齒之服〔一〕

道二，仁與不仁而已矣。出乎吉則入乎凶。惰游之士，縞冠垂緌；不齒之人，玄冠縞武。以其爲自吉而之凶之人，故被之以不純吉而雜乎凶之服。

〔一〕禮記玉藻。

爲父母妻長子禫〔一〕

禫者，終喪之祭。父母之喪，中月而禫，固已，妻與長子何居？夫不有祖父母、伯叔父母及昆弟乎？曰：夫爲妻，父爲長子，喪之主也。服除而禫，非夫非父，其誰主之？若祖父母、伯叔父母及兄弟，則各有主之者矣，故不禫。

〔一〕禮記喪服小記。

父在爲母，則從乎父而禫。

爲殤後者以其服服之〔一〕

「爲殤後者，以其服服之。」殤無爲人父之道，而有爲殤後者，此禮之變也。謂大宗之子未及成人而殤，取殤者之兄弟若兄之子以爲後，則以爲人後之服而服之如父，不以其殤而殺，重大宗也。若魯之閔公，八歲而薨，僖爲之後是已。夫禮之制殤，所以示長幼之節而殺其恩也。大宗重則長幼之節輕，故殤之服，而有時不異乎成人。不以宜殺之恩，而虧尊祖之義，此所謂權也。若曰服其本服云爾，記何必言之，而亦烏有爲殤後者哉！

〔一〕禮記喪服小記。

庶子不以杖即位〔一〕

古之爲杖，但以輔病而已。其後以杖爲主喪者之用。喪無二主，則無二杖，故庶子不以杖即位。

〔一〕禮記喪服小記。

夫爲妻杖，則其子不杖矣。父爲長子杖，則其孫不杖矣。雜記曰：「爲長子杖，則其子不以杖即位。」〔一〕其子，長子之子。

〔一〕禮記雜記上。

婦人不爲主而杖者〔一〕

無杖則不成喪。故女子在室，父母死而無男昆弟，則女子杖。其曰一人，明無二杖也。

〔一〕禮記喪服小記。

「姑在爲夫杖」，必其無子也。「母爲長子削杖」，必其無父也。此三者皆無主之喪，故婦人杖。

庶姓别於上〔一〕

庶姓者，子姓也。特牲饋食禮言：「子姓兄弟」，注曰：「所祭者之子孫。言子姓者，子之所生。」玉藻、喪大記並言「子姓」，注曰：「子姓，謂衆子孫也。」〔二〕玉藻：「縞冠玄武，子姓之冠也。」正義曰：「姓，生也。孫是子之所生，故云子姓。」故詩言「公姓」，以繼「公子」〔三〕，而「同父」之變文，則云「同姓」。此所云「庶姓别於上」者，亦子姓之姓，與周禮司儀〔四〕之云「土揖庶姓」者，文同，而所指異也。注以始祖爲正姓，高祖爲庶姓，意亦不殊，然多此兩姓之目。

〔一〕禮記大傳。

〔二〕禮記玉藻九。此注，喪大記注也。

〔三〕詩周南麟之趾「振振公姓」。

〔四〕秋官。

愛百姓故刑罰中〔一〕

人君之於天下，不能以獨治也。獨治之而刑繁矣，衆治之而刑措矣。古之王者，不忍以刑窮天下之民也，是故一家之中，父兄治之；一族之間，宗子治之。其有不善之萌，莫不自化於閨門之内，而猶有不帥教者，然後歸之士師。然則人君之所治者約矣。然後原父子之親，立君臣之義以權之；意論輕重之序，慎測淺深之量以別之；悉其聰明，致其忠愛以盡之。夫然刑罰焉得而不中乎？是故宗法立而刑清。天下之宗子各治其族，以輔人君之治，「罔攸兼于庶獄」〔二〕，而民自不犯於有司。風俗之醇，科條之簡，有自來矣。詩曰：「君之宗之。」〔三〕吾是以知宗子之次於君道也。

〔一〕禮記大傳。
〔二〕尚書立政：「文王罔攸兼于庶言庶獄」，言文王不敢下侵庶職。
〔三〕大雅公劉。

庶民安故財用足〔一〕

民之所以不安，以其有貧有富。貧者至於不能自存，而富者常恐人之有求，而多爲吝嗇之計，於是乎有爭心矣。夫子有言：「不患貧而患不均。」〔二〕夫惟收族之法行，而歲時有合食之恩，吉凶有通財之義。本俗六安萬民，三曰聯兄弟，而鄉三物之所興者，六行之條曰睦、曰恤〔三〕。不待王政之施，而矜寡孤獨廢疾者，皆有所養矣。此所謂均無貧者，而財用有不足乎？至於葛藟之刺興〔四〕，角弓之賦作〔五〕，九族乃離，一方相怨，而缾罍交耻，泉池並竭。然後知先王宗法之立，其所以養人之欲，而給人之求，爲周且豫矣。宋范文正公蘇州義田，至今裔孫猶守其法，范氏無窮人。

〔一〕禮記大傳。
〔二〕今論語季氏作「不安」。
〔三〕均見周禮地官大司徒。
〔四〕詩王風。
〔五〕詩小雅。

術有序〔一〕

學記：「術有序。」注：「術，當爲遂，聲之誤也。周禮，萬二千五百家爲遂。」〔二〕按水經注引此作「遂有序」〔三〕，周禮：遂人之職，「五家爲鄰，五鄰爲里，四里爲酇，五酇爲鄙，五鄙爲縣，五縣爲遂，皆有地域溝樹之，使各掌其政令。」〔四〕遂人，中大夫二人，遂師，下大夫四人〔五〕，上士八人，中士十有六人，旅下士三十有二人。遂大夫，每遂中大夫一人。又按月令「審端徑術」〔六〕，注：「『術』，周禮作『遂』。夫間有遂，遂上有徑，徑〔七〕小溝也。」春秋文公十二年，「秦伯使術來聘」，公羊傳、漢書五行志並作遂。管子度地篇：「百家爲里，里十爲術，術十爲州。」〔八〕「術」音遂。此古「術」、「遂」二字通用之證。陳可大集説改「術」爲「州」，非也〔九〕。

〔一〕初刻二之廿五，只有前段，注同。

〔二〕此周禮，鄭注引。

〔三〕水經注十六穀水條。

〔四〕周禮地官。

〔五〕「遂師下大夫四人」七字應在「遂大夫」上。

〔六〕禮記月令孟春之月。

〔七〕「徑」本作「遂」，潘本已誤。

〔八〕管子十八。

〔九〕元陳澔禮記集説。集説所集各家之説，非陳氏自改也。

周禮：州長「會民射于州序」〔一〕。陳氏禮書曰：「州曰序，記言遂有序，何也？周禮，遂官各降鄉官一等，則遂之學，亦降鄉一等矣。降鄉一等，而謂之州長，其爵與遂大夫同，則遂之學，其名與州序同可也。」〔二〕

〔一〕周禮地官州長。

〔二〕宋陳祥道禮書四八周四代學條。遂與州各降鄉一等。

師也者所以學爲君〔一〕

三代之世，凡民之俊秀，皆入大學，而教之以治國平天下之事。孔子之於弟子也，四代之禮樂，以告顔淵〔二〕；五至三無，以告子夏〔三〕。而又曰：「雍也，可使南面。」〔四〕然則内而聖，外而王，無異道矣。其繫易也，曰：「九二曰：『見龍在田，利見大人。』何謂也？子曰：『龍德而正中者也。』庸言之信，庸行之謹，閑邪存其誠，善世而不伐，德博而化。易曰：『見龍在田，利見大人。』君德也。」〔五〕「君子學以聚之，問以辨之，寬以居之，仁以行之。易曰：『見龍在田，利見大人。』君德也」。故曰，師也者，所以學爲君也。

〔一〕禮記學記。
〔二〕論語衛靈公。
〔三〕禮記孔子閒居。
〔四〕論語雍也。
〔五〕與下句均見易文言，此下應加「又曰」二字。

肅肅敬也〔一〕

「肅，肅敬也；雝，雝和也。」詩本肅雝一字，而引之二字者，長言之也。詩云：「有洸有潰。」〔二〕毛公傳之曰：「洸洸武也，潰潰怒也。」即其例也。

〔一〕禮記樂記。

〔二〕詩邶風谷風。

以其綏復〔一〕

男子以車爲居，以弓矢爲器。故其生也，「桑弧蓬矢，以射天地四方」〔二〕。其死也，「設決，麗于掔」〔三〕。比葬，則「弓矢之新沽功，有弭飾焉，亦張可也」〔四〕。以射者男子之事也，如「死於道，則升其乘車之左轂，以其綏復」〔五〕。注改綏爲緌，謂旌旗之旄也。以旌復死，不切於事。廣陵胡氏〔六〕曰：此復魂既在車，當是執綏之綏。以車者男子之居也。晉書祖逖傳〔七〕論：「災星告釁，笠轂徒招。」用此。

〔一〕禮記雜記上。

〔二〕禮記射義。

〔三〕儀禮士喪禮。

〔四〕儀禮既夕禮末。

〔五〕禮記雜記上。

〔六〕廬陵胡氏銓。見禮記集説一〇一。潘本已誤。

〔七〕晉書六二。

升車必正立執綏。徐鉉曰：綏者，所執轡之總。以其綏復者，象其行也。象其行，所以達其志也。於是有朝聘而終，以尸將事之禮矣。左氏哀公十五年傳。聘禮，賓死以棺，造朝介將命。宋史章頻傳：「爲刑部郎中使契丹，至紫濛館卒。契丹遣内侍就館奠祭，命接伴副使吳克荷護其喪，以錦車駕橐駝載至中京，斂以銀飾棺，具鼓吹羽葆，吏士衛送至白溝。」〔一〕「邾婁復之以矢」〔二〕，猶有殺敵之意焉。此亡於禮者之禮也。

〔一〕宋史三〇一。

〔二〕禮記檀弓上。

親喪外除兄弟之喪内除〔一〕

「親喪外除」者，祥爲喪之終矣，而其哀未忘，故中月而禫。「兄弟之喪内除」者，如其日月而止。

〔一〕禮記雜記下。

十五月而禫〔一〕

「期之喪十一月而練，十三月而祥，十五月而禫。」孔氏曰：「此言父在爲母亦備二祥節也。」蓋以十月當大喪之一周，踰月則可以練矣，故曰十一月而練。以十二月當大喪之再周，踰月則可以祥矣，故曰十三月而祥。必言十一月、十三月者，親喪外除。又加兩月焉，則與大喪之中月同，可以禫矣，故曰十五月而禫。

〔一〕禮記雜記下。

父在爲母，其禫也父主之，則夫之爲妻，亦當十五月而禫矣。晉孫楚除婦服詩〔一〕，但以一周而畢，蓋不數禫月。

〔一〕孫楚，字子荆，晉書五六。世説文學篇注引孫楚除婦服詩，有「神爽登遐，忽已一周」之句。

其他期喪祥禫之祭，皆不在己，則亦以十一月而練，十三月而除可知。故鄭氏曰：「凡齊衰十一月皆可以出弔。」

妻之黨雖親弗主〔一〕

「姑姊妹其夫死，而夫黨無兄弟，使夫之族人主喪，妻之黨雖親弗主。夫若無族矣，則前後家，東西家；無有，則里尹主之。」此文以姑姊妹發端，以戒人不可主姑姊妹之夫之喪也。夫寧使疏遠之族人與鄰家里尹，而不使妻之黨爲之主。聖人之意，蓋已逆知後世必有如王莽假母后之權，行居攝之事，而篡漢家之統，而豫爲之坊者矣。别内外，定嫌疑，自天子至於庶人，一也。「或曰：主之而附於夫之黨」〔二〕，是惡知禮意哉！

〔一〕禮記雜記下。

〔二〕此亦雜記下之文。

吉祭而復寢〔一〕

「禫而從御，吉祭而復寢」，互言之也。鄭注已明。而孔氏乃以吉祭爲四時之祭，雖禫之後，必待四時之祭訖，然後復寢。非也。禫即吉祭也，豈有未復寢而先御婦人者乎？

〔一〕禮記喪大記。

如欲色然〔一〕

「人少則慕父母，知好色則慕少艾。」〔二〕能以慕少艾之心，而慕父母，則其誠無以加矣。正義云：「王肅解欲色爲如欲見父母之顔色。鄭何得比父母於女色？馬昭申云：孔子曰：『吾未見好德如好色者』〔三〕，是亦比色於德。張融云：如好色，取其甚也，於文無妨。」〔四〕

〔一〕禮記祭義。
〔二〕孟子萬章上。
〔三〕論語子罕、衛靈公。
〔四〕馬昭、張融皆魏博士。昭見高貴鄉公紀甘露元年條，作「馬照」；融見隋志孔子家語條。

先古〔一〕

祭義：「以事天地山川社稷先古。」先古，先祖也。詩曰：「以似以續。」〔二〕續古之人，亦謂其先人也。近曰先，遠曰古，故周人謂其先公曰古公〔三〕。

〔一〕禮記祭義。
〔二〕詩周頌。
〔三〕以上各條爲禮記。

博愛〔一〕

「先之以博愛，而民莫遺其親。」〔二〕「左右就養無方」〔三〕，謂之博愛。

〔一〕以下二條爲孝經。

〔二〕孝經三才章。

〔三〕禮記檀弓上。

以養父母日嚴

「故親生之膝下，以養父母日嚴。」〔一〕孩提之童，知愛而已。稍長然後知敬，知敬然後能嚴。子曰：「今之孝者，是謂能養。至於犬馬，皆能有養，不敬，何以别乎？」〔二〕故「雞初鳴，而衣服至於寢門外」〔三〕。「問衣燠寒，疾痛苛養，而敬抑搔之，出入則或先或後，而敬扶持之」〔四〕，敬之始也。「詩云：『戰戰兢兢，如臨深淵，如履薄冰。』〔五〕而今而後，吾知免夫」〔六〕。敬之終也。日嚴者，與日而俱進之謂。

〔一〕孝經聖治章。
〔二〕論語爲政。
〔三〕禮記文王世子。
〔四〕禮記内則。
〔五〕小雅小旻。
〔六〕論語泰伯。

致知〔一〕

致知者，知止也。董文清槐以知止二節合聽訟章爲格物傳。知止者何？「爲人君止於仁，爲人臣止於敬，爲人子止於孝，爲人父止於慈，與國人交止於信」，是之謂止。知止然後謂之知至。君臣父子國人之交，以至於「禮儀三百，威儀三千」，是之謂物。

〔一〕以下禮記大學。

詩曰：「天生烝民，有物有則。」〔一〕孟子曰：「舜明於庶物，察於人倫。」〔二〕昔者武王之訪，箕子之陳，曾子、子游之問，孔子之答，皆是物也。故曰「萬物皆備於我矣」〔三〕。

〔一〕大雅烝民。
〔二〕離婁下。
〔三〕孟子盡心上。

惟君子爲能體天下之物。故易曰：「君子以言有物，而行有恒。」〔一〕記曰：「仁人不過乎物，孝子不過乎物。」〔二〕

〔一〕易家人。
〔二〕禮記哀公問。

以格物爲多識於鳥獸草木之名，則末矣。「知者無不知也，當務之爲急。」〔一〕

〔一〕孟子盡心上。

聽訟者，與國人交之一事也。

顧諟天之明命〔一〕

「維天之命，於穆不已。」〔二〕其在於人，日用而不知，莫非命也。故詩、書之訓有曰：「顧諟天之明命。」又曰：「永言配命，自求多福。」〔三〕又曰：「若生子，罔不在厥初生，自貽哲命。」〔四〕又曰：「惟克天德，自作元命，配享在下。」〔五〕而劉康公之言曰：「民受天地之中以生，所謂命也。是以有動作禮義威儀之則，以定命也。」〔六〕「彼其之子，邦之司直」〔七〕，而以爲「舍命不渝」。「乃如之人，懷昏姻也」〔八〕。而以爲「不知命」。然則子之孝，臣之忠，夫之貞，婦之信，此天之所命，而人受之爲性者也。故曰「天命之謂性」〔九〕，求命於冥冥之表，則離而二之矣。

〔一〕尚書太甲。
〔二〕詩周頌。
〔三〕詩大雅文王。

〔四〕尚書召誥。
〔五〕尚書吕刑。
〔六〕左傳成十三年。
〔七〕詩鄭風羔裘。
〔八〕詩鄘風蝃蝀。
〔九〕禮記中庸。

「予迓續乃命于天」〔一〕，人事也。理之所至，氣亦至焉。是以「含章中正，而有隕自天」〔二〕，匪正之行，而天命不祐〔三〕。

〔一〕尚書盤庚中。
〔二〕易姤。
〔三〕易无妄。

桀紂帥天下以暴

仲虺之誥篇曰：「簡賢附勢，實繁有徒。」多方篇曰：「叨懫日欽，劓割夏邑。」此桀民之從暴也。微子篇曰：「殷罔不小大，好草竊姦宄。卿士師師非度，凡有辜罪，乃罔恒獲。小民方興，相爲敵讎。」此紂民之從暴也。故曰，幽厲興，則民好暴。「古之人所以胥訓告，胥保惠，胥教誨」〔一〕，而不使民之陷於邪僻者何哉？「上無禮，下無學，賊民興，喪無日矣」〔二〕。天保之詩，皆祝其君以受福之辭，而要其指歸，不過曰：「民之質矣，日用飲食，群黎百姓，徧爲爾德。」〔三〕然則人君爲國之存亡計者，其可不致審於民俗哉？

〔一〕尚書無逸。
〔二〕孟子離婁上。
〔三〕詩小雅天保。

財者末也

古人以財爲末，故舜命九官，未有理財之職；周官財賦之事，一皆領之於天官冢宰，而六卿無專任焉。漢之九卿，一太常，二光祿勳，三衛尉，四太僕，五廷尉，六鴻臚，七宗正，八大農，武帝太初元年，更名大司農。九少府。應劭曰：「少者小也。」師古曰：「大司農供軍國之用，少府以養天子。」〔一〕大農掌財在後，少府掌天子之私財又最後。唐之九卿，一太常，二光禄，三衛尉，四宗正，五太僕，六大理，七鴻臚，八司農，九太府，大略與漢不殊，而户部不過尚書省之屬官，故與吏、禮、兵、刑、工並列而爲六。至於大司徒，教民之職，宰相實總之也。罷宰相，廢司徒，以六部尚書爲二品，非重教化、後財貨之義矣。

〔一〕漢書十九上。

未有上好仁而下不好義者也

治化之隆，則「遺秉」、「滯穗」之利，及於寡婦〔一〕。恩情之薄，則耰鉏箕帚之色，加於父母〔二〕。故欲使民興孝興弟，莫急於生財。以好仁之君，用不畜聚斂之臣，則財足而化行，「人人親其親，長其長，而天下平矣」〔三〕。

〔一〕詩小雅大田。
〔二〕漢書四八賈誼傳治安策：「借父耰鉏，慮有德色，母取箕帚，立而誶語。」

〔三〕孟子離婁上。

君子而時中〔一〕

記曰：「禮時爲大，順次之，體次之，宜次之，稱次之。堯授舜，舜授禹，湯放桀，武王伐紂，時也。天地之祭，宗廟之事，父子之道，君臣之義，倫也。社稷山川之事，鬼神之祭，體也。喪祭之用，賓客之交，義也。羔豚而祭，百官皆足，太牢而祭，不必有餘，此之謂稱也。」〔二〕「古之聖人，内之爲尊，外之爲樂，少之爲貴，多之爲美。是故先王之制禮也，不可多也，不可寡也，惟其稱也。」此所謂「君子而時中」者也。故易曰：「二簋應有時，損剛益柔有時。」〔三〕舜之大孝，文王之無憂，武王、周公之達孝，皆所謂時中也。

〔一〕以下禮記中庸。

〔二〕禮記禮器。下亦引禮器，應加「又曰」。

〔三〕易損卦。

子路問强

洪範「六極」，六曰弱。鄭康成注：「愚懦不毅爲弱。」故子路問强〔一〕。

〔一〕此條後原有素夷狄行乎夷狄一條，三百五十七字，見黄氏校記。

素夷狄行乎夷狄〔一〕

「素夷狄行乎夷狄」，然則將居中國而去人倫乎？非也，處夷狄之邦而不失吾中國之道，是之謂「素夷狄行乎夷狄」也。六經所載帝舜滑夏之咨，殷宗有截之頌，禮記明堂之位，春秋會之書，凡聖人所以爲内夏外夷之防也如此其嚴也。文中子以元經之帝魏，謂「天地有奉，生民有庇，即吾君也」〔二〕。何其語之偷而悖乎。宋陳同甫謂：「黄初以來，陵夷四百餘載，夷狄異類迭起以主中國，而民生常覬一日之安寧於非所當事之人。」〔三〕以王仲淹之賢而猶爲此言，其無以異乎凡民矣。夫興亡有迭代之時，而中華無不復之日，若之何以萬古之心胸而區區於旦暮乎。楊循吉作金小史序曰：「由當時觀之，則完顏氏帝也，盟主也，大國也。由後世觀之，則夷狄也，盜賊也，禽獸也。」此所謂偷也。漢和帝時，侍御史魯恭上疏曰：「夫戎狄者，四方之異氣，蹲夷踞肆，與鳥獸無別。若雜居中國，則錯亂天氣，污辱善人。」〔四〕夫以亂辱天人之世，而論者欲將毀吾道以殉之，此所謂悖也。孔子有言：「居處恭，執事敬，與人忠，雖之夷狄，不可棄也。」〔五〕夫是之謂「素夷狄行乎夷狄」也。若乃相率而臣事之，奉其令，行其俗，甚者導之以爲虐于中國，而藉口於素夷狄之文，則子思之罪人也已。

〔一〕禮記中庸。此條刻本有目無文，據鈔本補。
〔二〕王通中説七述史篇。
〔三〕龍川集三問答。
〔四〕後漢書五五。
〔五〕論語子路。

鬼神

王道之大，始於閨門。妻子合，兄弟和，而父母順，道之邇也卑也。郊焉而天神假，廟焉而人鬼饗，道之遠也高也。「先王〔一〕事父孝，故事天明；事母孝，故事地察」〔二〕。修之爲經，布之爲政，本於天，殽於地，列於鬼神，達於喪祭，射御冠昏朝聘，而天下國家可得而正也。若舜、若文武周公，所謂庸德之行，而人倫之至者也。故曰：「君子之道，造端乎夫婦，及其至也，察乎天地。」〔三〕

〔一〕「王」上原有「明」字。

〔二〕孝經喪親章。

〔三〕禮記中庸。

人之有父母也，雞鳴問寢，左右就養無方，何其近也。及其既亡，而其容與聲，不可得而接，於是或求之陰，或求之陽，然後僾然必有見乎其位，然後乃憑工祝之傳，而致賚於孝孫。生而爲父母，殁而爲鬼神。子曰：「爲之宗廟，以鬼享之。」〔一〕此之謂也。論語菲飲食而致孝乎鬼神。「洋洋乎，如在其上，如在其左右。」〔二〕由順父母而推之也。

〔一〕孝經。

〔二〕禮記中庸。

記曰：「文王之爲世子，朝于王季，日三。雞初鳴，而衣服至於寢門外，問內豎之御者曰：『今日安否何如？』內豎曰：『安。』文王乃喜。及日中又至，亦如之。及暮又至，亦如之。其有不安節，則內豎以告文王，文王色憂，行不能正履。王季復膳，然後亦復初。食上，必在視寒煖之節；食下，問所膳，命膳宰曰：末有原。應曰諾，然後退。」〔一〕又曰：「文王之祭也，事死者如事生，思死者如不欲生。忌日必哀，稱諱如見親，祀之忠也，如見親之所愛，如欲色然，其文王與？詩云：『明發不寐，有懷二人。』〔二〕文王之詩也。」〔三〕夫惟文王，生而事親如此之孝，故歿而祭如此之忠，而如親之或見也。苟其生無養志之誠，則其歿也，自必無感通之理。故曰「惟孝子爲能饗親」〔四〕。而夫子之告子路亦曰：「未能事人，焉能事鬼。」〔五〕是故庸德之行，莫先於父母之順，而郊社之禮，禘嘗之義，緣之以起。明此，而天下國家可得而治矣。

〔一〕禮記文王世子。

〔二〕小雅小宛。

〔三〕禮記祭義。

〔四〕禮記祭義。

〔五〕論語先進。

在上位者能順乎親，而後可以事天享帝；在下位者能順乎親，而後可以獲上治民。

程子曰：「鬼神，天地之功用，而造化之迹也。」〔一〕張子曰：「鬼神者，二氣之良能也。」〔二〕用以解易「神也者，妙萬物而爲言」一章〔三〕，斯爲切當。如二子之説，則視之而弗見，聽之而弗聞者，鬼神也；其可見可聞者，亦鬼神也。今夫子但言弗見弗聞，知其爲祭祀之鬼神也。

〔一〕伊川易傳一。

〔二〕正蒙一上太和篇。

〔三〕易説卦。

質諸鬼神而無疑，猶易乾文言所謂「與鬼神合其吉凶」。謙、豐二彖，亦以鬼神與天地人並言。

期之喪達乎大夫

喪服自期以下，諸侯絕，大夫降者，説者以爲期已下之喪，皆其臣屬，故不服。然制禮之意不但爲此。古人有喪不祭，諸侯有山川社稷宗廟之事，不可以曠，故惟服三年，而不服期。大夫亦與於其君駿奔在廟之事，但人數多，不至於曠，故但降之而已。此古人重祭之義，後人不知，但以爲貴貴而已。正義曰：「期之喪達乎大夫，謂旁親所降在大功者，得爲期喪，還著大功之服。若天子諸侯，旁期之喪則不服也。」

諸侯亦有期服，如「始封之君，不臣諸父昆弟，封君之子，不臣諸父，而臣昆弟」〔一〕。且亦有大功服，如「姑姊妹嫁於國君，尊同則不降」〔二〕。記特舉其大概言之爾。

〔一〕儀禮喪服傳。

〔二〕儀禮喪服傳。

三年之喪達乎天子

「父母之喪，無貴賤一也。」〔一〕即解上「三年之喪達乎天子」〔二〕一句。此舉其重者而言。然三年之喪，不止父母。左氏昭公十五年傳：「王一歲而有三年之喪二焉。」謂穆后與太子。王后謂之三年者，據達子之志而言，其實期也。是天子亦有期喪。

〔一〕禮記中庸。

〔二〕禮記中庸。

達孝

達孝者，達於上下，達於幽明，所謂「孝弟之至，通於神明，光於四海，無所不通」〔一〕者也。與達道達德之達同義。

〔一〕孝經感應章。

思事親不可以不知人

「無豐于昵」〔一〕，祖己之所以戒殷王也。「自八以下」〔二〕，衆仲之所以對魯隱也。以客爲臣〔三〕，子游之所以規文子也。親親之道，賴賢人而明者多矣。漢哀帝聽泠〔四〕褒、段猶之言，而尊定陶共皇。唐高宗聽李勣之言，而立皇后武氏。不知人之禍，且至於斁倫亂紀而不顧，可不慎哉！

〔一〕尚書高宗肜日。
〔二〕左傳隱五年。
〔三〕禮記檀弓上。
〔四〕漢書八六師丹傳。「冷」原作「泠」，音靈，潘本已誤「泠」。

人倫之大，莫過乎君父，而子夏先之以「賢賢易色」，何也？思事親不可以不知人也。

父子之親，長幼之序，男女之別，非師不明。教人以禮者，師之功也。故曰：「師無當於五服，五服弗得不親。」〔一〕

〔一〕禮記學記。

誠者天之道也

「誠者天之道也」〔一〕，故「天下雷行，物與无妄，而先王以茂對時育萬物」〔二〕。

〔一〕禮記中庸。
〔二〕易无妄。

「天叙有典，敕我五典五惇哉；天秩有禮，自我五禮有庸哉；天命有德，五服五章哉；天討有罪，五刑五用哉。」〔一〕莫非誠也。故曰：「凡爲天下國家有九經，所以行之者一也。」〔二〕

〔一〕尚書皋陶謨。
〔二〕禮記中庸。

肫肫其仁〔一〕

五品之人倫，莫不本於中心之仁愛，故曰：「拜稽顙，哀戚之至隱也，稽顙，隱之甚也。」〔二〕又曰：「其送往也，茫茫然，汲汲然，如有追而弗及也；其反哭也，皇皇然，如有求而弗得也。故其往送也如慕，其反也如疑。求而無所得之也，入門而弗見也，上堂又弗見也，入室又弗見也，亡矣喪矣，不可復見已矣。故哭泣辟踊，盡哀而止矣。心悵焉，愴焉，惚焉，愾焉，心絶志悲而已矣。」〔三〕此於喪而觀其仁也。「喪三日而殯，凡附於身者，必誠必信，勿之有悔焉耳矣。三月而葬，凡附於棺者，必誠必信，勿之有悔焉耳矣。」〔四〕又曰：「且比化者，無使土親膚，於人心獨無恔乎。」〔五〕此於葬而觀其仁也。「齊之日，思其居處，思其笑語，思其志意，思其所樂，思其所嗜。齊三日，乃見其所爲齊者。祭之日，入室，僾然，必有見乎其位；周還出户，肅然，必有聞乎其容聲；出户而聽，愾然，必有聞乎其歎息之聲。是故先王之孝也，色不忘乎目，聲不絶乎耳，心志嗜欲不忘乎心」〔六〕。又曰：「祭之明日，明發不寐，饗而致之，又從而思之；祭之日，樂與哀半，饗之必樂，已至必哀。」〔七〕此於祭而觀其仁也。自此而推之，「郊社之禮〔八〕，所以仁鬼神也；射鄉之禮，所以仁鄉黨也；食饗之禮，所以仁賓客也」〔九〕。「親親而仁民，仁民而愛物。」〔十〕而天下之大經畢舉而無遺矣。故曰：「孝弟爲仁之本。」〔十一〕

〔一〕禮記中庸。以經解經。
〔二〕禮記檀弓下。
〔三〕禮記問喪。
〔四〕禮記檀弓上。
〔五〕孟子公孫丑下。
〔六〕禮記祭義。
〔七〕禮記祭義。
〔八〕「禮」原作「義」。
〔九〕禮記仲尼燕居。
〔十〕孟子盡心上。

〔十一〕論語學而。

日知録校注卷七

孝弟爲仁之本〔一〕

堯舜之道，孝弟而已矣。是故「克明俊德，以親九族。九族既睦，平章百姓。百姓昭明，協和萬邦，黎民於變時雍」〔二〕。此之謂「孝弟爲仁之本」。

〔一〕論語學而。

〔二〕尚書堯典。

察其所安〔一〕

「求仁而得仁」〔二〕，安之也。「不怨天不尤人，下學而上達」〔三〕，安之也。使非所安，則擇乎中庸而不能期月守矣。

〔一〕論語爲政。
〔二〕論語述而。
〔三〕論語憲問。

子張問十世〔一〕

記曰：「聖人南面而治天下，必自人道始矣。立權度量，考文章，改正朔，易服色，殊徽號，異器械，別衣服，此其所得與民變革者也。其不可得變革者則有矣，親親也，尊尊也，長長也，男女有別，此其不可得與民變革者也。」〔二〕自春秋之并爲七國，七國之并爲秦，而大變先王之禮。然其所以辨上下，別親疏，決嫌疑，定是非，則固未嘗有異乎三王也。故曰「其或繼周者，雖百世可知也」〔三〕。

〔一〕論語爲政。
〔二〕禮記大傳。

〔三〕論語爲政。

自古帝王相傳之統，至秦而大變。然而秦之所以亡，漢之所以興，則亦不待讖緯而識之矣。不仁而得天下，未之有也，此百世可知者也。保民而王，莫之能禦也，此百世可知者也。

媚奥〔一〕

奥何神哉？如祀竈，則迎尸而祭於奥，此即竈之神矣。詩「于以奠之，宗室牖下」〔二〕注：「牖下，室西南隅，所謂奥也。」李氏曰：户東而牖西。户不當中而近東，則西南隅最爲深隱，故謂之奥。而祭祀及尊者常處焉。曲禮：爲人子者，居不主奥。仲尼燕居以奥阼並言。是奥本人之所處，祭時乃奉神於此。時人之語，謂媚其君者，將順於朝廷之上，不若逢迎於燕退之時也。注，以奥比君，以竈比權臣，本一神也，析而二之，未合語意。

〔一〕論語八佾。

〔二〕召南采蘋。

武未盡善〔一〕

觀於季札論文王之樂，以爲「美哉猶有憾」〔二〕，則知夫子謂武未盡善之旨矣。「猶未洽於天下」，孟子〔三〕。此文之猶有憾也。「天下未安而崩」，史記封禪書〔四〕。此武之未盡善也。記曰：「樂者，象成者也。」〔五〕又曰：「移風易俗，莫善於樂。」〔六〕武王當日誅紂伐奄，三年討其君，而寶龜之命曰「有大艱于西土」〔七〕，殷之頑民，迪屢不靜，「商俗靡靡，利口惟賢，餘風未殄」〔八〕。視舜之「從欲以治，四方風動」〔九〕者，何如哉？故大武之樂，雖作於周公，而未至於世變風移之日，聖人之時也，非人力之所能爲矣。劉汝佳曰：揖讓征誅，自是聖人所遇。使舜當武之時，亦須征伐。孔子曰：唐虞禪，夏后殷周繼。其義一也。性之反之，自其從入之異，及其成功一也。人而天，反而性矣。以是而論樂之優劣，其與以追蠡者何異哉〔十〕？

〔一〕論語八佾。

〔二〕左傳襄廿九年。

〔三〕公孫丑上。

〔四〕史記二八。

〔五〕禮記樂記。

〔六〕孝經廣要道章。

〔七〕尚書大誥。

〔八〕尚書畢命。

〔九〕尚書大禹謨。

〔十〕待考。

朝聞道夕死可矣〔一〕

「有弗學，學之弗能，弗措也。有弗問，問之弗知，弗措也。有弗思，思之弗得，弗措也。有弗辨，辨之弗明，弗措也。有弗行，行之弗篤，弗措也。」〔二〕「不知年數之不足也，俛焉日有孳孳，斃而後已」〔三〕。故曰：「朝聞道，夕死可矣。」

〔一〕論語里仁。

〔二〕禮記中庸。

〔三〕禮記表記。

吾見其進也，未見其止也。有一日未死之身，則有一日未聞之道。

忠恕〔一〕

延平先生答問〔二〕門人朱熹元晦編曰：「夫子之道，不離乎日用之間。自其盡己而言，則謂之忠；自其及物而言，則謂之恕。莫非大道之全體。雖變化萬殊，於事爲之末，而所以貫之者，未嘗不一也。曾子答門人之問，正是發其心爾，豈有二邪？若以爲夫子一以貫之之旨甚精微，非門人所可告，姑以忠恕答之，恐聖賢之心不若是之支也。如孟子言：堯舜之道孝弟而已矣，人皆足以知之。但合内外之道，使之體用一原，顯微無間，則非聖人不能爾。」朱子又嘗作忠恕説，其大指與此略同。按此説甚明，而集注乃謂借學者盡己推己之目以著明之，是疑忠恕爲下學之事，不足以言聖人之道也。然則是二之，非一之也。

〔一〕論語里仁。
〔二〕書止一卷。

慈谿黄氏曰：「天下之理無所不在，而人之未能以貫通者，己私間之也。盡己之謂忠，推己及人之謂恕。忠恕既盡，己私乃克，此理所在，斯能貫通。故忠恕者，所以能一以貫之者也。」〔一〕

〔一〕黄氏日鈔八二撫州辛未冬至講義。

元戴侗作六書故，其訓忠曰：「盡己致至之謂忠。語曰：『爲人謀而不忠乎？』又曰：『言思忠。』〔一〕記曰：『喪禮，忠之至也。』又曰：『祀之忠也，如見親之所愛，如欲色然。』又曰：『瑕不揜瑜，瑜不揜瑕，忠也。』〔二〕傳曰：『上思利民忠也。』又曰：『小大之獄，雖不能察，必以情，忠之屬也。』〔三〕孟子曰：『自反而仁矣，自反而有禮矣，其横逆由是也。君子必自反也，我必不忠。』〔四〕觀於此數者，可以知忠之義矣。反身而誠，然後能忠。能忠矣，然後由己推而達之家國天下，其道一也。」其訓恕曰：「推己及物之謂恕。『己欲立而立人，己欲達而達人』〔五〕。施諸己而不願，亦勿施於人，恕之道也。充是心以往，達乎四海矣。故曰：『夫子之道，忠恕而已矣。』〔六〕忠也者，天下之大本也；恕也者，天下之達道也。」〔七〕本程子。「子貢問曰：有一言而可以終身行之者乎？子曰：其恕乎！」〔八〕仲弓問仁，夫子告之亦以敬恕。夫聖人者，何以異於人哉？知終身可行，則知一以貫之之義矣。

〔一〕論語學而、季氏。
〔二〕禮記禮器、祭義、聘義。
〔三〕左傳桓六年、莊十年。
〔四〕孟子離婁下。
〔五〕論語雍也。
〔六〕論語里仁。
〔七〕均見六書故十三。
〔八〕論語衛靈公。

中庸記夫子言「君子之道四」，無非忠恕之事。而乾九二之龍德，亦惟曰：「庸言之信，庸行之謹。」〔一〕然則忠恕，君子之道也。何以言違道不遠，曰：此猶之云「巧言令色鮮矣仁」也〔二〕。古人語辭云爾。違道不遠，即道也；違禽獸不遠，即禽獸也。孟子已自申之。豈可以此而疑忠恕之有二乎？或曰：孟子言：「强恕而行，求仁莫近焉。」〔三〕何也？曰：此爲未至乎道者言之也。孟子曰：「由仁義行，非行仁義也。」〔四〕仁義豈有二乎？今人謂有聖人之忠恕，有學者之忠恕，非也。盡得忠恕，方是聖人，學者所以學爲忠恕。

〔一〕易乾文言。
〔二〕論語陽貨。
〔三〕孟子盡心下。
〔四〕孟子離婁下。

夫子之言性與天道〔一〕

夫子之教人，文行忠信，而性與天道在其中矣。故曰「不可得而聞」。

〔一〕論語公冶長。初刻三之一，原四段，今只第六、七段與初刻二、三段略同。

子曰：「二三子以我爲隱乎？吾無隱乎爾。吾無行而不與二三子者，是丘也」〔一〕。謂夫子之言性與天道不可得而聞，是疑其有隱者也。不知夫子之文章，無非夫子之言性與天道，所謂「吾無行而不與二三子者，是丘也」。

〔一〕論語述而。

子貢之意，猶以文章與性與天道爲二。故曰：「子如不言，則小子何述焉？」子曰：「天何言哉？四時行焉，百物生焉。天何言哉？」〔一〕是故可仕可止，可久可速，無一而非天也。恂恂便便，侃侃誾誾，無一而非天也。

〔一〕論語陽貨。

「動容周旋中禮者，盛德之至也。」〔一〕孟子以爲堯舜性之之事。夫子之文章，莫大乎春秋。春秋之義，尊天王，攘戎翟〔二〕，誅亂臣賊子，皆性也，皆天道也。故胡氏以春秋爲聖人性命之文，而「子如不言，則小子其何述乎？」

〔一〕孟子盡心下。
〔二〕「戎翟」原作「夷狄」。

今人但以繫辭爲夫子言性與天道之書。愚嘗三復其文，如「鳴鶴在陰」，七爻；「自天祐之」，一爻〔一〕；「憧憧往來」，十一爻〔二〕；「履德之基也」，九卦。所以教人學易者，無不在於言行之間矣。故曰：「初率其辭，而揆其方，既有典常，苟非其人，道不虛行。」〔三〕

〔一〕「鳴鶴」、「自天」，易繫辭上。
〔二〕「憧憧」，易繫辭下。
〔三〕易繫辭下。

樊遲問仁，子曰：「居處恭，執事敬，與人忠。」〔一〕司馬牛問仁，子曰：「仁者其言也訒。」由是而充之，「一日克己復禮」〔二〕。有異道乎？今之君子，學未及乎樊遲、司馬牛，而欲其説之高於顔、曾二子，是以終日言性與天道而不自知其墮於禪學也〔三〕。

〔一〕論語子路。
〔二〕論語顏淵。
〔三〕此句原作「無怪乎與聖人之道背而馳矣」。

朱子曰：「聖人教人不過孝弟忠信，持守誦習之間，此是下學之本。今之學者，以爲鈍根，不足留意，其平居道説，無非子貢所謂不可得而聞者。」〔一〕又曰：「近日學者，病在好高。論語未問學而時習，便説一貫。孟子未言梁惠王問利，便説盡心。易未看六十四卦，便讀繫辭。此皆躐等之病。」〔二〕又曰：「聖賢立言，本自平易，今推之使高，鑿之使深。」〔三〕

〔一〕晦庵集三八答林謙之。
〔二〕朱子語類十九。
〔三〕晦庵集三五答劉子澄。初刻此段只有中間一節。

黄氏日鈔曰：「夫子述六經，後來者溺於訓詁，未害也；濂洛言道學，後來者借以談禪，則其害深矣。」〔一〕

〔一〕日鈔卅八讀朱子語類續集。

孔門弟子不過四科，自宋以下之爲學者，則有五科，曰語録科。

劉石〔一〕亂華，本於清談之流禍，人人知之。孰知今日之清談，有甚於前代者。昔之清談，談老莊，今之清談，談孔孟。未得其精，而已遺其粗，未究其本，而先辭其末。不習六藝之文，不考百王之典，不綜當代之務，舉夫子論學論政之大端，一切不問，而曰一貫，曰無言，以明心見性之空言，代修己治人之實學。股肱惰而萬事荒，爪牙亡而四國亂，神州蕩覆，宗社丘墟。昔王衍妙善玄言，自比子貢。及爲石勒所殺，「將死，顧而言曰：嗚呼！吾曹雖不如古人，向若不祖尚浮虚，勠力以匡天下，猶可不至今日」〔二〕。今之君子，得不有媿乎其言〔三〕。

〔一〕「劉石」原作「五胡」。

〔二〕晉書四三王衍傳。

〔三〕本條初刻第一、第四段，今本無。文如下：

今之爲性命之學者，吾不知其源矣。其在日用之間邪？是庸德也，聖人固教人訥於言而敏於行也。其在天下古今之大邪？曰「好古敏求」，曰「多聞多見」，曰「焉不學」，固未有不學而能通者也。以吾觀於其人，未能忘天下也，而曰何必讀書，何也？且其人能賢於子貢邪？子貢之所未聞，而强欲聞之，又胥天下而語之。嗚呼！異矣。

林材福州府志曰：「余好問長老先輩時事，或爲余言，林尚默（名誌，閩縣人，永樂壬辰進士第二人）方游鄉序，爲弟子員，即自負其才當冠海内士云。然考其時試諸生者，則楊文貞、金文靖二公也。夫尚默當時所習，特舉子業耳，而楊、金二學士，皆文章宿老，蔚爲儒宗。尚默乃能必之二公，若合符節，何哉？當是時也，學出於一，上以是取之，下以是習之，譬作車者不出門而知適四方之合轍也。正德末，異説者起，以利誘後生，使從其學。毁儒先，詆傳注，殆不啻弁髦矣。由是學者倀倀然莫知所從。欲從其舊説，則恐或主新説；從其新説，則又不忍遽棄傳注也。己不能自必，況於人乎？嗚呼！士之懷瑾握瑜，範馳驅而不遇者，可勝道哉？是故射無定鵠，則羿不能巧；學無定論，則游、夏不能工。欲道德一、風俗同，其必自大人不倡游言始。」

變齊變魯〔一〕

變魯而至於道者，「道之以德，齊之以禮」〔二〕。變齊而至於魯者，道之以政，齊之以刑。

〔一〕論語雍也。
〔二〕論語爲政。

博學於文〔一〕

「君子博學於文」，自身而至於家國天下，制之爲度數，發之爲音容，莫非文也。「品節斯，斯之謂禮。」〔二〕「孔子曰：伯母叔母疏衰，踴不絶地；姑姊妹之大功，踴絶於地。知此者由文矣哉！由文矣哉！」〔三〕記曰：「三年之喪，人道之至文者也。」〔四〕又曰：「禮減而進，以進爲文，樂盈而反，以反爲文。」〔五〕傳曰：「文明以止，人文也。觀乎人文，以化成天下。」〔六〕故曰：「文王既没，文不在兹乎？」〔七〕而謚法「經緯天地曰文」〔八〕，與弟子之學詩書六藝之文，有深淺之不同矣〔九〕。

〔一〕論語雍也。
〔二〕禮記檀弓下。
〔三〕禮記雜記下。
〔四〕禮記三年問。

〔五〕禮記樂記及祭義。
〔六〕易賁卦。
〔七〕論語子罕。
〔八〕汲冢周書六謚法解。
〔九〕此條爲「文」字索引。

三以天下讓〔一〕

皇矣之詩曰：「帝作邦作對，自大伯王季。」〔二〕則泰伯之時，周日以彊大矣，乃託之采藥，往而不反。當其時以國讓也，而自後日言之，則以天下讓也。猶南宫适謂稷躬稼而有天下。當其時讓王季也，而自後日言之，則讓於文王武王也。有天下者，在三世之後，而讓之者，在三世之前。宗祧不記其功，彝鼎不銘其迹，此所謂三以天下讓，民無得而稱焉者也。路史曰：「方太王時，以與王季，而王季以與文王，文王以與武王，皆泰伯啓之也。」〔三〕故曰三讓。鄭康成注曰：「泰伯，周太王之長子，次子仲雍，次子季歷。太王見季歷賢，又生文王，有聖人表，故欲立之，而未有命。太王疾，泰伯因適吳越采藥，太王殁而不反。季歷爲喪主，一讓也。季歷赴之，不來奔喪，二讓也。免喪之後，遂斷髮文身，三讓也。三讓之美，皆隱蔽不著，故人無得而稱焉。」

〔一〕論語泰伯。
〔二〕詩大雅。
〔三〕路史國名紀三泰伯仲雍後條注。

泰伯去而王季立，王季立而文、武興，雖謂之以天下讓，可矣。太史公序吴世家云：「太伯避歷，江蠻是適，文武攸興，古公王迹。」〔一〕甚當。

〔一〕史記一三〇。

高泰伯之讓國者，不妨王季，詩之言「因心則友」〔一〕是也。述文王之事君者，不害武王，詩之言「上帝臨女」〔二〕是也。古人之能言如此。今將稱泰伯之德，而先以莽、操之志加諸太王，豈夫子立言之意哉？朱子作論語或問，不取翦商之説，而蔡仲默〔三〕傳書武成曰：「大王雖未始有翦商之志，而始得民心，王業之成，實基於此。」仲默，朱子之門人，可謂善於匡朱子之失者矣。

〔一〕大雅皇矣。
〔二〕大雅文王。
〔三〕蔡沈。

或問曰：「太王有廢長立少之意，非禮也。泰伯又探其邪志而成之，至於父死不赴，傷毁髮膚，皆非賢者之事。就使必於讓國而爲之，則亦過而不合於中庸之德矣。其爲至德何邪？」曰：「太王之欲立賢子聖孫，爲其道足以濟天下，而非有愛憎之間，利欲之私也。是以泰伯去之而不爲狷，王季受之而不爲貪，父死不赴，傷毁髮膚，而不爲不孝。蓋處君臣父子之變，而不失乎中庸，此所以爲至德也。其與魯隱公、吳季子之事，蓋不同矣。」此説本之伊川先生。

有婦人焉〔一〕

「予有亂臣十人」〔二〕，同心同德，此陳師誓衆之言。所謂十人，皆身在戎行者，而太姒邑姜，自在宮壼之内，必不從軍旅之事，亦必不并數之，以足十臣之數也。古人有言曰：

「牝雞無晨，牝雞之晨，惟家之索。」〔三〕方且以用婦人爲紂罪矣。乃周之功業，必藉於婦人乎？此理之不可通，或文字傳寫之誤。漢博士孔衍言：臣祖安國，得壁中古文論語，爲改今文。闕疑可也。書大誥：「爽邦由哲，亦惟十人，迪知上帝命。」蔡氏亦以爲亂臣十人。

〔一〕論語泰伯。
〔二〕論語泰伯。
〔三〕尚書泰誓。

季路問事鬼神〔一〕

「未能事人，焉能事鬼？」左右就養無方，故其祭也，洋洋乎如在其上，如在其左右。「未知生，焉知死？」人之生也直，故其死也，「無求生以害仁，有殺身以成仁」〔二〕。

〔一〕論語先進。
〔二〕論語衛靈公。

「天地有正氣，雜然賦流形，下則爲河岳，上則爲日星。」文信公正氣歌。可以謂之知生矣。「孔曰成仁，孟曰取義，而今而後，庶幾無媿。」衣帶贊。可以謂之知死矣。

不踐迹〔一〕

服堯之服，誦堯之言，行堯之行，所謂踐迹也。先王之教，若説命所謂「學于古訓」，康誥所謂「紹聞衣德言」，以至於詩書六藝之文，三百三千之則，有一非踐迹者乎？善人者，忠信而未學禮，篤實而未日新，雖其天資之美，亦能闇與道合，而足己不學，無自以入聖人之室矣。治天下者亦然。故曰：「周監於二代，郁郁乎文哉。」〔二〕不然，則以漢文之幾致刑措，而不能成三代之治矣。

〔一〕論語先進。
〔二〕論語八佾。

異乎三子者之撰〔一〕

夫子「如或知爾」之言，「吾非斯人之徒與，而誰與」也。曾點「浴沂詠歸」之言，「素貧賤，行乎贫賤，君子無入而不自得」也。故曰「異乎三子者之撰」。

〔一〕論語先進。

去兵去食〔一〕

「乃積乃倉，乃裹餱糧，于槖于囊。」〔二〕國所以足食，而不待豳土之行也。「備乃弓矢，鍛乃戈矛，礪乃鋒刃，無敢不善。」〔三〕國所以足兵，而不待淮夷之役也。苟其事變之來，而有所不及備，則耰鉏白梃，可以爲兵，而不可闕食以修兵矣。糠覈草根，可以爲食，而不可棄信以求食矣。古之人，有至於張空弮，羅雀鼠，而民無貳志者，非上之信有以結其心乎？此又權於緩急輕重之間，而爲不得已之計也。明此義，則國君死社稷，大夫死宗廟，至於輿臺牧圉之賤，莫不親其上，死其長，所謂聖人有金城者，此物此志也，豈非爲政之要道乎？孟子言：「制梃以撻秦楚」〔四〕，亦是可以無待於兵之意。

〔一〕論語顔淵。
〔二〕詩大雅公劉。
〔三〕尚書費誓。
〔四〕孟子梁惠王上。

古之言兵，非今日之兵，謂五兵也〔一〕。故曰：「天生五材，誰能去兵。」〔二〕世本：「蚩尤以金作兵，一弓，二殳，三矛，四戈，五戟。」周禮司右「五兵」注引司馬法曰：「弓矢、圍，殳、矛、守，戈、戟助。」〔三〕是也。「詰爾戎兵」〔四〕，詰此兵也；「踴躍用兵」〔五〕，用此兵也；「無以鑄兵」，左氏僖公十八年傳。鑄此兵也。秦漢以下，始謂執兵之人爲兵。如信陵君得選兵八萬人，項羽將諸侯兵三十餘萬，見於太史公之書，而五經無此語也。

〔一〕此條爲「兵」字索引。
〔二〕左傳襄二十七年。
〔三〕夏官司右。
〔四〕尚書立政。
〔五〕詩邶風擊鼓。

以執兵之人爲兵，猶之以被甲之士爲甲。公羊傳，桓公使高子將南陽之甲，立僖公而城魯。閔公二年。晉趙鞅取晉陽之甲，以逐荀寅，與士吉射。哀公十三年〔一〕。

〔一〕集釋本作「定公十三年」，誤。

奡盪舟〔一〕

竹書紀年，帝相二十七年，「澆伐斟鄩大戰于濰，覆其舟滅之」〔二〕。楚辭天問，「覆舟斟鄩，何道取之？」正此謂也。漢時竹書未出，故孔安國注爲「陸地行舟」，而後人因之。王逸注天問，謂滅斟鄩氏，奄若覆舟。亦以不見竹書，而强爲之説。

〔一〕論語憲問。
〔二〕竹書紀年上。

古人以左右衝殺爲盪陣，宋書顏師伯傳：「單騎出盪。」〔一〕孔覬傳：「每戰以刀楯直盪。」〔二〕其銳卒謂之跳盪，别帥謂之盪主。陳書高祖紀：「盪主戴晃、徐宣等。」〔三〕後周書侯莫陳崇傳〔四〕、王勇傳〔五〕有直盪都督。楊紹傳〔六〕有直盪别將。晉書載記隴上健兒歌曰：「丈八蛇矛左右盤，十盪十決無當前。」〔七〕唐書百官志：「矢石未交，陷堅突衆，敵因而敗者，曰跳盪。」〔八〕盪舟蓋兼此義，與蔡姬之乘舟蕩公者不同。左傳僖公三年〔九〕。

〔一〕宋書七七。
〔二〕宋書八四。
〔三〕陳書一。
〔四〕後周書十六。
〔五〕後周書廿九。
〔六〕後周書廿九。

〔七〕晉書一〇三劉曜載記。
〔八〕新唐書四六司勳郎中條下。
〔九〕「盪」字索引。

管仲不死子糾〔一〕

君臣之分，所關者在一身；華裔〔二〕之防，所繫者在天下。故夫子之於管仲，略其不死子糾之罪，而取其一匡九合之功，蓋權衡於大小之間，而以天下爲心也。夫以君臣之分，猶不敵華裔之防，而春秋之志可知矣。

〔一〕論語憲問。
〔二〕「華裔」原作「夷夏」。下同。

有謂管仲之於子糾，未成爲君臣者，子糾於齊未成君，於仲與忽則成爲君臣矣。狐突之子毛及偃，從文公在秦而曰：「今臣之子，名在重耳，有年數矣。」〔一〕漢晉以下，太子諸王與其臣皆定君臣之分。蓋自古相傳如此。若毛、偃爲重耳之臣，而仲與忽不得爲糾之臣，是以成敗定君臣也，可乎？又謂桓兄糾弟，此亦强爲之説。

〔一〕左傳僖二十三年。

論至於尊周室，存華夏〔一〕之大功，則公子與其臣，區區一身之名分小矣。雖然，其君臣之分故在也，遂謂之無罪，非也。

〔一〕「存華夏」原作「攘夷狄」。

予一以貫之〔一〕

「好古敏求」，「多見而識」，夫子之所自道也，然有進乎是者。六爻之義至賾也，而曰：「知者觀其彖辭，則思過半矣。」〔二〕三百之詩至汎也，而曰：「一言以蔽之，曰思無邪。」〔三〕三千三百之儀至多也，而曰：「禮與其奢也寧儉。」十世之事至遠也，而曰：「殷因於夏禮，周因於殷禮，雖百世可知。」〔三〕百王之治至殊也，而曰：「道二，仁與不仁而已矣。」〔四〕此所謂「予一以貫之」者也。其教門人也，必先叩其兩端，而使之以三隅反。故顔子則聞一以知十，而子貢切磋之言，子夏禮後之問，則皆善其可與言詩。豈非天下之理，殊塗而同歸，大人之學，舉本以該末乎？彼章句之士，既不足以觀其會通，而高明之君子，又或語德性而遺問學，均失聖人之指矣。

〔一〕論語衛靈公。
〔二〕易繫辭下。
〔三〕論語爲政、八佾、爲政。
〔四〕孟子離婁上。

君子疾没世而名不稱焉〔一〕

疾名之不稱，則必求其實矣。君子豈有務名之心哉？是以乾初九之傳曰：「不易乎世，不成乎名。」

〔一〕論語衛靈公。

古人求没世之名，今人求當世之名。吾自幼及老，見人所以求當世之名者，無非爲利也。名之所在，則利歸之，故求之惟恐不及也。苟不求利，亦何慕名？

性相近也〔一〕

性之一字，始見於商書，曰：「惟皇上帝，降衷于下民，若有恒性。」〔二〕恒即相近之義。相近，近於善也；相遠，遠於善也。故夫子曰：「人之生也直，罔之生也幸而免。」〔三〕人之生也直，即孟子所謂性善。

〔一〕論語陽貨。

〔二〕尚書湯誥。

〔三〕論語雍也。

人亦有生而不善者。如楚子良生子越椒，子文知其必滅若敖氏是也。然此千萬中之一耳。故公都子所述之三説，孟子不斥其非，而但曰：「乃若其情，則可以爲善矣，乃所謂善也。」〔一〕蓋凡人之所大同，而不論其變也。若紂爲炮烙之刑，盜跖日殺不辜，肝人之肉，此則生而性與人殊，亦如五官百骸，人之所同，然亦有生而不具者，豈可以一而概萬乎？故終謂之性善也。

〔一〕孟子告子上。

孟子論性，專以其發見乎情者言之，且如見孺子入井，亦有不憐者，嘑蹴之食，有笑而受之者，此人情之變也。若反從而喜之，吾知其無是人也。

曲沃衛嵩〔一〕曰：「孔子所謂相近，即以性善而言。若性有善有不善，其可謂之相近乎？如堯舜性者也，湯武反之也。若湯武之性不善，安能反之以至於堯舜邪？湯武可以反之，即性善之説。湯武之不即爲堯舜，而必待於反之，即性相近之説也。孔孟之言一也。」

〔一〕衛嵩應作「崈」。潘本亦誤作「嵩」。全部日知録黄刻本皆誤「崈」作「嵩」，並見本卷梁惠王條四段注二，十五卷墓祭條二段，十八卷心學條三段注二。十八卷潘本獨作「蒿」不誤，黃本乃改爲「嵩」。

虞仲〔一〕

史記：「太伯之奔荆蠻，自號句吳。荆蠻義之，從而歸之千餘家，立爲吳太伯。太伯卒，無子，弟仲雍立，是爲吳仲雍。仲雍卒，子季簡立。季簡卒，子叔達立。叔達卒，子周章立。是時周武王克殷，求太伯、仲雍之後，得周章。周章已君吳，因而封之。乃封周章弟虞仲於周之北故夏墟，是爲虞仲，列爲諸侯。」〔二〕按此，則仲雍爲吳仲雍，而虞仲者，仲雍之曾孫也。殷時諸侯有虞國。詩所云「虞芮質厥成」〔三〕者。武王時，國滅，而封周章之弟於其故墟，乃有虞仲之名耳。論語「逸民、虞仲夷逸」，左傳「太伯、虞仲，太王之昭也」〔四〕。即謂仲雍爲虞仲，是祖孫同號，且仲雍君吳，不當言虞，古「吳」、「虞」二字多通用。史記趙世家：「吳廣内其女孟姚。」〔五〕索隱曰：「古虞、吳音相近，故舜後亦姓吳。」詩「不吳不敖」〔六〕，漢書武帝紀引作「不虞不驚」。衛尉衡方碑辭引「不吳不揚」作「不虞不揚」。釋名：「吳，虞也。」公羊傳定公四年，晉士鞅衛孔圉帥師伐鮮虞。虞本或作吳。石鼓文有吳人，注曰：虞人也。水經注：「吳山在汧縣西，古之汧山也。國語所謂虞矣。」〔七〕楊用修曰：「吳，古虞字省文。如虖之省爲乎，樝之省爲柤也。」今崑山有浦名大虞、小虞，俗謂之大吳、小吳。竊疑二書所稱虞仲，並是吳仲之誤。又考吳越春秋：「太伯曰：其當有封者，吳仲也。」〔八〕則仲雍之稱吳仲，固有徵矣。

〔一〕論語微子。初刻三之二，只有前二段。

〔二〕史記三一吳太伯世家。

〔三〕詩大雅緜。

〔四〕左傳僖五年。

〔五〕史記四三。

〔六〕周頌絲衣。

〔七〕水經注十七渭水條。

〔八〕吳越春秋一吳太伯傳。

漢書地理志〔一〕：「河東郡，大陽，吳山在西，上有吳城。史記秦本紀，昭襄王五十三年，伐魏取吳城〔二〕。周武王封太伯後於此。吳祖太伯，故曰太伯後。是爲虞公。」續漢郡國志：「太陽有吳山，上有虞城。」〔三〕水經注亦作虞城〔四〕。虞城之書爲吳城，猶吳仲之書爲虞仲也。杜元凱左氏注，亦曰「仲雍支子，別封西吳」〔五〕。

〔一〕漢書二八上。
〔二〕史記五。此段初刻無注。
〔三〕後漢書二九郡國志一河東郡。
〔四〕水經注四河水條。
〔五〕初刻無末二句。

聽其言也厲〔一〕

君子之言，非有意於厲也，是曰是，非曰非。孔穎達洪範正義曰：「言之決斷，若金之斬割。」〔二〕

〔一〕論語子張。
〔二〕尚書洪範。

居官則告諭可以當鞭朴，行師則誓戒可以當甲兵。此之謂「聽其言也厲」。

有始有卒者其惟聖人乎〔一〕

聖人之道，未有不始於灑埽應對進退者也。故曰：「約之以禮。」〔二〕又曰：「知崇禮卑。」〔三〕

〔一〕論語子張。
〔二〕論語雍也。
〔三〕易繫辭上。以上論語。

梁惠王〔一〕

史記魏世家：「惠王三十六年卒，子襄王立。襄王元年，與諸侯會徐州，相王也，追尊父惠王爲王。」〔二〕而孟子書其對惠王，無不稱之爲王者〔三〕，則非追尊之辭明矣。司馬子長亦知其不通，而改之曰君。通鑑改孟子作「君何必曰利」，亦以此〔四〕。然孟子之書，出於當時，不容誤也。杜預左傳集解後序言：「哀王於史記，襄王之子、惠王之孫也。惠王三十六年卒，而襄王立，立十六年卒，而哀王立。古書紀年篇：惠王三十六年改元，從一年始，至十六年，而稱惠成王卒，即惠王也。疑史記誤分惠成之世以爲後王年也。哀王二十三年乃卒，故特不稱謚，謂之今王。」〔五〕作書時未卒，故謂之今王。今〔六〕按惠王即位三十六年，稱王改元，又十六年卒，而子襄王立，即紀年所謂今王，無哀王也。襄、哀字相近，史記分爲二人，誤耳。

〔一〕以下孟子。初刻三之三，只有前二段。
〔二〕史記四四。
〔三〕五書「王」。
〔四〕通鑑二周顯王卅三年條。初刻無此注。
〔五〕後序在阮本左傳校勘記後。
〔六〕今，亭林。

秦本紀：「秦惠文王十四年，更爲元年。」〔一〕此稱王改元之證，又與魏惠王同時。

〔一〕史記五。

魏世家：「襄王五年，予秦河西之地。七年，魏盡入上郡於秦。」〔一〕今按孟子書，惠王自言「西喪地於秦七百里」〔二〕，乃悟史記所書襄王之年，即惠王之後五年、後七年也。以孟子證之而自明者也。

〔一〕史記四四。
〔二〕孟子梁惠王上。

據紀年，周慎靚王之二年，而魏惠王卒。其明年爲魏襄王之元年。又二年燕王噲讓國於其相子之。又二年爲赧王之元年，齊人伐燕取之。又二年燕人畔。與孟子之書先梁後齊，其事皆合。然孟子在二國皆不久，書中齊事特多，又嘗爲卿於齊，當有四五年。若適梁，乃惠王之末，而襄王立即行，故梁事不多。謂孟子以惠王之三十五年至梁者，誤以惠王之後元年爲襄王之元年故也。史記〔一〕及孟子序説謂梁惠王之三十五年，孟子至梁。其後二十三年，齊人伐燕，而孟子在齊者非。衛嵩〔二〕曰：孟子遊歷，先後雖不可考，以本書證之，當是自宋歸鄒，由鄒之任、之薛、之滕，而後之梁、之齊。

〔一〕史記七四。

〔二〕衛嵩是原注所引，並見上文性相近也條及十八卷心學條，應作「蒿」。潘本已誤。

孟子爲卿於齊，其於梁則客也。故見齊王稱臣，見梁王不稱臣。

未有義而後其君者也

不遺親，不後君，仁之效也。其言義何？義者，禮之所從生也。昔者齊景公有感於晏子之言，而懼其國之爲陳氏也。曰：「是可若何？」對曰：「惟禮可以已之。在禮，家施不及國，民不遷，農不移，工賈不變，士不濫，官不滔〔一〕，大夫不收公利。」〔二〕又曰：「君令臣共，父慈子孝，兄愛弟敬，夫和妻柔，姑慈婦聽，禮也。君令而不違，臣共而不貳，父慈而教，子孝而箴，兄愛而友，弟敬而順，夫和而義，妻柔而正，姑慈而從，婦聽而婉，禮之善物也。」晉侯謂女叔齊曰：「魯侯不亦善於禮乎？」對曰：「禮所以守其國，行其政令，無失其民者也。今政令在家，不能取也，有子家羈，弗能用也。公室四分，民食於他，思莫在公，不圖其終。爲國君，難將及身，不恤其所，禮之本末，將於此乎在。而屑屑焉習儀以亟，言善於禮，不亦遠乎！」〔三〕子曰：「君子之道，辟則坊與，坊民之所不足者也。大爲之坊，民猶踰之，故君子禮以坊德，刑以坊淫，命以坊欲。」〔四〕古之明王，所以禁邪於未形，使民日遷善遠罪，而不自知者，是必有其道矣。

〔一〕「滔」原作「諂」。
〔二〕晏子春秋七外篇。
〔三〕左傳昭五年。
〔四〕禮記坊記。

不動心〔一〕

凡人之動心與否，固在其加卿相行道之時也。枉道事人，曲學阿世，皆從此而始矣。「我四十不動心」者，不動其「行一不義，殺一不辜而得天下，有不爲也」之心。

〔一〕孟子公孫丑上。

市朝

「若撻之於市朝」〔一〕，即書所言「若撻於市」〔二〕。古者朝無撻人之事，市則有之。周禮司市：「市刑：小刑憲罰，中刑徇罰，大刑扑罰。」〔三〕又曰：胥，「執鞭度而巡其前，掌其坐作出入之禁令」。「凡有罪者，撻戮而罰之」〔四〕。是也。禮記檀弓：「遇諸市朝，不反兵而鬬。」兵器非可入朝之物。奔喪：「哭辟市朝。」〔五〕奔喪亦但過市，無過朝之事也。其謂之市朝者，史記孟嘗君傳：「日莫之後，過市朝者，掉臂不顧。」〔六〕索隱曰：「言市之行列，有如朝位，故曰市朝。」古人能以衆整如此。司市「以次叙分地而經市」注：叙肆，行列也。後代則朝列之參差，有反不如市肆者矣。

〔一〕孟子公孫丑上。
〔二〕尚書説命下。
〔三〕周禮地官。
〔四〕周禮地官胥。

〔五〕禮記奔喪。

〔六〕史記七五。

必有事焉而勿正心

倪文節思謂：「當作『必有事焉而勿忘』。勿忘，勿助長也。傳寫之誤，以『忘』字作『正心』二字。言養浩然之氣，必當有事而勿忘。既已勿忘，又當勿助長也。疊二勿忘，作文法也。」〔一〕按書無逸篇曰：「自時厥後立王，生則逸，生則逸，不知稼穡之艱難。」亦是疊一句，而文愈有致。今人發言，亦多有重説一句者。禮記祭義：「見間以俠甒。」鄭氏曰：「見間當爲覸。」史記蔡澤傳：「吾持梁刺齒肥。」〔二〕索隱曰：「刺齒肥當爲齧肥。」論語：「五十以學易。」〔三〕朱子以爲五十當作卒。此皆古書一字誤爲二字之證。

〔一〕經鉏堂雜誌二。引文有改動。

〔二〕史記七九。

〔三〕述而。

文王以百里〔一〕

「湯以七十里，文王以百里。」孟子爲此言，以證王之不待大爾。其實文王之國不止百里。周自王季伐諸戎，疆土日大。文王自岐遷豐，其國已跨三四百里之地。伐崇伐密，自河以西，舉屬之周。未克商以前，無滅國者，但臣屬而已。至於武王，而西及梁、益，庸、蜀、羌、髳、微、盧、彭、濮〔二〕。東臨上黨，勘黎。無非周地。紂之所有，不過河内殷墟。其從之者，亦但東方諸國而已。一舉而克商，宜其如振槁也。書之言文王曰「大邦畏其力」〔三〕，文王何嘗不藉力哉？

〔一〕孟子公孫丑上。

〔二〕注見尚書牧誓。

〔三〕尚書武成。

廛無夫里之布〔一〕

有夫布，有里布。周禮地官〔二〕載師職曰：「凡宅不毛者有里布，凡田不耕者出屋粟，凡民無職事者出夫家之征。」閭師職曰：「凡無職者出夫布。」〔三〕「鄭司農云〔四〕：里布者，布參印書，廣二寸，長二尺，以爲幣，貿易物。詩云：『抱布貿絲。』〔五〕抱此布也。或曰：布，泉也。春秋傳曰：買之，百兩一布。昭公二十六年。又廛人職『掌斂市之絘布、總布、質布、罰布、廛布』〔六〕。玄謂宅不毛者，罰以一里二十五家之泉。」集注未引閭師文，今人遂以布專屬於里。

〔一〕孟子公孫丑上。

〔二〕此明載地官。

〔三〕周禮地官載師、閭師。

〔四〕鄭司農衆，興子。此乃「載師」鄭玄注引鄭司農。

〔五〕衛風氓。

〔六〕此「廛人」乃鄭注引。

孟子自齊葬於魯〔一〕

孟子自齊葬於魯，言葬而不言喪，此改葬也。禮，改葬緦，事畢而除。故反於齊，止於嬴，而充虞乃得承間而問。若曰奔喪而還，營葬方畢，即出赴齊卿之位，而門人未得發言，可謂「三月無君，則皇皇如也」〔二〕。而身且不行三年之喪，何以教滕世子哉？

〔一〕孟子公孫丑下。

〔二〕孟子滕文公上。

其實皆什一也〔一〕

古來田賦之制，實始於禹。水土既平，咸則三壤。後之王者，不過因其成蹟而已。故詩曰：「信彼南山，維禹甸之。畇畇原隰，曾孫田之。我疆我理，南東其畝。」〔二〕然則周之疆理，猶禹之遺法也。周禮小司徒注：「昔夏少康在虞，思有田一成，有衆一旅。一旅之衆，而田一成，則井牧之法，先古然矣。」孔氏信南山正義引此，則曰：「丘甸之法，禹之所爲。」孟子乃曰：「夏后氏五十而貢，殷人七十而助，周人百畝而徹。」〔三〕夫井田之制，一井之地，畫爲九區。故蘇洵謂：「萬夫之地，蓋三十二里有半，而其間爲川爲路者一，爲澮爲道者九，爲洫爲涂者百，爲溝爲畛者千，爲遂爲徑者萬。」〔四〕使夏必五十，殷必七十，周必百，則是一王之興，必將改畛涂，變溝洫，移道路以就之，爲此煩擾而無益於民之事也。豈其然乎？周官遂人：「凡治野，夫間有遂，遂上有徑，十夫有溝，溝上有畛，百夫有洫，洫上有涂，千夫有澮，澮上有道，萬夫有川，川上有路，以達於畿。」〔五〕夫子言禹盡力乎溝洫，而禹之自言亦曰：「濬畎澮距川。」〔六〕知其制不始於周矣。蓋三代取民之異，在乎貢助徹，而不在乎五十七十百畝。其五十七十百畝，特丈尺之不同，而田未嘗易也。故曰「其實皆什一也」。古之王者，必改正朔，易服色，異度數。故史記秦始皇本紀〔七〕，於「改年〔八〕十月朔，上黑」之下，即曰：「數以六爲紀，符、法冠皆六寸，而輿六尺，六尺爲步，乘六馬。」三代之王，其更制改物，亦大抵如此。故王制曰：「古者以周尺八尺爲步，今以周尺六尺四寸爲步。」〔九〕而當日因時制宜之法，亦有可言。夏時土曠人稀，故其畝特大。殷周土易人多，故其畝漸小，以夏之一畝爲二畝，其名殊而實一矣。國佐之對晉人曰：「先王疆理天下，物土之宜，而布其利。」〔十〕豈有三代之王，而爲是紛紛無益於民之事哉？

〔一〕孟子滕文公上。
〔二〕詩小雅信南山。
〔三〕孟子滕文公上。
〔四〕嘉祐集五田制論。
〔五〕地官。

〔六〕尚書益稷謨。
〔七〕史記六。
〔八〕廿六年。
〔九〕禮記王制末。
〔十〕左傳成二年。

莊　嶽〔一〕

「引而置之莊嶽之間。」注：「莊嶽，齊街里名也。」莊是街名，嶽是里名。左傳襄二十八年，「得慶氏之木百車於莊」。注云：「六軌之道。」昭十年，「又敗諸莊」。哀六年，「戰于莊敗」。注並同。「反陳于嶽」，注云：「嶽，里名。」

〔一〕孟子滕文公下。

古者不爲臣不見〔一〕

觀夫孔子之見陽貨，而後知踰垣閉門，爲賢者之過，未合於中道也。然後世之人，必有如胡廣被中庸之名，馮道託仲尼之迹者矣。其始也，屈己以見諸侯，一見諸侯而懷其禄利，於是望塵而拜貴人，希旨以投時好，此其所必至者。曾子、子路之言，所以爲末流戒也。故曰：「君子上交不諂。」〔二〕又曰：「上弗援，下弗推。」〔三〕後世之於士人，許之以自媒，勸之以干禄，而責其有恥，難矣！

〔一〕孟子滕文公下。

〔二〕易繫辭下。

〔三〕禮記儒行。

公行子有子之喪〔一〕

禮：「父爲長子斬衰三年。」〔二〕故公行子有子之喪，而孟子與右師及齊之諸臣，皆往弔。

〔一〕孟子離婁下。
〔二〕儀禮喪服。

爲不順於父母〔一〕

虞書所載：「帝曰：『予聞如何？』岳曰：『瞽子父頑母嚚象傲，克諧以孝，烝烝乂，不格姦。』」〔二〕是則帝之舉舜，在「瞽瞍底豫」之後。今孟子乃謂：「九男二女，百官牛羊倉廩備，以事舜於畎畝之中，猶不順於父母，而如窮人無所歸。」〔三〕此非事實，但其推見聖人之心若此，使天下之爲人子者，處心積慮，必出乎此而後爲大孝耳。與答桃應之問同。後儒以爲實，然則二嫂使治朕棲之説，亦可信矣。

〔一〕孟子萬章上。
〔二〕尚書堯典。
〔三〕孟子萬章上，文字稍異。

象封有庳〔一〕

舜都蒲阪，而封象於道州鼻亭，水經注，王隱曰：「應陽縣，本泉陵之北部，東五里，有鼻墟，象所封也。山下有象廟。」〔二〕後漢書東平王蒼傳注：「有鼻，國名，在今永州營道縣北。」〔三〕袁譚傳注：「今猶謂之鼻亭。」〔四〕在三苗以南，荒服之地，誠爲可疑。如孟子所論親之欲其貴，愛之欲其富，又且欲其源源而來，何以不在中原近畿之處，而置之三千餘里之外邪？蓋上古諸侯之封萬國，其時中原之地，必無閒土可以封故也。又考太公之於周，其功亦大矣，而僅封營丘。營丘在今昌樂、濰二縣界，史言其地瀉鹵，人民寡〔五〕。而孟子言其儉於百里，又萊夷偪處，而與之爭國〔六〕。夫尊爲尚父，親爲后父，功爲元臣，而封止於此，豈非中原之地無閒土，故至薄姑氏之滅，而後乃封太公邪？周時滅一國，乃封一國。左傳：「成王滅唐而封太叔焉。」〔七〕是也。竹書紀年：「武王十六年秋，王師滅蒲姑。」〔八〕或曰：禹封在陽翟，稷封在武功，何與？二臣者有安天下之大功，舜固不得以介弟而先之也。故象之封於遠，聖人之不得已也。漢高祖封劉仲爲代王，乃是棄其兄於邊陲近寇之地，與舜之封象異矣〔九〕。

〔一〕孟子萬章上。初刻三之四。
〔二〕水經注三八湘水條。初刻無此注。
〔三〕後漢書七二。今，指唐時。
〔四〕後漢書一〇四下。今，指唐時。
〔五〕史記一二九貨殖傳。
〔六〕此下原有「且五世反葬於周，而地之相去二千餘里」。
〔七〕左傳昭元年。
〔八〕竹書紀年下。初刻注無「竹書」以下。
〔九〕初刻無此注。

周室班爵禄〔一〕

爲民而立之君，故班爵之意，天子與公侯伯子男一也，而非絶世之貴。代耕而賦之禄，故班禄之意，君卿大夫士與庶人在官一也，而非無事之食。黄氏日鈔讀王制曰：「必本於上農夫者，示禄出於農，等而上之，皆以代耕者也。」〔二〕是故知天子一位之義，則不敢肆於民上以自尊。知禄以代耕之義，則不敢厚取於民以自奉。不明乎此，而侮奪人之君，常多於三代之下矣。

〔一〕孟子萬章下。

〔二〕黄氏日鈔十六。

費惠公〔一〕

孟子「費惠公」注：「惠公，費邑之君。」按春秋時有兩費。其一見左傳成公十三年，「晉侯使呂相絶秦曰：殄滅我費滑」，注：「滑國都於費，今河南緱氏縣。」〔二〕莊公十六年，「滑伯」注同。昭公二十六年，「王次于滑」注：「滑，周地，本鄭邑。」襄公十八年，楚蔿子馮公子格率鋭師侵費滑。蓋本一地，秦滅之，而後屬晉耳。女叔侯對平公曰：虞、虢、焦、滑、霍、楊、韓、魏，皆姬姓也，晉是以大〔三〕。其一僖公元年，「公賜季友汶陽之田及費」。齊乘：「費城在費縣西北二十里，魯季氏邑。」漢梁相費汎碑云：「其先季友爲魯大夫，有功封費，因以爲姓。」按隱公元年已有費伯，即費庈父〔四〕。在子思時，滑國之費，其亡久矣〔五〕，疑即季氏之後而僭稱公者〔六〕。魯連子稱陸子謂齊湣王曰：魯費之衆臣，甲舍于襄賁。而楚人對頃襄王，有鄒、費、郯、邳〔七〕，殆所謂泗上十二諸侯者〔八〕邪？

〔一〕孟子萬章下。初刻三之五，只有第一段。
〔二〕今，杜預時。「河南」二字顧加。初刻無下注。
〔三〕左傳襄廿九年。
〔四〕「按隱公」以下十三字，初刻作正文大字。水經注二五沂水條。
〔五〕原作「其亡已久」。
〔六〕原作「若季氏不得稱公」。并即接下「又楚人對頃襄王」。
〔七〕史記四十楚世家。
〔八〕「殆所謂」以下，原作「意者亦如孟嘗君之稱薛公」。

仁山金氏曰：「費本魯季氏之私邑，而孟子稱小國之君，曾子書亦有費君、費子之稱。蓋季氏專魯，而自春秋以後，計必自據其邑，如附庸之國矣。大夫之爲諸侯，不待三晉而始，然其來亦漸矣。」〔一〕

〔一〕孟子集注考證卷五。

季氏之於魯，但出君而不敢立君，但分國而不敢篡位，愈於晉衛多矣。故曰「魯猶秉周禮」〔一〕。

〔一〕左傳閔元年。

行吾敬故謂之内也〔一〕

先王治天下之具，五典五禮，五服五刑。其出乎身加乎民者，莫不本之於心以爲之裁制。親親之殺，尊賢之等，禮所生也。故孟子答公都子言義，而舉酌鄉人敬尸二事，皆禮之用也，而莫非義之所宜。自此道不明，而二氏空虚之教，至於搥提仁義，絶滅禮樂，從此起矣。自宋以下，一二賢智之徒，病漢人訓詁之學，得其粗迹，務矯之以歸於内，而達道達德，九經三重之事，置之不論。此真所謂「告子未嘗知義」者也。其不流於異端而害吾道者幾希。

〔一〕孟子告子上。

董子曰：「宜在我者而後可以稱義。故言義者，合我與宜以爲一言。以此操之，義之言我也。」〔一〕「義」字從我，兼聲與意。此與孟子之言相發。

〔一〕春秋繁露八仁義法篇。

以紂爲兄之子〔一〕

以紂爲弟，且以爲君，而有微子啓；以紂爲兄之子，且以爲君，而有王子比干。竝言之，則於文有所不便，故舉此以該彼，此古人文章之善。且如「郊社之禮，所以事上帝也」〔二〕，不言后土；「地道無成，而代有終也」〔三〕，不言臣妻；「先王居檮杌於四裔」〔四〕，不言渾敦、窮奇、饕餮。後之讀書者，不待子貢之明，亦當聞一以知二矣。

〔一〕孟子告子上。
〔二〕禮記中庸。
〔三〕易坤文言。
〔四〕左傳昭九年。

才〔一〕

人固有爲不善之才，而非其性也。性者，天命之；才者，亦天降之。下章言天之降才。是以禽獸之人，謂之未嘗有才。

〔一〕孟子告子上。

中庸言能盡其性。孟子言不能盡其才。能盡其才，則能盡其性矣，在乎擴而充之。

求其放心〔一〕

「學問之道無他，求其放心而已矣。」然則但求放心，可不必於學問乎？與孔子之言「吾嘗終日不食，終夜不寢，以思，無益，不如學也」〔二〕者，何其不同邪？他日又曰：「君子以仁存心，以禮存心。」〔三〕是所存者，非空虚之心也。夫仁與禮，未有不學問而能明者也。孟子之意，蓋曰能求放心，然後可以學問。「使弈秋誨二人弈，其一人專心致志，惟弈秋之爲聽；一人雖聽之，一心以爲有鴻鵠將至，思援弓繳而射之，雖與之俱學，弗若之矣」。此放心而不知求者也。然但知求放心，而未嘗窮中罫之方，悉雁行之勢，馬融圍棊賦〔四〕。亦必不能從事於弈。

〔一〕孟子告子上。
〔二〕論語衛靈公。
〔三〕孟子離婁下。
〔四〕藝文類聚七四注言「中罫」、「雁行」四字出於圍棊賦耳，非謂二語引自圍棊賦也。圍棊賦有「窮其中罫兮，如鼠入囊」及「離離馬目兮，連連雁行」二語。

所去三〔一〕

「免死而已矣」，則亦不久而去矣，故曰「所去三」。

〔一〕孟子告子下。

自視欿然〔一〕

人之爲學，不可自小，又不可自大。得百里之地而君之，皆足以朝諸侯有天下，不敢自小也；附之以韓魏之家，如其自視欿然，則過人遠矣，不敢自大也。予將以斯道覺斯民也。思天下之民，匹夫匹婦有不被堯舜之澤者，若己推而内之溝中，則可謂不自小矣。自耕稼陶漁以至爲帝，無非取於人者，則可謂不自大矣。故自小小也，自大亦小也。今之學者，非自小則自大，吾見其同爲小人之歸而已。

〔一〕孟子盡心上。

士何事〔一〕

士農工商，謂之四民，其説始於管子〔二〕。穀梁成公元年傳亦云。三代之時，民之秀者乃收之鄉序，升之司徒，而謂之士，固千百之中不得一焉。大宰以九職任萬民，五曰百工，飭化八材，計亦無多人爾。武王作酒誥之書曰：「妹土嗣爾股肱，純其藝黍稷，奔走事厥考厥長」，此謂農也。「肇牽車牛，遠服賈用，孝養厥父母」，此謂商也。又曰，「庶士有正，越庶伯君子，其爾典聽朕教」，則謂之士者。大抵皆有職之人矣。惡有所謂「群萃而州處，四民各自爲鄉之法」哉？春秋以後，游士日多。齊語言：「桓公爲游士八十人，奉以車馬衣裘，多其資幣，使周游四方，以號召天下之賢士。」〔三〕而戰國之君，遂以士爲輕重，文者爲儒，武者爲俠。嗚呼！游士興，而先王之法壞矣。彭更之言，王子墊之問，其猶近古之意與？

〔一〕孟子盡心上。
〔二〕管子八小匡篇：「士農工商四民者，國之在民也。」
〔三〕國語六。

飯糗茹草〔一〕

享天下之大福者，必先天下之大勞；宅天下之至貴者，必執天下之至賤。是以殷王小乙，使其子武丁舊勞于外，知小人之依。而周之后妃，亦必「服澣濯之衣，修煩縟之事。及周公遭變，陳后稷先公王業之所由者，則皆農夫女工衣食之務也」。干寶晉紀論〔二〕。古先王之教，能事人而後能使人。其心不敢失於一物之細，而後可以勝天下之大。舜之聖也，而飯糗茹草。禹之聖也，而手足胼胝，面目黧黑。此其所以道濟天下，而爲萬世帝王之祖也。况乎其不如舜、禹者乎？朱子語類，言舜之耕稼陶漁，夫子之釣弋，子路之負米，子貢之理馬，皆賤者之事，而古人不辭也。有若三踴於魯大夫之庭，冉有用矛以入齊軍，而樊須雖少，能用命，此執干戈以衛社稷，而古人所不辭也。後世驕侈日甚，反以臣子之職爲恥。

〔一〕孟子盡心下。

〔二〕文選四九干寶晉紀總論。此注知所止，而不知所起。

孟子外篇〔一〕

史記〔二〕：伍被對淮南王安引孟子曰：「紂貴爲天子，死曾不若匹夫。」揚子法言脩身篇引孟子曰：「夫有意而不至者有矣，未有無意而至者也。」桓寬鹽鐵論引孟子曰：「吾於河廣，知德之至也。」又引孟子曰：「堯舜之道，非遠人也，人不思之爾。」〔三〕周禮大行人〔四〕注引孟子曰：「諸侯有王。」宋鮑照河清頌引孟子曰：「千載一聖，猶旦暮也。」顔氏家訓〔五〕引孟子曰：「圖影失形。」梁書處士傳序引孟子曰：「今人之於爵禄，得之若其生，失之若其死。」〔六〕廣韻「圭」字下注曰：「孟子，六十四黍爲一圭，十圭爲一合。」以及集注中程子所引荀子、孟子三見齊王，而不言事，門人疑之，孟子曰：「我先攻其邪心。」今孟子書皆無其文，豈所謂外篇者邪？史記索隱引皇甫謐曰：「孟子稱禹生石紐，西夷人也，恐是舜生諸馮之誤。」漢書藝文志：孟子十一篇〔七〕。風俗通曰：孟子作書中外十一篇〔八〕。詩維天之命傳〔九〕引孟仲子曰：「大哉天命之無極，而美周之禮也。」閟宮傳〔十〕引孟仲子曰：「是禖宮也。」正義〔十一〕引趙岐云：「孟仲子，孟子從昆弟，學於孟子者也。」譜云：「子仲子者，子思弟子。」〔十二〕蓋與孟軻共事子思，後學於孟軻，著書論詩，毛氏取以爲說，則又有孟仲子之書矣。陸璣詩草木疏云：「子夏傳魯人申公，申公傳魏人李克，李克傳魯人孟仲子，孟仲子傳趙人孫卿，孫卿傳魯人大毛公，大毛公傳小毛公。」

〔一〕初刻三之六，較略於此，無注。

〔二〕史記一一八。

〔三〕均見鹽鐵論七執務篇。但「吾於河廣，知德之至也」句作「孔子曰」。河廣，詩衛風。初刻無此前之文。

〔四〕秋官。

〔五〕家訓六下書證篇第十七。

〔六〕梁書五一。

〔七〕漢書三十。

〔八〕初刻全段無注。

〔九〕詩周頌。

〔十〕詩魯頌。

〔十一〕引趙岐説是周頌正義，非魯頌正義。

〔十二〕詩譜逸文，亦周頌正義引，亦見經典釋文叙録引。「子仲子」，初刻、潘刻均作「孟仲子」，此誤。黄氏原刻亦作「孟」。

孟子引論語

孟子書引孔子之言凡二十有九，其載於論語者八，「學不厭而教不倦。」「里仁爲美。」「君薨聽於冢宰。」「大哉堯之爲君。」「小子鳴鼓而攻之。」「吾黨之士狂簡。」「鄉原德之賊。」〔一〕「惡似而非者。」〔二〕又多大同而小異。然則夫子之言，其不傳於後者多矣。故曰「仲尼没而微言絶」〔三〕。

〔一〕分見述而、里仁、憲問、泰伯、先進、公冶長、陽貨篇。

〔二〕論語未見，見孟子盡心下。

〔三〕漢書藝文志。

孟子字樣

九經、論語，皆以漢石經爲據，故字體未變。孟子字多近今，如「知」多作「智」，「説」多作「悦」，「女」多作「汝」，「辟」多作「避」，「弟」多作「悌」，「彊」多作「强」之類，與論語異。蓋久變於魏晉以下之傳録也。然則石經之功，亦不細矣。

唐書言：「邠州故作豳，開元十三年以字類幽，故爲邠。」〔一〕今惟孟子書用「邠」字。

〔一〕新唐書三七地理志。

容齋四筆言：「孟子『是由惡醉而强酒』，『見且由不得亟』，並作由。」〔一〕今〔二〕本作猶。是知今之孟子又與宋本小異。

〔一〕卷七由與猶同條。

〔二〕今，亭林時。

孟子弟子

趙岐注孟子，以季孫、子叔二人爲孟子弟子。季孫知孟子意不欲，而心欲使孟子就之，故曰：「異哉弟子之所聞也。」子叔心疑惑之，亦以爲可就之矣，「使己爲政」以下，則孟子之言也。又曰：「告子名不害，兼治儒墨之道者，嘗學於孟子，而不能純徹性命之理。」又曰：「高子，齊人也，學於孟子，鄉道而未明，去而學他術。」又曰：「盆成括嘗欲學於孟子，問道未達而去。」宋徽宗政和五年，封告子不害東阿伯，高子泗水伯，盆成括萊陽伯，季孫豐城伯，子叔乘陽伯，皆以孟子弟子故也。史記索隱曰：「孟子有萬章、公明高等，並軻之門人。」〔一〕廣韻又云：「離婁，孟子門人。」不知其何所本？淮南子：「黄帝亡其玄珠，使離朱、捷剟索之。」〔二〕注：「二人皆黄帝臣。」抱朴子有「彭祖之弟子離婁公」〔三〕。元吳萊〔四〕著孟子弟子列傳二卷，今不傳。

〔一〕史記七四。

〔二〕淮南子十八人間訓。「捷㔉」，十九修務訓作「攫掇」。
〔三〕抱朴子十三極言。
〔四〕卷九稱吳淵穎。

晏子書稱：「西郭徒居布衣之士，盆成适嘗爲孔子門人。」〔一〕尤誤。

〔一〕晏子春秋七外篇。

茶〔一〕

「茶」字自中唐始變作茶，其説已詳之唐韻正〔二〕。按困學紀聞：「荼有三。『誰謂荼苦』，苦菜也。『有女如荼』，茅秀也。『以薅荼蓼』，陸草也。」〔三〕今按爾雅，「荼」、「蒤」字凡五見，而各不同。釋草曰：「荼，苦菜。」注引詩「誰謂荼苦，其甘如薺」〔四〕。疏云：「此味苦可食之菜。本草一名選，一名游冬。易緯通卦驗玄圖云：『苦菜生於寒秋，經冬歷春乃成。』月令孟夏，苦菜秀，是也。葉似苦苣而細，斷之有白汁，花黄似菊堪食，但苦耳。」又曰：「蔈荂荼。」〔五〕注云：「即芀。」疏云：「按周禮掌荼〔六〕，及詩『有女如荼』〔七〕，皆云荼。茅秀也，蔈也，荂也，其別名。」此二字皆从草从余。又曰：「蒤，虎杖。」〔八〕注云：「似紅草而麤大，有細刺，可以染赤。」疏云：「蒤，一名虎杖。陶注本草云：田野甚多，壯〔九〕如大馬蓼，莖斑而葉圓。是也。」又曰：「蒤，委葉。」〔十〕注引詩「以茠蒤蓼」。疏云：「蒤，一名委葉。王肅説詩云：蒤，陸穢草。然則蒤者，原田蕪穢之草，非苦菜也。」今詩本「茠」作「薅」〔十一〕。此二字皆从草从涂。釋木曰：「檟，苦荼。」〔十二〕注云：「樹小如梔子，冬生葉，可煮作羹飲。今呼早采者爲荼，晚取者爲茗，一名荈，蜀人名之苦荼。」此一字亦从草从余。今以詩考之，邶谷風之「荼苦」，七月之「采荼」〔十三〕，緜之「堇荼」〔十四〕，皆苦菜之荼也。詩「采苦采苦」〔十五〕傳：「苦，苦菜。」正義曰：「此荼也。」陸璣云：「苦菜生山田及澤中，得霜恬肥而美，所謂『堇荼如飴』。」内則云：「濡豚包苦。」用苦菜是也。又借而爲荼毒之荼。桑柔、湯誥〔十六〕，皆苦菜之荼也。夏小正「取荼莠」。周禮地官「掌荼」。儀禮既夕禮「茵著用荼，實綏澤焉」。詩鴟鴞「捋荼」〔十七〕，傳曰：「荼，萑苕也。」正義曰：「謂薍之秀穗。茅薍之秀，其物相類，故皆名荼也。」茅秀之荼也。以其白也而象之，出其東門「有女如荼」。國語「吳王夫差，萬人爲方陳，白常，白旗，素甲，白羽之矰，望之如荼」〔十八〕。考工記：「望而眂之，欲其荼白。」亦茅秀之荼也。良耜之「荼蓼」〔十九〕，委葉之蒤也。唯虎杖之蒤，與檟之苦荼，不見於詩、禮。而王褒僮約云：「武都買荼。」〔二十〕張載登成都白菟樓詩云：「芳荼冠六清。」孫楚詩云：「薑桂荼荈出巴蜀。」〔二一〕本草衍義：「晉温嶠上表，貢荼千斤，茗三百斤。」〔二二〕是知自秦人取蜀而後，始有茗飲之事。

〔一〕以下爾雅。
〔二〕唐韻正二十卷，炎武撰。説見卷四。
〔三〕紀聞卷三詩芑有三條。
〔四〕爾雅釋草。見爾雅之次第二。引詩邶風。
〔五〕爾雅釋草。次第四。
〔六〕周禮地官。
〔七〕詩鄭風出其東門。
〔八〕爾雅釋草。次第一。
〔九〕「壯」，本作「狀」。
〔十〕爾雅釋草。次第三。
〔十一〕周頌良耜。
〔十二〕爾雅下釋木。次第五。
〔十三〕詩豳風七月「采荼薪樗」。

〔十四〕詩大雅緜「堇荼如飴」。
〔十五〕詩唐風采苓。
〔十六〕詩大雅桑柔「寧爲荼毒」。尚書湯誥「弗忍荼毒」。
〔十七〕詩豳風鴟鴞「予所捋荼」。
〔十八〕國語吳語第十九。
〔十九〕詩周頌良耜「以薅荼蓼」。
〔二十〕「武都」，古文苑作「武湯」。
〔二一〕張載詩、孫楚歌（文誤作「詩」）均見茶經卷下。
〔二二〕衍義十四茗苦𣘻條。

王褒僮約，前云「炰鼈烹荼」，後云「陽武〔一〕買荼」，注：「以前爲苦菜，後爲茗。」〔二〕

〔一〕集釋作「武都」。
〔二〕藝文類聚三五無注。注見古文苑十七章樵注。

唐書陸羽傳：「羽嗜茶，自此後，「荼」字減一畫爲「茶」。著經三篇，言茶之原、之法、之具尤備，天下益知飲茶矣。有常伯熊者，因羽論復廣著茶之功，其後尚茶成風。時回紇入朝，始驅馬市茶。」〔一〕至明代〔二〕設茶馬御史。而大唐新語言：「右補闕綦毋煚〔三〕性不飲茶，著茶飲序曰：釋滯消壅，一日之利暫佳；瘠氣侵精，終身之害斯大。獲益則功歸茶力，貽患則不謂茶災。豈非福近易知，害遠難見。」宋黃庭堅茶賦亦曰：「寒中瘠氣，莫甚於茶。或濟之鹽，勾賊破家。」〔四〕今南人往往有茶癖，而不知其害，此亦攝生者之所宜戒也。

〔一〕新唐書一九六隱逸傳，至「始驅馬市茶」止。舊唐書無傳。

〔二〕「明代」，原作「本朝」。

〔三〕稗海本大唐新語十一褒錫門作右補闕毋煚製代茶餘序。煚即撰古今書録之人，見舊唐書經籍志序，爲開元十八學士之一。又見舊唐書一〇二元行沖傳，新唐書一九九儒學馬懷素傳。會要卅六作「照」。通志廿七氏族略以邑爲氏條云：「毋丘氏或作毋氏。唐開元補闕毋景。」即此人。今作「綦毋煚」，殆誤。

〔四〕豫章集一。

鴚

爾雅「舒雁鵞」注：「今江東呼鳴，鳴即『鴐』字。」〔一〕古「加」字讀如哥。詩君子偕老之「珈」，東山之「嘉」並與何爲韻。

左傳：「魯大夫榮駕鵞。」〔二〕方言：「雁，自關而東謂之鴚鵞。」太玄經：「裝次二駕鵞慘於冰，一作鴚鵞。」司馬相如子虛賦：「弋白鵠，連駕鵞，雙鶬下，玄鶴加。」上林賦：「鴻鷫鵠鴇，駕鵞屬玉。」揚雄反離騷：「鳳皇翔於蓬陼兮，豈駕鵞之能捷。」張衡西京賦：「駕鵞鴻鶤。」南都賦：「鴻鴇駕鵞。」杜甫七歌：「前飛駕鵞後鶖鶬。」遼史穆宗紀：「獲駕鵞，祭天地。」〔三〕元史武宗紀：「禁江西、湖廣、汴梁私捕駕鵞。」〔四〕山海經：「青要之山，是多駕鳥。」〔五〕郭璞云：「未詳，或云當作駕，其從馬者，傳寫之誤爾。」漢書古今人表：「榮駕鵞。」〔六〕師古曰：「駕音加。」今本亦誤作駕。今左傳本亦多作駕。猶詩「乘乘鴇」之誤作鴇也。

〔一〕爾雅釋鳥。
〔二〕左傳定元年。
〔三〕遼史七。
〔四〕元史二二。
〔五〕山海經下第五。
〔六〕漢書二十。

九經〔一〕

唐宋取士，皆用九經。今〔二〕制定爲五經，而周禮、儀禮、公羊、穀梁二傳，並不列於學官。杜氏通典〔三〕：「東晉元帝時，太常賀循上言：尚書被符，經置博士一人。晉書荀崧傳〔四〕：「時簡省博士，其儀禮、公羊、穀梁及鄭易，皆省不置。」〔五〕又多故歷紀，儒道荒廢，學者能兼明經義者少。且春秋三傳，俱出聖人，而義歸不同，自前代通儒，未有能通得失，兼而學之者也。今宜周禮、儀禮二經置博士二人，春秋三傳置博士三人，其餘易、詩、書則經置一人，合八人。」太常荀崧上疏言：「博士舊員十有九人，今五經合九人，準古計今，猶未中半。周易有鄭氏注其書根源，誠可深惜。儀禮一經所謂曲禮。鄭玄於禮特明，皆有證據。昔周之衰，孔子作春秋，左丘明、子夏造厀親受。孔子殁，丘明撰其所聞爲之傳，微辭妙旨，無不精究。公羊高親受子夏，立於漢朝，多可采用。穀梁赤師徒相傳，諸所發明，或是左氏、公羊不載，亦足有所訂正。臣以爲三傳雖同曰春秋，而發端異趣，宜各置一人以傳其學。」遇王敦難，不行〔六〕。按元帝紀云：「太興四年三月，置周易、儀禮、公羊博士。明年正月，王敦反。」〔七〕是雖置而旋不行也〔八〕。

唐貞觀九年五月敕：「自今以後，明經兼習周禮若儀禮者，於本色內量減一選。」開元八年七月，國子司業李元瓘上言〔九〕：「三禮、三傳及毛詩、尚書、周易等，並聖賢微旨，生人教業。今明經所習，務在出身，咸以禮記文少，人皆競讀；周禮，經邦之軌則；儀禮，莊敬之楷模；公羊、穀梁，歷代宗〔十〕習；今兩監及州縣，以獨學無友，四經殆絶。事資訓誘，不可因循，其學生請停，各量配作業，并貢人預試之日，習周禮、儀禮、公羊、穀梁，並請帖十通五，許其入第，以此開勸，即望四海均習，九經該備。」從之。唐書：「開元十六年十二月，楊瑒爲國子祭酒，奏言：今之明經，習左氏者，十無二三。又周禮、儀禮及公羊、穀梁，殆將廢絶，請量加優奬。於是下制，明經習左氏及通周禮等四經者，出身免任散官，遂著於式。」〔十一〕古人抱遺經、扶微學之心，如此其急，而今乃一切廢之。蓋必當時之士子，苦四經之難習，而主議之臣，徇其私意，遂舉歷代相傳之經典，棄之而不學也。自漢以來，豈不知經之爲五，而義有並存，不容執一。故三家之學，並列春秋，至於三禮，各自爲書。今乃去經習傳，尤爲乖理，苟便己私，用之干禄，率天下而欺君負國〔十二〕，莫甚於此。經學日衰，人材日下，非職此之由乎！

〔一〕初刻三之七。
〔二〕「今」之上，初刻空一字。

〔三〕通典五三。

〔四〕晉書七五。

〔五〕初刻無此注。

〔六〕宋書十四禮志一。文字稍異。

〔七〕晉書六。

〔八〕初刻無此注。

〔九〕通典、册府、會要。

〔十〕原作「崇」。潘刻亦作「宗」。

〔十一〕舊唐書一八五下良吏傳。册府、會要。

〔十二〕「君」、「國」上初刻空格。

宋史：神宗用王安石之言，士各占治易、書、詩、周禮、禮記一經，兼論語、孟子〔一〕。是時儀禮、春秋皆不列學官。元祐初，始復春秋左傳〔二〕。朱文公乞修三禮劄子：「遭秦滅學，禮樂先壞，其頗存者，三禮而已。周官一書，固爲禮之綱領，至於儀法度數，則儀禮乃其本經，而禮記郊特牲、冠義等篇，乃其義説耳。朱子言：儀禮是經，禮記是解儀禮。且如儀禮有冠禮，禮記便有冠義；儀禮有昏禮，禮記便有昏義；以至燕射之類，莫不皆然。前此猶有三禮、通禮、學究諸科，禮雖不行，士猶得以誦習而知其説。熙寧以來，王安石變亂舊制，廢罷儀禮，而獨存禮記之科，棄經任傳，遺本宗末，其失已甚。」〔三〕是則儀禮之廢，乃自安石始之。語類言：「儀禮舊與五經並行。王介甫始罷去。祖宗朝有開寶通禮科，禮官用此等人爲之，介甫一切罷去。」至於明代〔四〕，此學遂絶。

〔一〕宋史一五五。
〔二〕初刻注只有此節。
〔三〕朱文公集十四。
〔四〕「明代」原作「今朝」。

朱子又作謝監嶽文集序〔一〕曰：「謝綽中，建之政和人。先君子尉政和，行田間，聞讀書聲，入而視之，儀禮也。以時方專治王氏學，而獨能爾，異之。即與俱歸，勉其所未至，遂中紹興三年〔二〕進士第。」在宋已爲空谷之足音，今時則絶響矣〔三〕。

〔一〕朱文公集七六。目作「監廟」，文作「監西嶽廟謝君」。謝譽，字綽中，張九成榜進士。
〔二〕「三年」，集作「二年」。
〔三〕初刻無此段。集釋此後附亭林儀禮鄭注句讀序。

考次經文

禮記樂記「寬而靜」至「温良〔一〕而慈」一節，當在「愛者宜歌商」之上，文義甚明。然鄭康成因其舊文，不敢輒更，但注曰：「此文換簡失其次，『寬而靜』宜在上，『愛者宜歌商』宜承此。」

〔一〕集釋作「肆直」。

書武成定是錯簡，有日月可考。蔡氏亦因其舊，而别序一篇，爲今考定武成，最爲得體。

其他考定經文，如程子改易繫辭「天一地二」一節，於「天數五」之上。論語「必有寢衣」一節，於「齊必有明衣布」之下。蘇子瞻改書洪範「曰王省惟歲」一節，於「五曰曆數」之下；改康誥「惟三月哉生魄」一節，於洛誥〔一〕「周公拜手稽首」之上。朱子改大學「康誥曰『至止於信』」，於「未之有也」之下；改「詩云『瞻彼淇澳』」二節，於「止於信」之下。論語「誠不以富」二句，於「齊景公有馬千駟」一節之下；詩小雅以南陔足鹿鳴之什，而下改爲白華之什。皆至當，無復可議。後人效之，妄生穿鑿。周禮五官互相更調，而王文憲名柏作二南相配圖、洪範經傳圖、重定中庸章句圖，改甘棠、野有死麕、何彼襛矣三篇於王風。仁山金氏本此，改「斂時五福」一節，於「五曰考終命」之下；改「惟辟作福」一節，於「六曰弱」之下，使鄒魯之書傳於今者幾無完篇。殆非所謂畏聖人之言者矣。

〔一〕「洛」原作「諱」。

董文清槐〔一〕改大學「知止而后有定」二節，於「子曰聽訟吾猶人也」之上，以爲傳之四章，釋「格物致知」，而傳止於九章。則大學之文，元無所闕。其説可從。

〔一〕董槐，明詩綜九九。

鳳翔袁楷〔一〕謂文言有錯入繫辭者。「鳴鶴在陰」已下七節，「自天祐之」一節，「憧憧往來」已下十一節，此十九節，皆文言也。即「亢龍有悔」一節之重見，可以明之矣。遂取此十八節，屬於「天玄而地黄」之後，依卦爲序。於義亦通。然古人之文，變化不拘，況六經出自聖人，傳之先古，非後人所敢擅議也。

〔一〕明畫録八，袁楷字雪隱，無錫人，非此鳳翔袁楷也。鳳翔袁楷，天啓五年進士。

日知録校注卷八

州縣賦稅〔一〕

王士性廣志繹曰〔二〕：「天下賦稅有土地肥瘠不甚相遠，而徵科乃至懸絶者，當是國初草草，未定畫一之制，而其後相沿，不敢議耳。如真定之轄五州二十七縣，蘇州之轄一州七縣，無論所轄，即其廣輪之數，真定已當蘇之五，而蘇州糧二百三萬八千石，真定止一十萬六千石，然猶南北異也。若同一北方也，河間之繁富，二州十六縣，登州之貧寡，一州七縣，相去殆若莛楹，而河間糧止六萬一千，登州乃二十三萬六千，然猶直隷山東異也。若在同省，漢中二州十四縣之殷庶，視臨洮二州三縣之衝疲，易知也。而漢中糧止三萬，臨洮乃四萬四千〔三〕，然猶各道異也。若在同道，順慶不大於保寧，其轄二州八縣均也，而順慶糧七萬五千〔四〕，保寧止二萬，然猶兩郡異也。若在一邑，則同一西南充也〔五〕，而負郭十里，田以步計，賦以田起；二十里外，則田以絙量，不步矣；五十里外，田以約計，不絙矣。官賦無定數，私價亦無定估，何其懸絶也。惟是太平日久，累世相傳，民皆安之以爲固然，不自覺耳。」〔六〕夫王者制邑居民，則壤成賦，豈有大小輕重不同若此之甚哉。且以所轄州縣言之，真定三十二，西安三十六，開封、平陽各三十四，濟南三十，成都三十一，而松江、鎮江、太平止三縣〔七〕，漢陽、興化止二縣〔八〕，其直隸之州，則如徐州、澤州之四縣，郴州之五縣，嘉定之六縣，潼川之七縣，儼然一府也。而其小者或至於無縣可轄。且明初〔九〕之制，多因元舊。平陽一路，共領九州，殆據山西之半。至洪武二年，始以澤、潞、遼、沁四州直隸山西行省，而今尚有五州。若蒲州自古别爲一郡，屢次建言，皆爲户部所格。歸德一州，向屬開封，至嘉靖二十四年始分爲府。天下初定，日不暇給，沿元之非〔十〕，遂至二三百年。崔銑〔十一〕言，今之郡大者千里，屬邑數十，爲長者，名數且不能悉，奚望其理也。宜令大郡不過四百里〔十二〕、邑百里〔十三〕。然則後之王者，審形勢以制統轄，度幅員以界郡縣，則土田以起徵科，乃平天下之先務，不可以慮始之艱，而廢萬年之利者矣。

〔一〕初刻四之一。

〔二〕王士性，臨海人，萬曆五年進士。廣志繹五卷、雜志一卷。四庫提要地理存目七遊記之屬。台州叢書本卷一頁三。對原文有删改。

〔三〕台州叢書本作「四十八萬」。
〔四〕台州叢書本作「七萬二千」。
〔五〕台州叢書本作「南充」。
〔六〕以上廣志繹卷一。以下亭林語。
〔七〕原本「松江鎮江太平」下有「之倫」二字。
〔八〕原本「漢陽興化」下有「之倫」二字。
〔九〕「明初」原作「國初」，「國」改爲「明」字，則似清人口氣。亭林言或可改，若亭林所引明人之言不可改也。
〔十〕「非」原本作「弊」。
〔十一〕崔詵，明史二八二儒林傳，安陸人。曾著士翼四卷，四庫儒家三；洹詞十二卷，别集二四。此見士翼一封建條。
〔十二〕原文爲「五百里」。
〔十三〕初刻無此注。此注是亭林注。

太祖實録〔一〕：「洪武八年三月，平陽府言，所屬蒲、解二州，距府闊遠，乞以直隸山西行省爲便。未許」〔二〕。至天啓四年，巡按山西李日宣請以二州十縣分立河中府，治運城，以運使兼知府事，運同兼清軍，運副兼管糧，運判兼理刑。事下户部，户部下山西，山西下河東，河東下平陽府議之，竟寢不行〔三〕。按：漢河東郡二十四縣，後漢二十城。魏正始八年，分河東之汾北十縣爲平陽郡〔四〕。此所謂欲製千金之裘而與狐謀其皮也。且商、雒之於關内，陳、許之於大梁，德、棣〔五〕之於濟南，潁、亳之於鳳陽，自古不相統屬。去府既遠，更添司道，於是有一府之地而四五其司道者，官愈多而民愈擾，職此之由矣。昔仲長統昌言謂：「諸夏有十畝共桑之道，遠州有曠野不發之田。」〔六〕范曄酷吏傳〔七〕亦言：「漢制宰守曠遠，户口殷大。」而後漢馬援傳〔八〕：「既平交阯，奏言西于縣户有三萬二千，遠界去庭千餘里。庭，縣庭也〔九〕。請分爲封溪、望海二縣。許之。」華陽國志：巴郡太守但望字伯門，太山人。見風俗通〔十〕。上疏言：「郡境南北四千，東西五千，屬縣十四，土界遐遠，令尉不能窮詰姦凶。時有賊發，督郵追案，十日乃到，賊已遠逃，蹤迹絶滅。其有犯罪，逮捕證驗，文書詰訊，從春至冬，不能究訖，繩憲未加，或遇德令。是以賊盗公行，姦宄不絶。太守行農桑，不到四縣，刺史行部，不到十縣。欲請分爲二郡。」〔十一〕其後遂爲三巴。水經注：「山陰縣，漢會稽郡治也。」「永建中，陽羨周嘉上書，以縣遠，赴會稽至難，求得分置，遂以浙江西爲吴，以東爲會稽。」〔十二〕此皆遠縣之害，已見於前事者也。北齊書：赫連子悦除林慮守，世宗〔十三〕往晉陽，路由是郡，因問所不便。子悦答言：「臨水、武安二縣，去郡遥遠，山嶺重疊，車步艱難。若東屬魏郡，則地平路近。」世宗笑曰：「卿徒知便民，不覺損幹。」子悦答以〔十四〕：「所言因民疾苦，不敢以私潤負心。」嗟乎！今之牧守，其能不徇於私而計民之便者，吾未見其人矣。

〔一〕卷九八。

〔二〕洪武八年條初刻無，既引洪武實録後，乃加「至」字。

〔三〕天啓四年條，實録不載。郡國利病書四八作天啓四年四月事，「山西」下有「御史」，「二州」上有「解蒲」。

〔四〕初刻無此注，潘刻有。

〔五〕「棣」，稿本作「逮」，初刻「棣」缺末筆。

〔六〕通典卷一引，後漢書七九本傳無。

〔七〕後漢書一〇七列傳六七。「傳」下應有「序」字。

〔八〕後漢書五四列傳十四。

〔九〕初刻無此注，潘刻有。

〔十〕卷五。國志作秦山人，字伯闓，卷一。

〔十一〕桓帝永興二年三月疏，朝議未許。後三十餘年，至獻帝初平元年，始分巴爲二郡。故亭林曰「其後遂爲三巴」。

〔十二〕水經注四十漸江水條。

〔十三〕文襄澄。稱廟號者，北齊書原文，卷四十。稱謚者，北史改，卷五五。

〔十四〕「以」應爲「云」。

屬縣〔一〕

自古郡縣之制，惟唐爲得其中。今考地理志〔二〕屬縣之數：京兆、河南二府各二十，河中、太原二府各十三，魏州十四，廣州十三，鎮州、桂州各十一，其他雖大，無過十縣者。此其大小相維，多寡相等〔三〕，均安之效，不可見於前事乎。後代之王猶可取而鏡也。但其中一二縣之郡，亦有可并。憲宗元和元年〔四〕，割屬東川六州制〔五〕曰：「分疆設都，蓋資共理，形東〔六〕壤制，亦在稍均。將懲難以銷萌，在立防而不紊。故賈生之議，以楚益梁，宋氏之規，割荆爲郢，酌於前事，宜有變通。」此雖一時之言，亦經邦制郡之長策也。

〔一〕初刻四之二。

〔二〕新唐書三八。

〔三〕「等」原本爲「埒」。

〔四〕「憲宗元和元年」以下，初刻無。

〔五〕通鑑二三七，元和元年十月，制割資、簡、陵、榮、昌、瀘六州隸東川，制詞不載。會要七一州縣改置門梓州條，以平劉闢割西川六州隸東川，四年正月復舊。故亭林以爲一時之言。大詔令九九建易州縣門不載，詞見一一四平亂門平劉闢詔中。全唐文五九。

〔六〕詔令作「疏域」。

州縣品秩

漢時縣制，萬户已上爲令，秩千石至六百石，減萬户爲長，秩五百石至三百石〔一〕。唐則州有上、中、下三等，縣有京、畿、上、中、中下、下六等，品各有差。太祖實録：吴元年定縣有上中下三等，税糧十萬石已下爲上縣，知縣從六品，縣丞從七品，主簿從八品；六萬石已下爲中縣，知縣正七品，縣丞正八品，主簿從八品；三萬石已下爲下縣，知縣從七品，丞簿如中縣之秩〔二〕。洪武六年八月壬辰，分天下府爲三等，糧二十萬石已上者爲上府，秩從三品；二十萬石已下者爲中府，秩正四品；十萬石已下者爲下府，秩從四品〔三〕。不知何年始改此制。洪武十四年十月，定考劾法，府以田糧十五萬石已上，州以七萬石以上，縣以三萬石以上，親臨王府，上司軍馬守禦，路當驛道，邊方衝要者爲繁，不及此者爲簡〔四〕。後乃一齊其品，而但立繁簡之目，才優者調繁，不及者調簡。古時列爵惟五之意遂盡亡之矣。

〔一〕漢書卅八百官志，續漢書百官志五。

〔二〕卷廿四。

〔三〕卷八四。

〔四〕太祖實録一三九。

府〔一〕

漢曰郡，唐曰州，州即郡也，惟建都之地乃曰府。唐初止京兆、河南二府，武后以并州爲太原府，玄宗以蒲州爲河中府，益州爲成都府，肅宗以岐州爲鳳翔府，荆州爲江陵府，德宗以梁州爲興元府。惟興元以德宗行幸於此，其餘皆建都之地也。舊唐書田悅傳，朱滔自稱冀王，悅稱魏王，王武俊稱趙王，又請李納稱齊王，以幽州爲范陽府，魏州爲大名府，恒州爲真定府，鄆州爲東平府〔二〕。李希烈傳，僭號以汴州爲大梁府〔三〕。是則以州稱府者，僭也。後梁以汴州爲開封府，後唐以魏州爲興唐府，鎮州爲真定府。册府元龜載：長興三年，中書省奏：本朝都長安，以京兆府爲上。今都雒陽，請以河南府爲上。其五府舊以鳳翔府爲首，河中、成都、江陵、興元爲次。中興初升魏博爲興唐府，鎮州爲真定府，皆是創業興王之地，宜升在五府之上，合爲七府〔四〕。至宋而大郡多升爲府。王明清揮麈録〔五〕曰：「太祖皇帝以歸德軍節度使創業，升宋州爲歸德府，後爲應天府。太宗以晉王即位，升并州爲太原府。真宗以壽王建儲，升壽州爲壽春府。仁宗以昇王建儲，升建業爲江寧府。英宗以齊州防禦使入繼，以齊州爲興德軍。神宗自潁王升儲，升汝陰爲順昌府。哲宗自延安郡王升儲，升延州爲延安府。徽宗以端王即位，升端州爲肇慶府。欽宗自定王建儲前，已升定州爲中山府。太上〔六〕以康王中興，升康州爲德慶府。今上〔七〕以建王建儲，升建安爲建寧府。宣和元年六月，邢州民董世多進狀，『以英宗嘗爲鉅鹿郡公』。又知岳州孫勰進言，『英宗嘗爲岳州防禦使』。詔加討論。時邢州已升安國軍，遂以邢州爲信德府，岳州爲岳陽軍。是歲〔八〕十月又詔，以列聖潛邸所領地，再加討論。以真宗嘗爲襄王，升襄州爲襄陽府。仁宗嘗爲慶國公，升慶州爲慶陽府。英宗嘗爲宜州刺史，以宜州爲慶遠軍。神宗嘗爲安州觀察使，以安州爲德安府；又嘗爲光國公，以光州爲光山軍。哲宗嘗爲東平軍節度使，以鄆州爲東平府；嘗爲均國公，以均州爲武當軍。徽宗嘗爲寧國公，以寧州爲興寧軍；又嘗爲平江、鎮江軍節度使，並升爲府。又以太宗嘗爲睦州防禦使，升睦州爲遂昌軍。今上〔九〕即位之初，升隆興、寧國、常德諸府，皆以潛藩擁麾之地也。」〔十〕隋煬帝大業九年詔曰：「博陵昔爲定州，地居衝要。先皇歷試所基，王化斯遠。故以道冠豳風，義高姚邑。朕巡撫氓庶，爰屆茲邦，瞻望郊壥，懷德思止。可改博陵爲高陽郡，赦境内死罪已下，給復一年。於是召高祖時故吏，皆量才授職。」〔十一〕此前代升郡故事。然以先皇涖任之邦，追界舊德，有此特詔。至宋則但列空銜，便加恩數矣。玉照新志曰：「徽宗嘗封遂寧郡王，升遂州爲遂寧府；嘗封蜀國公，升蜀州爲崇慶府。」〔十二〕沿至於今〔十三〕，無郡不府。而陋小之處，如滁、和、澤、沁、郴、靖、邛、眉之類，猶以州名。又有隸府之州，特異其名，而親理民事，與縣尹無别。凡唐宋舊設之州，并有附郭縣，而州不親民事。元初省冗官，令州官兼領。洪武初，并附郭縣入州。浦士衡曰：「國朝建立府州，多踵勝國。其最異者，則以州統縣，而省縣入州，刺史而下行縣令之事，所謂名存實異，與宋以前不同者也。」〔十四〕縣之隸於州者，則既帶府名，又帶州名，而其實未嘗管攝於州。惟到任繳憑，必由州轉府，尚有餼羊之意〔十五〕。體統乖而名實殽矣。竊以爲宜仍唐制，凡郡之連城數十者，析而二之三之，而以州統縣，惟京都乃稱府焉，豈不畫一而易遵乎。

〔一〕初刻四之三。

〔二〕舊唐書一四一。

〔三〕舊唐書一四五。

〔四〕册府元龜十四都邑門。

〔五〕揮麈録有前録四卷，後録十一卷，三録三卷，餘話二卷。此引自學津本十八集揮麈前録卷一。

〔六〕高宗。

〔七〕孝宗。

〔八〕宣和元年。

〔九〕指孝宗。

〔十〕揮麈前録至此止。

〔十一〕隋書四煬帝紀九年十月詔。

〔十二〕玉照新志亦王明清撰，六卷，四庫小説二。玉照新志語見一卷十四頁，學津十八集。

〔十三〕今，亭林自謂。

〔十四〕浦士衡條亦原注。明史、四庫無。初刻無注。

〔十五〕初刻無注。

鄉亭之職〔一〕

漢書百官表〔二〕：「縣令、長，皆秦官，掌治其縣。萬户以上爲令，秩千石至六百石，減萬户爲長，秩五百石至三百石。皆有丞、尉，秩四百石至二百石。宋書百官志〔三〕：漢制，丞一人，尉，大縣二人，小縣一人。是爲長吏。百石以下，有斗食佐史之秩，是爲少吏。武帝紀〔四〕：元光六年詔曰：少吏犯禁。甯成傳〔五〕：爲少吏，必陵其長吏。大率十里一亭，亭有長。宋書〔六〕：五家爲伍，伍長主之，二伍爲什，什長主之，十什爲里，里魁主之，十里爲亭，亭長主之。史記建元以來侯者年表〔七〕，張章父爲長安亭長失官。是亭長亦稱官也。十亭一鄉，鄉有三老、有秩、張敞傳〔八〕注，師古曰：鄉有秩者，嗇夫之類也。嗇夫、游徼。宋書〔九〕又有鄉佐。三老掌教化，嗇夫職聽訟、收賦稅，游徼徼循禁賊盜。宋書〔十〕：鄉佐有秩，主賦稅，三老主教化，嗇夫主爭訟，游徼主姦非。縣大率方百里，其民稠則減，稀則曠，鄉亭亦如之。皆秦制也。」高帝紀〔十一〕：「二年二月，令舉民年五十以上，有修行，能帥衆爲善，置以爲三老，鄉一人。擇鄉三老一人，爲縣三老，與縣令丞尉以事相教，復勿繇戍。」〔十二〕三老爲鄉官，故壺關三老茂得上書言太子〔十三〕。黄霸傳〔十四〕：使郵亭鄉官皆畜雞豚。此其制不始於秦漢也，自諸侯兼并之始，而管仲、蔿敖、子産之倫，所以治其國者莫不皆然。管子書〔十五〕曰：擇其賢民，使爲里君。而周禮地官，自州長以下，有黨正、族師、閭胥、比長，自縣正以下，有鄙師、酇長、里宰、鄰長，則三代明王之治，亦不越乎此也。夫惟於一鄉之中，官之備而法之詳，然後天下之治，若網之在綱，有條而不紊。至於今日，一切蕩然無有存者。且守令之不足任也，而多設之監司，監司之又不足任也，而重立之牧伯，積尊絫重，以居乎其上，而下無與分其職者，雖得公廉勤幹之吏，猶不能以爲治，而況託之非人者乎。後魏太和中〔十六〕，給事中李沖上言：「宜準古五家立一鄰長，五鄰立一里長，五里立一黨長，長取鄉人强謹者。鄰長復一夫，里長二，黨長三，所復復征戍，餘若民三載無愆，則陟用，陟之一等。」孝文從之，詔曰：「鄰里鄉黨之制，所由來久，欲使風教易周，家至日見，以大督小，從近及遠，如身之使手，幹之總條，然後口算平均，義興訟息。」史言立法之初，多稱不便，及事既施行，計省昔十有餘倍，於是海內安之〔十七〕。後周蘇綽作六條，詔書曰：「非直州郡之官，皆須善人，爰至黨族閭里正長之職，皆當審擇，各得一鄉之選，以相監統。」〔十八〕隋文帝師心變古，開皇十五年始盡罷州郡鄉官〔十九〕。而唐柳宗元之言曰：「有里胥而後有縣大夫，有縣大夫而後有諸侯，有諸侯而後有方伯連帥，有方伯連帥而後有天子。」〔二十〕由此論之，則天下之治，始於里胥，終於天子，其灼然者矣。故自古及今，小官多者其世盛，大官多者其世衰。文獻通考言：唐之初，止有上中下都督府，其後則有節度觀察團練諸使。宋之初，止有轉運使，其後則有安撫提刑等官〔二一〕。唐書代宗紀，大曆八年九月癸未，晉州男子郇模以麻辮髮，持竹筐葦席，哭於東市，請獻三十字，一字爲一事。其言練者，請罷諸州團練使也；其言監者，請罷諸道監軍使也〔二二〕。興亡之塗，罔不由此。

〔一〕初刻四之四，只有首尾二段，而首段前半大不同。
〔二〕卷十九上之末，至「皆秦制也」止。
〔三〕卷四十。
〔四〕漢書六。
〔五〕漢書九十酷吏傳。
〔六〕宋書四十百官志。
〔七〕史記二十。

〔八〕漢書七六。

〔九〕宋書四十百官志。

〔十〕宋書四十百官志，均見縣令條。

〔十一〕漢書一，至「復勿繇役」止。

〔十二〕師古曰：復者，除其賦役也。

〔十三〕漢書六三戾太子傳。

〔十四〕漢書八九循吏傳。

〔十五〕管子八小匡篇第二十。

〔十六〕「太和中」，應作「太和十年」。

〔十七〕魏書七下高祖紀及魏書五三、北史一〇〇略載其事，不詳。此所引見魏書一百十食貨志，至「海内安之」止。「孝文」，魏書作「高祖」。

〔十八〕見周書廿三，北史六三。奏行六條詔書之第四條。

〔十九〕初刻此前全不同。

〔二十〕柳先生集三封建論。

〔二一〕通考六一職官考。

〔二二〕舊唐書十一。新唐書六不載。

漢時嗇夫之卑，猶得以自舉其職，故爰延爲外黄鄉嗇夫，仁化大行，民但聞嗇夫，不知郡縣。後漢書本傳〔一〕。而朱邑自舒桐鄉嗇夫，舒縣之鄉。官至大司農，病且死，屬其子曰：我故爲桐鄉吏，其民愛我，必葬我桐鄉，後世子孫奉嘗我，不如桐鄉民。師古曰：嘗謂烝嘗之祭。及死，其子葬之桐鄉西郭外，民共爲起冢立祠，歲時祠祭，至今不絶。漢書循吏傳〔二〕。二君者，皆其縣人也，必易地而官，易民而治，豈其然哉。

〔一〕後漢書七八列傳三八。
〔二〕漢書八九。

今代縣門之前多有牓曰：誣告加三等，越訴笞五十。此先朝之舊制，亦古者懸法象魏之遺意也。今人謂不經縣官而上訴司府，謂之越訴，是不然。太祖實録〔一〕：「洪武二十七年四月壬午，命有司擇民間高年老人公正可任事者，理其鄉之詞訟。若户婚田宅鬭毆者，則會里胥決之，事涉重者，始白於官。」若不由里老處分，而徑訴縣官，此之謂越訴也。宣德七年正月乙酉〔二〕，陝西按察僉事林時言：「洪武中〔三〕，天下邑里，皆置申明、旌善二亭，民有善惡則書之，以示勸懲。凡户婚田土鬭毆常事，里老於此剖決。今亭宇多廢，善惡不書，小事不由里老，輒赴上司，獄訟之繁皆由於此。」景泰四年詔書猶曰，民有怠惰，不務生理者，許里老依教民牓例懲治。天順八年三月詔〔四〕：「軍民之家，有爲盜賊曾經問斷不改者，有司即大書『盜賊之家』四字於其門。能改過者，許里老親鄰人相保管，方與除之。」此亦古者畫衣冠異章服之遺意。惟其大小之相維，詳要之各執，然後上不煩而下不擾。唐至大曆以後，干戈興，賦税煩矣。而劉長卿之題雪溪李明府曰：「落日無王事，青山在縣門。」〔五〕蓋縣令之職，猶不下侵，而小民得以安其業，是以能延國命百有餘年，迄於僖、昭而後大壞。然則鳴琴、戴星，有天下者宜有以處之矣〔六〕。

〔一〕太祖實録二三二。
〔二〕見宣宗實録八四。
〔三〕見太祖實録八六。
〔四〕英宗實録無，此所引見憲宗實録三。
〔五〕劉隨州集六。
〔六〕吕覽：宓子賤鳴琴而單父治，巫馬期戴星出入而單父亦治。

洪熙元年七月丙申，「巡按四川監察御史何文淵言：『太祖高皇帝令，天下州縣設立老人，必選年高有德，衆所信服者，使勸民爲善，鄉閭爭訟，亦使理斷。下有益於民事，上有助於官司。比年所用，多非其人，或出自隸僕規避差科，縣官不究年德如何，輒令充應，使得憑藉官府，妄張威福，肆虐閭閻。或遇上司官按臨，巧進讒言，變亂黑白，挾制官吏。比有犯者，謹已按問如律。竊慮天下州縣類有此等，請加禁約。』上命申明洪武舊制，有濫用匪人者，并州縣官皆寘諸法。」〔一〕然自是里老之選輕，而權亦替矣。英宗實録，言松江知府趙豫和易近民，凡有詞訟，屬老人之公正者剖斷，有忿爭不已者，則己爲之和解，故民以老人目之，當時稱爲良吏。正統以後，里老往往保留令丞，朝廷因而許之，尤爲弊政。見於景泰三年十月庚戌太僕寺少卿黃仕揚所奏〔二〕。

〔一〕洪熙，仁宗止一年。此所引見宣宗實録四。宣宗洪熙元年六月即位。

〔二〕景泰代宗，先稱廢帝。英宗實録二二二附代宗實録四〇。

漢世之於三老，命之以秩，頒之以禄，而文帝之詔，俾之各率其意以道民〔一〕。當日爲三老者，多忠信老成之士也，上之人所以禮之者甚優。是以人知自好，而賢才亦往往出於其間。新城三老董公遮説漢王，爲義帝發喪，而遂以收天下；壺關三老茂上書明戾太子之冤，史册炳然，爲萬世所稱道。近世〔二〕之老人，則聽役於官，而靡事不爲，故稍知廉恥之人，不肯爲此，而願爲之者，大抵皆姦猾之徒，欲倚勢以陵百姓者也。其與太祖設立老人之初意悖矣。

〔一〕漢書四文帝紀。

〔二〕「近世」原作「本朝」，二字本指明，嫌其指清，故改。

明〔一〕初以大户爲糧長，掌其鄉之賦税，多或至十餘萬石，運糧至京，得朝見天子。洪武中，或以人材授官。至宣德五年閏十二月，南京監察御史李安，及江西廬陵、吉水二縣耆民，六年四月，監察御史張政，各言糧長之害，謂其倍收糧石，準折子女，包攬詞訟，把持官府〔二〕。累經禁飭，而其患少息，然未嘗以是而罷糧長也。惟老人則名存而實亡矣。今州縣或謂之耆民，或謂之公正，或謂之約長，與庶人在官者無異。

〔一〕「明」原作「國」。

〔二〕宣宗實録七四、七八。

巡檢〔一〕，即古之游徼也。元史成宗大德十年正月，陞巡檢爲九品〔二〕。洪武中，尤重之，而特賜之敕。洪武十三年二月丁卯，見御製文集第七卷〔三〕。又定爲考課之法。二十五年閏十二月辛卯〔四〕。及江夏侯周德興巡視福建，增置巡檢司四十有五。二十年四月〔五〕。自弘治以來，多行裁革，所存不及曩時之半。巡檢裁，則總督添矣。崇禎年，至薊州、保定各設總督。唐自乾元以後，節度、觀察、防禦使之設，正與明代累添總督、巡撫、兵備相類〔六〕。何者？巡檢遏之於未萌，總督治之於已亂。

〔一〕由檢，崇禎諱。

〔二〕元史廿一。此四節注，初刻均無。

〔三〕太祖實録一三〇。

〔四〕太祖實録二二三。

〔五〕太祖實録一八一。

〔六〕初刻注只有「崇禎末年至真定保定二府設二總督」十五字。至者，乃至於此之至也。甚之之詞。

里甲

常熟陳梅〔一〕曰：「周禮五家爲比，比有長；五比爲閭，閭有胥；四閭爲族，族有師；五族爲黨，黨有正；五黨爲州，州有長；五州爲鄉，鄉有大夫。其間大小相維，輕重相制，綱舉目張，周詳細密，無以加矣。而要之自上而下，所治皆不過五人，蓋於詳密之中，而得易簡之意，此周家一代良法美意也。後世人才遠不如古，乃欲以縣令一人之身，坐理數萬户口賦税，色目繁猥，又倍於昔時，雖欲不叢脞，其可得乎？愚〔二〕故爲之説曰：以縣治鄉，以鄉治保，或謂之都。以保治甲，視所謂不過五人者而加倍焉。亦自詳密，亦自易簡，此斟酌古今之一端也。」又曰：「一鄉幾保，不妨多少，何也？因民居也，法用圓。十甲千户，不得增損，何也？稽成數也，法用方。」

〔一〕陳梅，明史、四庫無。常熟志。亭林餘集有常熟陳君墓志，諱梅，字鼎和，陳芳績之祖。亭林詩集四有桃花溪歌贈陳處士梅。

〔二〕「愚」者何人？陳梅自謂也。

掾屬〔一〕

古文苑注王延壽桐柏廟碑人名〔二〕，謂掾屬皆郡人，可考漢世用人之法。今考之漢碑皆然，不獨此廟。蓋其時惟守相命於朝廷，而自曹掾以下，無非本郡之人，故能知一方之人情，而爲之興利除害，其辟用之者即出於守相。而不似後代之官，一命以上，皆由於吏部。

故廣漢太守陳寵入爲大司農，和帝問在郡何以爲理，寵頓首謝曰：「臣任功曹王渙以簡賢選能，主簿鐔顯拾遺補闕，臣奉宣詔書而已。」帝乃大悦〔三〕。至於汝南太守宗資任功曹范滂，南陽太守成瑨委功曹岑晊，並謡達京師，名標史傳〔四〕。而鮑宣爲豫州牧，郭欽奏其舉錯煩苛，代二千石署吏〔五〕。是知署吏乃二千石之職，州牧代之，尚爲煩苛，今以天子而代之，宜乎事煩而日不給。隋文帝開皇二年罷辟署，令吏部除授品官爲州郡佐官，其時劉炫對牛弘，以爲往者州惟置綱紀，郡置守丞，縣置令而已，其餘具僚，則長官自辟〔六〕。是知自辟掾屬，即齊魏之世猶然。宋史選舉志：「宋初内外小職任，長吏得自奏辟。熙寧間，悉罷歸選部。然要處職任，如沿邊兵官，防河捕盜，重課額務場之類，尋又立專法聽舉。於是辟置不能全廢也。」〔七〕又其變也，銓注之法，改爲掣籤，而吏法因之大壞矣。

〔一〕初刻四之五，只有前二段。

〔二〕古文苑，宋章樵注，四庫總集一。注見古文苑十八。桐柏廟碑，後漢王延壽撰。

〔三〕陳寵傳，後漢書列傳三六不載，載王渙傳，後漢書列傳六六循吏。

〔四〕後漢書九七黨錮傳。

〔五〕鮑宣傳，漢書七二。

〔六〕劉炫，隋書七五、北史八七儒林傳。

〔七〕宋史一六〇。

京房傳：「房爲魏郡太守，自請得除用他郡人。」〔一〕因此知漢時掾屬，無不用本郡人者，房之此請，乃是破格。杜氏通典言：漢縣有丞尉及諸曹掾，多以本郡人爲之，三輔縣，則兼用他郡〔二〕。黄霸傳：補左馮翊二百石卒史。如淳曰：三輔郡得任用他郡人，而卒史獨二百石，所謂尤異者也〔三〕。及隋氏革選，盡用他郡人。

〔一〕漢書七五及八八儒林傳，此見七五。
〔二〕通典卅三職官典十五。
〔三〕漢書八九循吏傳。

唐高宗時〔一〕，魏玄同爲吏部侍郎，上疏言〔二〕：「臣聞傅説曰，明王奉若天道，建邦設都，樹后王君公，承以大夫師長，不惟逸豫，惟以理人。昔之邦國，今之州縣，土有常君，人有定主，自求臣佐，各選英賢，其大臣乃命於王朝耳。秦并天下，罷侯置守。漢氏因之，有沿有革，諸侯得自置吏，四百石已下，其傅相大官，則漢爲置之。州郡掾史，督郵從事，悉任之於牧守。爰自魏晉，始歸吏部，遞相祖襲，以迄於今。用刀筆以量才，按簿書而察行，法令之弊，其來已久。蓋君子重因循而憚改作，有不得已者，亦當運獨見之明，定卓然之議。

如今選司所行者，非上皇之令典，乃近代之權道，所宜遷革，實爲至要。何以言之？夫丈尺之量，所及者蓋短，鍾庾之器，所積者寧多，況天下之大，士人之衆，而可委之數人之手乎？假使平如權衡，明如水鏡，力有所極，照有所窮，紘綜既多，紊失斯廣。又以比居此任，時有非人，豈直愧彼清通，亦將竭其庸妄，情故既行，何所不至，贓私一啓，以及萬端。至乃爲人擇官，爲身擇利，顧親疏而舉筆，看勢要而措情，加以厚貌深衷，險如谿壑，擇言觀行，猶懼不周。今使百行九能，析之於一面，具僚庶品，專斷於一司，其亦難矣〔三〕。天祚大聖，比屋可封，咸以爲有道恥賤，得時無怠，諸色入流，歲以千計，群司列位，無復增多。官有常員，人無定限，選集之始，霧積雲屯，擢叙於終，十不收一，淄澠雜混，玉石難分，用舍去留，得失相半，撫即事之爲弊，知及後之滋失。夏殷以前，制度多闕，周監二代，焕乎可觀，諸侯之臣，不皆命於天子，王朝庶官，亦不專於一職。故穆王以伯冏爲太僕正，命之曰，慎簡乃僚，無以巧言令色，便辟側媚，其惟吉士。此則令其自擇下吏之文也。太僕正，中大夫耳，尚以僚屬委之，則三公九卿亦必然矣。周禮，太宰、内史並掌爵禄廢置，司徒、司馬別掌興賢詔事，當是分任於群司，而統之以數職，各自求其小者，而王命其大者焉。夫委任責成，君之體也。所委者當，則所用者精。裴子野有言曰：官人之難，先王言之尚矣。居家視其孝友，鄉黨服其誠信，出入觀其志義，憂歡取其智謀，煩之以事以觀其能，臨之以利以察其廉。周禮：始於學校，論之州里，告諸六事，而後貢之王庭。其在漢家，尚猶然矣。州郡積其功能，然後爲五府所辟，五府舉其掾屬而升於朝，三公參得除署，尚書奏之天子。一人之身，所關者衆，一士之進，其謀也詳，故官得其人，鮮有敗事。魏晉反是，所失弘多。子野所論，蓋區區之宋朝耳，猶謂不勝其弊，而況於當今乎〔四〕。臣竊見制書，每令三品五品薦士，下至九品亦令舉人，此聖朝側席旁求之意也。而褒貶未明，莫慎所舉，且惟賢知賢，聖人篤論，身且濫進，鑑豈知人。今欲務得實才，兼宜擇其舉主，流清以源潔，影端由表正。不詳舉主之行能，而責舉人之庸濫，不可得已。漢書云，張耳、陳餘之賓客厮役，皆天下俊傑。彼之蕞爾，猶能若斯，況以神皇之聖明，國家之德業，而不建久長之策，爲無窮之基，盡得賢取士之術，而但顧望魏晉之遺風，留意周隋之敝事，臣竊惑之。伏願稍回聖慮，特采芻言，略依周漢之規，以分吏部之選，即望所用精詳，鮮於差失。」疏奏不納。

〔一〕此以下初刻無。
〔二〕魏玄同，舊唐書八七，新唐書一一七。此引舊傳，至「疏奏不納」止，新傳所載太略。
〔三〕「矣」下删百餘字。
〔四〕「乎」下删三百字。

玄宗時，張九齡爲左拾遺上言〔一〕：「夫吏部尚書、侍郎，以賢而授者也，雖知人之難，豈不能拔十得五。今膠以格條，據資配職，無得賢之實。若刺史縣令，必得其人，於管内歲當選者，使考才行可入流品，然後送臺，又加擇焉，以所用多寡爲州縣殿最，則州縣慎所舉，可官之才多，吏部因其成，無今日之繁矣。」柳渾傳：德宗嘗親擇吏宰畿邑有效，召宰相語，皆賀帝得人。渾獨不賀，曰：此特京兆尹職耳。陛下當擇臣輩以輔聖德，臣當選京兆尹承大化，尹當求令長聽細事。代尹擇令，非陛下所宜。帝然之〔二〕。

〔一〕舊唐書九九，新唐書一二六。舊傳不載，此引新傳。全文見曲江集十六上封事書。

〔二〕新唐書一四二。

都令史〔一〕

通典：「晉有尚書都令史八人，秩二百石，與左右丞總知都臺事。宋齊八人，梁五人，謂之五都令史。舊用人常輕。續漢百官志：『尚書令史十八人二百石。』〔二〕然梁冀傳曰：『學生桂陽劉常，當世名儒，冀召補令史以辱之。』〔三〕則知此職非士流之所爲也〔四〕。武帝〔五〕詔曰：尚書五都，職參政要，非但總理衆局，亦乃方軌二丞。頃雖求才，未臻妙簡，可革用士流，以盡時彥。乃以都令史視奉朝請。」〔六〕其重之如此。彼其所謂都令史者，猶爲二百石之秩，而間用士流爲之。然南齊陸慧曉爲吏部郎。吏部都令史，歷政以來，咨執選事，慧曉任己獨行，未嘗與語。帝遣人語慧曉曰：「都令史諳悉舊貫，可共參懷。」慧曉曰：「六十之年，不復能咨都令史，爲吏部郎也。」〔七〕故當日之爲吏部者，多克舉用人之職。自隋以來，令史之任，文案煩屑，漸爲卑冗，不參官品。金史：皇統八年，用進士爲尚書省令史。正隆二年罷〔八〕。世宗紀：大定二年二月甲寅，復用進士爲尚書省令史〔九〕。二十三年閏月戊午，上謂宰臣曰：女直進士，可依漢兒進士補省令史。夫儒者操行清潔，非禮不行。以吏出身者，自幼爲吏，習其貪墨，至於爲官，性不能改。政道興廢，實由於此〔十〕。章宗紀：明昌二年五月戊辰詔：御史臺令史，並以終場舉人充〔十一〕。李完傳言：尚書省令史，正隆間用雜流。大定初，以太師張浩奏請，始統取進士，天下以爲當。今乞以三品官子孫及終場舉人，委臺官辟用。上納其言〔十二〕。選舉志，言終金之代，科目得人爲盛。諸宮護衛及省臺部譯史、令史、通事仕進，皆列於正班。斯則唐宋以來之所無者。豈非因時制宜，而以漢法爲依據者乎〔十三〕？以令史官至宰執者：移剌道、魏子平、孟浩、梁肅、張萬公、粘割斡特勒、董師中、王蔚、馬惠迪、馬謀、楊伯通、賈鉉、孫鐸、孫即康、賈益謙，皆有傳〔十四〕。至於今世，則品彌卑權彌重。八柄詔王，乃不在官而在吏矣。

〔一〕初刻四之六。

〔二〕後漢書三六百官志三。
〔三〕後漢書六四列傳廿四。
〔四〕第一段，初刻全無注。
〔五〕是司馬炎。
〔六〕通典二二職官四。
〔七〕南齊書四六、南史四八。此用南史，因南齊書無「都令史諳悉舊貫」二句。至「爲吏部郎也」止。
〔八〕金史五二選舉志二。「二年」應作「元年」。
〔九〕金史六世宗紀。
〔十〕金史八世宗紀。
〔十一〕金史九章宗紀。
〔十二〕金史九七李完傳。
〔十三〕金史五一選舉志序。
〔十四〕粘割斡特剌、董師古、馬琪三名，潘本已誤。

舊唐書：許子儒居選部，不以藻鑑爲意，有令史緱直，新、舊書並作句直，句音勾，是宋人減筆字。今據册府元龜正之〔一〕。是其腹心。每注官，多委令下筆，子儒但高枕而臥，語緱直云平配，由是補授失序，傳爲口實〔二〕。嗟乎，未若今日之以緱直爲當官，以平配爲著令也。

〔一〕册府元龜六三八。初刻無此注。

〔二〕許子儒，舊唐書一八九上儒學傳；新唐書一九八。「注官」之次，初刻注云「句直猶今之直日」七字。初刻用舊書，今改用册府，而仍舊書之名。

胥吏之權所以日重而不可拔者，任法之弊使之然也。開誠布公以任大臣，疏節闊目以理庶事，則文法省而徑竇清，人材庸而狐鼠退矣。

吏胥

天子之所恃以平治天下者百官也，故曰：「臣作朕股肱耳目。」〔一〕又曰：「天工人其代之。」〔二〕今奪百官之權，而一切歸之吏胥，是所謂百官者虚名，而柄國者吏胥而已。郭隗之告燕昭王曰：亡國與役處〔三〕。吁其可懼乎！秦以任刀筆之吏而亡天下，此固已事之明驗也。

〔一〕尚書益稷。
〔二〕尚書皋陶謨。
〔三〕國策九燕策。

唐鄭餘慶爲相，有主書滑涣，久司中書簿籍，與内官典樞密劉光琦相倚爲姦。每宰相議事，與光琦異同者，令涣往請，必得。四方書幣貲貨，充集其門，弟泳官至刺史。及餘慶再入中書，與同僚集議，涣指陳是非，餘慶怒叱之。未幾罷爲太子賓客。其年八月，涣贓污發，賜死。憲宗聞餘慶叱涣事，甚重之，久之復拜尚書左僕射。唐書本傳〔一〕。韋處厚爲相，有湯銖者，爲中書小胥，其所掌謂之孔目房。宰相遇休假，有内狀出，即召銖至延英門付之，送知印宰相。由是稍以機權自張，廣納財賄。處厚惡之，謂曰，此是半裝滑涣矣，乃以事逐之。册府元龜〔二〕。夫身爲大臣，而有甘臨之憂，係遯之疾，則今之君子，有媿於唐賢多矣〔三〕。

〔一〕舊唐書一五八、新唐書一六五。此用舊傳，新傳較略。
〔二〕二事均見册府元龜三一七正直門。韋，舊唐書一五九、新唐書一四二。舊不載，新略載之，亦採自册府耳。
〔三〕「甘臨」，易臨卦；「係遯」，易遯卦。臣妾不可大事也。

謝肇淛〔一〕曰：「從來仕宦法罔之密，無如今日〔二〕者。上自宰輔，下至驛遞倉巡，莫不以虛文相酬應，而京官猶可，外吏則愈甚矣。大抵官不留意政事，一切付之胥曹，而胥曹之所奉行者，不過已往之舊牘，歷年之成規，不敢分毫踰越。而上之人，既以是責下，則下之人，亦不得不以故事虛文應之。一有不應，則上之胥曹，又乘隙而繩以法矣。故郡縣之吏，宵旦竭蹷，惟日不足，而吏治卒以不振者，職此之由也。」〔三〕

〔一〕肇淛有五雜俎，四庫不著録，不存目。
〔二〕「今日」原作「本朝」。
〔三〕此段見五雜俎十四事部。

又曰〔一〕：「國朝立法太嚴，如户部官，不許蘇松浙江人爲之，以其地多賦稅，恐飛詭爲姦也。然弊孔蠹竇，皆由吏胥，堂司官遷轉不常，何知之有。今户部十三司，胥算皆紹興人，可謂目察秋毫，而不見其睫者矣。」〔二〕

〔一〕此段見五雜俎十五事部。

〔二〕此下黄汝成加亭林文集一郡縣論及菰中隨筆兩段。潘刻本無。

法制

法制禁令，王者之所不廢，而非所以爲治也，其本在正人心、厚風俗而已。故曰居敬而行簡，以臨其民。周公作立政之書曰：「文王罔攸兼于庶言庶獄庶慎。」又曰：「庶獄庶慎，文王罔敢知于兹。」〔一〕其丁寧後人之意，可謂至矣。秦始皇之治，天下之事無大小，皆決於上。上至於衡石量書，日夜有呈，不中呈，不得休息，而秦遂以亡〔二〕。太史公曰：「昔天下之網嘗密矣，然姦僞萌起，其極也，上下相遁，至於不振。」〔三〕然則法禁之多，乃所以爲趣亡之具，而愚闇之君，猶以爲未至也。杜子美詩曰：「舜舉十六相，身尊道何高，秦時任商鞅，法令如牛毛。」又曰：「君看燈燭張，轉使飛蛾密。」〔四〕其切中近朝之事乎。

〔一〕尚書立政。不親細事之意。
〔二〕史記六始皇紀卅五年。
〔三〕史記一二二酷吏傳序。

〔四〕述古、寫懷。

漢文帝詔「置三老孝弟力田常員，令各率其意以道民焉」〔一〕。夫三老之卑，而使之得率其意，此文景之治所以至於移風易俗，黎民醇厚，而上擬於成康之盛也。

〔一〕漢書四文帝紀。

諸葛孔明，開誠心，布公道，而上下之交，人無間言，以蕞爾之蜀，猶得小康。魏操、吳權，任法術以御其臣，而篡逆相仍，略無寧歲。天下之事，固非法之所能防也。

叔向與子産書曰：「國將亡，必多制。」〔一〕夫法制繁，則巧猾之徒皆得以法爲市，而雖有賢者不能自用，此國事之所以日非也。善乎杜元凱之解左氏也，曰法行則人從法，法敗則法從人。宣公十二年傳解。

〔一〕左傳昭六年。

前人立法之初，不能詳究事勢，豫爲變通之地，後人承其已弊，拘於舊章，不能更革，而復立一法以救之，於是法愈繁，而弊愈多，天下之事，日至於叢脞。其究也「眊而不行」。語出漢書董仲舒傳〔一〕。師古曰：眊，不明也。上下相蒙，以爲無失祖制而已。此莫甚於有明之世，如勾軍〔二〕、行鈔二事，立法以救法，而終不善者也。

〔一〕漢書五六。

〔二〕勾軍，見明史九二兵志清理軍伍條。

宋葉適言：「國家因唐五代之極弊，收斂藩鎮之權盡歸於上，一兵之籍，一財之源，一地之守，皆人主自爲之也。欲專大利而無受其大害，遂廢人而用法，廢官而用吏，禁防纖悉，特與古異，而威柄最爲不分。雖然，豈有是哉。故人才衰乏，外削中弱，以天下之大而畏人，是一代之法度又有以使之矣。」〔一〕又曰：「今内外上下，一事之小，一罪之微，皆先有法以待之。極一世之人，志慮之所周浹，忽得一智，自以爲甚奇，而法固已備之矣，是法之密也。然而人之才不獲盡，人之志不獲伸，昏然俛首，一聽於法度，而事功日墮，風俗日壞，貧民愈無告，奸人愈得志，此上下之所同患，而臣不敢誣也。」又曰：「萬里之遠，嚬呻動息，上皆知之，雖然，無所寄任，天下泛泛焉而已。百年之憂，一朝之患，皆上所獨當，而群臣不與也。夫萬里之遠，皆上所制命，則上誠利矣。百年之憂，一朝之患，皆上所獨當，而其害如之何？此外寇〔二〕所以憑陵而莫禦，讎恥所以最甚而莫報也。」〔三〕

〔一〕永嘉叢書有水心別集，四庫未見。此見水心集卷四始論二。

〔二〕原作「夷狄」。

〔三〕水心集卷四實謀篇。

陳亮〔一〕上孝宗書曰：「五代之際，兵財之柄，倒持於下，藝祖皇帝，束之於上，以定禍亂。後世不原其意，束之不已，故郡縣空虛，而本末俱弱。」〔二〕

〔一〕陳亮，字同甫，宋史四三六。

〔二〕此書見龍川集卷一上孝宗第三書。龍川集卅卷，金華叢書本。四庫別集十五。

洪武六年九月丁未，命有司庶務，更月報爲季報，以季報之數類爲歲報。凡府州縣輕重獄囚，即依律斷決，不須轉發，果有違枉，從御史按察司糾劾。令出，天下便之〔一〕。

〔一〕太祖實録八八。

省官〔一〕

光武中興，海内人民，可得而數，裁十二三，鄣塞破壞，亭燧絶滅。或空置太守令長，招還流民。帝笑曰：「今邊無人，而設長吏治之，如春秋素王矣。」以故〔二〕省并郡國及官僚，屢見於史，而總之曰「兵革既息，天下少事，文書調役，務從簡寡，至乃十存一焉」〔三〕。以此知省官之故，緣於少事。今也文書日以繁，獄訟日以多，而爲之上者主於裁省，則天下之事，必將叢脞而不勝。不勝之極，必復增官，而事不可爲矣。

〔一〕初刻四之七，較此略，只有前段。
〔二〕「海内人民」至此，初刻無。「中興」原作「之世」。
〔三〕後漢書一下建武十三年四月條。

晉荀勗之論，以爲省官不如省事，省事不如清心。昔蕭曹相漢，載其清靜，民以寧一，所謂清心也。抑浮説，簡文案，略細苛，宥小失，有好變常以徼利者，必行其誅，所謂省事也〔一〕。此探本之言。爲治者識此，可無紛紛於職官多寡之間矣。

〔一〕晉書三九本傳有省吏議，全晉文三一。此檃括其詞。

選補

漢宣帝時，盜賊並起，徵張敞拜膠東相，請吏追捕有功效者，得壹切比三輔尤異。如淳曰：壹切，權時也。趙廣漢奏請，令長安游徼獄吏秩百石。又循吏傳：左馮翊有二百石卒史〔一〕。此之謂尤異也。天子許之，上名尚書，調補縣令者數十人〔二〕。是漢時縣令，多取郡吏之尤異者，是以習其事而無不勝之患。今則一以畀之初釋褐之書生，其通曉吏事者，十不一二，而耎弱無能者，且居其八九矣。又不擇其人之材，而以探籌投鉤爲選用之法，是以百里之命，付之闒茸不材之人。既以害民，而卒至於自害。於是煩劇之區，遂爲官人之陷穽，而年年更代，其弊益深而不可振矣。然漢時之吏多通經術，故張敞得而舉之，宣帝得而用之。今天下儒非儒，吏非吏，則吾又不識用之何從也。

〔一〕漢書八九。
〔二〕漢書七六張敞傳。

于慎行筆麈〔一〕言：「太宰富平孫公丕揚〔二〕患中人請託，難於從違，大選外官，立爲掣籤之法。一時宫中相傳，以爲至公，下逮閭巷，翕然稱誦，而不知其非體也〔三〕。古人見除吏條格，却而不視，以爲一吏足矣。奈何衡鑑之地，自處於一吏之職，而無所秉成，亦已陋矣。至於人才長短，各有所宜，資格高下，各有所便，地方繁簡，各有所合，道理遠近，各有所準，乃一付之於籤，是掩鏡可以索照，而折衡可以坐揣也。從古以來，不聞此法。」〔四〕

〔一〕筆麈十八卷，四庫雜家类存目二。明刊本。
〔二〕孫丕揚，明史二二四。
〔三〕集釋置楊氏之言於此，以爲于言止於此。
〔四〕卷五。

南人選南，北人選北，此昔年舊例。宋政和六年詔：「知縣注選雖甚遠，無過三十驛。」三十驛者，九百里也。今之選人，動涉數千里，風土不諳，語音不曉，而赴任寧家之費復不可量，是率天下而路也。欲除銓政之弊，豈必如此而後爲至公邪？夫人主苟能開誠布公，則自大臣以下至於京朝官，無不可信之人，而銓選之處，有不必在京師者。唐貞觀元年，京師穀貴，始分人於雒州置選〔一〕。至開耀元年，以關外道里迢遞，河雒之邑，天下之中，始詔東西二曹兩都分簡，留放既畢，同赴京師，謂之東選〔二〕。是東都一掌選也。黔中、嶺南、閩中官，不由吏部，委都督選擇土人補授。上元高宗〔三〕三年八月壬寅敕，自今每〔四〕年遣五品已上彊明清正官充南選使，仍令御史同往注擬。杜子美有送魏司直充嶺南掌選崔郎中判官詩曰：「選曹分五嶺，使者歷三湘。」儒學傳：仲子陵蜀人，典黔中選補，乘傳過家，西人以爲榮〔五〕。大曆十四年十二月己亥詔，專委南選使停遣御史。是黔中、嶺南、閩下各一掌選也。新書：張九齡爲桂州都督，兼嶺南按察選補使〔六〕。而九齡又即嶺南之人。李峴傳曰：代宗即位，徵峴爲荆南節度、江陵尹、知江淮選補使。又曰：罷相爲吏部尚書，知江淮選舉，置銓於洪州〔七〕。劉滋傳曰：「興元元年，改吏部侍郎，往洪州知選事。時京師寇盜之後，天下旱蝗，穀價翔貴，選人不能赴調，乃命滋江南典選，以便江嶺之人。」〔八〕是江南又一掌選也。宋神宗詔：「川陝、福建、廣南八路之官罷任，迎送勞苦，令轉運司立格就注，免其赴選。」〔九〕是亦參用唐人之法。建炎南渡，始詔福建、二廣闕並歸吏部，唯四川仍舊。今之議者，必曰如此多請託之門，而啓受賕之徑，豈唐人盡清廉，而今人皆貪濁邪？ 夫子之告仲弓曰：「舉爾所知。」〔十〕今之取士，禮部以糊名取之，是舉其所不知也。 吏部以掣籤注之，是用其所不知也。 是使其臣拙於知人，而巧於避事。及乎赴任之後，人與地不相宜，則吏治墮，吏治墮則百姓畔，百姓畔則干戈興，於是乎軍前除吏，而并其所爲尺寸之法亦不能守，豈若廓然大公，使人得舉其所知，而明試以功，責其成效於服官之日乎。 唐太宗謂侍臣曰：「刺史朕當自選，縣令宜詔五品已上各舉一人。」玄宗開元九年敕，京官五品已上，外官刺史四府上佐，各舉縣令一人，視其政善惡爲舉者賞罰〔十一〕。 有明正統元年十一月乙卯，「敕在京三品以上官，各舉廉潔公正、明達事體、堪任御史者一人； 在京四品官，及國子監翰林院堂上官，各部郎中員外郎，六科掌科給事中，各道掌道御史，各舉廉慎明敏、寬厚愛民、堪任知縣者一人。 吏部更加詳察而擢用之」〔十二〕。 夫欲救今時之弊，必如此，而後賢才可得，政理可興也。

〔一〕通典十五選舉。

〔二〕册府元龜六二九條例。

〔三〕「高宗」二字何不加於「上元」二字之上。

〔四〕「每」字下應有「四」字。
〔五〕新唐書二〇〇。
〔六〕新唐書一二六。
〔七〕舊唐書一一二、新唐書一三一。
〔八〕舊唐書一三六。
〔九〕宋史十五，熙寧三年八月詔。此用通考卅八選舉考，原七路，後增湖南爲八路。「川陜」爲「川峽」之誤。
〔十〕論語子路。
〔十一〕册府元龜六三九條例門。
〔十二〕英宗實録廿四。

自南北互選之後，赴任之人動數千里，必須舉債方得到官。而土風不諳，語言難曉，政權所寄，多在猾胥。昔唐之季世，嘗暫一行之於嶺南矣。「文宗開成五年十一月，嶺南節度使盧鈞奏：伏以海嶠擇吏，與江淮不同，若非諳熟土風，即難搜求人瘼，且嶺中往日之弊，是南選，今時之弊，是北資。臣當管二十二州，惟韶廣二州官僚，每年吏部選授，若非下司貧弱令史，即是遠處無能之流。比及到官，皆有積債，十中無一肯識廉恥。臣到任四年，備知情狀。其潮州官吏，伏望特循往例，不令吏部注擬，且委本道求才。若攝官廉慎有聞，依前許觀察使奏正。事堪經久，法可施行。敕旨依奏。」冊府元龜〔一〕。唐書：韓佽元和中爲桂管觀察使，部二十餘州，自參軍至縣令，無慮三百員，吏部所補纔十一，餘皆觀察使商才補職〔二〕。歐陽詹，泉州晉江人，其先皆爲本州州佐縣令。閩越地肥衍，有山泉禽魚，雖能通文書吏事，不肯北宦〔三〕。此固昔人以爲敝法而改弦者矣，處台衡者，其可不用讀書人哉！

〔一〕六三一條制門。
〔二〕新唐書一一八。
〔三〕新唐書二〇三。

掣籤之法未行，選司猶得意爲注闕，雖多有爲人擇地，亦尚能爲地擇人。自新法既行，並以聽之不可知之數，而繁劇之區，有累任不得賢令，相繼褫斥者。夫君子之道，在乎至公，存一避嫌之心，遂至以人牧爲嘗試。昔唐皎〔一〕爲吏部侍郎，當引入銓，或云其家在蜀，乃注與吳。復有言親老先任江南，即唱之隴右，史書以爲譏笑。以此用人，豈能致太平之理哉！實録言：「洪武四年正月壬辰，河南府知府徐麟，以母老居蘄之廣濟，請終養，詔改麟爲蘄州府知府，俾就養其母。」〔二〕聖主之興，坦懷待物，其所以勸群臣者至矣。

〔一〕唐皎，新唐書一一三。
〔二〕太祖實録六十。

萬曆末，常熟顧大韶作竹籤傳，其文倣毛穎傳爲之，謂籤對主上言：「上而庶吉士科道之選，下而鄉會試取士，壹皆用臣，臣乃得展其材。」〔一〕此憤世滑稽之言，然以之曉人，可謂罕譬而喻矣。夫楚王之厭紐〔二〕，盆子之探符〔三〕，古之人用以立帝立王，而今日釐釐施之選人乎？

〔一〕明史二四四。東林列傳三有傳較詳。
〔二〕左傳昭十三年。紐，璧紐也。
〔三〕後漢書劉盆子傳。盆子最幼，後探得符，諸將皆拜盆子。

唐時所謂銓者，有留有放。唐書選舉志：「凡取人之法有四：一曰身，體貌豐偉；二曰言，言辭辨正；三曰書，楷法遒美；四曰判，文理優長。四事皆可取，則先德行，德均以才，才均以勞，得者爲留，不得者爲放。」〔一〕總章二年，司列少常伯裴行儉始設長名牓。宋白〔二〕曰：長名牓，定留放，留者入選，放者不得入選。長安志曰：「尚書省之南，别有吏部選院，謂之吏部南院，選人引集之所。其牓列於院外。」〔三〕楊國忠傳：「故事，歲揭版南院爲選式。」〔四〕是也。已定注則過門下侍中給事中按閱，有不可黜之，故放者多而留者少。景雲中，以宋璟爲吏部尚書，李乂、盧從愿爲侍郎，皆不畏强禦，請謁路絶，集者萬餘人，留者三銓不過二千，人服其公。宋時此法猶存，孝宗乾道元年五月乙亥詔：「未銓試人，毋得堂除。」〔五〕未有若近代〔六〕之一登科而受禄如持券者也。

〔一〕新唐書四五。
〔二〕宋白，宋史四三九文苑傳。
〔三〕長安志七注。
〔四〕新唐書二〇六外戚傳。
〔五〕宋史三三孝宗紀。
〔六〕「近代」原作「今代」。

停年格

今之言停年格者，皆言起於後魏崔亮。今讀亮本傳，而知其亦有不得已也。傳曰：「遷吏部尚書。時羽林新害張彝之後，靈太后令武官得依資入選。官員既少，應選者多，前尚書李韶循常擢人，衆情嗟怨。亮乃奏爲格制，不問賢愚，專以停解日月爲斷。雖復官須此人，停日後者終於不得，庸才下品，年月久者則先擢用，沈滯者皆稱其能。亮外甥司空諮議劉景安以書規亮曰：『殷周以鄉塾貢士，兩漢由州郡薦才，魏晉因循，又置中正。諦觀在昔，莫不審舉，雖未盡美足，應十收六七。而朝廷貢秀才止求其文，不取其理；察孝廉惟論章句，不及治道；立中正惟辨氏族，不考人才。至於取士之途不博，沙汰之理未精。而舅屬當銓衡，宜改張易調，如之何反爲停年格以限之。天下之士，誰復修厲名行哉？』亮答書曰：『汝所言乃有深致。吾乘時徼幸，得爲吏部尚書，常思同升舉直，以報明主之恩，乃其本願。昨爲此格，有由而然。今已爲汝所怪，千載之後，誰知我哉？古今不同，時宜須異。何者？昔有中正，品其才第，上之尚書，尚書據狀，量人授職，此乃與天下群賢共爵人也。吾謂當爾之時，無遺才無濫舉矣，而汝猶云十收六七。況今日之選，專歸尚書，以一人之鑑，照察天下。劉毅〔一〕所云，一吏部，兩郎中，而欲究竟人物，何異以管窺天，而求其博哉。今勳人甚多，又羽林入選，武夫崛起，不解書計，惟可彍弩前驅，指蹤捕噬而已，忽令垂組乘軒，責以治效，是所謂未曾操刀而使專割。又武人至多，官員至少，設令千人共一官〔二〕，猶無官可授，況一人望一官，何由不怨哉？吾近面執不宜使武人入選，請賜其爵，厚其禄，既不見從，是以權立此格，限以停年耳。昔子産鑄刑書以救敝，叔向譏之以正法，何異汝以古禮難權宜哉。仲尼有言，知我者春秋，罪我者亦春秋。吾之此指，其猶是也，但令將來君子知吾意焉。』後甄琛、元修義、城陽王徽相繼爲吏部尚書，利其便己，踵而行之。自是賢愚同貫，涇渭無別，魏之失才，自亮始也。」〔三〕辛琡爲吏部尚書，上言：「黎元之命，繫於長吏。若使惟取年勞，不簡賢否，義均行雁，次若貫魚，執簿呼名，一吏足矣，數人而用，何謂銓衡。」書奏不報〔四〕。然觀其答書之指，考其時事，由羽林之變，既姑息於前，武人之除，復濫開於後，不得已而爲此例。今也上無陵壓之勳人，下無譟呼之叛黨，何疑何憚，而不復前王之制，乃以停年爲斷乎！

〔一〕晉書有二劉毅，一卷四五，一卷八五，此指四五。

〔二〕「千人」，北史四四作「十人」。

〔三〕魏書六六崔亮傳。

〔四〕「辛琡」當作「薛琡」，北齊書廿六，北史廿五，此用北齊書。亦見通典十六選舉典。潘本已誤「辛」，通典又誤「淑」，並作「時爲吏部郎中」，蓋引北史也。通考卅六選舉考則循通典之誤。

魏書辛雄傳上疏言：「自神龜末來，專以停年爲選。士無善惡，歲久先叙，職無劇易，名到授官。執案之吏，以差次日月爲功能；銓衡之人，以簡用老舊爲平直。且庸劣之人，莫不貪鄙。委斗筲以共治之重，託碩鼠以百里之命，皆貨賄是求，肆心縱意，禁制雖煩，不勝其欲，致令徭役不均，發調違謬，箕斂盈門，囚執滿道，二聖明詔，寢而不遵，畫一之法，懸而不用。自此中外〔一〕之民，相將爲亂。蓋由官授不得其人，百姓不堪其命故也。」〔二〕嗚呼，此魏之所以未久而亡也歟。

〔一〕「中外」，魏書本傳作「夷夏」，潘本改。
〔二〕亦見通考卅六，但此用魏書七七。

北齊書文襄帝紀：「攝吏部尚書。魏自崔亮以後，選人常以年勞爲制，文襄乃釐改前式，銓擢惟在得人，又沙汰尚書郎，妙選人地以充之，至於才名之士，咸被薦擢。」〔一〕

〔一〕北齊書三。

通典：「唐自高宗麟德以後，承平既久，人康俗阜，求進者衆，選人漸多。總章二年，裴行儉爲司列少常伯，始設長名姓歷牓，引銓注之法，又定州縣官資高下升降，以爲故事，其後莫能革焉。至玄宗〔一〕開元十八年，行儉子光庭〔二〕爲侍中兼吏部尚書。先是選司注官，惟視其人之能否，或不次超遷，或老於下位，有出身二十餘年不得禄者。又州縣亦無等級，或自大入小，或初近後遠，皆無定制。光庭始奏用循資格。新唐書本傳〔三〕，初吏部求人不以資考爲限，所獎拔惟其才，往往得俊乂任之，士亦自奮。其後士人猥衆，專務趨競，銓品枉撓，光庭懲之，因行儉長名牓，乃爲循資格。凡官罷滿，以若干選而集，各有差等，官高者選少，卑者選多，無問能否，選滿則注，限年躡級，不得踰越，非負譴者皆有升無降。庸愚沈滯者皆喜，謂之聖書。雖小有常規，而掄才之方失矣。其有異才高行，聽擢不次。然有其制而無其事，有司但守文奉式，循資例而已。」〔四〕自宋以下，年資之制，大抵皆本於光庭也。

〔一〕「玄」，潘本不避。

〔二〕裴光庭，舊唐書八四，新唐書一〇八。

〔三〕新唐書一〇八。

〔四〕通典十五選舉三。

宋孫洙資格論〔一〕曰：「三代以下，選舉之法，其始終一切皆失者，其國家資格之制乎。今賢材之伏於下者，資格閡之也；職業之廢於官者，資格牽之也；士之寡廉鮮恥者，爭於資格也；民之困於虐政暴吏，資格之人衆也；萬事之所以抗弊，百吏之所以廢弛，法制之所以頹爛決潰，而不之救者，皆資格之失也。惟天之生大賢大德也，非以私厚其人，將使之輔生民之治者也；惟人之有大材大智者，非以獨樂其身，將以振生民之窮者也。今小人累日而取貴仕，君子側身而困卑位，賢者戴不肖於上，而愚者役智者於下，爵不考德，祿不授能，故曰賢材之伏於下者，資格閡之也。才足以堪其任，小拘歲月而防之矣；力不足以稱其位，增累考級而得之矣，所得非所求也，所求非所任也。位不度才，功不索實，故曰職業之廢於官者，資格牽之也。今夫計歲閥而爭年勞者，日夜相鬬也。有司躐一名差一級，則攝衣而群爭懟矣。其甚者，或懷黃敕而置於丞相之前也，其行義去市賈者亡幾耳。故曰，士之寡廉鮮恥者，爭於資格也。來而暴一邑，既歲滿矣，又去而虐一州也。非以贓敗，至死不黜。虎吏齗牙而食於民，賢者鬱死於巖穴，而赤子不得愛其父母也。故曰，民之困於虐政暴吏者，資格之人衆也。夫資格之法，起於後魏崔亮，而復行之於唐之裴光庭。是二子者，其當世固已罪之，不待後人之譏矣。然而行之前世，不過數十年者也，後得稱職者，矯而更之，故其患不大。今資格之弊，流漫根結，踵爲常法，方且世世而遵行之矣。往者不知非，來者不知矯，故曰，萬事抏弊，百吏廢弛，法制頹爛決潰而不之救也。雖然，不無小利也，小便也。利之者惷愚而廢滯者也，便之者耋老而庸昏者也，而於天下國家焉，則大失也，大害也。然而提選部者，亦以是法爲簡而易守也，百品千群，不復銓叙人物，而綜覈功實，一吏在前，勘簿呼名而授之矣。坐廟堂者，亦以是法爲要而易行也，大官大職，列籍按氏，差第日月，遝然而登之矣。上下相冒，而賢材去愈遠，可爲太息也。爲今之急，誠宜大斸弊法，簡拔異能，爵以功爲先後，用以才爲序次，無以積勤累勞者爲高叙，無以深資久考者爲優選，智愚以别，善否陳前，而萬事不治，庶功不熙者，臣愚未嘗聞也。」

〔一〕宋史三二一不載，見宋文鑑一〇三策類。當作「孫洙論資格」。此文并見山堂考索續集卅九資格篇資格之弊條。

金章宗謂宰臣曰：「今之用人太拘資歷。循資之法，起於唐代，如此何以得人？」平章政事張汝霖對曰：「不拘資格，所以待非常之材。」上曰：「崔祐甫爲相未踰年，薦八百人，豈皆非常之材與？」〔一〕

〔一〕金史八三張汝霖傳亦載之，但此引金史九章宗紀六大定廿九年十一月條。

銓選之害

宋葉適論銓選之害曰：「夫甄别有序，黜陟不失者，朝廷之要務也。故自一命以上，皆欲用天下之所賢者，而不以便其不肖者之人。竊怪人主之立法，常爲不肖者之地，而消靡其賢才，以俱入於不肖而已。而其官最要，其害最甚者，銓選也。吏部者，朝廷喉舌之處也，尚書、侍郎者，天子貴近之臣也，處之以其地，任之以其官，與之以甄别黜陟天下士大夫之柄，而乃立法以付之曰，吾一毫不信汝也，汝一毫不自信也。其人之賢否，其事之罪功，其地之遠近，其資之先後，其禄之厚薄，其闕之多少，則曰，是一切有法矣。天下法度之至詳，曲折詰難之至多，士大夫不能一舉措手足者，顧無甚於銓選之法也。嗚呼！與人以官，賦人以禄，生民之命，致治之本，由此而出矣。奈何舉天下之大柄，而自束縛蔽蒙之，乃爲天下大弊之源乎。雖然，是幾百年於是矣，其相承者非一人之故。學士大夫，勤身苦力，誦説孔孟，傳道先王，未嘗不知所謂治道者，非若今日之法度也。及其一旦之爲是官，噤舌拱手，四顧吏胥，以問其所當知之法令。吏胥上下其手以視之，其人亦抗然自辨曰，吾有司也，固當守此法而已。嗟夫，豈其人之本若是陋哉。陛下有是名器，爲鼓舞群動之具，與奪進退，以叙天下，何忍襲數百年之弊端，汩没於區區壞爛之法，以消靡天下之人才，而甘心以便其不肖。如此，則治道安從出，而治功安從見哉？況自唐中世以前，吏部用人之意，猶有可考，今之所循者，乃其衰亂之餘弊耳。百王之常道，不容於陛下而不復也。」〔一〕

〔一〕水心集三。

楊萬里作選法論，其上篇曰：「臣聞選法之弊，在於信吏而不信官。信吏而不信官，故吏部之權，不在官而在吏，三尺之法，適足以爲吏取富之源，而不足以爲朝廷爲官擇人之具。所謂尚書、侍郎二官者，據案執筆，閉目以書紙尾而已。且夫吏之犯法者必治，而受賕者必不赦，朝廷之意，豈真信吏而不信官者邪？非朝廷之意也，法也。意則信官也，法則未嘗信官也，朝廷亦不自信也。天子不自信，則法之可否孰決之，決之吏而已矣。夫朝廷之立法，本以防吏之爲姦，而其用法也，則取於吏而爲決，則是吏之言勝於法，而朝廷之權輕於吏也。其言至於勝法，而其權至重於朝廷，則吏部長貳，安得而不吏之奉哉？長貳非曰奉吏也，曰吾奉法也。然而法不決之於官而決於吏，非奉吏而何？夫是之謂信吏而不信官。今有一事於此，法曰如是可，如是而不可，士大夫之有求於吏部，有持牒而請曰：我應夫法之所可行，而吏部之長貳亦曰可，宜其爲可無疑也。退而吏出寸紙以告之曰不可，既曰不可矣，宜其爲不可，無改也，未幾而又出寸紙以告之曰可。且夫可不可者，有一定之法，而用可不可之法者，無一定之論，何爲其然也？吏也。士大夫之始至也，恃法之所可，亦恃吏部長貳之賢，而不謁之吏，故與長貳面可之。退而問之吏，吏曰法不可也，長貳無以詰，則亦曰然。士大夫於是不決之法，不請之長貳，而以市於吏。吏曰可也，而勿亟也，伺長貳之遺忘，而畫取其諾。昨奪而今與，朝然而夕不然，長貳不知也，朝廷不訶也。吏部之權，不歸之吏而誰歸？夫其所以至此，其始也有端，其積也有漸，而其成也，植根甚固，而不可動摇矣。然則曷爲端，其病在於忽大體、謹小法而已矣。吏者從其所謹者而中之，并與其所忽者而竊之，此其爲不可破也。且朝廷何不思之曰，吾之銓選，果止於謹小法而已，則一吏執筆而有餘也，又焉用擇天下之賢者，以爲尚書、侍郎也哉。則吾之所以任尚書、侍郎者，殆不止於謹小法而已。是故莫若略小法而責大體，使知小法之有所可否，初無繫於大體之利害，則吏部長貳得以出意而自決之，要以不失夫銓選之大體，而不害夫立法之大意而已。責大體而略小法，則不決於吏，而吏之權漸輕。吏權漸輕，然後長貳之賢者得以有爲，而選法可以漸革也。」其下篇曰：「臣聞吏部之權，不異於宰相，亦不異於一吏。夫宰相之與一吏，不待智者而知其懸絶也。既曰吏部之權不異於宰相，又曰亦不異於一吏者，何也？今夫進退朝廷之百官，賢者得以用，而不肖者得以黜，此宰相之權也。注擬州縣之百官，下至於簿尉而上至於守貳，此吏部之權也。朝廷之百官，自大科異等，與夫進士甲科之首者，未有不由於吏部也，未有不由於吏部而官者。今日之簿尉，未必非他日之宰相，而況今日宰相之所進退者，臺閣之所布列者，皆前日之升階揖侍郎者也。故曰吏部之權，不異於宰相。雖然，吏部之所謂注擬何也？始入官者，則得簿尉，自簿尉來者，則得令丞，推而上之，至於幕職，由是法也，又上之至於守貳，由是法也。其宜得者則曰應格，其不宜得者則曰不應格。曰應格矣，雖貪者，疲愞者，老耄者，乳臭者，愚無知者，庸無能者，皆得之。得者不之媿，與者不之難也。曰不應格矣，雖真賢實能，廉潔守志之士，皆不得也。不得者莫之怨，不與者莫之恤也。吏部者曰，彼不媿不怨，吾事畢矣。如募焉，書其役之高下而甲乙之，按其役之遠近而勞逸之，呼一吏而閱之簿盡矣，此縣令之以止小民之爭也。吏部注擬百官，而寄之以天下之民命，乃亦止於止爭而已矣，故曰亦不異於一吏。今吏部亦有所謂銓量者矣，揖之使書，以觀其能書乎否也；召醫而視之，以探其有疾與否也；贊之使拜，以試其視聽之明暗，筋力之老壯也。曰銓量者如是而已矣。而賢不肖愚智何別焉？昔晉用山濤爲吏部尚書，而中外品員多所啓拔。宋以蔡廓爲吏部尚書，廓先使人告宰相徐羨之曰：若得行吏部之職則拜，不然則否。羨之答云：黃散以下皆委。廓猶以爲失職，遂不拜。蓋古之吏部，雖黄門散騎，皆由吏部之較選，是當時之爲吏部者，豈亦止取若今所謂應格者而爲黄散哉，抑將止取今所謂銓量者而爲黄散邪。宋史蘇紳傳：上言「古者自黄散而下，及隋之六品，唐之五品，皆吏部得專去留。今審官院流内銓，則古之吏部，三班院，古之兵部，不問官職之閒劇，才能之長短，惟以資歷深淺爲先後，有司但主簿籍而已。欲賢不肖有別，不可得也。」〔一〕臣願朝廷稍增重尚書之權，使之得以察百官之能否，而與奪之。如丞、簿以下官小而任輕者，固未能人人而察之也，至於縣宰之寄以百里之民者，守貳之寄以一郡之民者，豈不重哉？且天下幾州，一州幾縣，一歲之中，居者待者之外，到部而注擬縣宰者幾人，守貳又幾人，則亦不過三數百而已。以一歲三數百之守貳縣宰，而散之於三百六旬之日月，則一日之注擬者，絶多補寡，亦無幾爾。一歲之間，而不能察三數百人之能否，則其爲尚書者，亦偶人而已矣。月計之而不粗，歲計之而不精，則其州縣之得人，豈不十而五六哉？雖不五六，豈不十而三四哉？以此較彼，不猶愈乎！或曰，尚書之權重，則將得以行其私，奈何？是不然。昔陸贄請令臺省長官各舉其屬，而德宗疑諸司所舉皆有情故，或受賂者。贄諫之曰：陛下擇相，亦不出臺省長官之中，豈有爲長官則不能舉一二屬吏，居宰相則可擇千百具僚。其要在於精擇長吏。贄之説盡矣。今朝廷百官，孰非宰相進擬者而不疑也。至於吏部長貳之注擬，而獨疑其私乎？精擇尚書而假之以與奪之權，使得精擇守貳縣宰，而無專拘之以文法，庶乎天下不才之吏

可以汰，而天下之治猶可以復起也與。」〔二〕

〔一〕宋史二九四。

〔二〕誠齋集百卌卷，此見卷八十九千慮策。

紹興三十二年，吏部侍郎凌景夏言：「國家設銓選，以聽群吏之治，其掌於七司，著在令甲，所守者法也。今升降於胥吏之手，有所謂例焉。長貳有遷改，郎曹有替移，來者不可復知，去者不能盡告。索例而不獲，雖有强明健敏之才，不復致議，引例而不當，雖有至公盡理之事，不復可伸，貨賂公行，姦弊滋甚。嘗觀漢之公府有辭訟比，尚書有決事比，比之爲言，猶今之例。今吏部七司，宜置例册，凡經申請，或堂白，或取旨者，每一事已，命郎官以次擬定，而長貳書之於册，永以爲例。每半歲上於尚書省，仍關御史臺。如此則巧吏無所施，而銓叙平允矣。」〔一〕淳熙元年，參知政事龔茂良言：「法者，公天下而爲之者也；例者，因人而立，以壞天下之公者也。昔之患在於用例破法，今之患在於因例立法，自例行而法廢矣。故諺稱吏部爲例部。」〔二〕是則銓政之害，在宋時即已患之，而今日尤甚。所以然者，法可知，而例不可知，吏胥得操其兩可之權以市於下。世世相傳，而雖以朝廷之力，不能拔而去之。甚哉例之爲害也，又豈獨吏部然哉？古無「例」字，只作「列」。禮記服問：罪多而刑五，喪多而服五，上附下附列也。注：列，等比也。釋文徐邈音例，即後人例字〔三〕。至漢書何武傳曰：「欲除吏，先爲科例，以防請託。」杜欽傳曰：「不爲陛下廣持平例。」王莽傳曰：「太傅平晏從吏過例，始加人作例。」〔四〕

〔一〕建炎以來繫年要録一九九。此用通考卅八選舉考。
〔二〕皇宋中興兩朝聖政五三。但此仍是用通考卅八選舉考。
〔三〕經典釋文四禮記服問條。
〔四〕漢書八六、六十、九九中。此條爲「例」字原始及索引。

寇萊公爲相，章聖〔一〕嘗語兩府，欲擇一人爲馬步軍指揮使。公方議其事，吏有以文籍進者，公問何書，對曰，例簿也。公曰：「朝廷欲用一衙官，尚須檢例邪，安用我輩？壞國政者，正由此爾。」〔二〕司馬温公與呂惠卿論新法於上前，温公曰：「三司使掌天下財，不才而黜之可也，不可使兩府侵其事。今爲制置三司條例司，何也？宰相以道佐人主，安用例？苟用例，則胥吏足矣，今爲看詳中書條例司，何也？」惠卿不能對〔三〕。

〔一〕宋真宗。

〔二〕五朝名臣言行録四之二引遺事。
〔三〕宋史三三六温公傳，亦見三朝名臣言行録七之一引行狀。

員缺

員缺之名，自晉時已有之。晉書王藴傳，遷尚書吏部郎，每一官缺，求者十輩〔一〕。世説注引山濤啓事曰：吏部郎史曜出缺處當選〔二〕。魏書元修義傳：「遷吏部尚書，時上黨郡缺，中散大夫高居求之。」〔三〕至唐趙憬審官六議，遂有人少闕缺字同多、人多闕少之語〔四〕。而崔湜以中書侍郎知吏部選事，至逆用三年員闕〔五〕。令狐峘在吏部，楊炎爲侍郎，至分闕，以惡闕與炎〔六〕。其名相傳，至今不改矣。

〔一〕晉書九三外戚傳。
〔二〕賞譽第八上。
〔三〕魏書十九上。
〔四〕舊唐書一三八。
〔五〕「逆用三年員闕」語，舊唐書七四及新唐書九九湜傳無。此語見舊唐書一八五下良吏李尚隱傳，新唐書一三〇。

〔六〕舊唐書一四九咺傳。

舊唐書德宗紀：「御史大夫崔從奏：兵戎未息，仕進頗多。比來每至選集，不免據闕留人，嘗歎遺才，仍招怨望。」〔一〕此亦似今之截留候選也。

〔一〕舊唐書十二貞元二年。

大唐新語〔一〕：「劉思立爲考功員外，子憲爲河南尉。思立今日亡，明日選人有索憲闕者。載〔二〕深咨嗟，以爲名教所不容，乃書其無行注名籍。其人比出選門，爲衆目所視，衆口所呰，亦趦趄而失步矣。朝廷咸謂載能振理風俗。」自今言之，不過索一丁憂之闕，亦何至見擯於清議邪？不知由是心推之，則有其親未死，而設爲機阱以謀奪其處，亦人情之所必至者矣。孟子曰：「人能充無欲害人之心，而仁不可勝用也；人能充無穿窬之心，而義不可勝用也。」〔三〕苟反是而充之，其亦何所不至邪？願後之持銓衡者，常以正風俗爲心，則國家必有得人之慶矣。

〔一〕劉肅撰。稗海本，卷十一懲誡門。

〔二〕續刊誤謂「載」爲馬載，官吏部侍郎。原文「載」上有「吏部侍郎馬」五字。馬載，馬周子，舊唐書七四、新唐書九八均附周傳。

〔三〕孟子盡心下。

日知録校注卷九

人材

宋葉適言：「法令日繁，治具日密，禁防束縛，至不可動，而人之智慮，自不能出於繩約之内。」〔一〕故人材亦以不振。今與人稍談及度外之事，輒摇手而不敢爲。夫以漢之能盡人材，陳湯猶扼腕於文墨吏，而况於今日乎？宜乎豪傑之士無以自奮，而同歸於庸懦也。

〔一〕水心集五奏議紀綱二。

使枚乘、相如而習今日之經義，則必不能發其文章；使管仲、孫武而讀今日之科條，則必不能運其權略。故法令者敗壞人材之具。以防姦宄，而得之者什三；以沮豪傑，而失之者常什七矣。

自萬曆以上，法令繁而輔之以教化，故其治猶爲小康。萬曆以後，法令存而教化亡，於是機變日增而材能日減。其君子工於絶纓而不能獲敵之首，其小人善於盜馬而不肯救君之患。誠有如墨子所云：「使治官府則盜竊，守城則倍畔，使斷獄則不中，分財則不均。」〔一〕又如呂氏春秋所云：「處官則荒亂，臨財則貪得，列近則持諫，將衆則罷怯。」〔二〕又如劉蕡所云：「謀不足以翦除姦兇，而詐足以抑揚威福；勇不足以鎮衛社稷，而暴足以侵害閭里者。」〔三〕嗚呼，吾有以見徒法之無用矣。

〔一〕卷二尚賢中第九。
〔二〕卷十三務本篇。
〔三〕舊唐書一九〇下文苑本傳。新唐書一七八。

實録〔一〕言：「宣德五年八月丙戌，上罷朝，御文華殿，學士楊溥等侍。上問庶官之選，何術而可以盡得其人。溥對曰：『嚴薦舉，精考課，何患不得？』上曰：『近代有罪舉主之法。夫以一言之薦，而欲保其終身，不亦難乎！朕以爲教養有道，人材自出。漢董仲舒之言：「素不養士而欲求賢，猶不琢玉而求文采。」〔二〕此知本之論也。』」〔三〕徒循三載考績之文，而不行三物教民之典，雖堯、舜亦不能以成允釐之治矣。

〔一〕宣宗實録六九。
〔二〕漢書五六本傳。
〔三〕實録至此止。

保舉

宋史〔一〕：元祐初，司馬光爲相，奏曰：「爲政得人則治。然人之才或長於此而短於彼，雖皋、夔、稷、契，各守一官，中人安可求備？故孔門以四科取士，漢室以數路得人。若指瑕掩善，則朝無可用之人；苟隨器授任，則世無可棄之士。臣備位宰相，職當選官，而識短見狹。士有恬退滯淹，或孤寒遺逸，豈能周知？若專引知識，則嫌於私；若止循資序，未必皆才。莫若使有位達官，各舉所知，然後克叶至公，野無遺賢矣。欲乞朝廷設十科舉士：一曰行義純固，可爲師表科。有官無官人皆可舉。二曰節操方正，可備獻納科。舉有官人。三曰智勇過人，可備將帥科。舉文武有官人。四曰公正聰明，可備監司科。舉知州以上資序。五曰經術精通，可備講讀科。有官無官人皆可舉。六曰學問該博，可備顧問科。同上。七曰文章典麗，可備著述科。同上。八曰善聽獄訟，盡公得實科。舉有官人。九曰善治財賦，公私俱便科。同上。十曰練習法令，能斷請讞科。同上。應職事官，自尚書至給舍諫議；寄禄官，自開府儀同三司至大中大夫；職，自觀文殿學士至待制。每歲須於十科内舉三人，仍具狀保任，中書置籍記之。異時有事須材，即執政案籍視其所嘗被舉科格，隨事試之。有勞，又著之籍。内外官闕，取嘗試有效者，隨科授職。所賜誥命，仍備所舉官姓名，其人任官無狀，坐以謬舉之罪。所貴人人重慎，所舉得才。」光又言：「朝廷執政惟八九人，若非交舊，無以知其行能，不惟涉循私之嫌，兼所取至狹，豈足以盡天下之賢才？若採訪毁譽，則情僞萬端。與其聽游談之言，曷若使之結罪保舉。故臣奏設十科以舉士，其公正聰明，可備監司。誠知請屬挾私，所不能無，但有不如所舉，譴責無所寬宥，則不敢妄舉矣。」〔二〕

〔一〕宋史一六〇選舉志六。

〔二〕選舉志止。

明主勞於求賢，而逸於任人。韓非子云：「王登爲中牟令，吕氏春秋作任登。言中牟士中章胥已。襄主曰：『子見之，我將以爲中大夫。』其相室曰：『中大夫，晉重列也。今無功而受，君其耳而未之目邪。』襄主曰：『我取登，既耳而目之矣。登之所取，又耳而目之，是耳目人終無已也。』〔一〕此執要之論也。善乎！子夏之告樊遲也，曰：「舜有天下，選於衆，舉皋陶，不仁者遠矣。湯有天下，選於衆，舉伊尹，不仁者遠矣。」〔二〕

〔一〕韓非子十一外儲説左上。
〔二〕論語顏淵。

唐書：「崔祐甫爲相，薦舉惟其人○不自疑畏○推至公以行○日除十數人。未逾年，除吏幾八百員○多稱允當△帝嘗謂曰：『人言卿擬官多親舊，何邪○』對曰：『陛下令臣進擬庶官○夫進擬者必悉其才行○若素不知聞△何繇得其實○』帝以爲然○」〔一〕以德宗之猜忌而猶能聽之，愈乎近代之人主也。李絳傳：「德宗問多公親舊，何邪？祐甫對曰：『所問當與不當耳。非臣親舊，孰知其才？其不知者，安敢與官？』時以爲名言。」〔二〕

〔一〕此段兼用舊唐書一一九、新唐書一四二。句末用○號者用新唐書，用△號者用舊唐書。

〔二〕注用新唐書一五二絳傳。舊唐書一六四絳傳無之。

正統三年十一月乙未，「行在通政司左通政陳恭言：『古者擇任庶官，悉由選部，是以職任專而事體一。頃者令朝臣各薦所知，恐開私謁之門而長奔競之風，乞令杜絶，一歸銓部。』事下行在，吏部尚書郭璡等覆奏曰：『往時朝廷慮典銓者未盡知人，故勑廷臣各舉所知，其法良矣。脱有徇私，邦憲昭然，誰肯同蹈？今恭聽流言而尼良法，未見其當也。乞令仍舊。』從之。」〔一〕

〔一〕英宗實録四八。

關防

隋書酷吏傳：「厙狄士文爲貝州刺史，凡有出入，皆封署其門，僮僕無敢出外。」〔一〕此今日居官通例，而史以爲異事，豈非當日法制雖嚴，而關防未若今之密乎？末世人習澆訛，防閑日甚，少不禁飭，則奸宄之徒，投間抵隙，無所不至。長吏到官，以關防爲第一義。

然愚以爲但無至公之心以御之爾。世説：「晉文王〔二〕親愛阮嗣宗，阮從容言：嘗游東平，樂其土風，願得爲東平太守。文王從其意。阮騎驢徑到郡，至則壞府舍諸壁障，使内外相望。然後教令，一郡清肅。十餘日復騎驢去。」〔三〕唐姚合爲武功尉，其縣居詩曰：「朝朝門不閉，長似在山時。」〔四〕在曠達之士，猶且爲之，而況於大賢也。

〔一〕隋書七四。
〔二〕司馬昭。
〔三〕此世説下之上任誕篇注引文士傳語，非世説語。亦見晉書四九本傳。
〔四〕姚少監詩集五武功縣作三十首之廿四。

大唐新語：「姜晦爲吏部侍郎，性聰悟，識理體。舊制，吏曹舍宇悉布棘，以防令史與選人交通。及晦領選事，盡除之，大開銓門，示無所禁。有私引置者，晦輒知之，召問莫不首伏。初，朝廷以晦改革前規，咸以爲不可，竟銓綜得所，賄賂不行，舉朝歎服。」〔一〕

〔一〕大唐新語卷十釐革。

太祖實録：「洪武二十年八月壬申，上謂刑部尚書唐鐸、工部侍郎秦逵、都察院左都御史詹徽等曰：『朕初於文籍設關防印記者，本以絶欺蔽，防奸僞，特一時權宜爾。果正人君子，焉用是爲？自今六科有關防印記，俱銷之，仍移文諸司，使知朕意。』」〔一〕

〔一〕卷一八四。「壬申」原作「壬戌」。八月戊申朔，壬戌十五，壬申廿五。實録於壬戌前書庚午，壬戌後書癸酉，則「壬戌」當爲「壬申」。

封駁〔一〕

人主之所患，莫大乎唯言而莫予違。齊景公燕賞於國内，萬鍾者三，千鍾者五，令三出，而職計莫之從。公怒，令免職計，令三出，而士師莫之從。晏子春秋〔二〕。此畜君之詩所爲作也。漢哀帝封董賢，而丞相王嘉封還詔書〔三〕。胡三省曰：後世給舍封駁本此。後漢鍾離意爲尚書僕射，數封還詔書〔四〕。自是封駁之事多見於史，而未以爲專職也。唐制，凡詔敕皆經門下省，事有不便，得以封還。而給事中有駁正違失之掌，著於六典。唐書：給事中在漢爲加官，至唐屬之門下省，使之駁正奏抄塗竄詔敕之不便〔五〕。如袁高、崔植、韋弘景、狄兼謩、鄭肅、韓佽、韋温〔六〕、鄭公輿之輩，並以封還敕書，垂名史傳。亦有召對慰諭，如德宗之於許孟容；中使嘉勞，如憲宗之於薛存誠者〔七〕。而元和中，給事中李藩在門下，制敕有不可者，即於黄紙後批之。吏請别連白紙，藩曰：别以白紙，是文狀也，何名批敕〔八〕？宣宗以右金吾大將軍李燧爲嶺南節度使，已命中使賜之節，給事中蕭倣封還制書。上方奏樂，不暇别召中使，使優人追之，節及燧門而返〔九〕。人臣執法之正，人主聽言之明，可以並見。德宗時，盧杞量移饒州刺史。制出，給事中袁高執之不下。擢浙東觀察判官齊總爲衢〔十〕州刺史，給事中許孟容〔十一〕封還詔書。憲宗末，皇甫鎛奏減内外官俸以助國用，給事中崔植〔十二〕封還敕書。穆宗時，授李訓四門助教，給事中鄭肅、韓佽封還制書〔十三〕。劉士涇〔十四〕擢太僕卿，給事中韋弘景封還詔書。文宗時，赦官典犯贓者，給事中狄兼謩封還敕書。宣宗時，赦康季榮擅用官錢，給事中封還敕書〔十五〕。懿宗時，貶右補闕王譜，給事中鄭公輿〔十六〕封還敕書〔十七〕。五代廢弛。宋太宗淳化四年六月戊寅，始復給事中封駁。而司馬池猶謂門下雖有封駁之名，而詔書一切自中書以下，非所以防過舉也〔十八〕。明代〔十九〕雖罷門下省長官，而獨存六科給事中，以掌封駁之任。旨必下科，其有不便，給事中駁正到部，謂之科參。若曰「抄出駁之」、「抄出覆之」是也。六部之官，無敢抗科參而自行者。故給事中之品卑，而權特重。萬曆之時，九重淵默；泰昌以後，國論紛紜，而維持禁止，往往賴抄參之力。天啓六年，大理寺正許志吉以請旌母節事，爲禮科右給事中張惟一抄參，具疏申辯，奉旨：參駁係科臣執掌，許志吉險辭飾辯，著罰俸三箇月。今人所不知矣。

〔一〕冊府元龜四六九有封駮門。

〔二〕晏子春秋内篇諫上。此句於引文末注出處。

〔三〕通鑑三五元壽元年三月條。漢書八六王嘉傳。

〔四〕後漢書列傳三一。

〔五〕新唐書四七百官志。舊唐書四三。

〔六〕韋温，舊唐書一六八。

〔七〕舊唐書一五三，新唐書一六二，通鑑二三九，會要五四。

〔八〕舊唐書一四八李藩傳。

〔九〕通鑑二四九大中十二年五月條。事出東觀奏記。新唐書一〇一蕭倣傳亦採之，舊唐書蕭倣傳無。此本通鑑。

〔十〕「衡」應作「衢」，潘本誤。

〔十一〕許孟容，舊唐書一五四、新唐書一六二皆有。

〔十二〕崔植，舊唐書一一九、新唐書一四二皆有。

〔十三〕李訓事見通鑑二四五文宗太和八年八月條，「穆」字誤。

〔十四〕劉士涇，劉昌子，舊唐書一五二、新唐書一七〇附昌傳。

〔十五〕康季榮事，見通鑑二四九大中九年十一月。

〔十六〕鄭公興事，見新唐書一一九白敏中傳，及通鑑二五〇咸通元年五月條。新、舊唐書無康、王、鄭傳。舊唐書一六六白敏中傳亦無之。

〔十七〕此條爲封還詔書索引。

〔十八〕宋史二九八。

〔十九〕「明代」原作「本朝」。

詞頭，辭職。清波雜志：「唐制唯給事得封還詔書。富鄭公知制誥日，封劉從愿妻遂國夫人，公乃繳還詞頭。後人遂踵而行之，中書舍人繳還詞頭自此始。」〔二〕

元城語録〔一〕曰：「王安石薦李定時，陳襄彈之未行，已擢監察御史裏行，宋次道封還罷之。次直吕大臨，再封還之，最後付蘇子容，又封還之。更奏復下，至於七八。子容與大臨俱落職，奉朝請，名譽赫然。此乃祖宗德澤，百餘年養成風俗，與齊太史見殺三人，而執筆如初者何異？」

〔一〕元城語録，劉安世語，宋馬永卿記，三卷，四庫雜家五。惜陰軒。此條見附録。

〔二〕清波雜志十二卷，宋周煇。稗海、知不足齋。四庫小説二。此句見卷九。

部刺史〔一〕

漢武帝遣刺史周行郡國，省察治狀，黜陟能否，斷治冤獄，以六條問事：一條，强宗豪右，田宅踰制，以强淩弱，以衆暴寡。二條，二千石不奉詔書，倍公向私，旁詔牟利，侵漁百姓，聚斂爲奸。三條，二千石不恤疑獄，風厲殺人，怒則任刑，喜則任賞，煩擾刻暴，剥削黎元，爲百姓所疾，山崩石裂，妖祥訛言。四條，二千石選署不平，苟阿所愛，蔽賢寵頑。五條，二千石子弟怙倚榮勢，請託所監。六條，二千石違公下比，阿附豪强，通行貨賂，割損政令〔二〕。又令歲終得乘傳奏事。夫秩卑而命之尊，官小而權之重，此小大相制，内外相維之意也。元城語録：「漢元封五年，初置刺史，部十三州，秋分行郡國。秩六百石，而得按二千石不法，其權最重。秩卑則其人激昂，權重則能行志。」〔三〕本自秦時遣御史出監諸郡。史記言：「秦始皇分天下以爲三十六郡，郡置守尉監。」〔四〕蓋罷侯置守之初，而已設此制矣。漢書百官表：「監御史，秦官，掌監郡。漢省，丞相遣史分刺州，不常置。武帝元封五年，初置部刺史，掌奉詔條察州，秩六百石，員十三人。」〔五〕成帝末，翟方進、何武乃言，春秋之義，用貴治賤，不以卑臨尊。刺史位下大夫而臨二千石，輕重不相準，請罷刺史，更置州牧，秩二千石。而朱博以漢家故事，置部刺史，秩卑而賞厚，咸勸功樂進。州牧秩眞二千石，位次九卿，九卿缺，以高第補，其中材則苟自守而已。恐功效陵夷，奸軌不勝，於是罷州牧，復置刺史〔六〕。後漢書劉焉傳：「靈帝政化衰缺，四方兵寇。焉以刺史威輕，建議改爲牧伯，請選重臣以居其任。從之。」州任之重，自此而始〔七〕。劉昭之論，以爲刺史監糾非法，不過六條，傳車周流，匪有定鎮，秩裁六百，未生陵犯之釁。成帝改牧，其萌始大〔八〕。唐戴叔倫撫州刺史廳壁記云：「漢置十三部刺史，以察舉天下非法，通籍殿中，乘傳奏事，居靡定處，權不牧人。」〔九〕合二者之言觀之，則州牧之設，中材僅循資自全，强者至專權裂土。新唐書：「李景伯爲太子右庶子，與太子舍人盧俌議：今天下諸州，分隸都督，專生殺刑賞，使授非其人，則權重釁生，非强幹弱枝之誼。願罷都督，留御史，以時按察，秩卑任重，以制奸宄。便繇是停都督。」〔十〕然後知刺史六條，爲百代不易之良法。而今之監察御史，巡按地方，爲得古人之意矣。唐書：監察御史掌分察百寮，巡按州縣〔十一〕。又其善者，在於一年一代。夫守令之官，不可以不久也。監臨之任，不可以久也，久則情親而弊生，望輕而法玩。故一年一代之制，又漢法之所不如，而察吏安民之效，已見於二三百年者也。唐李嶠請十州置御史一人，以周年爲限，使其親至屬縣，或入閭里，督察姦訛，親採風俗〔十二〕。此法正明代〔十三〕所行。若夫倚勢作威，受賕不法，此特其人之不稱職耳。不以守令之貪賤而廢郡縣，豈以巡方之濁亂而停御史乎？至於秩止七品，與漢六百石制同。王制：天子使其大夫爲三監，監於方伯之國，國三人。金華應氏曰：「方伯者，天子所任以總乎外者也，又有監以臨之。蓋方伯權重則易專，大夫位卑則不敢肆。此大小相維，内外相統之微意也。」〔十四〕何病其輕重不相準乎？夫不達前人立法之意，而輕議變更，未有不召亂而生事者。吾於成、哀之際，見漢治之無具矣。

〔一〕初刻四之八部刺史，即下條六條之外不察前一段。
〔二〕漢書十九百官公卿表師古注。
〔三〕元城語録卷下。
〔四〕史記六始皇紀。
〔五〕漢書十九上。
〔六〕漢書八三。
〔七〕後漢書一〇五列傳六五。
〔八〕後漢書百官志五州郡條注。
〔九〕戴文，文粹、英華、全唐文皆無之，見雲麓漫鈔卷八。
〔十〕新唐書一一六附李懷遠傳。
〔十一〕新唐書四八百官志。
〔十二〕舊唐書九四，新唐書一一三。
〔十三〕原作「本朝」。

〔十四〕應氏鏞，字子和，有禮記纂義二十卷。當爲禮記集説之文，宋衛湜撰，一百六十卷。通志堂本卷廿七。

唐自太宗貞觀二十年，遣大理卿孫伏伽、黄門侍郎褚遂良等二十二人，以六條巡察四方，黜陟官吏〔一〕。帝親自臨決，牧守已下，以賢能進擢者二十人，以罪死者七人，其流罪已下，及免黜者數百人。已後頻遣使者，或名按察，或名巡撫。至玄宗天寶五載正月，命禮部尚書席豫等，分道巡按天下風俗，及黜陟官吏〔二〕。此則巡按之名所繇始也。

〔一〕舊唐書三太宗紀，新唐書二。

〔二〕舊唐書九玄宗紀。

玄宗開元二十三年二月辛亥，置十道採訪處置使。詔曰：「言念蒼生，心必徧於天下，自古良牧，福猶潤於京師。所以歷選列城，聿求連率，豈徒刺察，將委輯寧。朝散大夫、檢校御史中丞、關内宣諭賑給使、上柱國盧絢等，任寄已深，聲實兼茂，咸貫通於理道，益純固於公心，或華髪不衰，或白圭無玷，可以軌儀郡國，康濟黎元。間歲已來，數州失稔，頗致流冗，能勿軫懷？而吏或不畏不仁，不安不便，誠須矯過，必在任賢。庶蠲疾苦之源，以協大中之義。若令行一道，利乃萬人。朕所設官，以俟能者。」〔一〕唐開元中，或請選擇守令，停採訪使。姚崇奏：「十道採訪，猶未盡得人，天下三百餘州，縣多數倍，安得守令皆稱其職？」〔二〕

〔一〕唐大詔令集卷一百，文全異。二月癸巳朔，十九日辛亥，年月日符合，而文全不同。今二文均見張曲江集七。詔令集所載，乃敕置十道使，此爲敕授十道使。先置官，後授職也。

〔二〕舊唐書紀八，開元四年末停十道採訪使。注本通鑑二一一開元三年十二月條，作「停按察使」，非「採訪使」。採訪廿二年乃置，按察景龍三年置，見會要七七。但通典卅二作景雲二年置，通鑑同。姚崇，開元九年薨，舊唐書九六，新唐書一二四。

于文定筆麈〔一〕曰：「元時風憲之制，在內諸司有不法者，監察御史劾之；在外諸司有不法者，行臺御史劾之。即今在內道長、在外按臺之法也。惟所謂行臺御史者，竟屬行臺，歲以八月出巡，四月還治，乃長官差遣，非繇朝命，其體輕矣。本朝御史，總屬內臺，奉命出按，一歲而更，與漢遣刺史法同。唐宋以來，皆不及也。」唐中宗神龍二年，遣十道巡察使，詔二周年一替〔二〕。韋忠謙〔三〕言：「御史一出，當動搖山嶽，震慴州縣。」本朝多有其人〔四〕。

〔一〕于慎行筆麈卷九官制條。

〔二〕新唐書四中宗紀，又大詔令一〇三，通典三二，會要七七。

〔三〕新唐書一一六韋思謙傳，潘本已誤「思」爲「忠」。亦見舊唐書八八。

〔四〕此注顧所加。

金史宗雄傳：「自熙宗時，遣使廉問吏治得失。世宗即位，凡數歲輒一遣黜陟之。故大定之間，郡縣吏皆奉法，百姓滋殖，號爲小康。章宗即位，置九路提刑使。」〔一〕此即今按察使。

〔一〕金史七三。

六條之外不察〔一〕

漢時部刺史之職，不過以六條察郡國而已，不當與守令事。三國志，司馬宣王報夏侯太初書曰：「秦時無刺史，但有郡守長吏。漢家雖有刺史，奉六條而已，故刺史稱傳車，其吏言從事，居無常治，吏不成臣。其後轉更爲官司耳。」〔二〕故朱博爲冀州刺史，敕告吏民：欲言縣丞尉者，刺史不察，黄綬各自詣郡〔三〕。鮑宣爲豫州牧，以聽訟所察過詔條，被劾〔四〕。而薛宣上疏言：吏多苛政，政教煩碎，大率呰在部刺史，或不循守條職，舉錯各以其意，多與郡縣事〔五〕。翟方進傳，言遷朔方刺史，居官不煩苛，所察應條輒舉〔六〕。自刺史之職下侵，而守令始不可爲，天下之事，猶治絲而棼之矣。

〔一〕初刻四之八題曰「部刺史」，只有前一段。
〔二〕魏志九夏侯玄傳。鈔本亦作「太初」。
〔三〕漢書八三朱博傳。
〔四〕漢書七二鮑宣傳。初刻本無。
〔五〕漢書八三薛宣傳。
〔六〕漢書八四翟方進傳。初刻本無。

太祖實録：洪武二十一年四月諭，按治江西監察御史花綸等，自今惟官吏貪墨鬻法，及事重者，如律逮問，其細事毋得苛求〔一〕。

〔一〕太祖實録一九〇。

隋以後刺史〔一〕

秦置御史以監諸郡。漢省丞相，遣史分刺州，不常置。武帝元封五年，初置十三州刺史各一人〔二〕。魏晉以下，爲刺史持節都督。魏志言：「自漢季以來，刺史總統諸郡，賦政於外，非若曩時司察之任而已。」〔三〕漢時止十三州，至梁時南方一偏之地，遂置一百七州〔四〕。隋文帝開皇三年，罷郡，以州統縣。杜氏通典曰：「以州治民，職同郡守，無復刺舉之任。」〔五〕自是刺史之名存而職廢，後雖有刺史，皆太守之互名。有時改郡爲州，則謂之刺史，有時改州爲郡，則謂之太守，一也。非舊刺史之職，理一郡而已。由此言之，漢之刺史，猶今之巡按御史。魏晉以下之刺史，猶今之總督。隋以後之刺史，猶今之知府及直隸知州也。新唐書地理志曰：「唐興，高祖改郡爲州，太守爲刺史。」〔六〕

〔一〕初刻四之九，只有前段。

〔二〕漢書六武帝紀。

〔三〕三國志魏志十五劉馥等傳評。

〔四〕初刻無此注。

〔五〕卷一七一州郡序目上。

〔六〕新唐書三七地理志序。初刻無此注。

宋真宗咸平四年，左司諫、知制誥楊億疏言：「昔自秦開郡置守。漢以天下爲十三郡，命刺史以領之。自後因郡爲州，以太守爲刺史。降及唐氏，亦嘗變更，曾未數年，又仍舊貫。今多命省署之職，出爲知州，又設通判之官，以爲副貳。此權宜之制耳，豈可爲經久之訓哉。臣欲乞諸州並置刺史，以户口多少置其俸禄，分下、中、上、緊、望、雄之等級，品秩之制，率如舊章，與常參官比視階資，出入更踐。省去通判之目，但置從事之員，建廉察之府以統臨，按輿地之圖而區處。昔太平興國初，詔廢支郡，出於一時，十國爲連，周法斯在，一道置使，唐制可尋。至若號令之行，風教之出，先及於府，府以及州，州以及縣，縣及鄉里，自上而下，由近及遠，譬如身之使臂，臂之使指，提綱而衆目張，振領而群毛理。由是言之，支郡之不可廢也明矣。臣欲乞復置支郡，隸於大府，量地里而分割，如漕運之統臨，名分有倫，官業自舉。又覩唐制，内外官奉錢之外，有禄米職田，又給防閤庶僕親事，帳内執衣，白直門夫，各以官品差定其數，歲收其課，以資於家，本司又有公廨田食本錢，以給公用。自唐末離亂，國用不充，百官奉錢并減其半，自餘别給，一切權停。今郡官於半奉之中，已是除陌，又於半奉三分之内，其二以他物給之，鬻於市廛，十裁得其一二，曾餬口之不及，豈代耕之足云。昔漢宣帝下詔云：『吏能勤事，而奉禄薄，欲其無侵漁百姓，難矣。』遂加吏奉，著於策書。竊見今之結髮登朝，陳力就列，其奉也不能致九人之飽，不及周之上農；其禄也未嘗有百石之入，不及漢之小吏。若乃左右僕射，百僚之師長，位莫崇焉，月奉所入，不及軍中千夫之帥，豈稽古之意哉？欲乞今後百官奉禄雜給，并循舊制，既豐其稍入，可責以廉隅。官且限以常員，理當減於舊費。」〔一〕觀此，則今代所循，大抵皆宋之餘弊矣。

〔一〕武夷新集廿卷，四庫別集五。此見卷十六次對奏狀。

知縣〔一〕

知縣者，非縣令而使之知縣中之事。知猶管也〔二〕。杜氏通典所謂「檢校、試攝判知之官是也」〔三〕。唐姚合爲武功尉，作詩曰：「今朝知縣印，夢裏白憂生。」〔四〕唐人亦謂之知印，其名始於貞元已後，其初尚帶一「權」字。白居易集有裴克諒權知華陰縣令制曰：「華陰令卒，非選補時。唐制，凡選始於孟冬，終於季春。唐皎傳：「貞觀中官吏部侍郎。先是選集，四時補擬不爲限，皎請以冬初集，盡季春止，後遂爲法。」〔五〕調租勉農，政不可缺。前鎮國軍判官試大理評事裴克諒，久佐本府，頗有勤績，屬邑利病，爾必周知。宜假銅墨，試其才理，待有所立，方議正名。」〔六〕是權知者，不正之名也。至於普設知縣，則起自宋初〔七〕。本朝事實云：「五代任官，凡曹掾簿尉之齷齪無能，以至昏老不任驅策者，始注縣令。故天下之邑，率皆不治。誅求刻剥，猥迹萬狀，至優諢之言，多以令長爲笑。」〔八〕魏泰東軒筆録同〔九〕。建隆三年，始以朝官爲知縣〔十〕，其間復參用京官或幕職爲之。宋史言：「宋初内外所授官，多非本職，惟以差遣爲資歷。建隆四年，詔選朝士分治劇邑。大理正奚嶼知館陶，監察御史王祐知魏，楊應夢知永濟，屯田員外郎于繼徽知臨清，常參官宰縣自此始。」又曰：「初，州郡多闕官，縣令選尤猥下，多爲清流所鄙薄，每不得調，乃詔吏部選幕職官爲知縣。」〔十一〕自此以後，遂罷令而設知縣，沿其名至今。

〔一〕初刻四之十，只有一、三段，第一段較此略。
〔二〕初刻無此注。
〔三〕通典十九職官典序。
〔四〕姚少監詩集五武功縣中作三十首之廿八。
〔五〕新唐書一一三。
〔六〕卷三七。

〔七〕自「其名始於貞元已後」至此，初刻作「考之唐制，縣有令，宋初則有令有知縣」。

〔八〕宋朝事實二十卷，李攸撰，四庫政書一。殿本。見卷九官職條。原名本朝事實。

〔九〕卷三。初刻無此注。

〔十〕「知縣」下初刻有注云：「山堂考索：朝臣知縣，自大理正奚嶼等始。」

〔十一〕自「宋史言」以下至此，初刻無。見一五八選舉志。

雲麓漫鈔曰：「唐制：縣令闕，佐官攝令曰知縣事。李翺任工部，誌文云『攝富平尉知縣事』是也。今差京官曰知縣，差選人曰令，與唐異矣。」〔一〕

〔一〕涉聞梓舊本十五卷，宋趙彥衛。稗海本四卷，此見卷四。

宋時結銜，曰以某官知某府事，以某官知某州事，以某官知某縣事，以其本非此府、此州、此縣之正官而任其事，故云然。山堂考索：「藝祖開基，召諸鎮會于京師，賜第以留之，分命朝臣出守列郡，號權知軍州事。」〔一〕軍謂兵，州謂民也。于慎行筆麈曰：「宋時大縣四千户以上，選朝官知，小縣三千户以下，選京官知。故知縣與縣令不同，以京朝官之銜，知某縣事，非外吏也。」〔二〕如建隆三年，冤句令侯陟，以清幹聞，擢左拾遺知縣事〔三〕，是也。今則直云某府知府，某州知州，某縣知縣，文複而義舛矣。

〔一〕後集四十兵制門。此大略引之。
〔二〕見穀山筆麈九。初刻注無「于慎行」以下二節。
〔三〕宋史二七〇侯陟傳作「二年」。

北齊宰縣多用厮濫，至於士流恥居百里。北史元文遥傳〔一〕。五代選令必皆鄙猥之人。自古以來，以社稷民人寄之庸瑣者，有此二敗。以今準古，得無同之。

〔一〕北史五五。

知州〔一〕

宋葉適言〔二〕：「五代之患，專在藩鎮。藝祖思靖天下，以爲不削節度，則其禍不息，於是始置通判〔三〕以監統刺史而分其柄。命文臣權知州事，使名若不正，任若不久者，以輕其權。宋敏求曰：「凡節度州爲三品，刺史州爲五品。國初曹翰以觀察使判潁州，是以四品臨五品州也。同品爲知，隔品爲判。自後唯輔臣、宣徽使、太子太保、僕射爲判，餘並爲知州。」〔四〕監當知榷税，都監總兵戎，而太守者，即刺史。塊然徒管空城，受詞訴而已。諸鎮皆束手請命，歸老宿衛，昔日節度之害盡去，而四方萬里之遠，奉尊京城，文符朝下，期會夕報，伸縮緩急，皆在朝廷矣。」是宋初本有刺史，而別設知州以代其權，後則罷刺史而專用知州，以權設之名爲經常之任矣。

〔一〕初刻四之十一，只有前段。

〔二〕水心集五紀綱二。

〔三〕通判在清，官甚卑。

〔四〕宋敏求撰春明退朝録三卷，此見卷中。

新唐書〔一〕：「元和初，李吉甫爲相，病方鎮彊恣，爲帝從容言：使屬郡刺史得自爲政，則風化可成。帝然之，出郎吏十餘人爲刺史。」宋祖之以京官臨制州縣，蓋趙公〔二〕開其端矣。

〔一〕卷一四六。

〔二〕李吉甫封趙國公。

知府〔一〕

唐制，京郡乃稱府。至宋，則潛藩之地皆升爲府。宋初，太宗、真宗皆嘗爲開封府尹，後無繼者，乃設權知府一人，以待制以上充。皇朝政略：凡命知府，必帶「權」字，以翰林爲之。翰林學士及雜學士若待制，則權發遣而已。陸游渭南集：權知府自李符始〔二〕。崇寧三年，蔡京乞罷權知府，置牧、尹各一員。牧以皇子領，尹以文臣充〔三〕。是權知府者，所以避京尹之名也。今則直命之爲知府，非也。

〔一〕初刻四之十二。
〔二〕初刻注無「陸游」一節。
〔三〕宋史一六六職官志崇寧三年五月。

守令

所謂天子者，執天下之大權者也。其執大權奈何？以天下之權寄之天下之人，而權乃歸之天子，自公卿大夫至於百里之宰，一命之官，莫不分天子之權以各治其事，而天子之權乃益尊。後世有不善治者出焉，盡天下一切之權而收之在上，而萬幾之廣，固非一人之所能操也。沈約宋書論曰：「孝建、泰始，主威獨運，空置百司，權不外假，而刑政糾雜，理難徧通。」〔一〕而權乃移於法，於是多爲之法以禁防之。雖大姦有所不能踰，而賢智之臣，亦無能效尺寸於法之外，相與兢兢奉法，以求無過而已。於是天子之權，不寄之人臣，而寄之吏胥。是故天下之尤急者，守令親民之官，而今日之尤無權者莫過於守令。守令無權，而民之疾苦不聞於上，安望其致太平而延國命乎？書曰：「元首叢脞哉，股肱惰哉，萬事墮哉。」〔二〕蓋至於守令日輕，而胥史日重，則天子之權已奪，而國非其國矣，尚何政令之可言耶！削考功之繁科，循久任之成效，必得其人而與之以權，庶乎守令賢而民事理，此今日之急務也。

〔一〕宋書九四恩倖傳序。孝建，宋孝武帝。泰始，宋明帝。

〔二〕尚書益稷。

元吳淵穎〔一〕歐陽氏急就章解後序曰：「今之世，每以三歲爲守令滿秩，曾未足以一新郡縣之耳目而已去。又況用人不得專辟，臨事不得專議，錢糧悉拘於官而不得專用，軍卒弗出於民而不得與聞。蓋古之治郡者，自辟令丞，唐世之大藩，亦多自辟幕府僚屬。是故守主一郡之事，或司金穀，或按刑獄，各有分職，守不煩而政自治。雖令之主一邑，丞則贊治而掌農田水利，主簿掌簿書，尉督盜賊，令亦不勞，獨議其政之當否而已。今自一命而上，皆出於吏部。遇一事，公堂完署，甲是乙否，吏或因以爲奸，勾稽文墨，補苴罅漏，塗擦歲月，填塞辭欵，而益不能以盡民之情狀。至於唐世之賦，上供、送使、留州，自有定額。兵則郡有都試，而惟守之所調遣。宋之盛時，歲有常貢，官府所在，用度贏餘，過客往來，廩賜豐厚。故士皆樂於其職，而疾於赴功；兵雖不及於唐，義勇民丁，團結什伍，衣裝弓弩，坐作擊刺，各保鄉里，敵至即發，而郡縣固自兼領者也。今則官以錢糧爲重，不留贏餘，常俸至不能自給，故多贓吏；兵則自近戍遠，既爲客軍，尺籍伍符，各有統帥，但知坐食郡縣之租稅，然已不復繫守令事矣。夫辟官、涖政、理財、治軍，郡縣之四權也，而今皆不得以專之，是故上下之體統，雖若相維，而令不一，法令雖若可守，而議不一。爲守令者，既不得其職，將欲議其法外之意，必且玩常習故，辟嫌礙例，而皆不足以有爲。又況三時耕稼，一時講武，不復古法之便易，而兵、農益分。遇歲一儉，郡縣之租稅悉不及額，軍無見食，東那西挾，倉廥空虛，而郡縣無復贏蓄以待用。或者水旱洊至，閭里蕭然，農民菜色，而郡縣且不能以振救，而坐至流亡。是以言涖事，而事權不在於郡縣；言興利，而利權不在於郡縣；

言治兵，而兵權不在於郡縣，尚何以復論其富國裕民之道哉？必也，復四者之權一歸於郡縣，則守令必稱其職，國可富，民可裕，而兵、農各得其業矣。」〔二〕

〔一〕吳萊淵穎集十二卷，四庫别集廿。

〔二〕以上全是急就章解後序文，集卷十二。

宋理宗淳祐八年，監察御史兼崇政殿説書陳求魯奏〔一〕：「今日救弊之策，大端有四：宜採夏侯太初〔二〕併省州郡之議，俾縣令得以直達於朝廷；用宋元嘉六年爲斷之法，俾縣令得以究心於撫字；法藝祖出朝紳爲令之典，以重其權；遵光武擢卓茂爲三公之意，以激其氣。然後爲之正其經界，明其版籍，約其妄費，裁其横斂。」此數言者，在今日亦可采而行之。

〔一〕歷代名臣奏議一〇九。陳求魯，宋史無傳。

〔二〕三國志魏志九，夏侯玄，字太初。宋避「玄」字。

大略可見。蓋刺史失其職，反使鎮將領兵事。若刺史各得職分，又有鎮兵，則節將雖有祿山、思明之姦，豈能據一州爲畔哉！所以河朔六十年能拒朝命者，祇以奪刺史縣令之職，自作威福故也。臣所管德、棣、景三州，已舉公牒，各還刺史職，事訖，應在州兵，竝令刺史收管。』從之。繇是法制修立，各歸名分。」〔一〕是後雖幽、鎮、魏三州，以河北舊風自相更襲，在滄州一道，獨禀命受代，自重胤制置使然也。

舊唐書烏重胤傳：「元和十三年，爲横海節度使，上言曰：『臣以河朔能拒朝命者，其

〔一〕舊唐書一六一。

祖宗朝，凡大府知府之任，多有賜敕，然無常例。成化四年七月，廉州府知府邢正將之任，以廉州密邇珠池，喉襟交阯，近爲廣西流賊攻陷城邑，生民凋弊，特請賜敕。從之〔一〕。吉安府知府許聰將之任，以吉安多强宗豪右，詞訟繁興，亦請賜敕，俾得權宜處置。從之〔二〕。

〔一〕憲宗實録五六，七月庚午條。

〔二一〕憲宗實録五六，七月癸未條。

刺史守相得召見

兩漢之隆，尤重太守。史言：「孝宣拜刺史守相，輒親見問，觀其所繇，退而考察所行，以質其言，有名實不相應，必知其所以然。常稱曰：庶民所以安其田里，而亡歎息愁恨之心者，政平訟理也。與我共此者，其惟良二千石乎。」〔一〕當日太守常得召見，或賜璽書，堂陛之間，不甚闊絶。文帝謂季布曰：「河東吾股肱郡，故特召君耳。」〔二〕武帝賜嚴助書：「久不聞問，具以春秋對，毋以蘇秦縱横。」〔三〕賜吾丘壽王書：「子在朕前之時，知略輻湊，及至連十餘城之守，任四千石之重。師古曰：太守、都尉，皆二千石。今壽王爲都尉，不置太守，故云四千石也。職事竝廢，盜賊縱横，甚不稱在前時，何也？」〔四〕光武勞郭伋曰：「賢能太守，去帝城不遠，伋爲潁川太守。河潤九里，冀京師竝蒙福也。」〔五〕天下之大，不過數十郡國，而二千石之行能，皆獲簡於帝心，是以吏職修而民情達。以視後世之寄耳目於監司，飾功狀於文簿者，有親疏繁簡之不同矣。其在唐時，猶存此意。玄宗開元十三年，上自選諸司長官有聲望者十一人爲刺史，命宰相諸王餞於雒濱，御書十韻詩賜之〔六〕。宣宗時，李行言自涇陽縣令除海州刺史，李君奭自醴泉令除懷州刺史，皆采之民言，擢以御筆〔七〕。入謝之日，處分州事，萬里之遠，如在階前。夫人主而欲親民，必自其親大吏始矣。

〔一〕漢書八九循吏傳序。
〔二〕漢書三七。
〔三〕漢書六四上。
〔四〕漢書六四上。
〔五〕後漢書列傳廿一。
〔六〕通鑑二一二開元十三年二月條。
〔七〕通鑑二四九大中八年九月條、九年二月條。

册府元龜：「憲宗元和三年二月敕，許新除官及刺史等，假日於宣政門外謝便進狀辭，其授官於朝堂禮謝，竝不須候假開。國朝舊制，凡命都督、刺史，皆臨軒册拜，特示恩禮。近歲雖不册拜，而牧守受命之後，皆便殿口對賜衣。蓋以親人唐諱「民」字，改曰「人」。之官，恩禮不可廢也。時宰相李吉甫之舅裴復，新除河南少尹，求速之任，適遇寒食假，吉甫特奏請，遂兼刺史，同有是命，非舊典也。」〔一〕今日則名爲陛辭，而不得一見天顏，堂廉内外之分，益爲邈絶。

〔一〕册府元龜三三七徇私門。

漢令長

漢時令長，於太守雖稱屬吏，然往往能自行其意，不爲上官所奪。如蕭育爲茂陵令，會課育第六，而漆令郭舜殿見責問，育爲之請，扶風怒曰：「君課第六裁自脱，何暇欲爲左右言？」及罷出，傳召茂陵令詣後曹，當以職事對。育徑出曹，書佐隨牽育，育案佩刀曰：「蕭育，杜陵男子，何詣曹也？」遂趨出，欲去官。明旦詔召入，拜爲司隸校尉。育過扶風府門，官屬掾吏數百人，拜謁車下〔一〕。陶謙爲舒令，太守張磐同郡先輩，與謙父友，意殊親之，而謙恥爲之屈。嘗舞屬謙，謙不爲起，固强之乃舞，舞又不轉。磐曰：「不當轉邪？」謙曰：「不可轉，轉則勝人。」〔二〕如此事在今日，即同列所難堪，而昔人以行之上官，漢時長吏之能自樹立，可見於此矣。

〔一〕蕭育，漢書七八附蕭望之傳。扶風，令上官。

〔二〕後漢書列傳六三及三國志魏志八陶謙傳注引吳書。

宋史司馬池傳，授永寧主簿，與令相惡。池以公事謁令，令南向倨坐不起，池挽令西向偶坐，論事不爲少屈〔一〕。

〔一〕司馬池，温公父，宋史二九八。

京官必用守令

通典言：晉制，不經宰縣不得入爲臺郎。魏肅宗時，吏部郎中辛雄上疏，以爲郡縣選舉，繇來共輕，宜改其弊，分郡縣爲三等，三載黜陟，有稱職者方補京官，如不歷守令不得爲内職，則人思自勉〔一〕。唐張九齡言於玄宗曰：「古者刺史入爲三公，郎官出宰百里。致理之本，莫若重守令。凡不歷都督刺史，雖有高第，不得任侍郎、列卿。不歷縣令，雖有善政，不得任臺郎、給舍〔二〕。都督、守令雖遠者，使無十年任外。」從之〔三〕。詔三省侍郎缺，擇嘗任刺史者；郎官缺，擇嘗任縣令者。宣宗大中改元制曰：「古者郎官出宰，郡守入相，所以重親人之官，急爲政之本。自澆風久扇，此道寖消，頡頏清塗，便臻顯貴。治人之術，未嘗經心，欲使究百姓艱危，通天下利病，不可得也。軒墀近臣，蓋備顧問，如不知人疾苦，何以膺朕眷求？今後諫議大夫、給事中、中書舍人，未曾任刺史、縣令者，宰臣不得擬議。」〔四〕宋孝宗時，臣僚言：「吏事必歷而後知，人才必試而後見。爲縣令者必爲丞簿，爲郡守者必爲通判，爲監司者必爲郡守，皆有差等。未歷親民，不宜驟擢。」因定知縣以三年爲任，非經兩任，不除監察御史〔五〕。此開元、乾道〔六〕之吏治，所以獨高於近代也。明代〔七〕綸扉之地，必取詞林，名在丙科，始分銅墨。於是字人之職輕，而簿書錢穀之司，一歸之俗吏矣。漢諺有云：「取官漫漫，怨死者半。」〔八〕風俗通。而宋神宗嘗謂宰臣曰：「朕思祖宗以百戰得天下，今以州郡付之庸人，常切痛心。」後之人君，其以斯言書之坐右乎。

〔一〕通典卅三職官典縣令條。又魏書七七。

〔二〕給舍，給事中、中書舍人。

〔三〕通典十七選舉五；又見新唐書一二六本傳、舊唐書九九。

〔四〕舊唐書十八下宣宗紀大中元年正月條。

〔五〕宋史卅四孝宗紀乾道四年十月。
〔六〕乾道，宋孝宗。
〔七〕原作「本朝」。
〔八〕此風俗通逸文。意林卷四引，又御覽二二六持書御史條及四九六諺條引。

貞觀初，馬周上言：「古者郡守縣令，皆妙選賢德，欲有所用，必先試以臨人，或繇二千石高第，入爲宰相。今獨重内官，縣令刺史，頗輕其選。又刺史多武夫勳臣，或京官不稱職，始出補外。折衝果毅，身力彊者入爲中郎將，其次乃補邊州。而以德行才術擢者，十不能一。所以百姓未安，殆繇於此。」〔一〕夫以太宗之政，而馬周猶有此言，則知重内輕外，自古之所同患。人主苟欲親民，必先親牧民之官，而後太平之功可冀矣。

〔一〕舊唐書七四、新唐書九八。

宗　室

漢唐之制，皆以宗親與庶姓參用。入爲宰輔，出居牧伯者，無代不有。漢孝昭始元二年，以宗室無在位者，舉茂才劉辟彊、劉長樂，皆爲光禄大夫，辟彊守，長樂衛尉。孝平元始元年詔：宗室爲吏舉廉，佐史補四百石〔一〕。師古曰：言宗室爲吏者，皆令舉廉，各從本秩，而依廉吏遷之，爲佐史者，例補四百石。唐玄宗開元二十五年五月辛丑，命有司選宗子有才者。宗正薦四從叔前奉天令知正，四從叔前祁縣令志遠，五從弟雒陽尉遇，六從弟酸棗丞良，五從弟武進尉朏，五從姪鄭縣尉瞻，五從姪前宋州參軍承嗣，皆授臺省官，及法官、京縣官。詔曰：「至公之用，本無偏黨，惟善所在，豈隔親疏？四從叔知正等，咸有才名，見推公族，秉惟清之操，兼致遠之資。朕每慮同盟，不勤于德，常縣右職，以勸其從。先委宗卿，精爲内舉，量能考行，歷任踰時，名數則多，升聞益寡，光膺是選，諒在得人，固可擢以清要，遷于臺閣，將觀志於七子，冀藉名於八人。書不云乎：『九族既睦，平章百姓。』凡今懿戚，可不慎與？違道漫常，義無私於王法；修身效節，恩豈薄於他人。期於帥先，勵我風俗，深宜自勉，以副明言。」天寶三年正月詔，皇五等以下親，及九廟子孫，有材學政理，委宗正寺揀擇聞薦。憲宗元和二年詔略同。德宗貞元二年八月，以睦王府長史嗣虢王則之爲左金吾大將軍。謂宰臣曰：「朕不欲獨用外戚，故選宗室子有才行者獎拔之。」昭宗乾寧二年六月丁亥朔，以京兆尹嗣薛王知柔，兼户部尚書判度支，兼諸道鹽鐵轉運等使。制曰：「支度牢籠之務，弛張經制之宜，當擇通才，俾繼成績。僉曰叔父，膺予簡求，匪私吾宗，示張王室。」故終唐之世，有宰相十一人。郇王房有林甫、回，鄭王房有程、石、福，小鄭王房有勉、夷簡、宗閔，恒山王房有適之，吳王房有峴，惠宣太子房有知柔〔二〕。而舊史贊之曰：「我宗之英，曰皋嗣曹王與勉。」〔三〕宋子京以爲周、唐任人不疑，得親親用賢之道，惟本朝不立此格。於是爲宗屬者，大抵皆溺於富貴，妄自驕矜，不知禮義。至其貧者，則游手逐食，靡事不爲。名曰天枝，實爲棄物。宋時凡宗室之不肖者，俗呼爲潑撒太尉。曹冏所謂今之州牧郡守，古之方伯諸侯，或比國數人，或兄弟竝據，而宗室子弟，曾無一人間厠其間。六代論〔四〕。正有明〔五〕當日之事也。崇禎時，始行换授之法。而教之無素，舉之無術，未見有卓然樹一官之績者。三百年來，當國大臣皆畏避而不敢言，至天子〔六〕獨斷行之，而已晚矣。然則親賢竝用，古人之所以有國長世者，後王其可不鑑乎。

正統十四年，也先犯京師，詔諸王率兵勤王。已而寇〔七〕退，詔止之。大理寺丞薛瑄奏：宜擇諸王最賢者二三人，召來參預大議，匡輔聖明。帝曰：不必召。

〔一〕漢書十二平帝紀。
〔二〕注見新唐書七十下宗室世系表末。
〔三〕舊唐書一三一李勉傳末。
〔四〕文選十三有曹元首六代論，夏、商、周、秦、漢、魏。
〔五〕原作「本朝」。但前文「惟本朝不立此格」之「本朝」未改。

〔六〕原作「先帝」。

〔七〕原作「虜」。

光武中興，實賴諸劉之力。乃即位已後，但有續封之典，而無舉賢之詔。明、章已下，恩澤教訓，徒先於四姓小侯，明帝紀：永平九年，爲四姓小侯開立學校，置五經師〔一〕。注：四姓，樊氏、郭氏、陰氏、馬氏，其子弟號曰小侯。而不聞加意於宗屬者。然而親疏竝用，猶法西京，故靈、獻之世，荆表、益焉，各專方鎮，而昭烈乘之以稱帝于蜀，若顛木之有由蘖。其與宋之二王航海奔亡，一敗而不振者，不可同年而語矣。

〔一〕後漢書二。

唐末，屯田郎中李衢作皇室維城録，其有感于宗枝之不振乎！史言：「自玄宗以後，諸王不出閤，不分房。」〔一〕蓋自永王璘舉兵，而人主疏忌其兄弟矣。使得自樹功名，如曹王臯者三五人，參錯天下爲牧帥，亦何至大盜覆都，彊臣問鼎，而十六宅諸王，竝殲於逆豎之手也。

〔一〕新唐書七十下宗室世系表。

明宗室自天啓二年開科，得進士一人，朱慎鋻列名奄案，爲宗人羞，此不教不學之所致也。崇禎中，得進士十二人，惟朱統鈽起家庶吉士，官至南京國子監祭酒。而其始館選時，尚有以宗生爲疑。吏部尚書王永光曰：「既可以中翰，即可以庶常。」遂取之。其他換授甚多，然當板蕩之際，才略無聞。

張邦基墨莊漫録，言國朝宗室，例除環衛，裕陵〔一〕始以非祖免補外官，繼有登科者。

五雜俎：「宋時宗室，散處各郡縣，入籍應試。在京師者，別爲玉牒所籍。至紹興十一年，從程克俊言，以所考合格宗室附正奏名殿試。其後雜進諸科，與寒素等，而宦績相業，亦相望不絶書。」〔二〕

然未有爲侍從。宣和五年，始除子崧徽猷閣待制，繼而子湜亦除，八年又除子櫟。乃靖康之變，已不旋踵。有明〔三〕之事，與宋一轍。

〔一〕裕陵，宋神宗。
〔二〕卷十五事部。
〔三〕原作「本朝」。

昔後魏元志爲雒陽令，不避彊禦。孝文帝謂邢巒曰：「此兒竟可。所謂王孫公子，不鏤自雕。」巒曰：「露竹霜條，故多勁節，非鸞則鳳，其在本枝也。」〔一〕人主之宗屬，豈必無才能優於庶姓者哉！

〔一〕魏書十四河間公傳。

閔管、蔡之失道，而作常棣之詩，以親其兄弟，此周之所以興；懲吴、楚七國之變，而抑損諸侯，至於中外殫微，本末俱弱，此西漢之所以亡也。宋沈懷文諫孝武曰：「陛下既明管、蔡之誅，願崇唐、衛之寄。」〔一〕深得富辰諫王之指。夫惟聖人，以至公之心處親疏之際，故有國長久，而天下蒙其福矣。

〔一〕宋書八二、南史三四沈懷文傳。

金史：「密國公璹，世宗子越王永功之子也。天興初，國事危急，曹王出質，璹已卧疾，求入見哀公於隆德殿。上問叔父欲何言？璹奏曰：『聞訛可曹王名欲出議和，訛可年幼，恐不能辦大事，臣請副之，或代其行。』上慰之曰：『南渡後，宣宗遷汴。國家比承平時，有何奉養，然叔父亦未嘗沾溉。無事則置之冷地，無所顧藉，有急則投之不測，叔父盡忠固可，天下其謂朕何？叔父休矣。』於是君臣相顧泣下。」〔一〕哀宗雖亡國之君〔二〕，而其言有足悲者。章宗防制刻削兄弟，而其禍卒至於此，豈非後王之永鑑哉。

〔一〕金史八五附永功傳。

〔二〕此句原爲「金雖夷狄之邦」。

自古帝王爲治之道，莫先於親親。而有明〔一〕之待親王及其宗屬也，則位重而愈疏，禄多而愈貧。誠有如漢哀帝時杜業上言，宗室諸侯微弱，與繫囚無異者。英宗實録載〔二〕：「景泰三年七月甲辰，陝西布政司言：『秦愍王子故庶人尚炌，男女十人，皆未有室家，請如詔于軍民之家，自擇昏配。』從之。」時其長女年四十，長子年三十六矣。此去開國八九十年，太祖之曾孫，而怨曠之感不得上聞已如此，又況數傳而下者乎。於是請名請昏，無不有費，而不副其意，即部中爲之沈閣。

〔一〕原作「本朝」。

〔二〕見英宗實録二一八。

宋史趙希躍傳，「宗姓多貧，而始生有訓名，爲人後有過禮，吏受賕無藝，莫敢自陳」〔一〕。雲麓漫鈔言：「宗籍凡袒免親以上皆賜名，乃有寓不典之言，及取怪僻字樣，以爲戲笑。」明代之弊同此〔二〕。

〔一〕宋史四一三趙希錧傳。元鈔本、潘本皆誤「躍」。

〔二〕「明代」原作「本朝」。「弊」原作「病」。

宗室之子，固鮮修飭，而朝臣視之，若非其同類者。唐書言：德宗初政，諸王有官者，皆令出閤就班。岳陽等一十縣主在諸王院久而未適人者，悉命以禮出降〔一〕。二百年來，無有以建中故事爲朝廷告者。崇禎中，唐王〔二〕作書述閣老于文定〔三〕之言曰：「唐玄宗十王宅、百孫院，皆在京師。凡有所請，皆賂韓、虢而後得。憲宗時，諸王久不出閤，亦必厚賂宦官，始得所請。彼以宗室近屬，且聚居都邑，猶不免於夤緣，況以千里外之藩封，二百年之支屬，有不結納左右以爲倚託哉。嗚呼！文定之言結納左右而得請，猶未褻也。今之懇乞下僚，卑哀吏胥，不如是則終不得請，不愈甚乎？」又曰：「漢臣之言曰：有白頭老人教臣言。嗚呼，余繼之矣。」夫一夫吁嗟，王道爲虧，今且窮閻蓽屋，猶得被雲雨之施，而耳目之所不及，恩澤之所不周，未有甚於皇族者。杕杜作而晉微，角弓刺而周替〔四〕，可以爲後王之殷鑑矣。

〔一〕舊唐書十二德宗紀建中元年十一月條。新紀不載。

〔二〕原有注「後爲隆武皇帝」。

〔三〕于慎行。

〔四〕詩小雅。

藩鎮

明代〔一〕之患，大略與宋同。岳飛説張所曰：「國家都汴，恃河北以爲固。苟馮據要衝，峙列重鎮，一城受圍，則諸城或撓或救，金人不敢窺河南，而京師根本之地固矣。」〔二〕

文天祥言：「本朝懲五季之亂，削除藩鎮，一時雖足以矯尾大之弊，然國以寖弱。故敵至一州，則一州破，至一縣，則一縣殘。今宜分境内爲四鎮，使其地大力衆，足以抗敵，約日齊奮，有進無退，彼備多力分，疲於奔命，而吾民之豪傑者，又伺間出於其中，則敵不難却也。」〔三〕嗚呼！世言唐亡於藩鎮，而中葉以降，其不遂并於吐蕃、回紇，滅於黄巢者，未必非藩鎮之力。宋至靖康而始立四道，金至興元而始建九公，不已晚乎。

〔一〕原作「國朝」。
〔二〕宋史三六五岳飛傳。
〔三〕宋史四一八文天祥傳。

尹源唐説〔一〕曰：「世言唐所以亡，由諸侯之强，此未極於理。夫弱唐者諸侯也，唐既弱矣，而久不亡者，諸侯維之也。燕、趙、魏首亂唐制，專地而治，若古之建國，此諸侯之雄者，然皆恃唐爲輕重。何則？假王命以相制，則易而順，唐雖病之，亦不得而外焉。故河北順而聽命，則天下爲亂者，不能遂其亂；河北不順而變，則姦雄或附而起。德宗世，朱泚、李希烈始遂其僭，而終敗亡，田悦叛於前，武俊順於後也。憲宗討蜀平夏，誅蔡夷鄆，兵連四方，而亂不生，卒成中興之功者，田氏禀命，王承宗歸國也。武宗將討劉稹之叛，先正三鎮，絶其連衡之計，而王誅以成。如是二百年，姦臣逆子，專國命者有之，夷將相者有之，而不敢窺神器，非力不足，畏諸侯之勢也。及廣明之後，關東無復唐有，方鎮相侵伐者，猶以王室爲名。及梁祖舉河南，劉仁恭輕戰而敗，羅氏内附，王鎔請盟，於是〔二〕河北之事去矣。梁人一舉而代唐有國，諸侯莫能與之爭，其勢然也。向使以僖、昭之弱，乘巢、蔡之亂，而田承嗣守魏，王武俊、朱滔據趙、燕，彊相均，地相屬，其勢宜莫敢先動，況非義舉乎？如此雖梁祖之暴，不過取霸於一方爾，安能彊禪天下？故唐之弱者，以河北之彊也；唐之亡者，以河北之弱也。或曰諸侯彊，則分天子之勢，子何議之過乎？曰：秦、隋之勢，無分於諸侯，而亡速於唐，何如哉？」

〔一〕尹源文見宋史四四二文苑傳，又見宋文鑑一〇七。

〔二〕原本「是」作「時」。

不獨此也，契丹入大梁而不能有者，亦以藩鎮之勢重也。王應麟曰：「郡縣削弱，則戎翟之禍烈矣。」〔一〕

〔一〕困學紀聞十古公事獯鬻條。「戎翟」原作「夷狄」。

宋史：劉平爲鄜延路副總管，上言：「五代之末，中國多事，惟制西戎爲得之。中國未嘗遣一騎一卒，遠屯塞上，但任土豪爲衆所服者，封以州邑，征賦所入，足以贍兵養士，由是無邊鄙之虞。太祖定天下，懲唐末藩鎮之盛，削其兵柄，收其賦入，自節度以下，第坐給俸禄。或方面有警，則總師出討，事已則兵歸宿衛，將還本鎮。彼邊方世襲，宜異於此，而誤以朔方李彝興、靈武馮繼業，一切亦徙内地，自此靈夏仰中國戍守，千里饋糧，兵民竝困矣。」〔一〕宋初之事，折氏襲而府州存，繼捧朝而夏州失。一得一失，足以爲後人之鑑也。

〔一〕卷三二五，獻攻守之策。

賈昌朝爲御史中丞，請陝西緣邊諸路守臣，皆帶安撫蕃部之名，擇其族大有勞者爲首帥，如河東折氏之比，庶可以爲藩籬之固〔一〕。

〔一〕宋史二八五賈昌朝傳，見備邊六事之五曰綏蕃部。

路史封建後論〔一〕曰：「天下之枉未足以害理，而矯枉之枉常深；天下之弊未足以害事，而救弊之弊常大。方至和之二年，范蜀公〔二〕爲諫院，建言：恩州自皇祐五年秋至去年冬，知州者凡七換，河北諸州大率如是。欲望兵馬練習，安可得也？伏見雄州馬懷德、恩州劉渙、冀州王德恭，皆材勇智慮，可責辦治，乞令久任。然事勢非昔，今不從其大，而徒舉三二州爲之，以一簣障江河，猶無益也。請以昔者河東之折、靈武之李，與夫馮暉、楊重勛之事言之。馮暉節度靈武，而重勛世有新秦，藩屏西北。他日暉卒，太祖乃徙其子馮翊，而以近鎮付重勛，於是二方始費朝廷經略。折、李二姓，自五代來，世有其地，二寇〔三〕畏之，太祖於是俾其世襲，每謂邊寇〔四〕內入，非世襲不克守。世襲則其子孫久遠家物，勢必愛吝，分外爲防；設或叛渙，自可理討；縱其反噬，原陝一帥，禦之足矣。況復朝廷恩信不爽，奚自而他？斯則聖人之深謀，有國之極算，固非流俗淺近者之所知也。厥後議臣遽以世襲不便，折氏則以河東之功，姑令仍世，而李氏遂移陝西，因茲遂失靈夏。國之與郡，其事固相懸矣〔五〕。議者以太祖之懲五季，而解諸將兵權，爲封建之不可復。愚竊以爲不然。夫太祖之不封建，特不隆封建之名，而封建之實，固已默圖而陰用之矣。李漢超〔六〕

齊州防禦，監關南兵馬凡十七年，敵〔七〕人不敢窺邊。郭進〔八〕以洺州防禦，守西山巡檢，累二十年。賀惟忠〔九〕守易，李謙溥〔十〕刺隰，姚内斌〔十一〕知慶，皆十餘載。韓令坤〔十二〕鎮常山，馬仁瑀守瀛，王彦昇居原，趙贊處延，董遵誨屯環〔十三〕，武守琪〔十四〕戍晉，何繼筠牧棣，若張美之守滄、景〔十五〕，咸累其任，管榷之利，賈易之權，悉以畀之。又使得自誘募驍勇，以爲爪牙，軍中之政，俱以便宜從事。是以二十年間，無西北之虞。深機密策，蓋使人谿之而不知爾。胡爲議者不原其故，遂以兵爲天子之兵，郡不得而有之。故自寶元、康定，以中國勢力，而不能亢一偏方之元昊。靖康寇難〔十六〕，長驅百舍，直擣梁師，蕩然無有藩籬之限，卒之横潰，莫或支持。谿今日言之，奚啻冬水之冰齒。嗚呼！欲治之君不世出，而大臣者，每病本務之不知，此予所以每咎徵、普，以爲唐室、我朝之不封建，皆鄭公、韓王〔十七〕之不知以帝王之道，責難其主，而爲是尋常苟且之治也〔十八〕。」

〔一〕路史卷八。前删五頁。
〔二〕范鎮，字景仁。宋史三三七。
〔三〕「寇」原作「虜」。
〔四〕「邊」原作「虜」。

〔五〕下刪三百字。
〔六〕李漢超，宋史二七三。
〔七〕「敵」原作「胡」。
〔八〕郭進，宋史二七三。
〔九〕賀惟忠，宋史二七三。
〔十〕李謙溥，宋史二七三。
〔十一〕姚内斌，宋史二七三。
〔十二〕韓令坤，宋史二五一。
〔十三〕馬仁瑀，宋史二七三；王彦昇，二五〇；趙贊，二五四；董遵誨，二七三。
〔十四〕「武守琪」，初疑爲「宋琪」之誤，宋史二六四。後閲黄氏古今紀要十七，作「武守琪戍晉州」，始知「守」字不誤，然宋史無傳。路史亦作「守琪」。
〔十五〕何繼筠，宋史二七三；張美，二五九。
〔十六〕「寇難」，原作「醜虜」。
〔十七〕鄭公，魏徵；韓王，趙普。
〔十八〕後刪二百四十餘字。

黄氏日鈔曰：「太祖時，不過用李漢超輩，使自爲之守，而邊烽之警不接於廟堂。三代以來，待戎翟〔一〕之得，未有如我太祖者也。」〔二〕不使守封疆者久任世襲，而欲身制萬里如在目睫，天下無是理也。

〔一〕「戎翟」原作「夷狄」。

〔二〕黄氏日鈔四六。

藩鎮既罷，而州縣之任，處之又不得其方。真宗咸平三年，濮州盜夜入城，略知州王守信、監軍王昭度，於是知黄州王禹偁上言：「易曰『王公設險以守其國』，自五季亂離，各據城壘，豆分瓜剖，七十餘年。太祖、太宗削平僭僞，天下一家。當時議者，乃令江淮諸郡，毁城隍，收兵甲，撤武備，書生領州，大郡給二十人，小郡十五人，以充常從。號曰長吏，實同旅人。名爲郡城，蕩若平地。雖則尊京師而抑郡縣，爲彊榦弱枝之計，亦匪得其中道也。蓋太祖削諸侯跋扈之勢，太宗杜僭僞覬望之心，不得不爾。其如設法救世，久則弊生。救弊之道，在乎從宜，疾若轉規，不可膠柱。今江淮諸州大患有三：城池墮圮，一也。兵仗不完，二也。軍不服習，三也。望陛下特紓宸斷，許江淮諸郡，酌民户衆寡，城池大小，竝置守捉軍士，多不過五百人，閱習弓劍。然後漸葺城壁，繕完甲胄。則郡國有禦侮之備，長吏免剽掠之虞矣。」〔一〕嗚呼，人徒見藝祖罷節度爲宋百年之利，而不知奪州縣之兵與財，其害至於數百年而未已也。陸士衡所謂「一夫從横而城池自夷」，豈非崇禎末年之事乎？

〔一〕宋史二九三本傳。俑有小畜集。

輔郡

崇禎二年三月，兵部侍郎申用懋上疏，請以昌平、通、易、霸四州爲四輔，宿重兵以衛京師。奉旨嘉納，下部議覆，事不果行〔一〕。魏書言：「靈太后時，四中郎將兵寡弱，任城王澄奏：『宜以東中帶滎陽郡，南中帶魯陽郡，西中帶恒農郡，北中帶河内郡，選二品三品親賢居之，配以强兵，則深根固本之計也。』靈太后將從之，以議者不同而止。」〔二〕及爾朱榮至河陰，遂無一兵拒敵，亦已事之明驗矣。

〔一〕明史紀及申用懋傳不載。亭林萬曆四一癸丑生，崇禎二年己巳，亭林年十七。

〔二〕魏書十九中任城王澄傳。北史十八同。

金都大梁。貞祐四年，元兵取潼關，次嵩、汝間。御史臺言〔一〕：「兵踰崤、澠，深入重地，近抵西郊。彼知京師屯宿重兵，不復叩城索戰，但以游騎遮絶道路，而分兵攻擊州縣，是亦圍京師之漸也。若專以城守爲事，中都之危，又將見於今日。元史：太祖八年，分兵三道伐金，河北郡縣盡拔，唯中都、通、順、真定、清、沃、大名、東平、德、邳、海州十一城不下〔二〕。此臣等所爲寒心也。不攻京師，而縱其別攻州縣，是猶火在腹心，撥置於手足之上，均一身也。願陛下察之。」契丹後改爲遼太祖將攻幽州，其后述律氏指帳前樹曰：「此樹無皮，可以生乎？」曰：「不可。」后曰：「幽州之有土有民，亦猶是爾。吾以三千騎掠其四野，不過數年，困而歸我矣。」〔三〕赫連勃勃稱帝，諸將勸先取關中。勃勃曰：「吾大業草創，士衆未多，姚興亦一時之雄，諸將用命，關中未可圖也。我今專固一城，彼必并力於我，衆非其敵，亡可立待。不如以驍騎風馳，出其不意，救前則擊後，救後則擊前，使彼疲於奔命，我則游食自若。不及十年，嶺北、河東，盡爲我有。待興既死，嗣子闇弱，徐取長安，在吾計中矣。」〔四〕古人用兵之智，多有出此。夫踰山絶河，深入二三千里，至於淮、岱之間，此不啻幽州之四野，大梁之西郊也。而謀國之臣，竟無一策以禦其來，而擊其去，此則郡縣之守不足恃，而調援之兵不足用也，明矣。詩曰：「無俾城壞，無獨斯畏。」〔五〕後之爲國者，盍鑑於斯？

〔一〕金史一〇六朮虎高琪傳。

〔二〕元史一太祖紀。
〔三〕遼史七一太祖后述律氏傳。
〔四〕晉書一百三十赫連勃勃載記。
〔五〕詩大雅民勞五章。

邊縣

宋元祐八年，知定州蘇軾言：「漢鼂錯與文帝畫備邊策，不過二事。其一曰徙遠方以實廣虚，其二曰制邊縣以備敵國。今河朔西路被邊州軍，自澶淵講和以來，百姓自相團結，爲弓箭社，不論家業高下，户出一人，又自相推擇家資武藝衆所服者爲社頭、社副、録事，謂之頭目。帶弓而鋤，佩劍而樵，出入山坂，飲食長技，與北敵〔一〕同。私立賞罰，嚴於官府，分番巡邏，鋪屋相望。若透漏北賊，及本土强盜不獲，其當番人皆有重罰。遇有警急，擊鼓集衆，頃刻可致千人，器甲鞍馬，常若寇至。蓋親戚墳墓所在，人自爲戰，敵甚畏之。先朝名臣帥定州者，如韓琦、龐籍，皆加意拊循其人，以爲爪牙耳目之用。而籍又增損其約束賞罰。今雖名目具存，責其實用，不逮往日。欲乞朝廷立法，少賜優異，明設賞罰，以示懲勸。」奏凡兩上，皆不報〔二〕。此宋時弓箭社之法，雖承平廢弛，而靖康之變，河北忠義多出於此。有國家者，能於閒暇之時而爲此寓兵於農之計，可不至如崇禎〔三〕之末，課責有司以修練儲備之紛紛矣。

〔一〕「敵」，原作「虜」，下同。

〔二〕以上見宋史一九〇兵志河北等路弓箭社條。

〔三〕「崇禎」，原作「先帝」。

宦官

漢和熹鄧后詔中官近臣，於東觀受讀經傳，以教授宫人〔一〕。秦苻堅選奄人及女隸有聰識者，置博士授經〔二〕。若夫巷伯能詩，列于小雅，史游急就，著在藝文，古固有之，而不限其人也。我太祖深懲前代宦寺之弊，命内官不許識字。永樂以後，此令不行。宣德中乃有内書堂之設。實録：宣德元年七月，以劉翀爲行在翰林院修撰，專授小内使書〔三〕。四年十月，命行在禮部尚書兼謹身殿大學士陳山，專授小内使書〔四〕。實録言，山爲人寡學急利，而昧大體，上薄之。其致仕歸，恩禮一無所及。

則其授小內使書，亦賤者之事也。昔隋蔡允恭爲起居舍人，帝遣教宮人，允恭耻之，數稱疾〔五〕。宋賈昌朝爲侍講，以編修資善堂書籍爲名，而實教授內侍，諫官吳育奏罷之〔六〕。以宣廟〔七〕之納諫求言，而廷臣未有論及此者，馴致秉筆之奄，其尊侔於內閣，而大權旁落，不可復收，得非內書堂階之厲乎？英廟升遐，典璽局局丞王綸，以老事東宮，希圖柄用。而翰林侍讀學士錢溥，以嘗奉命教內書館，綸受學焉。遂內外交錯，以謀入閣，已而敗露得罪。綸造溥家，執弟子禮，坐溥上坐，飲至晡而去。

周禮：寺人，王之正內五人。內豎倍寺人之數〔八〕。當時暬御之臣，皆是士人，而婦寺之權衰矣。唐太宗詔內侍省，不立三品官，以內侍爲之長，階第四，不任以事，惟門閤守禦，廷內掃除稟食而已。武后時，稍增其人，至中宗黃衣乃二千員。玄宗時，宮嬪大率至四萬，宦官黃衣以上三千員〔九〕。玄宗始置內侍省監二員，秩三品，以高力士、袁思藝爲之。是知宦官之盛，繇於宮嬪之多，而人主欲不近刑人，則當以遠色爲本。

〔一〕後漢書十后紀上。
〔二〕晉書一一三苻堅載記。
〔三〕宣德實録十九。
〔四〕宣德實録五九。「禮部」作「户部」。
〔五〕舊唐書一九〇文苑傳。

〔六〕宋史二八五本傳。
〔七〕明宣宗。
〔八〕周禮天官冢宰。
〔九〕通鑑二一〇開元元年七月條略言之。

王元美筆記〔一〕曰：「高帝時，中人不得預外事，見公侯大臣叩首惟謹。宋濂大明日曆序言：「后妃居中，不預一髮之政。外戚亦循理畏法，無敢恃寵以病民。寺人之徒，惟給事掃除之役。其家法之嚴，五也。」至永樂初，狗兒諸奄，稍稍見馬上之績。後以倦勤朝事，漸寄筆札，久乃稱肺腑矣。太監鄭和等，以奉命率舟師下海中諸夷，而中人有出使者矣。西北大將多洪武舊人，意不能無疑，思以腹心參之，而中人有鎮守者矣。王振時，上春秋少，不日接大臣，而中人有票旨徑行者矣。」

〔一〕王世貞，鳳洲筆記廿四卷，四庫別集存目四。

國史所載，永樂五年六月，内史李進往山西採天花，詐傳詔旨，擅役軍民〔一〕。此即弄權之漸。仁宗即位，凡差出内臣，限十日内盡撤回京。其見於詔書者，有採寶石，採金珠香貨，採鐵黎木，而太宗實録〔二〕多諱之不書。實録有十九年十一月辛酉，遣内官楊實〔三〕，二十年十月癸巳，遣内官韋喬〔四〕，同御史察勘兩京及天下庫藏出納二事。至洪熙元年六月宣宗即位，而巡按浙江監察御史尹崇高奏：「朝廷近差内官、内使，市買諸物，每物置局，有拘集之擾，有供應之煩。朝廷所需甚微，民間所費甚大，宜皆取回，惟令有司買納。」詔從之〔五〕。乃猶有如宣德六年十二月乙未所書，管事袁琦假公務爲名，擅差内官、内使陵虐官吏軍民，逼取金銀等物，以至磔死，而其黨十餘人皆斬者。嗚呼！作法于涼，其敝猶貪。至於萬曆中年，礦税之使，旁午四出，而藉口於祖宗之成例，則外廷之臣，交章爭之，而無可如何矣。是以武王不泄邇。

〔一〕太宗實録五十。
〔二〕永樂初號太宗，嘉靖十七年改號成祖。
〔三〕實録一二一作「楊實」。
〔四〕實録一二四。
〔五〕仁宗洪熙只得元年六月。見宣宗實録二。

中官典兵，亦始於永樂。仁宗實録〔一〕言：「甘肅總兵官都督費瓛，不能專斷軍政，悉聽中官指使，敕責其低眉俛首，受制於人。」宣宗實録言：「交趾左參政馮貴，善用人。嘗得土軍五百人，勁勇善戰，貴撫育甚厚，每率之討賊，所嚮成功。後爲中官馬騏奪去，貴與賊戰不利，遂死之。」宣德元年三月己亥，敕責中官山壽曰：「叛賊黎利，本一窮蹙小寇，若早用心禽捕，如探雀雛。爾乃妄執己見，再三陳奏，惟事招撫，以致養禍遺患。及方政等進討，爾擁官軍一千餘人，坐守乂安，不往來策應，視其敗衄。」〔二〕是則交阯之失，實本於中官，而仁、宣二宗亦但加之譙責而已。王振之專，土木之難，此非其漸乎？

〔一〕仁宗，洪熙。

〔二〕宣宗實録十五。

交阯一事，中官之惡，實録不盡書。景泰四年，吏科給事中盧祥言：「臣思永樂年間，克平交阯，設置郡縣，夷人服從。後因鎮守内臣貪虐，致失人心，竟亡其地，天下至今非議不已。」即此數言，可以想見。師之上六曰：「小人勿用，必亂邦也。」〔一〕豈不信夫！

〔一〕易師卦。

成祖天威遠加，無思不服，遏密未幾，遂棄交阯。齊桓首霸，而寺人貂始漏師于多魚，春秋已志之矣。故姤之初六，一陰始生，而周公戒之。

正統〔一〕九年正月辛未，命成國公朱勇、興安伯徐亨、都督馬亮、陳懷等，統兵出境，勦兀良哈三衛。勇同太監僧保出喜峰口，亨同太監曹吉祥出界嶺口，亮同太監劉永誠出劉家口，懷同太監但信出古北口。是時王振擅權，乃有此遣，而後遂以爲例。至十四年，陽和口之戰，太監郭敬監軍，諸將悉爲所制，師無紀律，而宋謙、朱冕全軍覆没矣。

〔一〕英宗。

景泰〔一〕元年閏正月乙卯，工部辦事吏徐鎮言：「刑餘之人，不侍君側。太祖高皇帝懲漢唐之弊，不令預政，不令典兵，但使之守門傳命而已。邇者姦監王振，乘機專政，依勢作威，王爵天憲，悉出其口，生殺予奪，任己愛憎。又多引同類如郭敬等以爲心腹，出監邊事。皇上臨御之初，乞監前失，宦官有參預朝政，及監軍鎮守者，悉令還内，各守本職。如此則宦官無召釁之端，國祚有過曆之兆矣。」事寢不行〔二〕。

〔一〕代宗。

〔二〕英宗實録一八八，附代宗實録云。

六月乙酉，陝西蘭縣舉人段堅，論宦寺監軍之失。

庚子，肅府儀衛司餘丁聊讓，請禁抑宦寺。

三年九月辛卯，南京錦衣衛鎮撫司軍匠餘丁蕭敏，陳内官苦害軍民十事。

天順〔一〕八年十一月丙寅，兩京六科給事中王徽等言：「正統末年，王振專權，使先帝遠播，宗社幾危。天順年間，曹吉祥專權，舉兵焚闕，欲危宗社。今日牛玉專權，謀黜皇后，欺侮陛下，是皆貽笑於四方〔二〕，取議萬世者也。臣請自今以後，一不許内官與國政，二不許外官與内官私相交結，三不許内官弟姪在外管事，并置立産業。自古内官賢良者，萬無一人。無事之時，似爲謹慎，一聞國政，便作姦欺。如聞陛下將用某人也，必先賣之以爲己功；聞陛下將行某事也，必先泄之以張己勢。人望日歸，威權日重，而内官之禍起矣。臣等所以勸陛下不許内臣與聞國政者此也。内官侍奉陛下，朝夕在側，文武大臣不知廉耻者多與之交結。有饋以金寶珠玉，加之婢膝奴顏者，内官便以爲賢，朝夕在陛下前稱美之。有正大不阿不行私謁者，内官便以爲不賢，朝夕在陛下前非毁之。陛下天縱聖明，固不爲惑，日加浸潤，未免致疑。稱美者驟踰顯位，非毁者久屈下僚，怨歸朝廷，恩結宦寺，而内官之禍起矣。臣等所以勸陛下不許外官與内官交結者此也。内官弟姪人等，授職任事，倚勢爲非，聚姦養惡，家人百數，貲貨萬餘，田連千頃，馬繫千匹。内官因有此家産，所以貪婪無厭，姦弊多端，身雖在内，心實在外，内外相通，而禍亂所由起矣。此臣等所以勸陛下不許内官弟姪在外管事，并置立家産者此也。陛下果能鑑彼三人於既往，行此三事於方今，則禍亂自然不作，災害自然不生。倘或不然，則禍起蕭牆，變生肘腋，異日之患，有不可言者矣。然臣等今日之所言，乃舉朝廷之所諱。臣等雖愚，亦知避禍，但受恩朝廷，無以爲報，官居言路，不可苟容。若陛下能行而不疑，即臣等雖死而無悔矣。」〔三〕上責徽等妄言要譽，命吏部俱調州判官。疏草李鈞筆也。

〔一〕英宗復辟，改元天順。八年正月崩。

〔二〕「貽笑於四方」，原作「貽笑四夷」。

〔三〕憲宗實録十一。

中都之變，宦官僨事之前車也。不一年，而監守之遣四出，以外廷無人甚也。平陰之役，夙沙衛殿，殖綽曰：「子殿國師，齊之辱也。」〔一〕天子〔二〕以此耻天下之士大夫，而士大夫不以爲耻，且群然攻之。廷論雖譁，上心弗信。及暫撤之，而士大夫又果不足用也，於是乎再任宦者，而國事已不可爲。昔者唐德宗即位，疏斥宦官，親任朝士，而張涉以儒學入侍，薛邕以文雅登朝，繼以贓敗。故宦官武將得以藉口曰：「南牙文臣，贓動至巨萬，而謂我曹濁亂天下，豈非欺罔邪？」於是上心始疑，不知所倚仗矣。嗚呼！吾不知今日之攻宦官者，果愈於宦官乎？內廷既不可用，外廷亦遂無人，而國事又將誰屬乎？至於昭王歎息，思良將之已亡；武帝咨嗟，慮名臣之欲盡。而燎原靡撲，過涉終亡，可爲痛哭者矣。是以人材非一世之所能成，古先王於多難之時，而得賢臣之助者，以其養之豫而儲之廣也。傳曰：「詒厥孫謀，以燕翼子，子桑有焉。」〔三〕夫有天下而爲子孫之慮者，則必在於人才矣。

〔一〕左傳襄十六年。
〔二〕原作「先帝」。
〔三〕左傳文三年。

金史完顏訛可傳〔一〕：「劉祁曰：『金人南渡之後，近侍之權尤重。蓋宣宗喜用其人以爲耳目，伺察百官。故奉御輩採訪民間，號行路御史。或得一二事，即入奏之。上因責臺官漏泄皆抵罪。又方面之柄，雖委將帥，又差一奉御在軍中，號曰監戰。每臨機應變，多爲所牽制，遇敵輒先奔，故師多喪敗。哀宗因之不改，終至亡國。』」論〔二〕曰：「夫以暬御治軍，既掣之肘，又信其讒以殺人，失政刑矣。唐之亡，坐以近侍監軍，金蹈其轍，哀哉！」

金時近侍，非宦豎也，以世胄或吏員爲之，見斜卯愛實傳〔三〕。

〔一〕金史一一一，即内族訛可。

〔二〕亦訛可傳論。

〔三〕金史一一四。

崇禎十四年十二月戊午，上諭禮部并在内各監局等衙門：「官常典制，内外攸分，本職之外，豈宜侵越？我太祖高皇帝，酌古式今，獨嚴近習之防，敕内官毋預外事。一時朝政清明，法紀整肅，拔本澄源，意甚深遠。朕鑑後追前，凛持祖訓。自今神宫等監，及各司局庫等衙門，或典禮繕戎，或鳩工筦鑰，或司繕服，或辦文書，都著勤慎小心料理本等職業，不許違越祖制，干預在外政事。違者即以亂政參拏處斬，仍詳察舊典，開列職掌具奏。」禮部右侍郎蔣德璟疏言：「周官内職，不滿百人。糾禁王宫，掌於小宰。古聖垂法，下戒將來，蓋其慎也。天啓元年四月，御史張捷疏言：「請令中官受考察於禮部，定爲五年一舉，如京察例。」太祖高皇帝，實詳監於往代，而取衷焉。其設内官也，監司局庫，各有定員，秩不過四品，俸不過一石，而且糾劾有令，交通有戒，豫政典兵有禁，謹内外之防，杜假竊之漸。至尚論漢、唐已事，而三致意焉。淵哉天訓，亘古不易矣。雖二十五年曾遣太監聶慶童往諭陝西、河州等衛所番族，令其輸馬，以茶給之，然往諭屬番，於軍民無與，且不假事柄，亦暫往即還。終洪武之世，無他特遣。此所以致清明整肅之治，而開萬世太平之基也。乃若列聖纘承，宫府之大防無改，而時事偶異，中外之任使間聞。永樂中始有遣使外國〔一〕及遣往甘肅巡視者。洪熙中始有守備南京者。正統中始有率兵討賊防邊〔二〕及各省鎮守者。景泰初始有分坐十營，或稱監鎗者，然仍聽尚書于謙等節制。至正德中，邊關始置内監，且令提督禁兵内操，分坐勇士四衛軍營，益非祖宗之舊矣。他如監工監器，會同審録，蘇杭織造，榷税開礦之遣，皆利少害多，亦旋設旋止，操縱在握，一時暫託權宜，而事任遞遷，易世每多釐正。惟世宗肅皇帝，毅然裁革，獨斷於先；我皇上翦除逆璫，媲美於後。總之禀成於高皇帝訓諭，内臣毋豫政事，外臣毋行交結，二語足括千古治亂之源矣。臣等伏讀寶訓，深遡詒謀，不使有功，自無竊柄之患；嘗令畏法，實杜亂政之階。故委腹心則威福移，寄耳目則羅織啓，遵典章則職守自恪，嚴内外則侵越不生，此實鑑古酌今，可以無斁，而神孫聖祖於焉一揆者也。謹遵聖諭，備察舊章，將各監局職掌，著爲令甲，可考見者，臚列上呈，恭候聖明裁奪。」得旨申飭。

〔一〕「國」原作「夷」。

〔二〕「防邊」原作「征虜」。

奄人之有祠堂，自英宗之賜王振始也。至魏忠賢則生而賜祠，且徧于天下矣。故聖人戒乎作俑。

禁自宫

實録：「成化元年七月丁巳，直隸魏縣民李堂等十一名，自宫以求進，命執送錦衣衛獄罪之，發南海子種菜。」〔一〕祖宗以來，凡閹割火者〔二〕，必俘獲〔三〕之奴，或罪極當死者，出其死而生之。蓋重絶人之世，不忍以無罪之民，受古肉刑也。景泰以來，乃有自宫以求進者，朝廷雖暫罪之，而終收以爲用。故近畿之民，畏避繇役，希覬富貴者，倣效成風，往往自戕其身，及其子孫，日赴禮部投進。自是以後，日積月累，千百成群，其爲國之蠹害甚矣。史臣劉吉等之辭。

〔一〕憲宗實録十九。

〔二〕「火者」今作「伙計」。

〔三〕「獲」原作「虜」。

餘冬序録〔一〕曰：「永樂二十二年令，凡自宮者以不孝論，軍犯，罪及本管頭目總小旗；民犯，罪及有司里老。實録〔二〕：「永樂十九年七月丁卯，嚴自宮之禁，犯者皆發充軍。」〔三〕成化九年，令私自淨身者，本身處死，家發邊遠充軍。正統十二年、天順二年、成化九年，節經申明。弘治五年，自淨身者，本身并下手人俱處死，全家充軍。兩鄰及歇家不舉，有司里老，容隱者一體治罪。其禁止乎未殘者，法甚嚴也。永樂二十三年，仁宗即位。興州左屯衛軍徐翼有子自宮，入爲内豎，翼奏乞除軍籍。上曰：『爲父當教子，爲子當養親，爾有子不能教，自殘其體，背親恩，絶人道，敗壞風化，皆源於爾，尚敢希除軍籍邪？』出其子使代軍役〔四〕。宣德二年令自淨身人，軍民各還元伍籍，不許投入王府及官勢家藏隱，躲避差役。若犯，本身及匿藏家處死，該管總小旗里老鄰佑，一體治罪。正統元年閏六月，時軍民多自宮希進，間有以赦而獲免罪者，刑部請依舊制，不論赦前赦後，俱論以不孝重罪。從之。成化十一年二月，順天府永清縣民徐義自宮其幼子以求進，詔發充廣西南丹衛軍，妻及幼子皆隨往〔五〕。十五年，淨身人，令巡城御史錦衣衛督逐回籍。弘治元年，令錦衣衛拘送順天府，遞發元管官司點聞知在，不許容縱。十三年，令先年淨身人曾經發遣，不候收取，私自來京，圖謀進用者，問發邊遠充軍。其戒約於已殘者，法亦非不至也。而貂璫滿朝，金玉塞塗，至今日而益盛，然則法果行乎？」〔六〕

〔一〕餘冬序録六十五卷，何孟春撰，四庫雜家存目四。此條見卷十政治條。
〔二〕太宗實録一二一。
〔三〕注是顧所加。
〔四〕「永樂二十三年」至此，同治刻本餘冬録無。
〔五〕「正統元年閏六月」至此，同治刻本餘冬録無。
〔六〕餘冬録至此止。

宋仁宗未有繼嗣，太常博士吳及上言〔一〕：「古之明王，重絶人之世。今宦官之家，競求他子，勦絶人理，以希爵命。童幼何罪，陷於刀鋸，有因而夭死者。夫有疾而夭，治世所矜，況無疾乎？有罪而宫，前王不忍，況無罪乎？臣聞漢永平之際，中常侍四員、小黄門十人爾。唐太宗定制，無得踰百員。今以祖宗時較之，當日宦官幾何人，今幾何人。臣愚以爲胎卵刳傷，鳳凰不至，繼嗣未育，殆繇於此。伏願濬發德音，詳爲條禁，權罷宦官進獻。有擅宫童幼，寘以重法。若然，則天心必應，繼嗣必廣，召福祥、安宗廟之策，無先此者。」帝異其言，權罷内臣進養子。

〔一〕宋史三〇二有傳並此疏。